大學用書

民法概要

朱鈺洋　著

三民書局　印行

國家圖書館出版品預行編目資料

民法概要／朱鈺洋著. －－修訂四版二刷. －－臺北
市：三民，2004
　　面；　公分
　　參考書目：面
　　ISBN 957-14-3887-1　（平裝）

　　1.民法－中國

584　　　　　　　　　　　　　　　　92017974

網路書店位址　http://www.sanmin.com.tw

© 　民　法　概　要

著作人　朱鈺洋
發行人　劉振強
著作財
產權人　三民書局股份有限公司
　　　　臺北市復興北路386號
發行所　三民書局股份有限公司
　　　　地址／臺北市復興北路386號
　　　　電話／(02)25006600
　　　　郵撥／0009998-5
印刷所　三民書局股份有限公司
門市部　復北店／臺北市復興北路386號
　　　　重南店／臺北市重慶南路一段61號
初版一刷　1995年8月
修訂二版一刷　1997年9月
修訂二版四刷　2001年8月
修訂三版一刷　2002年9月
修訂四版一刷　2003年10月
修訂四版二刷　2004年2月
編　號　S 584460
基本定價　拾貳元
行政院新聞局登記證局版臺業字第○二○○號

有著作權·不准侵害

ISBN　957-14-3887-1　（平裝）

修訂四版序

　　民法親屬編夫妻財產制，於民國九十一年六月四日經立法院三讀通過，修正第 1007、1008、1008-1、1010、1017、1018、1022、1023、1030-1、1031 ～ 1034、1038、1040、1041、1044、1046、1058 條條文；增訂第 1003-1、1018-1、1020-1、1020-2、1030-2 ～ 1030-4、1031-1 條條文；並刪除第 1006、1013 ～ 1016、1019 ～ 1021、1024 ～ 1030、1035 ～ 1037、1045、1047、1048 條條文，增訂民法親屬編施行法第六條之二。同年月二十六日總統令修正公布。

　　修正前有關夫妻財產制之條文計四十餘條，內容複雜缺乏體系化，修正後僅二十六條，內容清晰體系清楚。本次修法貫徹婚姻關係中夫妻地位之實質平等，維護婚姻生活和諧，肯定家事勞動價值，保障財產交易安全，邁向夫妻財產新制的里程碑。

　　新法重點有㈠夫妻財產制分為法定財產制與約定財產制，約定財產制又分為共同財產制及分別財產制，夫妻可於婚前或婚後，以契約約定選用共同財產制或分別財產制，並向法院登記，如未約定則適用法定財產制。共同財產制可選定全部財產之共有或僅以勞力所得部分（即薪資、工資、紅利、獎金及其他勞力所得）為共有，其餘財產仍適用分別財產制。共同財產制的特色是將財產所有權共有，管理、使用、收益、處分及負債亦均共同為之（民法第一〇三一至一〇四一條）。分別財產制的特色是夫妻各保有其財產之所有權，各自管理、使用、收益及處分（民法第一〇四四條）。㈡法定財產制的夫或妻的財產種類區分為婚前財產與婚後財產，如不能證明為婚前財產或婚後財產時，法律先推定為婚後財產；不能證明為夫所有或妻所有時，法律先推定為夫妻共有，如有反證時可以推翻之。又婚前財產在婚後所生之孳息，應算入婚後財產（民法第一〇一七條）。修正前適用聯合財產制之夫妻，其特有財產或結婚時之原有財產，於修正施行後視為夫或妻之婚前財產；婚姻關係存續中取得之原有財產，於修正施行後視為

夫或妻之婚後財產（民法親屬編施行法第六條之二）。㈢採法定財產制之夫妻於家庭生活費用外，相互約定一定數額之金錢，供夫或妻自由處分（民法第一〇一八條之一）。㈣法定財產制之夫或妻的財產區別成婚前財產與婚後財產在於婚後財產於法定財產制關係消滅時（例如離婚、配偶一方死亡等原因），由夫妻各得二分之一之剩餘財產，如平分結果對配偶之一方顯失公平時，得請求法院調整或免除其分配額，以維公平。剩餘財產的計算，以婚後財產扣除與婚姻貢獻無關者（包括繼承、贈與及慰撫金）及婚姻中之債務。婚後財產以法定財產制消滅時為準，但夫或妻為減少他方對於剩餘財產之分配，則應追加計算前五年處分之婚後財產納入分配。新法將剩餘財產分配請求權規定為一身專屬權，換言之，依新法僅夫或妻有請求權，夫或妻之債權人或繼承人均無代位請求權，此點對交易安全有影響，應予注意（民法第一〇三〇條之一、之三、之四）。在婚姻關係存續當中，夫妻之一方有脫產之行為（如夫妻一方外遇，有掏空婚後財產行為之虞），害及未來剩餘財產分配時，不論有償或無償行為，在一定要件下，他方可以向法院聲請撤銷上開有償或無償行為，以保全剩餘財產分配（民法第一〇二〇條之一）。㈤不論婚前或婚後財產，所有權由夫妻分別所有，各自管理、使用、收益及處分（民法第一〇一八條）。負債，亦各自負清償責任（民法第一〇二三條）。夫妻就其婚後財產，互負報告之義務（民法第一〇二二條）。㈥家庭生活費用由夫妻依其能力負擔，所生費用之債務由夫妻連帶負責（民法第一〇〇三條之一）。

　　囿於個人學養有限，本書篇幅又多，民法修正頻繁，其間相互關聯牽扯，必有疏誤之處，尚祈方家指正是禱。

朱鈺祥　謹識
民國九十一年八月十五日

自　序

　　民法條文共一千二百二十五條，分為總則編、債編、物權編、親屬編、繼承編等五編，規律人民之財產及身分行為，與吾人生活息息相關，為國民生活之根本大法。惟民法歷史淵源流長，理論體系博大精深，法條文字簡潔抽象，初學者每感瞭解不易。本書乃依民法典編制體例，將民法有關之原理原則、法律概念，作綜合說明及概要敘述，並就重要之法院裁判、司法院解釋、最高法院民事庭會議決議、最近修法草案內容、具體事例適時摘註，期能理論與實際，兼籌並顧，提供讀者參考。又近年來高普特考民法概要一科試題中每有實例題，故舉例證加以擬答，使讀者能參研思索融會貫通，應試者能舉一反三得心應手。

　　筆者學力有限，且本書篇幅又多，錯漏之處，自是難免，敬祈先進隨時指正，不甚感激。承蒙三民書局董事長劉振強先生提攜關愛，編輯部先生小姐辛勞校對，心感之餘，由衷謝忱。

朱鈺洋

民國八十四年六月十五日

民法概要

目　次

第二編　債

第三編　物　權

第四編　親　屬

第一編　總　則

緒論——民法之概念

一、法律之意義

　　法律之意義，可分為廣義的意義及狹義的意義；廣義的法律，指以國家權力強制實行的人類生活規範。析言之：

㈠廣義的法律

1.法律是人類生活規範

　　人類社會需要一定的規範以為遵循，以免發生爭執，而影響人類安定之生活。人類生活規範，本不僅限法律一端，即宗教、道德、禮儀，亦為生活規範，然法律為人類生活規範之最顯著者。

2.法律是強制實行的規範

　　規範人類生活，約束人類行為，多為人所不樂見，然為經營安定之永續生活，對違反、破壞此生活規範者，不得不強制實行，對於不應為而為，法律禁止之，對於應為而不為，法律強制之，所以法律是強制實行的生活規範。

3.法律是以國家權力強制實行的規範

　　國家是法律制定者、執行者、維護者，故對於違反或破壞法律者，國家便予以處罰、制裁。所以法律是以國家權力為後盾而強制實行的規範。

㈡狹義的法律

　　至於狹義的法律，指由一定的立法機關依一定的手續而制定的規範。依憲法第一七〇條：「本憲法所稱之法律，謂經立法院通過，總統公布之法律。」故若未經過上述的通過及公布程序，則法律的形式要件未具備，即不

得稱為法律。

　　一般人對於法律，有種錯誤之認知，即將法律與犯罪、刑罰混為一談，以為不作奸犯科，即與法律不發生關係；其實吾人日常公、私生活，幾無不直接、間接、有形、無形與法律發生關係，僅一小部分與犯罪、刑罰有關聯，其餘大部分皆與之無關，刑法僅法律中之一種，而非全部。

二、民法之意義

　　民法之意義，學者亦有分為廣義的意義及狹義的意義，廣義的民法，指規律私人間一般社會生活關係的民事法規。析言之：

㈠民法為普通的私法

　　依傳統的法律分類，可分成公法與私法。凡基於公權力規律國家體制及上下支配關係之法律，稱為公法。反之，基於平等地位，規律私人間對等的法律，稱為私法。前者如憲法、刑法、兵役法、所得稅法、訴訟法等與國家體制或國權之運用有直接關係，規律公生活關係的法律。後者如民法、公司法、票據法、保險法、海商法、土地法等，規律私人間對等的私生活關係的法律。又私法亦區分成普通的私法及特別的私法，規定一般人民日常生活的權利義務之事項者，為普通私法，規定特殊事項或僅適用於一定地域或一定對象者，為特別私法。一般人民日常生活的權利義務事項，大別有二，一是有關衣、食、住、行之財產生活，二是組織家庭、綿延子孫之親屬關係、繼承關係之家族生活，民法所規範者即為此二大類事項，規律前部分者為財產法，規律後部分者為身分法，故民法是普通的私法。至於規律特殊事項、對象者如商事、土地、礦業、漁業、勞工……等民事特別法，重要者有公司法、票據法、保險法、海商法（即一般通稱之商事法）、土地法、礦業法、漁業法、勞動基準法等。

㈡民法為民事實體法

　　法律依權利義務之內容如何保護之方式，可分為實體法與程序法。實

體法為規定權利義務之發生、變更、消滅之法律；程序法為規定對已發生、變更、消滅之權利義務，如何實現權利義務手續之法律。民法係屬前者，故可稱為民事實體法，而如民事訴訟法、強制執行法、破產法則屬後者。實體法與程序法之關係乃一體兩面，相輔相成，無主從上下之地位。

民法在法律體系上之地位，茲簡單圖示如下：

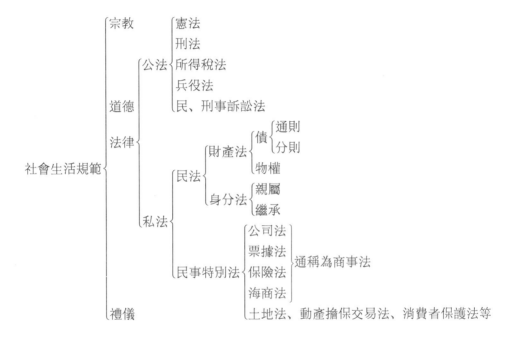

三、民法之制定

中國歷代法制，在刑事、行政法方面有相當完備之法典，如唐律、宋律、明律等；但在民事法方面則無系統之民事法典，僅散見於各種律令中。清朝末年，歐陸文化傳入我國，為變法圖強，於宣統三年，清朝擬制定一部純粹民事法典，派沈家本、俞廉三、英瑞三人並聘請日本大審院判事松岡義正及日本學者志田鉀太郎協助起草民律草案，此通稱大清民律草案，又稱民律第一次草案，係以德國法、日本法為藍本。未久滿清傾覆而未能公布實施。

　　民國成立，政府初設法典編纂會，後更名法律編查會，再改名修訂法律館，著手草擬民律草案，參照民律第一次草案完成民律第二次草案，因故亦未能正式公布實施。

　　民國十八年開始制定現行民法典，立法院成立後組成「民法起草委員會」，由傅秉常、焦易堂、史尚寬、林彬、鄭毓秀五委員組成，相繼制定共五編的一部民法典，即第一編總則：自第一至一五二條。第二編債：自第一五三至七五六條，共六百零四條。第三編物權：自第七五七至九六六條，共二百十條。第四編親屬：自第九六七至一一三七條，共一百七十一條。第五編繼承：自第一一三八至一二二五條，共八十八條。

　　現行民法典之體裁及內容，以獨立人格及平等思想為出發點。大體採自德國民法、瑞士民法、債務法，並參酌日本法，兼採各國立法例之長處，在當時可謂相當完善進步之立法。析言之，在財產法上，以意思自治及契約自由為原則，建立權利義務之觀念及過失責任為核心之民法體系；在身分法上，以男女平等及夫妻平等之原則，並排除尊長絕對權威及加重父母教養責任。

四、民法之修正

　　民法自公布施行至今已逾半世紀，數十年來，經濟發展、工商繁榮，人民觀念及社會結構亦隨之改變，民法原有之規定已有窒礙難行或不足規範情形，必須修改及增訂，方符實際需要。

　　茲就民法各編歷次修正時間，臚列如下：

(一)民法第一編總則

　　1.民法總則編：民國七十年十二月二十二日修正四十五條，民國七十一年一月四日公布，民國七十二年一月一日施行。

　　2.民法總則施行法：民國七十年十二月二十二日修正八條，民國七十一年一月四日公布，民國七十二年一月一日施行。

(二)民法第二編債

　　1.民法債編：(1)民國八十八年四月二日修正一百二十三條，增訂六十七條，刪除九條，民國八十八年四月二十一日公布，民國八十九年五月五日施行。(2)民國八十九年四月十四日修正一條，民國八十九年四月二十六日公布。

　　2.民法債編施行法：(1)民國八十八年四月二日全文修正三十六條，民國八十八年四月二十一日公布，民國八十九年五月五日施行。(2)民國八十九年五月二日修正一條，民國八十九年五月五日公布施行。

(三)民法第三編物權

　　民法物權編：民國八十三年十二月二十九日修正一條，民國八十四年一月十六日公布。

(四)民法第四編親屬

　　1.民法親屬編：(1)民國七十四年五月二十四日修正三十三條，增訂十條，刪除四條，民國七十四年六月三日公布施行。(2)民國八十五年九月六日修正三條，增訂四條，刪除一條，民國八十五年九月二十五日公布。(3)民國八十七年五月二十八日修正四條，刪除三條，民國八十七年六月十七日公布。(4)民國八十八年三月三十日修正一條，民國八十八年四月二十一日公布。(5)民國八十八年十二月三十日修正一條，民國八十九年一月十九日公布。(6)民國九十一年六月四日修正十九條，增訂八條，刪除二十條，民國九十一年六月二十六日公布。

　　2.民法親屬編施行法：(1)民國七十四年五月二十四日全文修正十五條，民國七十四年六月三日公布施行。(2)民國八十五年九月六日增訂一條，民國八十五年九月二十五日公布。(3)民國八十九年一月十四日增訂一條，民國八十九年二月二日公布。(4)民國九十一年六月四日增訂第六條之二條文，民國九十一年六月二十六日公布。

(五)民法第五編繼承

　　1.民法繼承編：民國七十四年五月二十一日修正十四條，增訂二條，刪除三條，民國七十四年六月三日公布施行。

　　2.民法繼承編施行法：民國七十四年五月二十一日全文修正十一條，民國七十四年六月三日公布施行。

五、民法之效力

　　民法之效力即民法之拘束力。民法之拘束力之範圍如下：

(一)人之效力

　　民法所拘束的人民，究竟只以本國人為限，抑或及於外國人、無國籍人，此為人之效力。人之效力，基本上分為兩大主義，一是屬人主義，即法律適用於所有具有本國國籍之人，不論其現居住於國內、國外。二是屬地主義，即法律適用於居住在本國領域內之人，不論其為本國人、外國人、無國籍人。我國民法以屬人主義為原則，以屬地主義為例外，係採折衷主義，故其效力當然及於國內外具有中華民國國籍之人民，也及於居住在中華民國領域內之外國人或無國籍人。其原因在於專採屬人主義，民法對居住在領域內之外國人或無國籍人即無適用，有礙社會交易秩序；專採屬地主義，民法對於我國國民之住居國外者，即不適用，有違公平原則。

(二)時之效力

　　民法之拘束力始於何時？能否溯及於施行前？抑或自施行起向後發生效力？此為時之效力。法律原則上應自施行日起發生效力，對於實行前發生的事項不適用，此通稱「法律不溯及既往」的原則，期能達到法律的安定，保護人民既得利益，不因法律的變更或制定而受損害。然此原則非絕對性，如溯及既往係為因應社會迫切需要，發揮興利除弊之功能，亦例外地透過立法途徑賦予法律溯及既往之效力，特別規定新的法律規定得適用

於施行前所發生之事項。例如民法總則施行法第三條第一項、第九條，民法親屬編施行法第八條第二、三項。

㈢地之效力

民法所適用之空間，究只及於我國領域之一部？或及於我國領域之全部？甚至及於我國領域之外？此為地之效力。民法為普通的私法，原則上適用於我國領域之全部，且兼採屬地主義，對於我國領域內之外國人或無國籍人，亦可適用。但涉外民事法律適用法另有規定者，不在此限。

第一章　法　例

　　法例乃全部民事法規所適用之通例，不僅民法各編，而且民法之特別法（如公司法、票據法、保險法、海商法等），除另有規定外，均適用之。法例規定內容有下列三項：

一、民法之法源及其適用之次序

　　民法第一條：「民事，法律所未規定者，依習慣；無習慣者，依法理。」依本條規定可知民法之法源及民事事件適用法規之順序為㈠法律、㈡習慣、㈢法理，茲分述如下：

㈠法　律

　　指一切與民事有關之法律，除民法及其特別法之外，與民事有關之行政規章、自治法規、條約均含之。

㈡習　慣

　　本條所稱之習慣係指習慣法而言。所謂習慣法指某事項於社會上反覆行之，久而久之成為社會生活規範，而為吾人信其為法規而願遵循者，故民法將之列為法源之一。其成立之要件有五：①社會上有反覆行之之事實。②人人確信其有法律上之效力而願遵循之。③須法律尚未規定之事項。④不牴觸法律。⑤不背公共秩序及善良風俗。

　　民法第二條：「民事所適用之習慣，以不背於公共秩序或善良風俗者為限。」所謂公共秩序指國家及社會生活所共同要求；所謂善良風俗指國民一般倫理與道德；兩者簡稱為公序良俗。公序良俗是衡量習慣之標準，使習慣符合一般國民公平正義之法律情感，以維法律生活水準。故有礙公序良

俗之習慣，均不能認其有法之效力。

習慣具有兩種效力：一是補充之效力，習慣僅於法律未規定時，有補充、填補法律之次要效力；二是優先之效力，有時法律特別規定「另有習慣者，依習慣」，此時應優先適用習慣，是為習慣優先效力。例如民法第四二九條第一項：「租賃物之修繕，除契約另有訂定或另有習慣外，由出租人負擔。」故租賃物修繕如有由承租人負擔之習慣法時，應比民法優先適用。

【案例研析】

㈠甲與乙之土地相鄰，甲開車不慎撞傷他人，需錢孔急，乃廉售土地予友人丙，乙向甲表示：出售土地，依習慣，相鄰人有優先承購權，甲應先將土地售予乙，乙之主張有無理由？

擬答：按現行法上並無認不動產之近鄰有先買權之規定，即使有此習慣，亦於經濟之流通，地方之發達，均有障礙，不能予以法之效力（三十年上字第一九一號判例）。故乙縱使證明有優先承買權習慣法之存在，法院應本其職權，依民法第二條：「民事所適用之習慣，以不背於公共秩序或善良風俗者為限」之規定，否定其效力，故乙之主張無理由。

㈡A、B兄弟二人繼承父親遺留下之二筆土地，各有其一。他日A欲出售其所繼承之土地予他人，B出面主張賣產時，親屬有優先承買權之習慣，B之主張是否有理？

擬答：按賣產時親屬有優先承買權之習慣，具有限制所有權之作用，於經濟上流通及地方發達均有障礙，且助長把持之風，於社會經濟毫無實益，有背於公共秩序，不能認為有法之效力，故B之主張無理由。賣產應先問親房之習慣，有背於公共秩序，不認為有法之效力（三十年上字第一三一號判例）。親房攔產之習慣，不惟舊律有明文禁止，且足長親房把持捎勒之風，於社會經濟毫無實益，不能認為有法之效力（十八年上字第一三四六號判例）。

㈢法 理

法理是十分抽象而不確定的法律概念,簡言之,即「法律的自然道理」、「事物的道理」。法院在審理民事事件時,應依具體情形,注意公平正義原則、公序良俗、誠實信用之要求、當事人間利益之平衡、法律之安定性、交易之安全性等。

法理之所以成為民事法源,乃因社會現象變動不羈,而法條有限,以有限之條文規範無窮之社會現象,勢有不足,而法官又不能以無法律之規定為由拒絕審判,故以法理來彌補法律及習慣之不足。

二、使用文字之準則

法律行為中有僅以意思表示而不須履行任何方式即可成立者(不要式行為);亦有於意思表示外,尚須依書面或其他方式始可成立(要式行為)。例如公司之成立須訂有章程,兩願離婚須有離婚協議書面(尚須二名證人及離婚登記,方生效力,詳後述)。

民法第三條第一項:「依法律之規定,有使用文字之必要者,得不由本人自寫,但必須親自簽名。」故依法律之規定須使用文字時,可不由本人自己書寫,由他人代為書寫亦可,但必須親自簽名。所謂簽名,包括自己簽名或以機械方法大量簽名於契約文書或有價證券等情形。簽名不以簽全名為限,僅簽姓或名而能證明確係出於本人意思表示者,仍具有簽名之效力。不過本條之規定仍有例外情形,例如依法律規定遺囑如以書面為之,其使用之文字必須自行書寫不得假手他人(民法第一一九〇條自書遺囑)。又如法律規定得由他人代簽名時亦不須由本人親自簽名(民法第五五三條,經理人得代商號簽名之權利)。

民法第三條第二項:「如有用印章代簽名者,其蓋章與簽名生同等之效力。」我國在習慣上常有使用印章而不簽名之社會現象,故特設此規定。又不能簽名(如文盲、手殘等),得以按指印、劃十字或其他符號代替簽名,其效力與簽名相同。唯按指印、劃十字易於假冒及難以分辨出自何人所為,

故同條第三項規定：「如以指印、十字或其他符號代簽名者，在文件上，經二人簽名證明，亦與簽名生同等之效力。」以資證明。不動產物權之移轉或設定，應以書面為之，此項書面得不由本人自寫，但必須親自簽名或蓋章，其以指印、十字或其他符號代簽名者，應經二人簽名證明，否則法定方式有欠缺，依法不生效力（三十一年上字第三二五六號判例）。

三、確定數量之標準

民事法律文件上有關記載一定之數量，常常同時使用文字及號碼，如一、二、三或壹、貳、叁等文字，1、2、3或Ⅰ、Ⅱ、Ⅲ等號碼，如文字與號碼兩種記載不一致時，應以何者為準，易起爭論，故民法第四、五條特規定其認定之標準。

㈠同時以文字及號碼表示者

民法第四條：「關於一定之數量，同時以文字及號碼表示者，其文字與號碼有不符合者，如法院不能決定何者為當事人之原意，應以文字為準。」例如在借據中既寫明「新臺幣陸萬陸仟元」，又寫「NT$69,000」，當事人爭執而訴訟時，法院應探求當事人真正意思，亦即調查證據，如查證借據有無聯單或原稿，其間往來之賬目或其他文件、證人等，據以認定。經調查後仍無法認定時，應以文字為準。此乃因書寫文字，一般較為慎重，不易發生差錯，而書寫號碼，有時流於草率而易生錯誤。

㈡以文字或號碼為數次表示者

民法第五條：「關於一定之數量，以文字或號碼為數次之表示者，其表示有不符合時，如法院不能決定何者為當事人之原意，應以最低額為準。」例如在租賃契約中租金既寫明「新臺幣陸萬陸仟元正」，又寫「新臺幣陸萬玖仟元正」，或既寫明「NT$66,000」，又寫「NT$69,000」，此時當事人爭執而訴訟於法院，法院亦應先探求當事人之真正意思，調查有關證據後，如仍不能確定當事人之原意時，應以最低額為準。本條自保護債務人立場而

規定，以減輕債務人之負擔。

　　第五條只規定同時以文字或同時以號碼為數次表示，但同時以文字及號碼為數次表示（文字表示數次而號碼表示一次、文字表示一次而號碼表示數次、文字表示數次而號碼亦表示數次）而不相符合時，法院又不能決定何者為當事人之真意時，究應以文字為準或以最低額為準，學者間說法不一，唯似應從保護債務人立場而言，以最低額為準。

　　第四及五條所稱文字應包括中文及外文，且文字或號碼表示者必須為一定的數量，並非一定之數量者，無適用之餘地，如前後數次記載六月一日、七月一日或二樓、三樓等，有爭執，應依一般原則決定何者為當事人之原意。

【案例研析】

　　㈠甲向乙借錢，甲即開立借據一張予乙，記載「茲向乙借用新臺幣貳仟伍佰陸拾萬元，於九月九日返還 NT$26,500,000 元，立據人甲」，清償期屆至，乙向甲請求清償二千六百五十萬元，而甲主張僅借用二千五百六十萬元，法院應如何決定金額？

擬答：按民法第四條：「關於一定之數量，同時以文字及號碼表示者，其文字與號碼不符合時，如法院不能決定何者為當事人之原意，應以文字為準。」故法院應先調查當事人真正意思，諸如查證借據有無聯單、原稿、其間往來之賬目或其他文件、證人等，據以認定金額。如仍無法認定其真正意思，方以文字為準。

　　㈡丙向丁購買電視機一臺，丙即開具支票一張，支票記載：「發票金額新臺幣貳萬肆仟貳佰元，NT$22,400」丁持票向銀行兌現，銀行應給付金額為何？

擬答：雖民法第四條有規定：「關於一定之數量，同時以文字及號碼表示者，其文字與號碼有不符合時，如法院不能決定何者為當事人之原意，應以文字為準。」但票據法第七條對此種情形亦有規定：「票據上記載金額之文

字與號碼不符時，以文字為準。」民法為普通法，票據法為特別法，依特
別法優先於普通法之原則，故本題應適用票據法第七條之規定，不適用
民法之規定，即無須先推求當事人之原意，銀行得逕以文字為準，支付
新臺幣貳萬肆仟貳佰元予丁。

第二章　人

　　構成法律關係的主要因素有人、物及行為。其中以人為中心，因法律關係乃人與人之關係，無人即無法律關係，人為法律關係之主體，基於其人格能享受權利，並負擔義務。唯法律上所稱之人，不限於具有血肉之軀及靈魂之自然界之人類，尚包括法人在內。

第一節　自然人

　　凡自母體分娩而存在於自然界之人類均為自然人，不分男女、種族、黨派、國籍，均得為權利義務之主體。民法自第六至二四條就自然人之權利能力、行為能力、人格權及住所設有規定，茲分述之如下。

第一款　權利能力

一、權利能力之意義

　　權利能力者，在法律上能夠享受權利與負擔義務之資格（地位），亦稱人格，有權利能力者即具有法律上之人格。由於大陸法系各國民法典，均在權利本位背景下制定，故僅稱權利能力。正確而言，應稱為權利及義務能力（權義能力），凡屬自然人均平等具有權利能力。有權利主體始有權利能力，具有作為權利主體之資格或地位者，始有權利能力，故權利主體、權利能力、人格三者涵義相同。

二、權利能力之始期

權利能力之始期,指自然人具有作為權利義務主體之資格,具有法律上人格之開始時間。自然人權利能力之始期可分為「出生」及「視為既已出生」兩種情形:

(一)出　生

民法第六條:「人之權利能力,始於出生……。」故自然人權利能力之始期為出生,一經出生,不論何人(本國人或外國人)一律平等,無條件的取得權利,而享有人格。何謂出生?有陣痛說、一部露出說、全部產出說、斷帶說及獨立呼吸說,通說採獨立呼吸說,其要件有二: ①「出」:胎兒須與母體分離。②「生」:指能獨立呼吸。如出而未生,謂之死產,不能取得權利能力;如生而未出,是為胎兒,胎兒之權利能力,民法設有第七條特別規定。故須二者兼備始得謂出生。

(二)視為既已出生

胎兒出生前,既未與母體分離,亦不能獨立呼吸,依前述原不具有權利能力。唯如依此原則,對胎兒之保護,未免欠周,為保護胎兒之利益,民法第七條有特別規定:「胎兒以將來非死產者為限,關於其個人利益之保護,視為既已出生。」故胎兒將來如非死產,則自受胎時起,視為有權利能力。胎兒的權利能力僅限於胎兒個人利益的享有部分,而無負擔義務的能力,在性質上為「部分權利能力」而非「一般權利能力」。例如胎兒在出生前,其父死亡,胎兒對父之遺產有繼承權,關於遺產之分割,以其生母為法定代理人,非保留胎兒的應繼分,其他繼承人不得分割遺產,遺產分割後,應由其生母代為管理。又如胎兒於扶養義務人(如其父)被害致死時,對加害人有賠償請求權(民法第一九二條)及慰撫金請求權(民法第一九四條)❶。然倘將來死產(胎兒與母體分離後,未曾獨立呼吸),則溯及的

❶ 不法侵害他人致死者,被害人之子女得請求賠償相當數額之慰撫金,又胎兒以將

喪失其權利能力。但如胎兒脫離母體後，旋即夭折，雖生命短暫，既係已成為自然人後再行死亡，即應適用自然人死亡之規定。又如前述本條僅就胎兒利益之保護而為規定，不包括負擔義務之能力在內，故有關負擔對父母親之扶養義務或其他義務，則仍未出生，不能令胎兒負擔。

三、權利能力之終期

民法第六條：「人之權利能力……終於死亡」，則死亡為自然人權利能力之終期，其人格亦隨之而消滅。死亡如何認定，學說上見解分歧，依傳統定義，確定死亡須具有三項要件：①心跳停止；②呼吸停止；③瞳孔放大。唯近年來各國學者有逐漸放棄傳統定義之趨勢，而以腦波無反應，即腦波完全停止，作為死亡認定時期。

人一死亡，權利能力消滅，繼承開始（民法第一一四七條），由繼承人承受被繼承人財產上之一切權利義務（民法第一一四八條）。

自然人除前述真實死亡外，尚有死亡宣告，詳如後述。

四、死亡宣告

(一)死亡宣告之意義

死亡宣告係自然人失蹤達一定期間，為求失蹤人之身分關係、財產關係早日結束，法院因利害關係人之聲請，宣告其為死亡，以終止其權利能力之制度。蓋自然人失蹤後，生死不明，其身分上及財產上之法律關係，無從確定，影響利害關係人之利益及社會公益至大❷，為保護私利，維護

來非死產者為限，關於其個人利益之保護，視為既已出生，民法第一九四條、第七條定有明文，慰撫金之數額如何始為相當，應酌量一切情形定之，但不得以子女為胎兒或年幼為不予賠償或減低賠償之依據（六十六年臺上字第二七五九號判例）。

❷ 某船員隨船出港捕魚，適遇颱風將漁船呑沒，該船員生死不明，已歷數年，其妻可否改嫁及繼承遺產？究應如何處理？在未經法院宣告死亡前不可即行改嫁，亦

公益，民法特規定死亡宣告制度，以結束失蹤人「原住所」為中心之法律關係，此乃權利能力終於死亡之例外。又死亡宣告與真實死亡不同，後者不可復生，前者受宣告之人尚生存時，得撤銷死亡之宣告，且受宣告人在其他地方所為之法律行為，不受死亡宣告之影響，失蹤人仍得享有權利並負擔義務。

㈡死亡宣告之要件

民法第八條：「失蹤人失蹤滿七年後，法院得因利害關係人或檢察官之聲請，為死亡之宣告。失蹤人為八十歲以上者，得於失蹤滿三年後，為死亡之宣告。失蹤人為遭遇特別災難者，得於特別災難終了滿一年後，為死亡之宣告。」故死亡宣告之要件有：

1.須人已失蹤

失蹤為失蹤人離去其最後住所或居所，而陷於生死不明之狀態。「生死不明」並非絕對的而係相對的狀態，僅須聲請人、利害關係人及法院不知其行蹤，即為失蹤。失蹤須常理上生死不明，如礦坑爆炸坑道倒塌、飛機高空爆炸、瓦斯爆炸等災難除非有特殊理由，雖未發現屍體，通常認為已經死亡。

2.須失蹤滿法定期間

一時生死不明，不得馬上聲請死亡宣告，必須失蹤達一定期間而後可。此一定期間，分三種情形：

⑴七年：一般情形，失蹤人失蹤達七年，得為死亡宣告。

不可繼承遺產。如能證明因颱風遇難，則從遇難起算滿一年，可先向戶籍所在地之地方法院聲請為公示催告。在聲請狀內應記明失蹤人如何失蹤，何時遇難，並提出失蹤人及聲請人之戶籍謄本、證明失蹤事實文件。法院認其聲請合法，裁定公示催告後，依法院通知，將公示催告刊登報紙，使失蹤人或知悉失蹤人生死之人，於法院所定六個月以上期間，陳報情況，如屆時無人陳報，再具狀聲請法院為死亡宣告之判決。判決確定後，其改嫁始不致犯重婚罪，亦於此時方能繼承其夫之遺產。

⑵三年：失蹤人為八十歲以上者，得於失蹤滿三年後，為死亡宣告。

⑶一年：失蹤人失蹤之原因，係遭遇特別災難者，不分其年齡，得於特別災難終了滿一年後，為死亡之宣告。所謂特別災難者如大水災、大火災、暴風雨、戰爭、海空難❸及其他特別危險事件。

3.須利害關係人或檢察官之聲請

死亡宣告須向法院聲請為之，未經聲請，法院不得依職權主動為死亡宣告。聲請人有二，一是利害關係人，即對於失蹤人之生死，在法律上有利害關係者，諸如配偶、繼承人、債權人、死亡保險之受益人……等有身分上或財產上利害關係人。二是檢察官，因檢察官代表國家公益，失蹤人有利害關係人而不聲請或失蹤人無利害關係人，檢察官亦得提出聲請，以維社會公益。

4.須經公示催告程序，由法院宣告

經利害關係人或檢察官聲請後，法院應以公示催告方式以確定失蹤人是否生存及是否有人知悉失蹤人生死，然後為宣告。宣告須以判決為之並應確定死亡之時。死亡宣告後在戶籍上應為死亡宣告之登記，其登記之申請人應為聲請死亡宣告之人。

㈢死亡宣告之效力

死亡宣告之效力有四：

1.死亡之推定

民法第九條：「受死亡宣告者，……推定其為死亡。」故受死亡宣告者，推定其為死亡。所謂「推定」指如能提出證據（反證），證明被宣告死亡者實際並未死亡，推翻死亡宣告之推定。例如依據死亡宣告請求給付保險金時，保險人僅須證明受宣告者尚未死亡，即得拒絕保險金之給付。

2.死亡時間之推定

民法第九條：「受死亡宣告者，以判決內所確定死亡之時，推定其為死

---

❸　因航空器失事，致其所載人員失蹤，其失蹤人於失蹤滿六個月後，法院得因利害關係人或檢察官之聲請，為死亡之宣告（民用航空法第九八條）。

亡。前項死亡之時，應為前條各項所定期間最後日終止之時。但有反證者，不在此限。」以普通失蹤為例，少女某甲於民國七十五年九月三日失蹤，應以民國八十二年九月三日下午十二時推定為死亡之時。只知失蹤之月者，以該月十五日為失蹤日（類推適用民法第一二四條第二項）。若能證明受宣告者於上項推定死亡之時尚生存或已經死亡，則應更正死亡日期。

3.生存之推定

死亡宣告後推定受宣告者死亡，反言之，在死亡宣告前推定受宣告者尚生存。

4.法律關係之發生與消滅

死亡宣告，為結束受死亡宣告者原住居所為中心之一切財產上及身分上之法律關係，例如受宣告人之繼承人依法開始繼承、遺囑發生效力、婚姻關係消滅等；但並非剝奪受宣告者之權利能力，受宣告者客觀上尚生存於其他處所，其所為之法律行為，不受死亡宣告之影響，仍得享有權利負擔義務，歸來原住所所為之法律行為，毋待撤銷死亡宣告，仍然有效。死亡宣告之效力，僅及私法上效力，不及公法上效力，故受死亡宣告者，如仍生存，其在兵役法上應否服役，在刑法上有無犯罪，與死亡宣告無關，其法律效果應分別觀察判斷。

(四)死亡宣告之撤銷

受死亡宣告者安然生還時，死亡宣告並不當然失效，故過去因死亡宣告而結束之法律關係非撤銷死亡宣告不能恢復。故法律上有利害關係人，提起撤銷死亡宣告之訴後，死亡宣告被撤銷時，不問對於任何人均有效力，死亡宣告而消滅之身分關係，因而回復，因死亡宣告取得財產者，應予返還。但為保障社會交易安全，避免法律關係過於複雜並維護當事人間公平正義，法律特設有二個例外情形。

1.撤銷死亡宣告判決前的善意行為不受影響

基於死亡宣告，善意而為身分上或財產上之行為人，於撤銷死亡宣告後，其行為仍有效。例如在身分上：被宣告者之善意配偶與善意之第三人

結婚，其間婚姻關係不因死亡宣告之撤銷而受影響，前婚不因死亡宣告之撤銷而復活。但後婚如有一方為惡意時，則受宣告者歸來後得向法院聲請撤銷後婚（民國七十四年六月三日修正前）或確認婚姻無效（民國七十四年六月三日修正後）。又如在財產上：善意之繼承人將因死亡宣告而繼承之財產出賣並移轉予善意第三人，其處分行為有效，不受影響。

2.在現受利益限度內負返還責任

因死亡宣告取得財產者，如因撤銷死亡宣告之判決而喪失其權利，僅在現受利益限度內，負歸還財產責任。事實上已不存在部分，如係善意，不論其已不存在之原因為何，均不負歸還之責任，以維交易安全。

(五)失蹤人財產之管理

民法第一〇條：「失蹤人失蹤後，未受死亡宣告前，其財產之管理，依非訟事件法之規定。」

(六)同時死亡之推定

多人同時遇難死亡，誰先死後死不易證明，且死亡先後對財產關係常有重大影響，為使法律關係單純，民法第一一條規定：「二人以上同時遇難，不能證明其死亡之先後時，推定其為同時死亡。」採同時死亡主義，權利能力同時消滅。

【案例研析】

某甲住高雄，自七十二年五月一日起音訊全無，是生是死不明，甲有妻乙，子丙，至八十二年乙向高雄地方法院聲請死亡宣告，問①法院應宣告甲於何時死亡？又宣告死亡後對乙丙有何影響？②設甲失蹤後，在基隆向丁購買土地，該買賣行為是否有效？③設甲死亡宣告後返回高雄並向法院聲請撤銷死亡宣告，對乙已再婚關係是否影響？甲之房地被乙出售得款四百萬，已花用二百萬，其法律關係又如何？

擬答：①依民法第九條：「受死亡宣告者，以判決內所確定死亡之時，推定其為

死亡。前項死亡之時，應為前條各項所定期間最後日終止之時。但有反
證者，不在此限。」甲於七十二年五月一日失蹤，法定失蹤期間為七年，
從失蹤日翌日起算，故高雄地方法院應於判決書上宣告推定甲於七十九
年五月一日下午十二時死亡。宣告甲死亡，繼承即於此時開始，即甲財
產上之一切權利義務自此時由乙丙繼承。依通說甲乙之婚姻關係因死亡
宣告而歸於消滅（前提須乙係善意）。

②死亡宣告之效力，僅在結束失蹤人原住居所為中心的法律關係，而不
剝奪失蹤人的權利能力，故甲在基隆與丁之間土地買賣行為應屬有效，
不受死亡宣告之影響。

③依民事訴訟法第六四〇條：「撤銷死亡宣告……之判決，不問對於何人
均有效力（對世效力）。但判決確定前之善意行為，不受影響。因宣告死
亡取得財產者，如因前項判決失其權利，僅於現受利益之限度內，負歸
還財產之責。」故乙之再婚，乙與後夫婚姻雙方當事人均為善意時，其效
力始不受影響，否則為重婚。甲之房地被善意之乙出售，尚存價金二百
萬元（現受利益），應歸還甲。

第二款　行為能力

一、行為能力之意義

行為能力有廣狹二義，廣義之行為能力指吾人之行為在法律上能發生
一定效果之資格（地位），包括法律行為能力、準法律行為能力（合法）及
侵權行為能力（違法）。狹義之行為能力專指合法行為中之法律行為能力，
亦即在法律上能獨立地基於自己之意思取得權利及負擔義務之資格（地
位）。

行為能力與權利能力不同，權利能力乃得享受權利，負擔義務之資格；
而行為能力乃在法律上能獨立地基於自己之意思取得權利及負擔義務之資

格。權利能力人人有之（民法第六條規定人之權利能力始於出生），而行為
能力則非具有意思能力(可以判斷自己行為在法律上發生效果之精神能力，
包括正常之認識力與預期力）且達一定年齡者，不能完全具有。例如三歲
之小孩，雖有權利能力但無行為能力。故權利能力人人有之，行為能力非
人人有之；有行為能力者有權利能力（外國人有例外情形，權利能力受限
制），有權利能力者不一定有行為能力。

二、行為能力之種類

　　行為能力分二種，一是一般行為能力，二是特別行為能力。一般行為
能力即前述行為能力，可分為完全行為能力、限制行為能力及無行為能力，
詳如後述。特別行為能力，指法律就某種人之某種行為，特別規定其資格
（地位），此在身分法上行為能力常有特別之規定。例如較一般行為能力加
重其要件者：如民法第一〇七三條規定，收養者之年齡，應長於被收養者
二十歲以上；民法第一〇七四條規定，有配偶者收養子女時，應與其配偶
共同為之。較一般行為能力減輕要件者：例如訂婚能力（男滿十七歲，女
滿十五歲即有訂婚能力），結婚能力（民法第九八〇條），遺囑能力（民法
第一一八六條）。特別行為能力須依特別之規定，不適用一般行為能力之規
定。

三、行為能力之狀態

　　行為能力以意思能力為基礎，但行為人所為各類行為是否均具有意思
能力，甚難辨證，為保護當事人利益、防止爭端而維護交易安全，民法特
設行為能力制度，不就行為人意思能力於各類行為中逐一審查，而以年齡
等因素，加以客觀區分成完全行為能力人、限制行為能力人及無行為能力
人三種，蓋人之思慮因年齡與時俱進，可作為判斷其意思能力健全與否之
標準。

㈠完全行為能力人

指在法律上能依自己之健全意思，獨立為完全有效之法律行為之人，亦即能獨立為法律行為，而取得權利及負擔義務之人。下列二種人具有完全行為能力：

1. 成年人

民法第一二條：「滿二十歲為成年。」此乃依據古禮男二十而冠，女子未許嫁二十而筓之規定。故成年則有完全行為能力。

2. 未成年人已結婚者

民法第一三條第三項：「未成年人已結婚者，有行為能力。」即所謂「結婚成年制」，乃因結婚之人，有其獨立經營經濟生活之需要，民法特賦予完全行為能力。

㈡限制行為能力人

指行為能力受到限制，非如無行為能力人之完全無行為能力，亦非如完全行為能力人之有完全行為能力。限制行為能力人為法律行為，原則上須得法定代理人之事先允許或事後承認始生效力，故介於二者之間。民法第一三條第二項：「滿七歲以上之未成年人，有限制行為能力。」法律仍基於此階段年齡之人，思慮尚未成熟，故僅賦予限制行為能力，以資保護。但下列二種人則有例外：

1. 未成年人已結婚者

如前述，未成年人已結婚者，有行為能力，因此並非限制行為能力。

2. 禁治產人

滿七歲之未成年人或已結婚之未成年人，符合民法第一四條之規定（後述）而被宣告禁治產，則成為無行為能力人（民法第一五條）。

㈢無行為能力人

凡法律上不能為有效法律行為之人稱為無行為能力人。何種人無行為能力，依民法之規定，有如下二種：

1. 未滿七歲之未成年人

民法第一三條第一項：「未滿七歲之未成年人，無行為能力。」此年齡階段之人，智慮淺薄，宜規定為無行為能力，以資保護。

2.禁治產人

民法第一五條：「禁治產人，無行為能力。」因精神障礙致不能處理自己事務，由一定之人向法院聲請，宣告其禁治產，而使之成為無行為能力人，以資保護其利益，並維護社會交易安全。

四、禁治產宣告

㈠禁治產制度之理由

自然人之精神狀態有因某種情形而心神喪失，雖或有時回復，然其人所為之行為，是在心神喪失中所為，或在回復時所為，不易區別，故以常有心神喪失或精神耗弱致不能處理自己事務者，為禁治產人，其行為即為無效（不論相對人是否知悉該事實，其與禁治產人所為之行為當然無效），避免實際上之爭論而保護禁治產人之利益及社會交易之安全。

㈡宣告禁治產之要件

民法第一四條第一項：「對於心神喪失或精神耗弱致不能處理自己事務者，法院得因本人、配偶、最近親屬二人或檢察官之聲請，宣告禁治產。」故其要件有三：

1.須心神喪失或精神耗弱致不能處理自己之事務

所謂心神喪失指意思能力全部喪失；所謂精神耗弱指意思能力較為欠缺；所謂不能處理自己事務指對於自己行為之利害得失，不能了解之情形。精神耗弱非達此程度，不得宣告禁治產。

2.須經本人、配偶、最近親屬二人或檢察官之聲請

本人可自行聲請宣告禁治產，但須於回復正常精神狀態之時為之。配偶係有婚姻關係之人，因休戚相關，故亦得聲請。最近親屬亦與之有密切關係，亦得聲請，所謂最近親屬指與受宣告人親等最近之人，例如父母子

女、兄弟姊妹、婆媳子婦……等，不問其為血親、姻親、直系、旁系。但須二人，如有三人以上時，以與禁治產人親等最近者為限。所以須二人，以防偏私，以示慎重。

3.須由法院宣告

　　其所以必經法院宣告者，因禁治產之制度，一方面固在保護被宣告人之利益，另一方面亦剝奪其行為能力，故不得不特別慎重，法院受理聲請後，應審查有無宣告禁治產之原因，而為准許與否之裁量。同時為維護交易安全，亦須公示。

(三)禁治產宣告之效力

　　禁治產宣告之效力有三：

1.禁治產人無行為能力

　　⑴創設效力：民法第一五條：「禁治產人，無行為能力。」即受宣告人一經法院之宣告，使其行為能力喪失，不問禁治產人有無意思能力，其行為概不生效力，縱精神偶回復常態為之亦同。撤銷禁治產宣告前，仍為無行為能力，並不因精神回復常態而當然回復行為能力。

　　⑵絕對效力：不僅對於聲請人發生，對於一般人，亦均發生，即任何人皆得主張受宣告人之行為無效。

2.須設置監護人

　　民法第一一一○條：「禁治產人應置監護人。」以監護人為其法定代理人，代理禁治產人為法律行為。

3.喪失公法上、私法上之各種資格

　　禁治產人不得參加國家考試、不得擔任公務員、無選舉罷免權、不得登記參選各級民意代表、不得為監護人、不得為農、漁會會員、不得充任會計師、建築師、技師……等資格。

(四)禁治產之撤銷

　　民法第一四條第二項：「禁治產之原因消滅時，應撤銷其宣告。」本人、

配偶、最近親屬二人或檢察官，皆得聲請撤銷禁治產宣告。撤銷禁治產，受宣告人自宣告撤銷時起，回復其行為能力。

第三款　人格權

一、人格權之意義

　　人格權指關於人之存在價值及尊嚴之權利，亦即以權利人自己人格為標的之權利，人格權包括維護個人人格的完整性與不可侵犯性，尊重個人的尊嚴、稱呼以及保障個人身體與精神活動在內之權利。例如生命、身體、健康、名譽、姓名等權利。人格權既以人格為標的，屬於非財產權，具有專屬性，不得繼承、轉讓，不得提供擔保或由他人代位行使。

二、人格權之種類

　　人格權有一般人格權與特別人格權之分，前者在觀念上具有普遍性，於遭受侵害時，僅得請求除去、防止侵害及財產上損害賠償；後者於遭受侵害時，則另可請求非財產上之損害。特別人格權有生命、身體、健康、自由、名譽、姓名、信用、貞操、隱私權，而一般人格權除特別人格權外，尚包括肖像、祕密。

三、人格權受侵害時之保護

　　人格權遭受侵害時，民法設有一般保護規定與特別保護規定：

㈠一般保護規定

1.除去及防止侵害請求權

　　民法第一八條第一項：「人格權受侵害時，得請求法院除去其侵害；有受侵害之虞時，得請求防止之。」所謂除去侵害請求權指排除侵害以回復原有狀態，例如誹謗名譽之出版物、傳單、書冊加以收回毀棄之。所謂防止

侵害請求權指尚未發生侵害而有侵害之虞時，得請求防止其侵害，以避免侵害之發生，例如準備散發誹謗性刊物時，當事人有防止請求權，以預防名譽侵害之發生。侵害人不問其有無故意、過失，只須其侵害為不法且侵害狀態仍繼續中或有侵害之虞，被害人即得請求除去❹。

2.損害賠償請求權

人格權遭受侵害時，可能發生兩種損害，一為財產上的、實質上的損害，如侵害他人身體之醫療費用。二為非財產上的、精神上的損害，如侵害他人生命、健康、身體、名譽所引起的精神上痛苦。人格權遭受侵害而發生財產上之損害時，依民法第一八四條侵權行為規定，當然得請求損害賠償。如發生非財產上之損害，依民法第一八條第二項：「前項情形，以法律有特別規定者為限，得請求損害賠償或慰撫金。」以有特別規定者為限，始得請求非財產上之損害（慰撫金），在民法上人格權受侵害得請求非財產上之損害賠償者，計有姓名權（民法第一九條）、生命權（民法第一九四條）、身體權、健康權、名譽權、自由權（民法第一九五條）。

㈡特別保護規定

民法總則就人格權所設之特別規定有三：

1.姓名權之保護

民法第一九條：「姓名權受侵害者，得請求法院除去其侵害，並得請求損害賠償。」姓名權為人格權之一種。姓名是人格之標示，用以區別不同之人，因此姓名具有專用性及排他性。姓名除戶籍登記上之本名外，尚包括字、號、筆名、藝名、簡稱……等在內。姓名權之侵害包括：

⑴冒用姓名：即無權使用他人姓名而冒用，例如冒用他人姓名詐騙。

⑵不當使用：使用他人姓名而使社會上對該姓名權之主體遭受貶低，例如以鄰家姓名稱呼家中飼養之貓犬。姓名權遭受侵害即得直接向加害人

❹ 被上訴人與某甲間之婚姻關係，既因某甲之死亡而消滅，即得自由改嫁。茲被上訴人因上訴人有阻其改嫁情事，訴請命上訴人任其自由改嫁勿加干涉，第一審如其聲明而為判決，原法院判予維持均無不合（三十三年上字第六三三五號判例）。

或法院請求除去其侵害，並請求法院命令其不得繼續使用姓名。

　　姓名權受侵害時而造成財產上之損害亦得依民法第一八四條請求財產上之損害賠償。造成非財產上之損害，學者見解不一，①有認為第一八條既規定慰撫金之請求，以法律有特別規定為限，而本條並無此種規定，故不得請求慰撫金之給付；②有認為為使被害人獲得更多賠償，宜解釋本條所謂「損害賠償」為非財產上損害賠償，以符合現代民法加強保護人格權之精神，否則第一九條之規定即無意義。

　　有關自然人姓名之保護規定，也得類推適用於公司、報章雜誌、商號❺、商品名稱，但公司法、商業登記法、商標法有特別規定時，應優先適用特別法，此時民法規定僅具補充效力。此類名稱遭受侵害，無精神上痛苦，故不得依第一九條或第一九五條第一項名譽受損，請求非財產上損害賠償（六十二年臺上字第二八〇六號判例）。

2.能力之保護

　　民法第一六條：「權利能力及行為能力，不得拋棄。」權利能力，與生俱來，為發展健全人格所必需，拋棄權利能力，即喪失權利義務主體之資格，無異為奴隸。有行為能力者能獨立為法律行為，從而取得權利及負擔義務之資格，拋棄行為能力，在社會上無法有效為法律行為，對人格有嚴重損害，影響社會交易安全，故法律禁止拋棄行為能力。

3.自由之保護

　　自由為個人發展人格，從事各類活動之基礎，為使人之活動不受不當之拘束與限制，因此民法第一七條：「自由不得拋棄。自由之限制，以不背於公共秩序或善良風俗者為限。」例如約定不結婚、阻止寡婦再嫁均屬對自由之限制而違背公序良俗，其約定、阻止無效。

---

❺　①已經註冊之商號，如有他人冒用或故用類似之商號，為不正之競爭者，該號商人得呈請禁止其使用。②所謂商號之類似者，原指具有普通知識之商品，購買人施以普通所用之注意，猶有誤認之虞者而言（二十年上字第二四〇一號判例）。

第四款　住　所

一、住所之意義

人是權利義務主體，從事各類活動，在法律上必須有生活上之中心點或準據點，使法律關係之認定有標準，有如數學上之座標一樣。故住所者乃吾人法律關係之中心地域❻。

二、住所之法律效果

住所既為吾人法律關係之中心，在法律上可發生種種效果：

㈠民事上

主要有：①決定失蹤之標準（民法第八條）。②決定債務清償地之標準。③決定行使或保全票據上權利所應為行為之處所（票據法第二○條）。

㈡訴訟法上

主要有：①決定民刑事案件、少年事件、船舶碰撞事件管轄法院之標準。②決定訴訟書狀之送達處所。

三、住所之種類

㈠意定住所

依當事人之意思而設定之住所。民法第二○條第一項：「依一定事實，

---

❻ 住所、戶籍所在地及本籍三者意義不同。①設定住所須依一定事實，足認有久住之意思及居住之事實；本籍則依戶籍法第一六、一七、一九、二○條而為設籍之登記；戶籍所在地，則為戶籍之住址。②本籍以縣市為單位，住所及戶籍所在地則均為門牌號碼。③某人之本籍、住所、戶籍所在地可相同，亦可不同。

足認以久住之意思，住於一定之地域者，即為設定其住所於該地。」因此意定住所之設定，須具備二個要件：

1.主觀要件

當事人須有久住該處之意思。至於如何認定有久住該地之主觀意思，則須依客觀上一定事實（如購屋或有大部分財產於該地）來加以認定，非當事人可任意主張。至於因經商、留學、駐外、坐牢，一時離去其處所而仍有回歸該處之意思，亦不失為久住該處之意思。

2.客觀要件

當事人須有居住於該一定地域之事實。然並不以毫無間斷，從未離開為必要，亦不問報戶籍與否。

又關於住所之設定，民法採單一主義，以免法律關係之複雜而難以決定權利義務之基準點。民法第二〇條第二項：「一人同時不得有兩住所。」即意在此。

意定住所既因當事人之意思而設定，自亦得以當事人之意思而廢止。民法第二四條：「依一定事實，足認以廢止之意思，離去其住所，即為廢止其住所。」因此廢止意定住所，亦須具備二個要件：

1.主觀要件

須有廢止住所之意思，但認定廢止住所之主觀意思，須依客觀上一定事實（如遷移戶籍、變賣住所地之屋）加以認定。

2.客觀要件

須有離去其住所之事實。

(二)法定住所

法律上規定之住所，與當事人之意思無關。例如民法第二一條：「無行為能力人及限制行為能力人，以其法定代理人之住所為住所。」民法第一〇六〇條：「未成年之子女，以其父母之住所為住所。」

(三)擬制住所

乃因住所不明或有其他特殊情形，法律上為之擬制之住所，有下列兩種：

1.居所視為住所

民法第二二條：「遇有左列情形之一者，其居所視為住所：一、住所無可考者。二、在中國無住所者。但依法須依住所地法者，不在此限。」所謂「居所」，乃無久住之意思，而住於一定之地域。其與住所不同在於①居所無久住之意思，住所有久住之意思。例如學生住校、囚犯在牢，縱居住多年，仍為居所。②一人不可同時有兩個以上住所，但一人可以同時有二個以上居所。所謂「住所無可考者」即無住所或雖有住所而其所在地不明，例如在中國地域無住所，在外國亦無住所。

2.選定居所視為住所

因特定原因（如清償債務或實施訴訟）而選定暫時居住之處所。民法第二三條：「因特定行為選定居所者，關於其行為，視為住所。」其目的在於當事人有關特定行為所生之權利義務之準據中心點仍以其住所時有所不便，應認當事人就該特定行為有排斥住所為法律關係之準據點之意思，故乃以法律之規定，以選定之居所視為住所。選定居所，為法律行為，得以契約或單獨行為為之。

第五款　外國人

一、外國人之意義

外國人乃無中華民國國籍之自然人。外國人包括具有外國國籍及無國籍之人。但具有中華民國國籍及外國國籍之雙重國籍人，未放棄中華民國國籍前仍為中華民國國民，而非外國人。至於有無中華民國國籍，應依國籍法認定之。

二、外國人之權利能力

外國人之權利能力，因我國採平等主義，故外國人與我國國民享有相同之權利能力。如土地法第一八條：「外國人在中華民國取得或設定土地權利，以依條約或其本國法律，中華民國人民得在該國享受同樣權利者為限。」唯為保護我國國家利益，對於外國人之權利能力兼採限制主義，即民法總則施行法第二條：「外國人於法令限制內有權利能力。」例如土地法第一七條：「左列土地不得移轉、設定負擔或租賃於外國人：一、林地。二、漁地。三、狩獵地。四、鹽地。五、礦地。六、水源地。七、要塞軍備區域及領域邊境之土地。」

三、外國人之行為能力

依涉外民事法律適用法第一條：「人之行為能力，依其本國法。外國人依其本國法無行為能力或僅有限制行為能力，而依中華民國法律有行為能力者，就其在中華民國之法律行為，視為有行為能力。」外國人之行為能力，始於何時及其限制、喪失等問題與當事人本國之社會生活狀況最有關係，故應依其本國法。又如外國人依其本國法為無行為能力或限制行為能力，但依我國民法有行為能力，就其在我國所為之法律行為，仍承認其完全有效，蓋以維護國內交易之安全，免使相對人或第三人因不明行為人本國之法律而蒙受意外之損失。但同條第三項又規定：「關於親屬法或繼承法之法律行為，或就在外國不動產所為之法律行為，不適用前項規定。」

第二節　法　人

第一款　通　則

一、法人之意義

法人乃除自然人以外，法律上賦予權利能力之一種社會組織體。申言之：

㈠法人是社會組織體

此組織體或由多數人所組成；或由多數獨立財產所組成。前者稱之社團，如公司；後者稱之財團，如私立學校、消費者文教基金會。

㈡法人是由法律賦予權利能力之社會組織體

法人之本質，通說採法人實在說中之組織體說，認為法律之賦予法人人格（權利能力），乃因社會事業若完全以自然人、個人、合夥方式經營，則將因自然人死亡、退夥……而影響事業存續，非長久發展之道；況有些事業，須集合大眾之智慧及財力，才能永續經營。法人能擔當與自然人相同之社會作用，而具有社會價值，有鑑於此，乃由法律賦予權利能力。

二、法人種類及其區別

㈠公法人與私法人

公法人與私法人區別標準，眾說紛云，如以設立之準據法為準時，法人成立所依據之法律為公法，以行使統治權或分擔統治作用之組織體，此法人稱為公法人，例如國家、省縣自治團體（依憲法）、農田水利會（依水

利法）。法人成立所依據之法律為私法，以行使私權為目的之組織體，此法人稱為私法人，例如公司（依公司法）、銀行（依銀行法）、合作社（依合作社法）。

㈡社團法人與財團法人

法人依其成立之基礎為「人」或「財產」，可分為社團法人與財團法人。

1.社團法人

社團法人可分：

⑴**營利社團：**營利社團乃以謀社員經濟上之利益為目的，如依公司法設立之公司必須以營利為目的之社團法人（公司法第一條）。

⑵**公益社團：**公益社團乃以謀社團非經濟上之利益及社會全盤利益為目的。如依律師法、會計師法設立之律師公會、會計師公會。

2.財團法人

財團法人均是公益法人，不同於社團法人。財團法人係集合「財產」的組織，為達成一定目的，因無組成分子之個人而無自主之意思，所以必須設立管理人，依捐助目的管理財產。財團法人如私立學校、慈善機構、基金會、寺廟、研究機構。

㈢公益法人、營利法人及中間社團

法人依其成立之目的係公益或營利或非公益亦非營利，可分為公益法人、營利法人及中間社團。

1.公益法人

係以謀社會上不特定多數人的利益為目的之法人，主要以文化、學術、宗教、慈善等為目的。所謂公益為目的，係指終局的目的，不以完全無營利行為為必要。因此公益法人在事業進行中，雖有營利行為，其營利所得不分配予社員而用之於公益事業，仍不失為公益法人，如慈善機關為救濟窮人而營業。

2.營利法人

係以謀組成人員（社會）之利益為目的之法人，所謂營利係將社團所獲取之經濟利益分配於社員，縱然僅將部分收益給予社員，其餘為公益支出，仍為營利法人。營利法人有積極增加社員經濟上之利益，例如公司；有消極減少社員經濟上之不利益（如減少支出），例如合作社。又營利法人必為社團法人，財團法人則皆為公益法人，如圖所示。

3.中間社團

在社團中有既非以公益又非以營利為目的之社團，稱為中間社團（中間法人），例如同學會、同鄉會、宗親會等。

將以上三大分類，綜合列表如下：

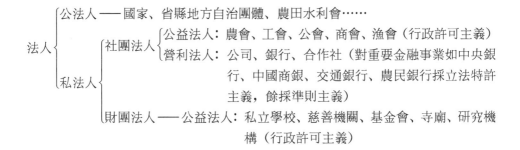

三、法人之設立

法人設立之要件有二：

㈠須依法律

民法第二五條：「法人非依本法或其他法律之規定，不得成立。」所謂本法指民法，所謂其他法律指除民法以外，經立法機關制定，總統公布之法律（中央法規標準法第四條）。

1.營利社團須依特別法規定

依民法第四五條:「以營利為目的之社團,其取得法人資格,依特別法之規定。」例如要設立公司,須依公司法之規定,亦即符合公司法之規定,主管機關即應允許其成立。法人之成立,法律上設有一定準則,設立人依照該準則設立之即可者,稱之「準則主義」。

2.公益法人除依法律外尚須經主管機關之允許

社團法人中以公益為目的者及財團法人(一律以公益為目的),兩者均應得主管機關之許可,始得成立。民法第四六條:「以公益為目的之社團,於登記前,應得主管機關之許可。」第五九條:「財團於登記前,應得主管機關之許可。」所謂主管機關,指主管法人目的事業之行政機關,例如財團法人某某文教基金會,其成立目的是社會教育,因此其目的事業主管機關為教育部,救濟院為內政部。法人之成立,須經行政機關之許可者,稱之「許可主義」。職業團體性質之公益法人,如律師、會計師、技師公會及其他商業同業公會係法律上強制應予成立者,稱之「強制主義」。蓋法律為達成一定職業上的管理目的,規定其從業人員有加入組織之義務,以加強職業團體之監督與利益之維護。

(二)須經登記

民法第三〇條規定:「法人非經向主管機關登記,不得成立。」故法人之設立採登記要件主義。所謂「登記」乃將法定事項登記於主管機關之公簿,並登載於公報或當地新聞紙,公告於公告牌,公示於社會大眾。法人登記機關為何?視該法人依據之法律為民法或其他特別法而定,如依民法規定成立之法人,登記之主管機關為該法人事務所所在地之法院(民法總則施行法第一〇條)。如係依特別法規定而成立之法人,其登記主管機關則依各特別法之規定而有所不同。如依公司法第六條所為之設立登記其中央主管機關則為經濟部(公司法第五條)。

民法第三一條:「法人登記後,有應登記之事項而不登記,或已登記之事項有變更而不為變更之登記者,不得以其事項對抗第三人。」即法人之變

更登記、解散登記、清算人任免或變更登記、清算終結登記係採登記對抗主義（與法人設立係採登記要件主義不同），所謂登記對抗主義指法人應登記事項未登記，在法人內部雖仍有效力，但不得對第三人主張未登記事項之效力。例如法人董事已換他人但未變更登記，則該董事以董事身分與第三人為法律行為時，法人不得主張其已非董事，該法律行為並非法人行為是。

【案例研析】

公司未經合法登記，在法律上是否仍為公司？

擬答： 不是，此時不能認有獨立之人格，而應認為合夥（二十年上字第二〇一四號判例），所負債務，各發起人應依合夥之例，擔負償還責任。

四、法人之能力

法人與自然人相同，具有各種能力，茲分法人之權利能力、行為能力及侵權行為能力三項說明：

㈠權利能力

法人之權利能力者，法人在法律上得為權利義務主體之資格（地位）是。法人從事各種經濟交易行為或公益事業活動能取得權利及負擔義務，故法人具有權利能力。

1.權利能力之始終

法人之權利能力係由法律賦予，與自然人不同，自然人之權利能力，始於出生，終於死亡，民法第六條定有明文，但法人權利能力之始期終期，法無明文，一般認為法人向主管機關登記完畢並發給法人登記證書之際，法人此時取得權利能力。法人於解散後清算終結並辦理清算終結登記，法人此時喪失權利能力，但有學者認為法人權利能力終於解散時（民法第四〇條第二項）。

2.權利能力之範圍

民法第二六條：「法人於法令限制內，有享受權利、負擔義務之能力。但專屬於自然人之權利義務，不在此限。」故法人權利能力除法令及性質上之限制外，原則上與自然人相同，茲說明如下：

(1)**法令上之限制**：所謂法即法律，令即行政規章、行政命令，乃因法人之權利能力為法律所賦予，故得加以限制，例如公司法第一三條：「公司不得為他公司無限責任股東或合夥事業之合夥人。」自然人可以，而公司不可為無限責任股東或合夥人，乃因法律為保護股東之權益而對公司之權利能力加以限制。

【案例研析】

丙為某塑膠公司董事長（或總經理），以該公司名義保證乙向甲借款，甲主張由該公司負保證責任或請求該公司損害賠償，是否有理由？

擬答：無理由，因公司法第一六條第一項規定，公司除依其他法律或公司章程規定以保證為業務者外，不得為任何保證人。該公司非以保證為業務，丙之保證顯然與業務之執行無關，該保證行為無效，丙為無權代理，故甲不可主張由該公司負保證責任，或依民法第二八條或公司法第二三條請求該公司損害賠償。

(2)**性質上之限制**：因法人並非自然之人體，故①以自然生理為基礎之人格權，如生命權、身體權、健康權、自由權、貞操權，法人無法享有，但姓名權、名譽權、祕密權等有關法人尊嚴及價值為內容之人格權則仍可享有而受保護。②以一定自然人之身分為基礎之身分權，如親權、夫權、繼承權、扶養請求權等，法人不得享有，但單純以財產給予為內容之權利，如受遺贈權仍得享有。

(二)行為能力

法人之本質，通說採法人實在說而認法人有行為能力，但法人之存在

僅係一種人之組織（社團）或財產之集合（財團），組織本身不能為法律行為，必須由自然人代為法律行為，自然人就是法人之代表機關。何人是法人之代表機關？應依法人內部組織來決定，通常董事及監察人為代表機關，得代表法人為法律行為（以意思表示為基礎）、準法律行為（非以意思表示為基礎）及事實行為。民法第二七條第二項：「董事就法人一切事務，對外代表法人。」即為此意。

【案例研析】

㈠公司董事長與他人訂立租約，其效力是否及於法人？

擬答：因董事長原有對外代表公司（法人）之權限，就其權限內與他人訂立租約，自為有效。

㈡私立學校校長因無款發薪，簽發支票向合作社調用現金，該私校應否負償還票款之責？

擬答：應負責，因校長綜理校務，校長為發薪而借款，自得代理學校為票據行為。

㈢侵權行為能力

法人之董事或其他有代表權之人既為法人之代表機關，其所為之合法及違法行為，實為法人本身之行為，故法人有侵權行為能力。民法第二八條：「法人對於其董事或其他有代表權之人因執行職務所加於他人之損害，與該行為人連帶負賠償之責任。」即明示法人有侵權行為能力，唯其要件如下：

1. 須由於法人董事或其他有代表權人之行為

董事是法人執行機關，董事之行為即法人之行為，因此董事之侵權行為即法人之侵權行為。「其他有代表權之人」指與董事地位相當而有代表法人之權之人，如法人之清算人、公司重整人、代表公司之監察人。至於一

般職員執行法人之事務而侵害他人權利之行為,法人應依僱傭關係之規定,與該職員連帶負損害賠償責任（民法第一八八條）,而非依本條規定。

【案例研析】

　　職員乙奉令收取貨款時,私自塗改賬單,浮收貨款壹萬元,該法人應負何種責任?

擬答:　按民法第二八條限於法人董事或其有代表權人的行為,職員乙並非法人
　　　　之董事或有代表權人,其侵權行為並非法人之侵權行為,自不能依本條
　　　　令法人負侵權行為之責任,唯職員乙乃法人之受僱人,故法人應依民法
　　　　第一八八條之規定與乙連帶負損害賠償責任。但若法人能證明選任乙及
　　　　監督職務之執行已盡相當注意並無過失時,即可不負賠償責任。

2.須由於執行職務加害於他人

　　董事或其他有代表權之人因執行職務所加於他人之損害,法人始負責任,執行職務必須為執行法人目的事業之職務內行為。職務外之行為則係個人行為,與法人無關,應自負責任。所謂職務行為包括:

　　⑴職務本身行為:　如房地仲介公司之董事因過失未查明房地資料,致客戶受損是。

　　⑵與職務有牽連之行為:　如董事在商訂契約詐欺對方等,但如董事利用商訂契約竊取對方財物或毆傷對方,雖係職務上給予機會或方便,並非職務上之行為。又所謂「因執行職務所加於他人之損害」並不以因積極執行職務行為而生之損害為限,如依法律規定,董事負執行該職務之義務而怠於執行時所加於他人之損害❶,亦包括在內（六十四年臺上字第二二三

---

❶　①公司之職員應參加勞工保險,公司怠於辦理加保,致該職員在外執行職務時被毆傷死亡,不能依勞工保險條例受領喪葬費及遺族津貼時,可請求公司及董事負連帶賠償責任。②法人之董事,因個人之犯罪行為而損害他人之權利,受害人不可請求法人及該董事連帶賠償,蓋此非執行職務所致之損害（四十八年臺上字第一五〇一號判例）。

六號判例）。

3.具備侵權行為的一般要件

董事或其他代表權人須因故意或過失，致他人之權利或利益受損害（民法第一八四條），法人始負賠償責任。侵權行為之客體必須為私權，不包括違反稅法逃漏稅款致政府受有損失（公權）在內（六十二年臺上字第二號判例）。

侵權行為發生後，法人應與行為人連帶對被害人負損害賠償責任（民法第二八條），乃因法人財產常較行為人多，且法人藉董事或其他代表權人取得權利，相對地亦應負擔義務，使被害人獲得賠償機會較大，對被害人保護較為周密。法人對被害人賠償後，由於行為人始為真正之侵害人，最後應由行為人負責，因此法人得對因違反善良管理人之注意義務（依交易上一般觀念認為有相當知識經驗及誠意之人之注意）以致侵害他人之行為人行使求償權。但行為人已對被害人先行賠償，則不得再向法人行使求償權。

五、法人之組織（機關）

法人為社會組織體，由許多部門所組成，各部門即為法人之機關，民法僅設有基本之組織型態。通常法人依其功能分有三種機關，①董事，為社團及財團之代表機關及執行機關。②社員總會，為社團之最高機關、決議機關，並具有監督機關的性質；財團則無。③監察人，為社團及財團之監察機關。董事及社員總會為依法必須設置的機關，稱為法定機關及必要機關，茲分述如下：

(一)董　事

1.董事之意義

董事為法人法定常設必要機關，對外代表法人，對內執行職務（民法第二七條），其地位非常重要。在特別法如農會法、商業團體法有時稱為理事。

2.董事之任免及資格

法人董事人數及資格，民法均無特別規定，但在特別法另有規定時，應從其規定，例如股份有限公司董事不得少於三人（公司法第一九二條）。其任免方式應在社團章程或財團捐助章程明文規定，通常在社團應經社員總會之決議（民法第五○條第二項第二款）；在財團得由捐助人之意思決定（捐助章程或遺囑）（民法第六二條）。

3.董事之職權

董事就法人的一切事務，對外有代表權，對內有執行權。

(1)代表權：所謂代表權與代理權不同，前者乃代表人之行為（法律行為、準法律行為、事實行為、訴訟行為）直接視為法人自己之行為，後者乃代理人之行為（限法律行為），其效果歸屬於本人。又代表權得予全部剝奪或部分限制，①代表權全部剝奪：董事有數人者，除章程另有規定外，各董事均得代表法人（民法第二七條第二項）且為全權代表，唯此單獨代表權，得依章程訂定某董事對外有代表權之時，其他董事之對外代表權全部剝奪，不得對外代表法人。此項以章程訂定對外有代表權之董事，係屬應登記事項，非經登記者，不得對抗第三人（民法第三一條）。②代表權部分限制：民法第二七條第三項對於董事代表權所加之限制，係指部分限制代表權，得依章程或社員總會之決議限制之，例如有代表權董事對外須共同代表或某董事僅得買動產或採購十萬元以下之物品。本項非屬應登記事項，其限制能否對抗第三人，完全以該第三人是否善意而定。

【案例研析】

㈠甲公司有董事 A、B、C 等九人，發現有部分董事行事草率乃修改章程明定僅 A、B、C 才有單獨代表權，但未向經濟部辦理變更章程登記，他日 F 董事以甲公司名義與乙訂立買賣機器契約，乙不知上開章程明定 F 無對外代表權時，乙得否向甲公司請求支付價金？

擬答：按 F 董事之對外代表權雖經章程明定有代表權之董事而被全部剝奪，但

　　　未經登記，故依民法第二七條第二項、第三一條規定，甲公司不得以之

對抗善意之乙，故乙得依民法第三六七條之規定向甲公司請求支付約定
之價金。

　　(二)如前例，A、B、C三位董事依股東大會決議，不動產買賣應由三人
共同為之，A獨自以甲公司名義與乙訂約，乙不知甲公司三位董事依股東
大會決議，不動產買賣應共同為之，乙得否向甲公司請求支付價金？

擬答：甲公司依股東大會決議，不動產買賣須由有代表權之董事共同為之，係
　　　屬對於A、B、C三位董事代表權部分之限制，不必記載於章程，非屬應
　　　登記事項，不得對抗善意第三人，故乙得主張A董事代表權未受限制，
　　　對外仍得完全代表甲公司而向甲公司請求支付價金。

　　(2)執行權：法人事務由董事負責執行，董事有數人時，對內事務的執
行，原則上取決於全體董事過半數之同意（民法第二七條第一項），也即原
則上採共同執行主義。所謂共同執行，指執行職務之「意思決定」而非具
體的「事務執行」。所謂事務指法人目的事務，非處理日常事務。董事應執
行事務很多，例如聲請法人設立、變更登記、事務所之設置或遷移、編制
財產目錄、社員名簿、召集總會、法人財產之清算等。

(二)社員總會

　　詳見本節第二款社團中三、社團總會之說明。

(三)監察人

1.監察人之意義

　　監察人乃法人得設之監察事務機關（民法第二七條第四項），與董事之
為法定必設機關不同。但在特別法如公司法、合作社法規定係必備機關。
監察人任務在監察法人事務之執行，其任免，民法並無規定，原則上與董
事同，依「不兼任原則」，監察人不得兼任董事。

2.監察人之職權

監察人職權限於法人內部關係上，以監察法人事務執行為主要目的。監察人有數人者，除章程另有規定外，各監察人均得單獨行使監察權，採單獨執行主義，性質上不必有組織，但也有組成「監事會」。

六、法人之住所及監督

㈠法人之住所

民法第二九條：「法人以其主事務所之所在地為住所」，以主事務所作為法人之法律關係之中心地域如同自然人般。

㈡法人之監督

法人所為有關公益和私益，國家應予監督以避免弊病發生，影響社會秩序、交易安全，其監督有業務監督及清算監督。

1.業務監督

受設立許可之法人，其業務屬於主管機關監督，主管機關得檢查其財產狀況及其有無違反許可條件與其他法律之規定（民法第三二條）。所謂受設立許可之法人即民法第四〇條以公益為目的之社團、第五九條之財團❷。此類法人既須先經主管機關之許可，則其經營業自應屬於主管機關之監督。如董事或監察人，不遵主管機關監督命令或妨礙檢查者，得處以罰鍰。如違反法令或章程，足以危害公益或法人之利益者，得請求法院解除其職務，並為其他必要之處置（民法第三三條）。

2.清算監督

法人之清算，屬於法院。法院得隨時為監督上必要之檢查及處分（民法第四二條第一項）。清算人不遵法院監督命令，或妨礙檢查者，得處以罰鍰（民法第四三條）。

七、法人之消滅（解散及清算）

---

❷　例如財團法人文教基金會屬於教育部監督，慈善基金會屬於內政部監督。

㈠法人解散

　　法人解散乃法人有不能存續之原因時，停止其活動而開始處理未了事務之謂。解散乃清算之原因，清算乃解散之後續。法人解散共同事由如下：

1.許可或登記之撤銷

　　法人違反設立許可之條件者，主管機關得撤銷其許可，法人設立之許可被撤銷者，法人當然解散（民法第三四條）❸。

2.破產宣告

　　法人之財產不能清償債務時，董事應即向法院聲請破產（民法第三五條第一項）。董事於債務超過不為破產聲請，致法人之債權人受損害時，有過失之董事，應負賠償責任，董事有二人以上時，應連帶負責（同條第二項）❹。董事係指對外代表法人之董事不包括普通董事在內。

3.宣告解散

　　法人之目的或其行為，有違反法律、公共秩序或善良風俗者，法人得因主管機關、檢察官或利害關係人之請求，宣告解散（民法第三六條）。

4.章程或捐助章程所定之解散事由發生

　　例如法人訂有存續期限，期限屆滿而解散（民法第四八條第一項第九款、第六一條第一項第八款）。又如救濟肺結核病患之財團法人因無病患而解散。

㈡法人清算

　　法人清算乃以了結已解散之法人之一切法律關係，並分配其財產為目

---

❸　受設立許可之法人，其業務屬於主管官署監督。主管官署得檢查其財產狀況，及其有無違反許可條件與其他法律之規定，如法人違反設立許可之條件時，主管官署自得撤銷其許可（四十七年判字第六四號判例）。

❹　信用合作社、農會之財產不能清償債務時，對外代表法人之理事未即向法院聲請破產致債權人受損害，有過失之理事應負賠償責任。唯債權人應就理事之過失負舉證責任。

的之程序。擔任清算工作者稱為清算人，法人解散後成為清算法人，其人格仍然存續，清算法人於清算的必要範圍內，與解散前的法人為同一法人，唯限於了結事務的消極範圍內有其能力，並不得從事積極開展性的業務。法人清算有關問題如下：

1.清算人任免

　　法人解散後，其財產之清算原則上由董事擔任（即法定清算人），但其章程有特別規定或總會另有決議者，不在此限（民法第三七條）。董事因故未能擔任清算（如患病、逃亡、旅居國外）又未能依章程或總會決議產生清算人時，主管機關、檢察官或法院得因利害關係人之聲請，或依職權，選任清算人（民法第三八條）。無論法定或選任清算人，必要事項不能妥適進行清算程序或有其他不當行為（不忠實行為），法院（清算監督機關）認為必要時，得解除其任務（民法第三九條）。

2.清算人職務

　　清算人除代表法人處理清算有關的一切事務外，依民法第四〇條第一項規定其職務：

　　⑴了解現務。

　　⑵收取債權、清償債務。

　　⑶移交賸餘財產於應得者：法人解散後，如已清償債務，尚有賸餘財產，則對於該財產之處置，必須規定歸屬之人，以防無益之爭議。民法第四四條第一項：「法人解散後，除法律另有規定外，於清償債務後，其賸餘財產之歸屬，應依其章程之規定，或總會之決議。但以公益為目的之法人解散時，其賸餘財產不得歸屬於自然人或以營利為目的之團體。」如章程既未規定，總會又未決議，則依第二項：「如無前項法律或章程之規定或總會之決議時，其賸餘財產歸屬於法人住所所在地之地方自治團體。」清算人完成上述職務後，應向法院呈報，並聲請清算終結登記，完成登記後，法人的人格歸於消滅（民法第四〇條第二項）。

3.清算程序

　　法人清算程序頗為繁雜，在公司法有詳細規定，故除民法另有規定外，

準用股份有限公司清算之規定辦理（民法第四一條），以期適用之便利。

第二款　社　團

社團是由人之集合體而成之社員團體。從其目的分為營利的社團及非營利的社團。營利的社團，規定於特別法中為宜，故民法第四五條規定：「以營利為目的之社團，其取得法人資格，依特別法之規定。」例如股份有限公司之設立，依公司法之規定。非營利的社團，規定在民法中，即民法第四六條以下專規定非營利的社團，茲就其設立、社員、總會、解散分述如下：

一、社團之成立

社團為人的組織體，應由自然人發起，訂立章程、確定社團目的、內部組織、推展業務等等，社團如何成立，有下列三步驟：

㈠須有設立行為

社團經自然人設立，設立社團者應訂立章程，其應記載之事項如下（民法第四七條）：①目的，②名稱，③董事之人數、任期及任免。設有監察人者，其人數、任期及任免，④總會召集之條件、程序及其決議證明之方法，⑤社員之出資，⑥社員資格之取得與喪失，⑦訂定章程之年、月、日。

以上均為必要記載事項，如欠缺其中一項，則章程無效。此外章程於不違反民法第五〇至五八條規定可任意記載其他事項，例如社團之組織，及社團與社員之關係，得於章程中訂定（民法第四九條）。

㈡須依據法律設立

法人非依民法或其他法律之規定，不得成立（民法第二五條），故一般公益社團係依民法規定，而營利社團須依特別法規定，前已言及。公益社團攸關公益，故於登記前，應得主管機關之許可（民法第四六條），例如宗

教、慈善、救濟、福利、學術文化事業等公益團體依民法規定設立，應經社政、教育主管機關（內政部、社會處局、縣市政府、教育部）許可。

(三)須經登記

法人非向主管機關登記，不得成立（民法第三〇條），所謂主管機關並非目的事業主管機關而係該法人事務所所在地的地方法院。其應登記之事項如下：①目的，②名稱，③主事務所及分事務所，④董事之姓名及住所，設有監察人者，其姓名及住所，⑤財產之總額，⑥應受設立許可者，其許可之年、月、日，⑦定有出資方法者，其方法，⑧定有代表法人之董事者，其姓名，⑨定有存立時期者，其時期。社團的登記，應由董事向其主事務所及分事務所所在地之地方法院登記處聲請登記，並附具章程備案（民法第四八條）。

二、社團之社員

(一)社員及社員權之意義

社員為組成社團的分子，社員在社團上具有一定之法律地位與資格，此種地位稱為社員權或資格權。社員權有共益權與自益權之分，共益權乃以社團法人之一員參與社團事務之權利，如出席權、表決權（民法第五二、五三條）或總會決議之撤銷或無效宣告之請求權（民法第五六條）。自益權乃社員受領或享受財產利益的權利，如利益分配請求權，尤其在營利社團，此項請求權最重要。又章程如無特別規定，依「平等權及平等處遇原則」，使全體社員享有同等權利、負擔相同義務，即民法第五二條第二項：「社員有平等之表決權。」

(二)社員資格之取得

資格取得方法有二：一為參與社團之設立，設立人於社團成立時，當然成為社員。二為加入社團，經入社手續而成為社員。

(三)社員資格之喪失

資格喪失情形有二：①退社（主動退出社團），社員隨時以一方之意思表示，與社團脫離關係，唯為避免影響社團事務的推展，於章程中得限定於事務年度終了或訂相當預告期間，於預告期間經過後始得退社，其期間不得超過六個月（民法第五四條）。②開除（被動退出社團），社團以一方意思表示（總會共同行為決議）剝奪社員資格，但以具有正當理由為限（民法第五○條第二項第四款）。已退社或開除之社員，對於社團之財產，無請求權。但非公益法人，其章程另有規定者，不在此限。又退社或開除以前應分擔之出資，仍負清償之義務（民法第五五條）❺。

三、社團總會

(一)總會之意義

社團總會係由全體社員所組成之機關，又稱「社員總會」、「社員大會」。為社團之法定必設最高意思機關（民法第五○條第一項），故不得以章程排除社團總會之設置。財團法人非由社員組成，故無社員也無總會之設置。

(二)總會之職權

總會職權有四項專屬權限（民法第五○條第二項）：①變更章程，②任免董事及監察人，③監督董事及監察人職務之執行，④開除社員，但以有正當理由時為限。

以上四項總會職權係強行規定，不得以章程變更剝奪或限制，反之，得以章程規定賦予總會更多權限。

---

❺ 合作社解任或退社之理事就解任前合作社對存款戶所負存款債務，於解任或退社後二年內與合作社連帶負清償責任，但對解任或退社後新負存款債務，則與所任職務不相牽涉，不負連帶賠償責任（合作社法第三八條）。

【案例研析】

合作社社務會議（非社員大會）開除某社員資格，是否有效？

擬答：依合作社法第二八條規定經社務會出席理事、監事四分之三以上之議決，以書面通知被除名之社員，並報告社員大會即可，合作社法既有特別規定，自不再適用民法須經社員大會之議決規定，故為有效。

(三)總會之召集

總會由董事召集，每年至少召集一次。董事不為召集時，監察人得召集之。如有全體社員十分之一以上之請求，表明會議目的及召集理由，請求召集時，董事應於一個月內召集，如不為召集，請求之社員，經法院之許可召集之（民法第五一條第一、二、三項），故召集人有董事、監察人及社員，後兩者得為召集人，乃防止董事有故意不為召集或不能召集之情事。

至於召集程序，除章程另有規定外，應於三十日前對各社員發出通知，通知內應載明會議之事項（同條第四項）。

(四)總會之決議

總會決議之方法分為普通決議與特別決議。

1.普通決議

總會之決議，除本法有特別規定外，以出席社員過半數決之，即普通多數通過（民法第五二條第一項）。

2.特別決議

必須超過社員過半數甚多，如三分之二或四分之三等，始能成立之決議，即加重多數通過，期以慎重議決較重要事項，法律有規定特別決議時，應從其規定。例如民法第五三條第一項：「社團變更章程之決議，應有全體社員過半數之出席，出席社員四分三以上之同意，或有全體社員三分二以上書面之同意。」第五七條：「社團得隨時以全體社員三分二以上之可決，解散之。」又以公益為目的之社團，其設立須經主管機關許可，則變更章程，

自亦須得主管機關之許可，故民法第五三條第二項規定：「受設立許可之社
團，變更章程時，並應得主管機關之許可。」

　　以上兩種決議，無論何者，每一社員均有平等之表決權（民法第五二
條第二項），是為非營利社團之特徵，所謂平等表決權指一人一票且價值相
同，是強制規定，不得以章程變更。但營利社團，通常按其出資額多寡計
算其表決權，可以章程限制或改變，兩者有所不同。又表決權行使，除章
程另有限制外，得以書面授權他人代理為之；但一人僅得代理社員一人以
防止總會為少數人操縱。社員對於總會決議事項因自身利害關係而有損害
社團利益之虞時，在通常情形，無法期待該社員公正無私的表決，為防止
損人利己，該社員不得加入表決；亦不得代理他人行使表決權，防止其與
他社員勾串，以代理人名義行使表決權，以便貫徹迴避規定之精神（同條
第三、四項）。

3.決議之效力

　　其效力可分為得撤銷及無效兩者，即①總會召集程序或決議方法，違
反法令或章程時，社員得於決議後三個月內，請求法院撤銷決議，但得請
求之社員必須是出席會議且對召集程序或決議方法，當場表示異議者（民
法第五六條第一項）❻。②總會決議的內容違反法令或章程時，屬於實質
違法，不必請求法院宣告，當然無效（同條第二項）。

【案例研析】

　　合作社社務會議或農會理事會召集程序或決議方式違法時，出席之理

---

❻ ①合作社或商業公會社員（會員）大會未達法定開會人數仍予開會或選舉理監事
　　做票，對該決議原不同意之社員（會員）可在決議後三個月內請求法院撤銷其決
　　議。②如在股份有限公司，前述情形，依公司法第一八九條有特別規定，即自決
　　議之日起一個月內，訴請法院撤銷其決議，自無適用民法第五六條之餘地。③股
　　份有限公司之股東，依公司法第一八九條規定訴請撤銷股東會之決議，仍應受民
　　法第五六條第一項但書之限制，如已出席股東會而其對於股東會之召集程序或決
　　議方法未當場表示異議者，不得為之（七十五年臺上字第五九四號判例）。

監事不同意決議者，可否請求法院撤銷其決議？

擬答：按社務會、理監事會係由理、監事所組成，其性質及職權，與全體社員
組成之社員大會不同，在法理上自不得援用民法第五六條第一項規定，
請求法院撤銷其決議（六十四年臺上字第二六二八號判例）。

四、社團之解散

社員有全體三分之二以上為社團解散之表決時，得解散社團（民法第
五七條）。如社團之事務，無從依章程所定進行時，法院得因主管機關、檢
察官或利害關係人之聲請解散之（民法第五八條）。

第三款　財　團

財團為財產之集合體，以財產為基礎而由法律賦予人格（權利能力）
之公益法人，茲就民法規定分述如下：

一、財團之成立

㈠須有設立行為

財團亦須由自然人設立，設立人人數民法無規定，解釋上僅一人也無
不可，與社團至少應有二人以上有所不同。設立人須捐助財產❼，財團即
以此財產為基礎，設立人並應訂立捐助章程，但以遺囑捐助者，不在此限
（民法第六〇條第一項）。章程必須以書面訂明：①法人之目的，②所捐財
產，③財團基本組織，④主要財團管理方法（民法第六〇條第二項、第六

---

❼ 以設立財團為目的，無償提供一定財產，為捐助行為，其方式有二，一是生前捐
助，二是遺囑捐助。捐助財產為單獨行為，捐助財產數額須是以推展法人業務，
達成設立目的為準，且須一次捐足，否則違反「捐助財產確定」的原則，不得辦
理登記。勞力因不能登記為財產，不能成為財團財產一部分，自不得以勞力捐助。

二條），①至③項為必要記載事項，缺一則章程歸於無效。以遺囑捐助設立財團法人者，如無遺囑執行人時，法院得依主管機關、檢察官或利害關係人之聲請，指定遺囑執行人（民法第六〇條第三項）。捐助章程或遺囑所定之組織不完全或重要管理方法不具備者，法院得因主管機關、檢察官或利害關係人之聲請，為必要之處分（民法第六二條）。

(二)須受許可

財團為公益法人，與社會公益關係密切，於登記前應得主管機關之許可（民法第五九條），非經許可不得成立。

【案例研析】

某財團法人由設立人選出「評議員」，並在章程中規定其職權為①選舉董監事，②審查事業狀況、審議預決算及其他事項，③變更章程及財產處分或解散，應經評議會評議員三分之二以上出席，出席三分之二以上同意。主管機關應否許可該財團之設立？

擬答：按董事為法人之代表機關及執行機關，評議員及評議會之設置，法律並未規定，且將侵害董事或董事會之職權，如財團捐助章程有此設置者，主管機關不宜許可設立。

(三)須經登記

財團須經登記，始取得法人資格。財團於取得主管機關許可之後，由董事向法人主事務所及分事務所所在地的地方法院聲請登記。登記時應附具捐助章程或遺囑備案。應登記事項有：①目的，②名稱，③主事務所及分事務所，④財產之總額，⑤受許可之年月日，⑥董事之姓名及住所。設有監察人者，其姓名及住所，⑦定有代表法人之董事者，其姓名，⑧定有存立時期者，其時期（民法第六一條）。

【案例研析】

　　私立某某專科學校由董事會聲請法人登記，則該法人為「私立某某專科學校」或為「私立某某專科學校董事會」？

擬答：按董事會僅為法人之代表及執行機關，依法聲請法人登記，不能成為權利能力之主體，故應為「私立某某專科學校」（六十三年臺上字第六二八號判例）。

二、財團之組織與管理

　　財團之組織與管理方法由捐助章程或遺囑中加以訂定，但捐助人不一定熟悉法律，章程或遺囑可能不盡完善，如有欠完備時，不能由董事會決議方式變更，捐助人也不得自行補充，為補救此缺點，由主管機關、檢察官或利害關係人，依民法第六二條規定，聲請法院為必要處分，期能補充重要管理方法。例如對捐助章程為補充規定，設置監察人或董監事人數增減變更等。財團管理事項有：

㈠變更財團之組織

　　為維持財團之目的或保存其財產，法院得因捐助人、董事、主管機關、檢察官或利害關係人之聲請，變更組織（民法第六三條）。

㈡宣告董事行為無效

　　財團董事，有違反捐助章程之行為時，法院得因主管機關、檢察官或利害關係人之聲請，宣告其行為為無效（民法第六四條）。董事違反本條行為時，並非當然無效，在宣告前仍為有效。董事行為如違反法令，則視違反法令內容而異其效力，如違反強行規定者當然無效，不適用本條規定。

【案例研析】

　　財團法人在未解散前，其董事將財產之全部或一部贈與另一財團法人，

此種贈與行為是否有效？

擬答：①如將財團財產全部捐贈，財團法人無財產之下無法完成其成立目的，
　　　　財團法人法定存在要件欠缺，則贈與行為雖非當然無效，但主管機關、
　　　　檢察官或利害關係人可依民法第六四條規定，聲請法院宣告其行為無效。
　　　　②如為一部捐贈，倘不在法人特定目的範圍內，則與前述全部捐贈情形
　　　　相同。倘在法人特定目的範圍內，自為有效。

(三)變更財團目的

　　因情事變更，致財團之目的不能達到時，主管機關得斟酌捐助人之意
思，變更其目的及其必要之組織或解散之（民法第六五條）。

第三章　物

第一節　總　說

一、物之意義

物者，除人體以外，人力所能支配並能滿足吾人社會生活需要之有體物及自然力。權利主體是人，權利客體主要是物。茲將物的法律上意義，分析如下：

(一)物係除人體以外

人之自然軀體是人體之一部分，即使如義肢、金牙、義眼……等具有幫助或替代自然軀體之功能，而與自然軀體合而為一者，法律上亦視之為人體一部，不得以權利客體視之。又頭髮、血液等雖為人體之一部分，但分離後得為物，而得為出賣或捐贈之客體，蓋此不背公序良俗也。屍體，通說雖認為物，屬於繼承人公同共有，唯僅得為保存、祭祀、埋葬等行為，不得為處分（如出賣部分器官）之標的。但死者生前曾立捐贈屍體或器官之契約或遺囑，只要不背於公序良俗，應認為有效。

(二)物須具有人力支配可能性

物如不能支配，即不能取得特定利益，雖可成為物理學之物，但非法律上之物。如日月星辰、海洋等。但如從月球表面取回之岩石，因其已置於人力所能支配，自為法律上之物。能否支配應以科學技術及觀念判斷之。

(三)物須具有獨立性，能滿足吾人社會生活所需

山嶽海洋在未設置界標、劃定位置、登記面積以前，非法律上之物，蓋無獨立性（物權標的特定原則）。一粒米或一滴油雖為一具體之物，但因其不能滿足吾人生活所需，在法律上即無太大意義。是否滿足吾人生活需求，應就該物與吾人生活關係決之。

(四)物包括有體物及自然力

有體物指占有一部分空間而有實體存在，不論固體、液體及氣體。自然力指吾人能知覺之自然作用，如光、熱、電氣、核能，均可稱物。權利則非物，權利係抽象存在而受法律所保護之法律實力。

二、物之種類

物有法律上分類及學理上分類。依法律上分類，物可分為①不動產與動產（民法第六六、六七條）；②主物與從物（民法第六八條）；③原物與孳息（民法第六九、七○條）。至於學理上之分類有如下述：

(一)單一物、結合物、集合物

此係以物之形態為區別標準，單一物乃形態上獨立成一體，如馬、牛、羊。結合物乃由數單一物結合而成一體之物，如車、船、電扇、電視等。集合物乃由數單一物或結合物集合而達成經濟上共同目的。如工廠、圖書館、羊牛群。每一單一物或結合物有一權利（一物一權主義）。集合物其中每一單一物或結合物各得單獨為一權利之客體。有時亦得以該集合物之總體為一權利客體。如將工廠（廠房、土地及機器）一併為一個抵押權客體設定給銀行借款。

(二)消費物、非消費物

依通常方法是否一經使用即歸消失之物為區別標準，消費物如米、油、

鹽等依通常方法一經使用即消失之物。非消費物如房屋、汽車，可以同一目的反覆使用之物。

(三)代替物、不代替物

以物之得否以同種類、同品質、同數量之物相互代替為區別標準。代替物如金錢、酒、米等。不代替物如房屋、古董，在一般交易觀念注重其各個物之特性。

(四)融通物、不融通物

以物得否為交易之標的為區別標準，融通物如一般物，原則上均得為交易之標的。不融通物如軍艦、政府辦公廳舍（公有物）或公園、車站（公用物）或鴉片、猥褻書畫影片音帶（禁制物）。不過供公使用為目的之物一旦廢止其目的仍得變成融通物。

(五)特定物、不特定物

以物是否已由當事人具體指定為區別標準。特定物如某人經意思表示具體指出某部汽車、某棟房地等。不特定物如某人僅以種類、品質、數量抽象指定之物，如某牌襯衫一件，上等牛肉一斤等。

(六)可分物、不可分物

以物之性質、價值是否因分割而變更或減少為區別標準。可分物如米、油、鹽不因分割而變更其性質或減損其價值之物。不可分物如建築物、豬、牛，因分割而變更其性質或減損其價值。

第二節　不動產與動產

一、不動產

民法第六六條第一項：「稱不動產者，謂土地及其定著物」，依此規定，不動產有二種：

㈠土　地

指人力所能支配之地表及其上下（民法第七七三條）。又不動產之出產物（如花草、樹木、水稻）尚未分離者，為該不動產之部分（民法第六六條第二項）。此等出產物不能獨立成為物權之客體，其所有權屬於土地所有權人。如擅自在他人土地上種植樹木，種植人加以砍伐，此行為構成侵權行為（三十一年上字第九五二號判例）。

【案例研析】

㈠甲將其所有土地出售與乙，但保留未與土地分離之樹木，於辦畢所有權移轉登記後，甲是否仍可主張有獨立之樹木所有權？

擬答：不可，因未與土地分離之樹木，為土地之構成部分，甲僅對乙有砍伐樹木之權利，不得主張有獨立之樹木所有權。

㈡乙擅自在甲所有之土地內種植，並自行割取，是否構成對甲權利之侵害？如係乙擅自建築房屋，此屋所有權者為誰所有？

擬答：①乙擅自種植，因該出產物法律上屬於土地所有權人甲所有，雖乙耕種，但並無權割取，乙如割取，甲可主張乙侵權行為而請求損害賠償。

②乙擅自建築房屋，而達所謂「獨立之建築物」程度時，因房屋得獨立為所有權客體，且不適合附合理論，故房屋為乙所有，不過甲可依民法第七六七條請求乙拆屋還地及損害賠償。

㈡定著物

指固定繼續密切附著於土地而未構成土地之一部分，且具有獨立使用價值之物，最主要有房屋（含違章建築）及各類建築物如橋樑、紀念碑、牌坊。臨時搭設之工作物如售票亭、工寮、預售屋之樣品屋、戲臺等皆非定著物。與土地密切不分離之水井、柏油馬路、水溝、堤防，應視為土地之一部分。煤礦公司在地上敷設之人力推動臺車之輕便鐵道，除臨時敷設者外，凡繼續附著土地而達其一定經濟上之目的，應認為不動產（定著物）（釋字第九三號）。

【案例研析】

未完成之建築物，從何時起可謂為獨立之建築物？

擬答：如該建築物已具備適合於其使用目的之構成部分者，即可謂已脫離動產之範圍，而列在不動產之範圍。就供住宅之建築物而言，既已蓋屋頂而有周圍之牆壁，社會觀念上可認為已定著於土地之一個建築物者，即屬於不動產。屋頂尚未完全完工之房屋，如已足避風雨，可達經濟上使用之目的者，即屬獨立之建築物（六十三年第六次民庭庭推總會決議）。

二、動　產

民法第六七條：「稱動產者，為前條所稱不動產以外之物」，故民法採二分法，凡非屬不動產者即屬動產，如舟車、書報、器械等。

三、區別實益

不動產與動產區別之實益，主要於物權，亦即不動產物權之移轉或設定，應以書面為之（民法第七六〇條），其依法律行為而取得、設定、喪失或變更者，非經登記，不生效力（民法第七五八條）（登記主義）。動產物權之讓與或設定質權，非將動產交付，不生效力（民法第七六一條）（交付

主義)。不動產與動產取得時效之條件、期間亦不相同(民法第七六八至七七〇條)。又地上權、永佃權、地役權、抵押權、典權以不動產為標的。質權、留置權以動產為標的。

第三節　主物與從物

一、意　義

民法第六八條第一項:「非主物之成分,常助主物之效用,而同屬於一人者,為從物。但交易上有特別習慣者,依其習慣。」依此規定,我民法對主物未設有定義,僅能於從物規定推論之,即依兩物於效用關係上,主物需從物之輔助,始能獨立圓滿發揮其效用之物,從物所從屬之物即為主物。

我民法未對從物下定義,唯列舉從物必須具備以下要件:

1.須非主物之成分

從物與主物乃獨立存在之二物,具有二個所有權,而非主物之一部分。例如打氣筒與腳踏車、備胎與汽車、桌椅與教室、書套與書本,前者均屬從物,但非主物之成分。

2.常助主物之效用

例如前例之打氣筒、備胎、桌椅、書套恆居於附屬關係,常助主物獨立地圓滿發揮其效用。

3.從物與主物必須同屬一人

如分屬不同人所有,仍不認其間有主從關係。

4.須交易上無特別習慣

從前之交易習慣對米袋與米、麵粉袋與麵粉,不認為有主從關係。現今交易習慣有:衣架與衣服亦認為不具主從關係,故衣架非衣服之從物。信封與信紙、天線與電視、馬鞍與馬亦同。

二、區別實益

　　主物與從物區別之實益，在主物之處分，及於從物（民法第六八條第二項規定）。即處分主物時，雖未表明從物在內，但其效力亦當然及於從物。例如出賣鎖時，其效力及於鑰匙；出賣汽車，其效力及於備胎；補習班轉讓及於課桌椅。應注意者是如並無從物存在時，買受人不得向出賣人請求給付從物，如中古汽車出售，該車已無備胎，又無約定車價是否含備胎時，買受人不得請求給付備胎；其次，如交易習慣不認為是主從關係，主物之處分效力當然不及另一物，如出售新衣之效力不及衣架一併出售是。

第四節　原物與孳息

一、意　義

　　以兩物在產生上之關係為區別標準，可分為原物與孳息兩種。原物乃產生孳息之物，孳息係由原物所生之收益。例如母牛與小牛（或牛乳）、本金與利息，前者為原物，後者為孳息。民法將孳息分為下列二種：

㈠天然孳息

　　民法第六九條第一項：「稱天然孳息者，謂果實、動物之產物，及其他依物之用法所收穫之出產物。」果實如水果、花卉、稻米；動物之產物如牛乳、羊毛（乳）、小牛羊等，此係例示規定；其他依物之用法所收穫之出產物如採鑛山得金銀煤鑛，此係概括規定。

㈡法定孳息

　　民法第六九條第二項：「稱法定孳息者，謂利息、租金及其他因法律關係所得之收益。」故法定孳息乃係使用原物（本金、房屋）或權利（商標權、專利權等），由各種法律關係所獲得之對價。利息、租金係例示規定，其他因法律關係（包括法律行為及法律規定）係概括規定。

二、區別實益

原物與孳息區別實益，主要在於孳息之歸屬問題：

㈠天然孳息之歸屬

民法第七○條第一項規定：「有收取天然孳息權利之人，其權利存續期間內，取得與原物分離之孳息。」❶例如甲出租土地給乙種植牧草一年，則乙有一年收取牧草之權利（四十八年臺上字第一○八六號判例）。

㈡法定孳息之歸屬

民法第七○條第二項規定：「有收取法定孳息權利之人，按其權利存續期間內之日數，取得其孳息。」例如甲出租房屋給乙一年，半年後甲售屋予丙，出租人變更為丙，則前半年甲有收取法定孳息（租金）之權。變更後之半年丙有收取租金之權。

---

❶　有收取天然孳息權利之人，其權利存續期間內取得與原物分離之孳息（民法第七○條第一項）。故有權收取天然孳息之人，不以原物之所有權人為限（五十一年臺上字第八七三號判例）。

第四章　法律行為

第一節　通　則

一、法律行為之意義

法律行為乃以意思表示為要素，因意思表示而發生一定私法上效果之一種適法的法律事實。其要件如下：

(一)以意思表示為要素

所謂意思表示，指表意人將內心欲發生一定私法上效果之意思，表示於外部之行為。意思表示為法律行為不可欠缺之要素，但法律行為並不等於意思表示，法律行為有由一個意思表示構成，例如撤銷、撤回、解除、承認……等是。亦有由二個以上意思表示構成，例如契約由「要約」及「承諾」兩個對立之意思表示組成，合同行為由兩個或兩個以上平行之意思表示所組成。

(二)發生私法上之效果

所謂法律效果，指法律事實適用法規所生之結果。法律效果有的引起公法上權利變動（發生、變更或消滅），有的引起私法上權利變動，前者如選舉縣市長之投票，後者如買賣，即發生民法上債權債務（使一方取得債權，他方負擔債務），又如結婚而使男女雙方取得配偶身分。

(三)是一種適法的法律事實

法律事實乃發生法律上效果之原因。宇宙存有各種具體現象（事實），如春去秋來、花開花謝、走路睡覺、男婚女嫁……等等，其中能發生法律效果者，始得謂法律事實。法律事實區分成行為、自然事件（如出生、天然孳息之分離）、自然狀態（如成年、物之混合），行為又分適法行為（合於法律精神而為法律所容許、確保其效果之行為）及違法行為（違反法律規定為法律所不容許之行為，包括侵權行為、債務不履行行為、失權行為）。法律行為是一種適法行為。至於春去秋來、花開花謝、走路睡覺並不發生法律效果，故不是法律事實，即不是法律行為。

二、法律行為之種類

㈠財產行為與身分行為

前者係以發生財產法上效果為目的之行為，後者係以發生身分法上效果為目的之行為。

```
              ┌ 財產行為 ┌ 債權行為：如買賣、租賃、贈與……等
              │         ┤ 物權行為：如移轉所有權、設定抵押權等
法律行為 ┤         └ 準物權行為：如債權讓與、債務承擔等
              │ 身分行為 ┌ 親屬行為：如結婚、離婚、收養等
              └         └ 繼承行為：拋棄繼承權、限定繼承等
```

債權行為是發生債權法上效力之行為，如甲出售汽車給乙之買賣契約，甲乙之間即發生：甲負擔交付汽車並使乙取得汽車所有權之義務，乙負有支付價金及受領汽車之義務。債權行為既以發生債權債務之負擔為內容，一般又稱為「負擔行為」。

物權行為是直接使物權引起變動（發生、喪失、變更），如甲與乙合意移轉汽車所有權並交付汽車給乙之行為，使汽車所有權因物權行為而發生變動（甲汽車所有權喪失，乙取得汽車所有權）。物權行為既能直接使物權引起變動之法律行為，一般又稱「處分行為」。

(二)單獨行為、契約行為與共同行為

單獨行為乃當事人一方之意思表示即可成立之法律行為，如意思表示之撤銷、債務免除、抵銷權之行使等。契約行為乃雙方相對立之意思表示一致而成立之法律行為，如租賃、買賣等。共同行為（合同行為）乃多數相同方向（平行）之意思表示一致而成立之法律行為，如社團法人之設立、法人總會之決議等。

(三)要式行為與不要式行為

法律行為之成立，除意思表示外，尚須依一定方式始能成立之行為稱「要式行為」，不須履行一定方式即可成立之行為稱「不要式行為」。要式行為區分成法定要式行為及約定要式行為，法定之要式主要又有①書面（如民法第四七、六〇、四二二、七六〇條）；②公開儀式及二人證人（民法第九八二條）；③書面及二人證人（民法第一〇五〇條）。法定要式行為未履行時，依第七三條前段：「法律行為，不依法定方式者，無效」，但如法律另有規定者，不在此限（同條但書）。例如第四二二條：不動產之租賃契約，其期限逾一年者，應以字據訂立之，未以字據訂立者，視為不定期限之租賃。故租賃契約仍生效力，僅租賃期限視為不定期限。

(四)要物行為與諾成行為（不要物行為）

法律行為之成立，除意思表示外，尚須物之交付始能成立之行為稱「要物行為」；反之僅依意思表示而成立之行為稱「不要物行為」。前者如民法第五八九條：「稱寄託者，謂當事人一方，以物交付他方，他方允為保管之契約。」後者如買賣、租賃、承攬等。

(五)有償行為與無償行為

有償行為指一方為財產上之給付而取得他方對待給付之行為，如承攬、買賣。無償行為指一方為財產上之給付，而他方無須為對待給付之行為，

如贈與。

(六)主行為與附屬行為

主行為指獨立成立之法律行為，附屬行為指以主行為之成立為其成立之前提，如保證、抵押權之設定必須先有借貸等主行為之成立。

三、法律行為之要件

法律行為之要件有成立要件及生效要件，茲述之於後：

(一)成立要件

指法律行為之成立所必須具備之要件，可分為一般成立要件及特別成立要件。前者指一切法律行為之共同要件，包括：1.當事人，2.標的，3.意思表示。後者指特定法律行為除具備當事人、標的、意思表示以外，尚須具備之特別要素，此種特別要素，只有某些法律行為有之，又因法律行為種類不同，其特別要素亦不同，例如結婚之成立要件除須具備一般成立要件之外，尚須具備公開儀式、兩個以上證人之特別成立要件。使用借貸契約、消費借貸、寄託契約尚須具備物之交付（要物行為）之特別成立要件。

(二)生效要件

指法律行為成立後，尚須具備生效要件始能發生效力。生效要件亦可分為一般生效要件及特別生效要件，前者為：①當事人須有行為能力；②標的適當；③意思表示須健全。後者指特別法律行為除具備一般生效要件之外，尚須具備之特別生效要件，例如遺囑之生效要件除一般生效要件之外，尚須遺囑人死亡始發生效力，又如法律行為附件或期限者，須條件成就，或期限屆至，始能生效。

四、法律行為之標的

　　法律行為之標的，指法律行為之內容，亦即當事人為法律行為所欲發生之事項。法律行為之標的須適當，所謂適當乃指適法、確定、可能，茲分述如下：

(一)標的須適法

　　法律行為適法者，乃法律行為之內容既不違反法律強制或禁止規定，而且不違背公共秩序或善良風俗。

1.須不違反強制或禁止之規定

　　民法第七一條：「法律行為，違反強制或禁止之規定者，無效。但其規定並不以之為無效者，不在此限。」強制規定，為法律命當事人應為一定行為之規定；禁止規定，是法律命當事人不得為一定行為之規定。前者如民法第三〇條：「法人非經向主管機關登記，不得成立。」民法第九八二條：「結婚，應有公開儀式及二人以上之證人。」❶後者如民法第一七條第一項：「自由不得拋棄」❷。法律行為違反強制或禁止規定者，原則上該法律行為無效，例外情形，法律並不以之為無效，仍然發生效力。法律行為違反強制規定，仍然有效者，例如民法第五六條第一項前段：「總會之召集程序或決議方法，違反法令或章程時，社員得於決議後三個月內請求法院撤銷其決議。」故決議仍為有效，經法院撤銷決議後方始決議溯及無效。法律行為違反禁止規定，仍然有效者，例如民法第九八〇條：「男未滿十八歲，女未滿十六歲者，不得結婚。」如違反本條禁止規定而結婚者仍然有效，結婚當事人或其法定代理人，得向法院請求撤銷而已。如當事人已達結婚最低年齡或已懷胎者，不得請求撤銷（民法第九八九條）。

---

❶　違反民法第一一三八條遺產繼承人之順序而為繼承者無效。違反民法第一一八九條遺囑之方式者無效。

❷　①買賣人身契約當然無效，其權義關係無從發生，買者既無請求交人之權，其因找人支出之費用，亦不能認為因侵權行為所生之損害，而責令相對人賠償（十九年上字第二六號判例）。②販賣煙土，為現行刑法所禁止，則其債權債務之關係自無從發生（二十年上字第二〇二號判例）。

2.須不違反公共秩序或善良風俗

民法第七二條：「法律行為，有背於公共秩序或善良風俗者，無效。」公共秩序指國家社會之公共利益，善良風俗指國民一般道德觀念，二者簡稱公序良俗，是一種「概括性條款」，法律行為標的是否違反公序良俗，由法官綜合各種因素，就社會之需要，與時俱進，予以價值判斷。法律行為之標的違反公序良俗之效果係絕對無效❸，不似民法第七一、七三條設有效之例外，故學說上以「帝王條款」稱之。另外法律行為係顯失公平之行為（學說稱為「暴利行為」），其效果如何？依民法第七四條第一項：「法律行為，係乘他人之急迫、輕率或無經驗，使其為財產上之給付，或為給付之約定，依當時情形顯失公平者，法院得因利害關係人之聲請，撤銷其法律行為，或減輕其給付。」例如甲乘乙急需周轉金而訂立高利息之借貸契約，因與受詐欺或脅迫之程度不同，故乙得於一年內向法院聲請撤銷借貸契約或減輕其利息❹。

(二)標的須確定

法律行為之標的必須確定，當事人方得據以行使權利、履行義務，若標的不確定，當事人之權利義務內容即無準據，法律行為即無內容，當然無效❺。法律行為之標的須確定包括自始確定，或可得而確定。可得確定之方法有依法律之規定❻，有依當事人之意思確定，有依習慣而確定者。

---

❸ 將外孫收為養子、購買養女非法圖利、人身質押等法律行為違反公序良俗，無效。其他如甲與乙約定，如乙與其妻離婚，當贈與財產，此贈與約定，違反公序良俗，無效。夫妻協議離婚，約定其所生子女與其父或母斷絕關係，違背公序良俗，當然無效。

❹ 承攬人於工程竣工時負債累累，如不能領取價款即無法應付債主之追償，定作人若利用承攬人經濟困難之急迫機會，以低於工程價額三分之一數額與承攬人結賬，在當時顯失公平，則承攬人可於一年內訴請法院撤銷該同意結賬之法律行為（暴利行為），並結付殘餘價款。

❺ 如甲向乙服飾店購買衣服，未指何件、數量等，買賣契約內容無法確定，故無效。

❻ 法律行為標的可得確定者，如買賣之價金僅言明憑市價，雖未說明具體價金，依

法律行為標的不論訂約時即已確定（自始確定）或其後依可得確定之方法
而確定，均屬有效。

(三)標的須可能

法律行為之標的須有實現之可能，如標的不能實現，該法律行為不發
生效力。所謂「不能」，有下列情形：

1. 自始不能與嗣後不能

自始不能指法律行為成立時已不能實現，如房屋於訂約前已燒燬，所
訂契約無效（民法第二四六條第一項）；嗣後不能指法律行為成立後始成為
不能，如房屋於契約成立後交付前燒燬，乃債務人（賣主）債務不履行之
問題（民法第二二五、二二六條），非法律行為無效。

2. 事實上不能與法律上不能

事實上不能，例如雞蛋裡挑骨頭、海底撈月及前述 1. 之自始不能等。
法律上不能，例如法律禁止毒品製造運輸販賣（毒品危害防制條例第四條），
故有關毒品之製造運輸販賣契約，即是法律不能。契約不論是「事實不能」
或「法律不能」均屬無效。

3. 全部不能與一部不能

全部不能指法律行為之標的全部不能實現，例如買賣安非他命及嗎啡。
一部不能指法律行為之標的一部不能實現，例如贈與戒指及安非他命。法
律行為之標的全部不能者無效，一部不能者除去該部分亦可成立者，其可
能部分仍為有效（民法第一一一條）。

4. 永久不能與一時不能

永久不能者，不能之情形，永久無法除去；一時不能者，不能情形此
時雖不能，但日後其不能情形可以除去。

民法第三四六條第二項規定：「價金約定依市價者，視為標的物清償時清償地之
市價。但契約另有訂定者，不在此限。」

第二節　行為能力

關於行為能力之意義及有無問題，於第二章已述及，於本節論述行為能力與法律行為效力之關係者有：①完全行為能力人之法律行為效力，②無行為能力人之法律行為效力，③限制行為能力人之法律行為效力。

一、完全行為能力人之法律行為效力

完全行為能力人包括兩類，①滿二十歲且未被宣告禁治產者：民法第一二條：「滿二十歲為成年」，民法第一五條：「禁治產人，無行為能力」，故年滿二十歲，因精神喪失或精神耗弱致不能處理自己事務者，本人或其配偶、最近親屬二人或檢察官向法院聲請宣告禁治產（民法第一四條第一項），經法院宣告後即成為無行為能力人。②未成年人已結婚者：民法第一三條第三項：「未成年人已結婚者，有行為能力。」因未成年人已結婚者，有獨立經營經濟生活之必要，故法律賦予行為能力，以應實際需要。

此二類人能獨立為法律行為，以取得權利或負擔義務之資格（地位），其所為法律行為原則上完全有效，但如其法律行為之意思表示係在無意識或精神錯亂中所為時，則為無效（民法第七五條後段）。又如未成年人已結婚者，於兩願離婚時，仍應得法定代理人之同意（民法第一○四九條）。

【案例研析】

甲與未經宣告禁治產之精神病患人乙訂立之不動產買賣契約是否有效？

擬答：①乙如在無意識中或精神錯亂中所為，雖未被宣告禁治產，仍為無效（民法第七五條）。②乙如有行為能力，契約有效。③乙如無行為能力，則契約無效。④乙如是限制行為能力，則所訂契約，須經法定代理人或監護人之承認，始生效力（民法第七九條）。因此精神喪失或精神耗弱之人，其各個行為均發生有效、無效或效力未定之問題，實多不便，此即法律

制定禁治產制度之立法理由。

二、無行為能力人之法律行為效力

　　無行為能力人亦包括兩類，①未滿七歲之未成年人：民法第一三條第一項：「未滿七歲之未成年人，無行為能力。」②禁治產人：民法第一五條：「禁治產人，無行為能力。」故完全行為能力人或限制行為能力人，被宣告禁治產後即成為無行為能力人。

　　此二類人如自為法律行為，其效力依民法第七五條前段：「無行為能力人之意思表示，無效。」故此類自然人不得自為意思表示，只能由其法定代理人或監護人代為法律行為，並代受意思表示（民法第七六條）。另外，雖非無行為能力人，但其意思表示當時係在無意識或精神錯亂中所為者亦為無效（民法第七五條後段），以保護一時性之無行為能力人，蓋此多事出突然，無法預先設置法定代理人或監護人，代為或代受其法律行為，因此規定其法律行為一律無效❶。

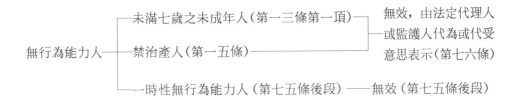

三、限制行為能力人法律行為效力

　　限制行為能力人指滿七歲之未成年人，但已結婚或被宣告禁治產者，

---

❶　①上訴人提出之證明書，雖證明被上訴人於五十四年間曾患有精神病症，但不能證明被上訴人於和解時，係無意識或有精神錯亂之情形，且被上訴人又未受禁治產之宣告，難認和解有無效之原因（五十八年臺上字第三六五三號判例）。②例外情形為當事人之一方於結婚時係在無意識或精神錯亂中者，則得於常態回復六個月向法院請求撤銷之（民法第九九六條），並非當然無效，而是得撤銷之法律效果。

不在此限（民法第一三條第二、三項、第一五條）。

　　此類自然人所為之法律行為之效力，可分下列二種情形，原則上須經允許之法律行為方能生效，例外勿須允許之法律行為仍能生效，茲述之於後：

㈠須經允許之法律行為

1.個別允許

　　法定代理人對限制行為能力人之某一特定法律行為允許者，稱為個別允許❷。民法第七七條前段：「限制行為能力人為意思表示及受意思表示，應得法定代理人之允許。」故限制行為能力人自為法律行為時，如經法定代理人允許，其法律行為始完全有效。反之，未得允許，其法律行為效力如何？應視其法律行為係單獨行為或契約而有不同之效力：

　　⑴單獨行為：民法第七八條：「限制行為能力人未得法定代理人之允許，所為之單獨行為，無效。」乃因單獨行為之特色在當事人一方之意思表示，一經表示即可成立，如債務之「免除」或意思表示之「撤銷」，一經表示債務即免除或意思表示即溯及無效。因此法律為保護限制行為能力人利益，限制行為能力人所為之單獨行為，未經法定代理人允許者，無效。例如限制行為能力人對於其債務人為免除債務之意思表示，若未經其法定代理人之允許，無效❸。

　　⑵契約：民法第七九條：「限制行為能力人未得法定代理人之允許，所訂立之契約，須經法定代理人之承認，始生效力。」故限制行為能力人所訂之契約，原則上效力未定❹，其有效或無效，尚待法定代理人之承認或拒

---

❷　事前同意稱之「允許」，事後同意稱之「承認」。

❸　拋棄繼承之繼承人中，有甲、乙、丙三人，於書立拋棄書時均為限制行為能力人，其拋棄繼承倘未得其法定代理人之允許，依民法第七八條規定，應屬無效（六十九年臺上字第二〇四一號判例），又如限制行為能力人所為簽發支票、背書、捐助財產、捐款設立財團等單獨行為，當然無效。

❹　協議分割公同共有之遺產，為法律行為之一種，須有行為能力者始得為之。無行

絕而後確定，即承認後，契約即生效力，拒絕則契約確定不生效力。但法定代理人不為表示承認或拒絕時，契約之效力將懸而未定，對契約當事人未免不安定，故民法賦予相對人下列二種權利：一是催告權：契約相對人，得定一個月以上期限，催告法定代理人確答是否承認；法定代理人於期限內不為確答者，視為拒絕承認（民法第八〇條）。二是撤回權：限制行為能力人所訂立之契約，未經承認前，相對人得撤回之。但訂立契約時，知其未得有允許者，不在此限（民法第八二條）。撤回乃對於尚未發生效力之行為，阻止其效力發生之行為，故必須在未經承認前為之，民法第八二條所稱承認，除法定代理人承認之外，尚有限制行為能力人，於限制原因消滅後（如已成年或結婚），承認其所訂立之契約者，其承認與法定代理人之承認，有同一效力。此時，相對人亦可向限制行為能力人行使催告權（民法第八一條）。相對人如於訂立契約時明知限制行為能力人未得法定代理人允許之情形，而故意與之訂約時，即無撤回權，蓋善意之契約相對人，固應加以保護，但惡意之契約相對人，仍須加以制裁。

2.限定允許

　　法定代理人允許限制行為能力人處分某種財產，或允許其為某種營業之有關行為概括允許者，稱為限定允許。民法第八四條：「法定代理人，允許限制行為能力人處分之財產，限制行為能力人，就該財產有處分之能力。」因限制行為能力人，達到相當之年齡，則當應其智能，使隨意得為法律行為，以增長其經驗，故民法賦予限制行為能力人對此特定之財產，有處分能力，而其處分行為，即可發生法律上之效力，使其法律效果得以確定，以便利交易❺。民法第八五條第一項：「法定代理人允許限制行為能力人獨立營業者，限制行為能力人，關於其營業，有行為能力。」此時關於其營業，

為能力人，未由法定代理人為之代理，與限制行為能力人未得法定代理人之允許而參與協議者，前者之意思表示無效，後者之意思表示非經法定代理人之承認不生效力（四十年臺上字第一五六三號判例）。

❺　關於法定代理人允許限制行為能力人處分之財產所為之法律行為，例如子女在他鄉求學，父母給與若干金額作為費用，子女用以繳納學費、租賃房屋等均為有效。

視為有完全能力，使其由營業而生之諸種行為，不須一一獲得法定代理人允許或承認，方能生效之不便❻。若允許之後，發現有不勝任之情形時，則法定代理人得將允許撤銷或限制之，但不得對抗善意第三人，以保護限制行為能力人及交易安全（民法第八五條第二項）。唯在撤銷或限制以前已為之行為，則係視為有行為能力人之行為，不能因其後之撤銷或限制而歸於無效。

(二)勿須經允許之法律行為

1.純獲法律上利益或日常生活所必需之行為獨立生效

民法第七七條：「限制行為能力人為意思表示及受意思表示，應得法定代理人之允許。但純獲法律上之利益，或依其年齡及身分，日常生活所必需者，不在此限。」蓋純獲法律上之利益之行為，未獲法定代理人之允許，使之獨立生效，並無損限制行為能力人之利益（即未違反保護限制行為能力人之本條意旨）。所謂純獲法律上利益，包括單得權利及單免義務之行為❼，不包括非純獲法律上之利益，例如附負擔之贈與。又限制行為能力人所為之法律行為依其年齡及身分，為日常生活所必需者，亦無須得法定代理人之允許，使之獨立生效，乃因遷就限制行為能力人，有自為法律行為必要之事實，俾符事實。

【案例研析】

限制行為能力人所為之法律行為依其年齡及身分為日常生活所必需者，如理髮、購買文具、乘車、看電影等。限制行為能力人及無行為能力人購買郵票、投寄信件、打電話，是否亦須法定代理人之代理或允許，始生效力？

---

❻ 關於法定代理人允許獨立營業所為之法律行為，如允許經營文具零售業、汽機車修理業，就營業而生之各種法律行為均為有效。

❼ 例如就讀國小六年級之限制行為能力人甲獲乙之贈與腳踏車一輛或其債權人丙免除其債務等，均不須甲之法定代理人之允許即生效力。

擬答：在郵政法、電信法有特別規定，視為有行為能力人之行為，故為有效，
　　　蓋①利用人為多數，郵電機關不能一一調查，②利用郵電為事實上不可
　　　免，亦不許郵電機關自由選擇其利用人，③利用之負擔較輕，與其重視
　　　該負擔，不如注重利用上之利益，④利用關係僅暫時性，通常利用後始
　　　發覺或無法發覺。又如其他相類似特性之法律行為者，乘坐公車、火車、
　　　自動販賣機買賣行為、看電影、打電動玩具等，亦應類推適用。

2.詐術行為強制生效

　　民法第八三條：「限制行為能力人用詐術使人信其為有行為能力人或已
得法定代理人之允許者，其法律行為為有效。」限制行為能力人，居然使用
詐術，使人信其為有行為能力人或已得法定代理人之允許，此時法律即無
庸再予保護，逕使其行為為有效，否則不僅喪失保護限制行為能力人之立
法意旨，且法律反淪為保護狡詐之徒之工具❽。

第三節　意思表示

一、意思表示之意義及其成立要件

　　意思表示者，表意人欲發生一定私法上之效果，而將其效果意思表示
於外部之行為。意思表示係由效果意思、表示意思及表示行為三個要素所
構成，故其成立要件有三：

㈠效果意思

　　乃行為人有欲成立某法律行為，發生特定私法上效果之意思。例如甲
欲以四萬元向乙購機車，則甲內心期望給付四萬元價金，以便獲得該機車
所有權之效果意思，乙內心期望移轉機車所有權以便獲得四萬元價金之效

---

❽　例如限制行為能力人偽造身分證出生年月日、偽造結婚證書、利用他人證件或偽
　　造父母允許之信函，使相對人信以為真，而與之交易行為，均為有效。

果意思。

㈡表示意思

乃行為人有意將內心已決定之效果意思表達於外部之意思,因此表示意思是「效果意思」與「表示行為」之橋樑。例如前述甲有將內心期望「給付四萬元價金,以便獲得機車所有權」之效果意思表達於外部之意思。若外部行為非基於表示意思,不發生表示之效果,例如甲招呼其友,計程車乙(或拍賣場主持人乙)適經過,甲之招呼不得謂之要約,蓋其內心無效果意思及表示意思。

㈢表示行為

乃行為人將內心之效果,表達於外部之行為。表示行為得以直接意思表示之方式,如語言、文字、動作等,亦得以間接意思表示之方式,如默示之意思表示。

總之,意思表示乃表意人內心腦海中預期發生一定法律效果之意思(效果意思),透過有意識之指揮過程(表示意思),而將效果意思以直接或間接之方式表示於外部之行為。

二、意思表示之種類

㈠明示與默示

明示者乃以言語、文字或其他習慣上使用之方法,直接表示其意思於外部,例如面對面交談、電話交談、書信、廣告、拍賣之應買手勢、招呼公車計程車等。默示者乃以使人推知之方法,間接表示其意思於外部,例如甲向乙表示願以一萬元購買其機車,乙即交付機車予甲,其他如丙未明白表示願買丁商店之產品,但逕行照價付款。戊將其與己已訂好之契約退還予己,可認為默示解約。但單純之沈默,除法律另有規定其效力,不發生默示之效力。意思表示原則上得以明示或默示之方法為之,但有特別規

定者，則應以明示方法為之，否則不生效力。

(二)對話與非對話

對話意思表示者乃表意人以立即使相對人了解其意思表示之方法，與相對人交換意思表示，例如面對面或電話、旗語、手勢方式，交換意思表示。非對話意思表示者乃表意人無法立即使相對人了解意思表示，致相對人無法立即交換意思表示，例如書信、電傳、電報方式為要約或承諾之意思表示。

(三)有相對人之意思表示與無相對人之意思表示

有相對人之意思表示者乃表意人應向相對人為意思表示，相對人有特定人亦有不特定人，前者如甲致函（或打電話）於乙，欲出租其屋；後者如自動販賣機之設置。在雙方行為，其意思表示均有相對人，尤其是訂立契約之要約或承諾。在單方行為中之意思表示，原則上亦均有相對人，如法律行為之承認或撤銷、契約解除等。無相對人之意思表示者乃表意人無須向相對人為意思表示，例如捐助行為（民法第六〇條）、懸賞廣告、物權之拋棄、遺囑等。

(四)健全之意思表示與不健全之意思表示

健全之意思表示者指出自表意人真心及自由的意思所為的表示，一般的意思表示，如非表意人有其他特別因素或受其他不正影響，其意思表示均屬健全。不健全之意思表示者指並非出自表意人真正且自由的意思表示，例如心中真意保留（單獨虛偽意思表示）、通謀虛偽意思表示、錯誤之意思表示、被詐欺或脅迫之意思表示等情形，其意思表示不健全（即意思表示不一致或不自由）。

三、不健全之意思表示

表意人內心的效果意思與外部的表示行為一致，法律始賦予預期的法

律效果。但如因某種原因而不相一致，即為不健全而有瑕疵之意思表示，將影響法律行為之效果。意思表示不健全原因，有由於表意人內心的效果意思與外部的表示行為不一致（意思表示不一致），如心中保留、通謀的虛偽表示、錯誤、誤傳等。有由於表意人受外力的不法干涉（意思表示不自由），如被詐欺、脅迫等意思表示不自由。

㈠意思表示不一致

內心的效果意思與外部的表示行為不一致，其意思表示的效果應如何認定，究應以內部之意思為準？或以外部表示為準？民法原則上係以外部表示為準（表示主義），例外始以內心意思為準（意思主義），以調和當事人之利益及交易之安全。意思與表示不一致，有出於表意人之故意者，心中保留及通謀虛偽意思表示屬之；有出於無意者，錯誤及誤傳屬之，茲述之於下：

1.心中保留

(1)**意義**：心中保留又稱真意保留、單獨的虛偽表示，乃表意人故意表示與其心中真意不同之意思表示，即「表意人無欲為其意思表示所拘束之意，而為意思表示者」（民法第八六條），例如表意人於友人稱讚其新購名車、美鑽時，戲稱：「你喜歡，就送給你」，此項意思表示雖有意思表示行為，表意人卻不期望發生效力，也不準備履行義務是。

(2)**效力**：①原則上有效。民法第八六條「其意思表示，不因之無效」，因此原則上為有效的意思表示（表示主義）。②例外為無效。表意人的心中保留為相對人所明知者，則其意思表示無效（民法第八六條但書），其目的在保護交易的安全，相對人既已明知，當無再予保護之必要，自應以表意人的真意為準（意思主義），使其意思表示歸於無效❶。

---

❶ ①表意人欲出賣甲地，故意表示出賣乙地，如相對人不能體會其真意，則乙地出賣表示有效，如相對人明知其意在出賣甲地，則表意人乙地之出賣表示無效。②以贈與為詞，實則希圖獲得高價而為買賣，倘相對人不能體會其真意，則表意人之贈與為有效。如相對人明知其意在買賣，奈礙於情面，故以贈與為詞，則表意

2.通謀虛偽表示

(1)**意義：** 簡稱虛偽表示，乃指表意人與相對人通謀，而為之虛偽意思表示（民法第八七條）。此情形在社會上常見，例如債務人為逃避債務，與親友通謀，製造假債權或虛偽讓與財產、設定抵押權。通謀虛偽表示，不僅雙方當事人皆欠缺內心的效果意思且表意人此項非真意的意思表示為相對人所明知，並相互故意為非真意的「合意」表示，如僅表意人一方明知為非真意表示，而對方因誤解、不知而與之合意者，不成立虛偽表示。

(2)**效力：** ①在當事人間之效力為無效：民法第八七條第一項：「表意人與相對人通謀而為虛偽意思表示者，其意思表示無效。」虛偽表示在當事人間因欠缺真意且出於不良動機，應不發生預期法律效力。在當事人間其效力係確定的無效，任何第三人得主張其為無效。②對於善意第三人之效力：當事人對第三人不能主張該行為為無效（不能主張自己違法），但善意第三人對當事人得主張該行為為有效或無效，以保護善意第三人，此即民法第八七條第一項但書所謂「不得以其無效，對抗善意第三人」。例如甲為避免債權人強制執行，乃將其名下之房地產出售並移轉登記在乙名下，乙竟將此房地出售並移轉予丙（善意），則甲乙之間雖不生移轉效力，但善意之丙，應受保護，得主張乙、丙間移轉生效力或不生效力❷。③隱藏行為：虛偽

人之贈與表示為無效。③觀賞友人心愛之古畫，友人客氣表示願相贈，此種表示之非出真意，為人所明知者，不得遽認為有效，而貿然領受。

❷ ①債務人意圖避免不相干之第三人參加競買其所有之房屋，而與人訂立虛偽之二十年長期房屋租約，為通謀虛偽意思表示，應屬無效。②兄弟三人甲、乙、丙之不動產均登記為乙所有，三人訂立鬮分書分割財產，將部分土地歸與甲、乙、丙，唯乙未將甲應得部分之所有權移轉登記與甲，且乙與丁、戊二人通謀，偽稱買賣，將甲應得之土地分別出售與丁、戊二人，均辦理所有權移轉登記。則甲可主張乙、丁、戊通謀買賣行為無效，訴請塗銷登記及辦理所有權移轉登記與自己。③虛偽設定抵押權，乃雙方通謀而為虛偽意思表示，依民法第八七條第一項規定，其設定抵押權當然無效，與得撤銷後始視為無效者有別。故虛偽設定抵押權雖屬意圖避免強制執行，但非民法第二四四條所謂債權人得聲請法院撤銷之債務人行為（五十二年臺上字第七二二號判例）。

表示有時並非出於不良動機，表意人與相對人因礙於情面或其他原因，所為的意思表示雖非出於真意，卻隱藏他項法律行為的真正效果意思，稱為隱藏行為，例如甲與乙虛偽的表示買賣名畫，實際為出租，亦即虛偽買賣中隱藏真的出租，則買賣無效，出租有效，即民法第八七條第二項：「虛偽意思表示，隱藏他項法律行為者，適用關於該項法律行為之規定。」應注意者是有效的隱藏行為僅適用於虛偽行為當事人間，但不能主張對第三人也有效，如前例乙將名畫轉賣予善意之丙，甲不得援用隱藏行為（出租行為）之有效性，主張甲仍為名畫所有權人❸。

【案例研析】

㈠虛偽離婚、結婚是否亦適用通謀虛偽意思表示之規定？

擬答：按結婚、離婚此身分行為應絕對尊重當事人之意思，依其本質在當事人間因意思之欠缺而當然無效，並不得適用民法第八七條第一項規定。

㈡被繼承人（甲父）以贈與之意思，並以買賣方式將其土地所有權移轉登記與繼承人（乙子），其贈與行為是否有效？

---

❸ 信託行為與通謀虛偽意思表示有何不同？所謂信託行為指當事人為達成一定經濟目的，超過真實範圍而讓與其權利之法律行為。例如為擔保借款債權之目的而將物之所有權移轉與債權人；為使人管理財產之目的，將所有權移轉與管理人；為委任收取債權之目的，而將債權讓與受任人。信託行為當事人間於行為當時，均有移轉各該權利之真實效果意思，此與通謀虛偽意思表示，雙方均無效果意思，而且通謀阻止其法律行為效果發生者不同。至於當事人相互間，仍須於信託之經濟目的內，受到拘束，如受讓人於適當時期負返還之債務是。實務常見例子：①甲借用乙之名義，由乙向法院競標拍賣之不動產，得標後由甲代繳價款，此買賣行為有效，蓋此為信託行為，但甲可向乙請求辦理所有權移轉登記。②甲之子所有之耕地因欠債被處分清理，甲乃出資委託胞弟乙以乙名義購買，嗣後再移轉登記與甲所有，此係一種信託行為，乙有依約交還登記之義務。③乙欠甲八十萬元，為擔保借款，以乙向丙買受而未辦移轉登記之房屋，由丙直接售與甲，以求簡便，並約定俟乙還清借款，再由甲以出賣方法歸還乙，則甲可依此約定訴請丙辦理所有權移轉登記。蓋此為信託行為，其行為有效。

擬答：買賣行為為通謀虛偽意思表示，無效，但其隱藏之贈與行為如具備贈與之成立及生效要件，應為有效。

3.錯　誤

(1)**意義：** 錯誤乃表意人內心效果意思與外部表示行為之不一致，非起因於故意為之而係表意人誤認或不知所造成。例如以銅質為金質（誤認）或意欲寫六五而筆誤為五六（不知）。此即民法第八八條第一項：「意思表示之內容有錯誤，或表意人若知其事情即不為意思表示者。」錯誤與虛偽表示不同在：虛偽表示，表意人對客觀的事實，並無誤認而故意表示與其內心效果意思不同之意思；反之，錯誤，表意人本欲表示一定內心的效果意思，唯因誤認客觀的事實，致表示與其不同內容之效果意思。

(2)**錯誤主要態樣：** ①內容之錯誤，第八八條第一項「意思表示之內容有錯誤」即意思表示中所包含之各事項，客觀的不正確，A.關於當事人自身之錯誤，指當事人「同一性」之錯誤如誤乙為甲而以物贈與之。B.關於標的物本身之錯誤，指標的物「同一物」之錯誤，如誤以漢英字典為英漢字典而購買之。C.法律行為性質之錯誤，如誤連帶債務為保證債務，誤動產租賃為使用借貸。D.動機之錯誤，動機並非意思表示的一部分，動機之錯誤為意思表示之緣由之錯誤，例如誤以為黃金將會高漲乃大量收購，結果不漲反跌。動機之錯誤不能撤銷，乃因表意人內心的動機頗為複雜且不表示於外部，如亦影響及於意思表示之效力，則未免有害交易之安全過甚。唯其動機倘已表示於外，而構成意思表示內容之一部時且交易上認為重要者，其錯誤，視為意思表示內容之錯誤。對於動機的錯誤法律設有特別規定，依第八八條第二項：「當事人之資格，或物之性質，若交易上認為重要者，其錯誤，視為意思表示內容之錯誤。」當事人之資格或物之性質之錯誤，與前述同一性的錯誤不同，例如誤認專攻政治的「法學士」為法律專家而聘為法務專員、誤認其為難民而贈與，或誤以仿古製品為真品而高價購買。②表示行為之錯誤，第八八條第一項「……表意人若知其事情即不為意思表示者」即表意人若知其實情有錯誤即不為表示。表示之錯誤又稱「不知」，

例如書寫借據誤將千字寫成萬字，誤將新臺幣寫成美金是，如立借據人知其表示行為有錯誤即會更正或不為表示。

(3)效力：①原則上表意人得撤銷其意思表示。錯誤之意思表示如使其發生效力，則與表意人原有內心預期不一致，並不符合當事人意思自治原則，為維護意思表示的純正性及雙方當事人利益，表意人得撤銷其意思表示，唯須具備下列三要件，A.表意人須無過失，即民法第八八條第一項：「意思表示之內容有錯誤，或表意人若知其事情即不為意思表示者，表意人得將其意思表示撤銷之。但以其錯誤或不知事情，非由表意人自己之過失者為限。」B.錯誤在交易上具有重要性，如偶有輕微錯誤即得撤銷，使已生效之法律行為自始歸於無效，對交易安全及社會秩序均有不良影響。C.須於一年內撤銷，如自意思表示後，經過一年則撤銷權消滅（民法第九〇條）。故符合上三要件，表意人原則上得撤銷其意思表示，反之，如表意人有過失或錯誤非交易上具重要性或逾越一年者，例外不得撤銷❹。②表意人應負損害賠償責任。民法第九一條規定，因錯誤而撤銷意思時，表意人對於信其意思表示為有效而受損害之相對人或第三人，應負賠償責任；但其撤銷之原因，受害人明知或可得而知者（即因過失而不知），不在此限。即受害人若有過失時，則表意人縱撤銷其意思表示，亦不必對之賠償。賠償的對象為意思表示的相對人或第三人，賠償範圍限於「信賴損害」又稱「消極利益」，但「履行利益」又稱「積極利益」則不得請求損害賠償。例如借錢買物，又轉賣他人，原買賣契約為賣方所撤銷，則可向原賣方請求賠償借款所付利息（信賴損害）而不得請求轉賣高價之差額（履行利益）。

4.誤　傳

(1)意義：誤傳乃意思表示因傳達人或傳達機關傳達錯誤。所謂傳達人

---

❹　和解不得以錯誤為理由撤銷之，但當事人之一方，對於他方當事人之資格或對於重要之爭點有錯誤而為和解者，不在此限，此觀民法第七三八條第三款之規定自明。此種撤銷權之行使，既係以錯誤為原因，則民法第九〇條關於以錯誤為原因，行使撤銷權除斥期間之規定，於此當有其適用（八十三年臺上字第二三八三號判例）。

如使者；所謂傳達機關如電報局。例如使者口傳，誤買為租，電報局譯電誤三為五是。如表意人向傳達人或傳達機關表示其意思表示時已有錯誤，適用一般錯誤規定。又傳達內容無錯誤，只是送達錯誤，如給甲之信函，傳達人（機關）誤投於乙處，是為誤遞，誤遞對甲而言，為意思表示之未達到，不屬此之「誤傳」（有學者認為求法律關係簡單化，不妨將之適用誤傳規定，由表意人加以撤銷）。

　　(2)效力：民法第八九條：「意思表示，因傳達人或傳達機關傳達不實者，得比照前條之規定，撤銷之。」即誤傳之意思表示非當然無效，而係與錯誤相同得撤銷，亦即表意人得在相同過失要件下，在一年之除斥期間內撤銷意思表示，並對相對人或第三人負損害賠償責任（民法第九○、九一條）。

㈡意思表示不自由

　　意思表示不自由乃因他人之不法、不當干涉(主要有詐欺及脅迫手段)，致為意思表示。表意人受此不法、不當干涉而為一定之意思表示，顯與意思自治及契約自由的原則相違背，此種意思表示即屬不健全之意思表示，為維護表意人意思決定的自由及社會秩序的和諧安寧，民法乃規定表意人得撤銷其意思表示，且以干涉程度之嚴重性區分其法律效果，使被脅迫而為意思表示者,經撤銷後得對抗任何善意第三人(民法第九二條第二項)❺。茲將其情形分述之：

　1.詐　欺

　　(1)意義及要件：詐欺乃詐欺人故意欺罔被詐欺人，使其陷於錯誤，並因之而為意思表示之行為，例如甲向乙偽稱 K 金戒指為純金，乙信以為真而向甲購買。析言之，詐欺之成立要件有①須詐欺人有詐欺之故意，即須有使相對人陷於錯誤而為意思表示之故意，但無須具有欲得財產上利益或加害他人之意思。②須有詐欺之行為，即積極的虛構事實或消極的隱匿事

---

❺　同一詐欺或脅迫行為，在刑事上可能構成詐欺或妨害自由等犯罪行為，在民事上構成侵權行為（民法第一八四條）及被詐欺或被脅迫撤銷意思表示及與第三人間之效果（民法第九二、九三條）。

實（以當事人有告知義務為前提，如單純沈默，其緘默並無違法性，除非在法律上、契約上或交易之習慣上就某事項負有告知之義務外）。防止他人發見錯誤或加強其錯誤之程度，亦為詐欺。③須表意人陷於錯誤。④須詐欺行為與表意人陷於錯誤並進而為意思表示有相當因果關係。

　　(2)效力：①對於當事人之效力。民法第九二條：「因被詐欺或被脅迫，而為意思表示者，表意人得撤銷其意思表示。但詐欺係由第三人所為者，以相對人明知其事實或可得而知者為限，始得撤銷之。」故表意人原則上得撤銷其意思表示❻，例外在撤銷之除斥期間已過或詐欺係由第三人所為而相對人善意且無過失時，不得撤銷意思表示。②對於第三人之效力。民法第九二條第二項：「被詐欺而為之意思表示，其撤銷不得以之對抗善意第三人。」亦即被詐欺而為意思表示雖得撤銷，但不得以撤銷後意思表示自始無效來向善意第三人主張。例如甲被乙詐欺而廉售古畫，乙又轉賣與善意的丙，甲以詐欺為由而撤銷甲乙買賣契約，使之無效後，丙仍得主張其與乙間買賣契約為有效。如古畫已交付予丙，甲不得向丙請求返還，僅得向乙請求損害賠償。又上述撤銷權，應於發現詐欺後一年內為之，自意思表示後，經過十年，不得撤銷（民法第九三條），此即為除斥期間。

【案例研析】

　　㈠甲得知乙之農地已因政府都市計畫變更為建地，乃向乙偽稱該地將被徵收，使乙信以為真乃出售於丙，嗣後發覺並無此事，乙遂向丙表示撤銷其意思表示，是否有理？

擬答：按甲偽稱該土地將被政府徵收，使乙誤信，進而出賣土地予丙，係屬詐
　　　欺行為，唯表意人乙之意思表示之相對人係丙，詐欺行為係第三人甲所
　　　為，依民法第九二條第一項但書規定，應以相對人丙明知或可得而知者

---

❻ ①冒充耕地之現耕農與臺糖公司訂立租賃契約，承租耕地，臺糖公司得以被詐欺為由，撤銷其意思表示。②甲租屋與乙，歷來所訂租約均為不定期限，甲利用乙之文盲，以新約仍依舊約為由，詐欺乙同意在訂期為一年之新租約上蓋章，乙以被詐欺為理由，得撤銷其意思表示。

為限，始得撤銷。故乙可否向丙主張撤銷，應視丙是否明知或可得而知
甲之詐欺而定。

㈡同前例甲、丙共謀，丙買受乙之土地後，立即出售並移轉登記予善
意之丁，其結果有無不同？

擬答：按甲、丙共謀，則相對人丙即明知乙受詐欺而陷於錯誤進而出售土地予
　　　丙之事實，符合民法第九二條第一項但書規定，故得撤銷其意思表示，
　　　但不得以撤銷後意思表示無效向善意第三人丁主張，請求丁移轉登記於
　　　乙。

2.脅　迫

(1)意義及要件：脅迫乃使人發生恐怖而為意思表示之行為，例如甲對
乙稱如乙不給十萬元，將殺害乙全家，乙心生畏懼乃支付十萬元。受脅迫
而為之意思表示與被絕對強制而為之意思表示不同（如以暴力握人之手而
蓋指印於借據），前者僅其意思表示之決定出於不自由，後者則欠缺表示意
思及表示行為，其意思表示當然無效，不適用撤銷之規定。脅迫成立之要
件有①須脅迫人有脅迫之故意，即有意使表意人陷於恐怖而為意思表示，
但無須有得財產上利益或加害於他人之意思。②須有違法不當之脅迫行為。
合法的行為雖使他人發生相當的心理壓力，並不構成脅迫，例如債權人以
存證信函通知債務人限期清償債務否則向法院起訴係行使權利之合法行
為。③須被脅迫而發生恐怖心理❼。④須脅迫行為與表意人發生恐怖心理
進而為意思表示有相當因果關係。

(2)效力：民法第九二條規定因被脅迫而為意思表示者，表意人得撤銷
其意思表示。唯脅迫的違法性較詐欺為嚴重，對於被脅迫人的保護自須較

❼　承攬人於工程竣工時，工程費為九十萬元，而定作人稱僅為五十萬元，承攬人稱：
　　「如能按九十萬元計算即可結賬，否則只有打官司一途，請立即出去，不能影響
　　辦公。」等語。定作人如數結賬，定作人事後以受脅迫為由撤銷意思表示為無理
　　由，因此情形，在客觀上顯不足使定作人發生恐怖心理而進而不能不遵守之狀態。

被詐欺人為周密，故其法律效果有如下不同：①脅迫行為不論由第三人或相對人所為，表意人均得撤銷；詐欺行為如由第三人所為者，以相對人明知其事實或可得而知者為限，始得撤銷。②被脅迫而為意思表示，其撤銷得以之對抗善意第三人；被詐欺而為意思表示，則不能對抗善意第三人。③被脅迫而為意思表示者，自脅迫終止後一年內撤銷之；被詐欺而為意思表示者，則自發現詐欺後一年內撤銷之；經過十年後均不得撤銷❽。

四、意思表示之生效期間

意思表示之生效即意思表示發生效力，表意人應受其意思表示拘束之意。意思表示之生效時期，通常也就是法律行為的生效時期。意思表示之生效時期，因有無相對人而不同，析言之：

㈠無相對人之意思表示

無相對人之意思表示，通常於表示行為完成時，立即發生效力，即採表示主義。例如捐助行為（民法第六〇條）、總會決議（民法第五二條）、動產拋棄（民法第七六四條），例外法律特別規定使其生效溯及於意思表示完成前，如繼承之拋棄（民法第一一七五條），亦有使意思表示完成後，於日後發生效力者，如遺囑（民法第一一九九條）。

㈡有相對人之意思表示

意思表示通常均有相對人，其生效時期因對話人間或非對話人間而有不同，茲分述之：

1.對話人間之意思表示

---

❽ ①甲、丙共同脅迫乙出售土地予丙，丙隨即出售並移轉登記予善意之丁，此時乙得撤銷對丙之意思表示，訴請丁移轉登記於乙並交付之。② A 將房屋出租與 B，為期五年，其後 B 受 A 之脅迫，同意兩年返還，B 事後得撤銷此意思表示。③ C 將 D 之次女押於地下酒家服務，並將長女介紹至舞廳任職，經 D 前往領回時，C 邀由保鏢脅迫 D 訂立一百二十萬元之借據，D 得撤銷此意思表示。

　　民法第九四條:「對話人為意思表示者,其意思表示,以相對人了解時,發生效力。」採了解主義。相對人是否了解? 應依通常情形為合理解釋,依通常情形相對人可了解而故意掩耳不聽或不注意聽或表示不了解,宜認已經了解,反之對聾啞人表示或外語能力不足者以外語表示,則不能認已了解。

2.非對話人間之意思表示

　　非直接立即可處於交換意見之地位而為之意思表示,其生效時期,有四種主義,①表示主義,即一經表示即生效,如書信寫完時立即生效,亦稱「表白主義」。②發信主義,即意思表示已經表意人將其表示置於自己實力支配範圍以外時,即生效力,如書信已投郵。③達到主義,即意思表示須達到於相對人支配範圍以內,始生效力,如書信已投入相對人信箱或已交相對人之手。④了解主義,即意思表示經相對人了解時,始生效力。以上四種主義中,表示主義及發信主義對相對人失之過嚴,因相對人尚不知函件內容;而了解主義對表意人頗為不利,因不易確認相對人是否已了解。依民法第九五條第一項:「非對話而為意思表示者,其意思表示,以通知達到相對人時,發生效力。」係採達到主義❾。

　　通知達到相對人後意思表示即生效,表意人受其拘束,不能任意改變意思,但撤回之通知,同時或先時到達者,不在此限(民法第九五條第一項但書)。又意思表示成立通知後至生效前之一段時間,表意人死亡或喪失行為能力,或行為能力受限制者,其意思表示,不因之失其效力(同條第

---

❾　①乙、丙為父子,丙已成年,住所相同,分別欠甲債務,甲對乙、丙二人為催告,應對乙、丙二人為之,如僅寄與乙一人,則對丙不生催告之效力,蓋乙已非丙之法定代理人。②民法第四四〇條第一項所謂支付租金之催告,屬於意思通知之性質,其效力之發生,應準用同法關於意思表示之規定(見四十一年臺上字第四九〇號判例),而民法第九五條第一項規定:「非對話而為意思表示者,其意思表示,以通知達到相對人時,發生效力」,所謂達到,係僅使相對人已居可了解之地位即為已足,並非須使相對人取得占有,故通知已送達於相對人之居住所或營業所者,即為達到,不必交付相對人本人或其代理人,亦不問相對人之閱讀與否,該通知即可發生為意思表示之效力(五十四年臺上字第九五二號判例)。

二項）。如意思表示不知相對人為何人，則無從為通知，依民法第九七條：「表意人非因自己之過失，不知相對人之姓名、居所者，得依民事訴訟法公示送達之規定，以公示送達為意思表示之通知。」

表意人之相對人應有完全行為能力，始有受領意思表示能力，意思表示始能因了解或到達而發生效力。如向無行為能力或限制行為能力人為意思表示，因其無受領能力，故以通知到達法定代理人時，發生效力（民法第九六條）。

案例研析

㈠甲出租房屋予乙，為期二年，乙除以押租金抵償外，尚欠兩期以上租金，將房門鎖閉，潛居他處，出租人甲非因自己過失不知承租人遷居之住所者，該如何催繳欠租及終止租約？如甲僅將催租及終止啟事貼於房門上，是否生催告之效力？

擬答：甲可向地方法院聲請以公示送達為定期催告之通知，並於通知內說明如屆期不繳不另通知，即終止租約，則屆期未繳，租賃關係即終止。甲僅將催告啟事標貼於該無人居住的房門前，不生催告之效力（四十一年臺上字第四九〇號判例）。

㈡甲欲以存證信函向乙終止租約，乙為未成年人，甲應如何處理？

擬答：原則上應將存證信函寄與乙之法定代理人。但限制行為能力人能獨立處分之財產上法律行為，則以送達該限制行為能力人，即生效力。

五、意思表示之解釋

意思表示之解釋者，指當事人所為之意思表示，有時因約定不夠周延、用語歧義或前後矛盾，因此須加以闡明，以確定其意思表示之真意、內容。

意思表示之解釋時須衡量因素頗多，包括語言、文字、當事人主觀意願及意思表示時各種客觀因素等，一般言之有下列二主要原則：

㈠探求當事人真意，不得拘泥於所用文字

民法第九八條：「解釋意思表示，應探求當事人之真意，不得拘泥於所用之辭句。」當事人真意指當事人已經表示於外部之效果意思（非內心尚未表示於外之效果意思）。解釋當事人意思表示之真意，以當時之事實、其他一切證據資料為斷定之標準，通觀全文，於文義上及理論上詳為推求，不能拘泥文字致失真意，即不得以辭害義❿。但文字業已表示當事人真意，無須別事探求者，即不得反捨文字而更為曲解⓫。

㈡斟酌交易習慣，依誠信原則而為解釋

法院在解釋意思表示時對於雙方當事人之真意，除應於文義上及理論上詳為推究外，並應斟酌其經濟目的及交易上之習慣，本於經驗法則，基於誠信原則而為判斷。例如某地習慣出典不動產時契約書載為「賣契」，則應依該地習慣，認為典權之設定，不能拘泥於所用「賣契」之辭句，曲解為「保留買回權」之買賣契約。但應注意民法第一、二條之規定。

---

❿ ①甲向乙承租農地耕作，雖名為「工作承攬契約」，但契約內容與一般耕地租賃契約相同，應解為耕地租賃契約。因解釋契約，應以當事人立約當時之真意為準，而真意何在，可以審查契約文字之內容，以一切證據資料為斷定之標準，不能拘泥文字，致失真意。②抵押權為對於債務人或第三人不移轉占有而供擔保之不動產，得就其賣得價金受清償之權利，民法第八六〇條規定甚明。債務人就其所有之不動產向債權人設定如斯內容之權利時，雖其設定之書面稱為質權而不稱為抵押權，亦不得拘泥於所用之辭句，即謂非屬抵押權之設定（二十八年上字第五九八號判例）。

⓫ ①共同連帶借據上載明「共同連帶債務人」，則主張僅居於「保證債務人」之地位，為無理由，因當事人立約時之真意已表示明確，自無另事探求之必要。②房屋租賃期限六年，約定「租期屆滿，承租人要繼續承租，經得業主許可方得續租，否則租期屆滿租戶當即撤離」，出租人於租滿前即表示不願續租，請求返還房屋。承租人主張有權續租。應認出租人為有理由。因契約已載明續租須出租人許可，而非一經承租人要求續租，出租人即有允許之義務，文義至為明顯，無須另事探求。

第四節　條件及期限

法律行為當事人為一定的意思表示後，原則上即發生效力，達成當事人所欲發生的法律效果。但當事人不欲其法律行為立即發生法律效力或已發生的法律效力不欲其繼續有效而使之失效，此種對法律行為的效力加以限制者，稱為法律行為的附款。附款有條件、期限、負擔三種，條件及期限規定在民法總則，為法律行為常見的附款，負擔則規定在債編或繼承編中，茲將條件及期限分述如下：

一、條　件

(一)條件之意義

條件係當事人以將來客觀上不確定事實之成否，決定其法律行為效力發生或消滅之一種法律行為附款。析言之：

1.條件係法律行為的附款

附款係構成法律行為（意思表示）之一部，並非在原來的法律行為之外，另有一個附加的法律行為，二者成為主從關係，而係原來的意思表示與當事人對其效力加以限制的意思表示，合成一個法律行為。條件係法律行為的附款之一種。

2.條件之內容為將來客觀上不確定的事實

例如高普考及格，則贈與往返夏威夷機票一張，高普考及格即為條件，蓋是否及格繫於將來不確定之事實，難予預料。如其事實雖屬將來，但確定必會發生，則為期限而非條件，例如明年春天，贈與往返夏威夷機票一張，明年春天雖屬將來，但確定必至，故為期限非條件。

3.條件係使法律行為效力發生或消滅的附款

條件決定法律行為效力之發生者，例如：「將來高考及格，則贈機票一張」，此高考及格之事實，即決定機票贈與（法律行為）效力之發生；決定

法律行為效力之消滅者，例如：「贈與機票一張，將來高普考不及格，則返還」，此高普考不及格之事實，即決定機票贈與效力之消滅。

㈡條件之種類

條件，依區別標準不同而有不同種類：

1.停止條件與解除條件

停止條件係限制法律行為發生效力的條件，即法律行為已成立，但尚未生效，其效力處於停止狀態。附停止條件之法律行為，於條件成就時發生效力（民法第九九條第一項）❶；解除條件係使法律行為之效力歸於消滅之條件，即法律行為之效力已發生，因條件之成就，使之失效。附解除條件之法律行為，於條件成就時，失其效力（同條第二項）❷。

2.隨意條件、偶成條件與混合條件

隨意條件為依當事人一方之意思決定其法律行為條件成就與否之條件，例如：「你出國，將贈與機票一張。」偶成條件為依偶然之事實而決定其法律行為條件成就與否之條件，例如：「明天下雨，願借轎車予你。」混合條件為由當事人之意思與偶然事實結合而決定其法律行為條件成否之條件，例如：「今年底結婚，即贈與往返歐洲機票二張」，條件是否成就繫於

---

❶　甲、乙和解契約，訂明須經甲之上級機關核准之特約，若該上級機關核准，契約即生效力，蓋該上級機關之核准為停止條件，既不予核准，則停止條件不成就。又如房屋定期租賃契約所載「如出租人甲繼續將房屋出租時，承租人乙有優先承租權」，則租期屆滿，乙先須證明有將房屋繼續出租之事實，始能優先承租。因該附載內容為停止條件，乙須證明停止條件已成就。

❷　①甲建設公司向乙租用基地，約定該基地現被第三人占用部分遷清後三個月，如甲公司尚未全面動工，除得乙同意外，該租用基地契約即失效。如第三人占用部分遷清後，甲公司未於三個月內動工，乙訴請甲公司返還基地，為有理由，因所附解除條件已成就。②買賣貨物之契約，訂定買受人應將定金以外之貨款儘本月底交付，到期不交，契約即告失效者，係以到期不交貨款為其契約之解除條件，此項解除條件成就時，買賣契約失其效力，出賣人即免其交付貨物之義務（二十九年上字第一二四九號判例）。

當事人願意今年底前結婚（隨意條件）及能否覓妥對象於今年底結婚（偶成條件）。

3.積極條件與消極條件

　　積極條件係以某事實之發生（積極的）為條件之成就，如以高考及格作為贈與機票之條件；消極條件係以某事實之不發生（消極的），為條件之成就，如以高考不及格，返還機票之條件。

(三)條件之效力

　　條件之效力可分如下三種情形：

1.條件成就或不成就之擬制

　　條件是否成就，應聽其自然，若以不正當行為阻止條件成就或促使條件成就，以避免不利益或圖謀利益，則為保護相對人，民法第一○一條即有擬制之規定：「因條件成就而受不利益之當事人，如以不正當行為阻其條件之成就者，視為條件已成就。」「因條件成就而受利益之當事人，如以不正當行為促其條件之成就者，視為條件不成就。」前者如高考及格，贈與機票一張，故於高考前一日下安眠藥致不能參加考試，阻止高考及格條件成就，則有此不正當行為應視高考及格；後者如高考舞弊而倖獲錄取，則仍視為不及格是 ❸。所謂促其條件之成就，必須有促其條件成就之故意行為，始足當之，若僅與有過失，不在本條適用之列（六十七年臺上字第七七○號判例）。

2.條件成否已定後之效力

　　民法第九九條：「附停止條件之法律行為，於條件成就時，發生效力。」「附解除條件之法律行為，於條件成就時，失其效力。」即條件一旦成就，

---

❸　如甲打傷乙，經和解賠償二十萬元，由甲交付丙簽發面額二十萬元之支票交予乙，約定如支票如期兌現，乙撤回告訴，如支票不能兌現，和解視為不成立，乙得繼續追訴，此為附解除條件之行為。若甲唆使丙不讓支票兌現，促使解除條件成就，則視為條件不成就，甲仍有履行和解契約所定之給付義務。唯如係他人唆使不讓支票兌現，或丙資金不足跳票，則不能視為條件成就。

則法律行為之效力當然發生（在附停止條件時），或當然消滅（在附解除條件時）❹，亦即條件成就之效力，應自條件「成就時」發生，並不溯及既往為原則，若當事人以特約，使條件成就之效力，不於條件「成就時」發生者，自應從其約定（民法第九九條第三項），所謂不於條件成就時發生者，例如特約溯及法律行為成立之時發生，或條件成就後若干日發生，前者如甲乙約定，如甲高考及格，贈與名犬一隻，並特約條件成就之效力溯及自贈與契約成立時發生，在條件成就前（高考及格前），名犬生小犬，則條件成就後，大小名犬均屬於贈與之標的物。後者如特約條件成就後一週後交付名犬，則條件成就後一週後始負交付大名犬之義務。

3.條件成否未定前之效力

條件成否未定前，法律行為之當事人可能取得權利之希望。因附條件之法律行為，其條件雖成否未定，但機會究屬參半，即不無成就之可能，如一旦成就，則當事人一方必因之而取得權利，而另一方亦必因之而負擔義務，此種將來可能取得之權利，謂之附條件之權利，即期待權。期待權法律上既認為一種權利，自當加以保護，故民法第一○○條：「附條件之法律行為當事人，於條件成否未定前，若有損害相對人因條件成就所應得利益之行為者，負賠償損害之責任。」例如甲、乙約定，甲高考及格，乙則贈與機車一部，高考前乙破壞機車，如甲高考及格，得向乙請求損害賠償，若甲高考不及格，則不得請求。

(四)不許附條件之法律行為

法律行為原則上得附條件，例外不許附加條件，其情形有三：

1.由於法律禁止

某些法律行為如附加條件，將使法律效果不易確定，影響法律關係，故法明文禁止之，例如民法第三三五條，禁止抵銷附有條件或期限是。

---

❹　參見❶例，和解契約於上級機關核准時生效。❷例，租用基地契約之效力於第三人占用部分遷清後三個月內甲公司未全面動工時，當然消滅。故其效力不溯及既往而生效或消滅。

2.由於公益上之保護

　　如結婚、離婚、非婚生子女之認領、繼承之承認或拋棄……等身分行為若附加條件，有害公序良俗❺。

3.由於私益上之保護

　　如撤銷權、承認權、選擇權、解除權等單獨行為若附加條件，將使交易行為之法律效果不確定，妨害相對人之利益。

　　不許附條件之法律行為，如竟附之其效力如何？不能一概認為其法律行為全部無效，首先應根據有無法律規定其附條件之法律效果如何？如無法律規定，則視該行為之性質，參酌民法第一一一條但書之規定以決定之。

二、期　　限

㈠期限之意義

　　期限係當事人以將來確定事實之到來，以決定法律行為效力發生或消滅之一種法律行為附款。析言之：

1.期限係法律行為的附款

　　期限作用在因期限之屆至而使法律行為發生效力或消滅效力。

2.期限之內容為將來確定的事實

　　例如甲、乙訂定契約，約定明年三月一日生效。期限必有屆至之日，條件卻未必當然成就，二者有所不同。

3.期限係使法律行為效力發生或消滅的附款

　　期限作用在使已成立未生效之法律行為，因期限屆至而發生效力，或使已成立生效之法律行為因期限屆滿而喪失效力。前者如甲、乙約定明年九月一日，甲出租套房予乙；後者如甲出租乙之套房自今年九月一日起，為期二年。均為附期限之租賃契約。

---

❺　例如協議離婚，以金錢之給付為離婚之條件，倘無法依當事人之意思將給付與離婚分開，其身分關係繫於不確定之事實，違反公序良俗，整個行為即為無效。反之，金錢之給付與離婚表示可以分開時，離婚之身分行為，宜解釋為有效。

㈡期限之種類

期限依區別標準不同而有不同種類：

1.始期與終期

始期係限制法律行為發生效力之期限，即法律行為已成立，但尚未生效，因期限屆至而生效（民法第一○二條第一項）；終期係法律行為已經成立生效，因期限屆滿，而使法律行為喪失效力（同條第二項）❻。

2.確定期限與不確定期限

以期限內容事實之屆至時期是否確定為區別標準，如確定期限之屆至，時期於訂約時即已確定，例如甲借一百萬元予乙，期限一年，自今年一月一日起至十二月三十一日止是。不確定期限之屆至，時期於訂約時即知其必至，但何時屆至並不確定，例如甲之遺囑中稱遺贈乙一百萬元，於甲死亡時遺贈發生效力，人固有死亡之時，但何時死亡則不確定❼。

㈢附期限之效力

其效力有二：

1.期限屆至時之效力

附始期之法律行為，於期限屆至時，發生效力。附終期之法律行為，於期限屆滿時，失其效力（民法第一○二條）。

2.期限未屆至前之效力

期限未屆至前，相對人有期待權，因此附期限之法律行為當事人，於期限未屆至前，若有損害相對人因期限屆至所應得利益之行為者，負賠償損害之責任（民法第一○二條第三項準用第一○○條）。

---

❻　定有確定期限之房屋或基地租賃（如某年某月某日起至某年某月某日止），租期屆滿，租賃行為失其效力，出租人即得收回房屋或基地。

❼　房屋租賃契約約定，於承租人死亡時，租約當然終止，為定有不確定終期之租賃，則自承租人死亡時，出租人得收回房屋。

【案例研析】

　　甲出售土地予乙，約定今年十二月三十一日申請過戶清楚，若屆期尚未辦理土地所有權移轉登記完畢，甲主張買賣土地契約已經失效，是否有理？

擬答：無理由，蓋此僅為定明應履行辦理登記之期限，與附終期之法律行為係指約明期限屆滿當然失效之法律行為者不同。

第五節　代　理

一、代理之意義與功能

　　代理乃代理人於代理權限內，以本人（被代理人）名義，向第三人為意思表示，或從第三人受領意思表示，而直接對本人發生效力之行為也。例如甲僱用店員乙出售物品是，代理人乙在代理權限（看顧店面）內，以甲名義出售物品給顧客，或受領顧客之價金，法律行為效果直接歸於甲。

　　由於社會關係日趨複雜，個人活動領域日益擴大，凡事親自處理，勢無可能，為免分身乏術，乃創設意定代理制度，擴充其行為能力活動範圍❶。此外，為補助無行為能力人或限制行為能力人行為能力之欠缺，乃設立法定代理制度❷。故代理制度之功能，在意定代理有擴充能力，在法定代理有補充能力之功能。

---

❶　百貨公司店員在其負責之部門，關於出售貨品，應認已得公司之授權，其效力及於公司。

❷　無行為能力人為財產上之法律行為無效，應由法定代理人代理。限制行為能力人不能獨立為有效之財產上法律行為，除可由其法定代理人代理之外，所為財產上法律行為，應得其法定代理人之允許。

二、代理之要件

(一)代理須本於代理權

代理人為法律行為須本於代理權，若無代理權，即為無權代理，原則上對本人無效。

(二)須以本人名義

代理人以本人名義為法律行為，以區分代理人「自己的行為」與「為本人」所為之行為，如未表示本人姓名且為相對人所不知者，係代理人以自己名義為法律行為，代理人應自行負責。

(三)代理人得代理本人為法律行為

代理人得代理之行為為法律行為及準法律行為；事實行為及侵權行為均不得代理。乃因代理係代為或代受意思表示，事實行為（如物之先占、遺失物之拾得）在本質上非表示行為；代理以合法行為為限，違法行為不得代理，代理人不得代理本人殺人、竊盜等刑法上犯罪行為及民法上侵權行為，其代理無效。又法律行為中之身分行為因有一身專屬性，以親自為必要，不得代理，若有代理結婚、訂婚、離婚者，其行為無效。

(四)代理人代為意思表示或代受意思表示

代理為法律行為之代理，法律行為以意思表示為要素，法律行為之代理實為意思表示之代理。代理行為以代理人向相對人為意思表示，或代理人從相對人接受意思表示為內容。

代理係代理人、本人及相對人之三面關係，亦即本人授與代理權與代理人，代理人與相對人為法律行為，而其法律效果則歸屬於本人，茲舉一實例，用下圖說明其間關係：

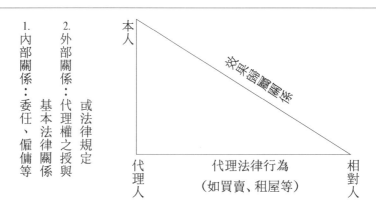

三、代理與使者、代表、信託之區別

㈠使 者

　　使者乃替本人傳達本人已決定之意思表示，例如送書信、代傳話，其功能猶如信差，僅係一種表示或傳達工具，並不自為意思表示，代理則係代理人自為（自行決定）意思表示。

㈡代 表

　　代表通常在法人制度上適用，如董事就法人一切事務，對外代表法人（民法第二七條第二項前段）。董事係法人之機關，為法人組織之一部，無人格，故代表係代表人之行為視為本人之行為。兩者不同點有：①在代表制度上，代表與法人是一個權利主體間的關係，是一部與全部關係；在代理制度上，代理人與本人是兩個權利主體間的關係，是兩個獨立、對立的關係。②在代表關係，代表行為即法人行為，不存有效力歸屬問題；在代理關係，代理人行為並非本人行為，僅效力歸屬於本人，故存有效力歸屬問題。③代表所為之行為不論法律行為、事實行為、侵權行為，均為法人行為，但代理人則僅得代為法律行為及準法律行為。

㈢信 託

　　信託者乃信託人與被信託人，經由契約關係授與被信託人某種法律地位並將財產移轉給被信託人，使被信託人得以自己名義為管理、處分行為。故兩者不同有：①在信託制度上，被信託人係以自己名義與相對人為法律行為；在代理制度上，則代理人係以本人名義與相對人為法律行為。②信託行為既以被信託人以自己名義為法律行為，故其效果歸被信託人，再依原先信託契約將效果歸屬信託人；而代理行為其代理人所為法律行為效果，直接歸屬本人。③信託行為必須移轉信託財產且被信託人不一定與第三人為法律行為；代理則不一定有財產移轉行為且代理人必須為法律行為。

四、代理之種類

(一)意定代理與法定代理

　　以代理權發生的依據為區別標準，可分為意定代理與法定代理。代理權係基於本人之意思表示而發生者，為意定代理，一般之代理均屬意定代理。其代理權之授與方式，依民法第一六七條：「代理權係以法律行為授與者，其授與應向代理人或向代理人對之為代理行為之第三人，以意思表示為之。」即授與代理權之方式僅由授權人以意思表示為之即已足，故性質上為單獨行為。代理權係基於法律規定而發生者，為法定代理，如父母為未成年子女之法定代理人，係依民法第一〇八六條之規定。

(二)有權代理與無權代理

　　以代理人有無代理權限為區別標準，可區分為有權代理與無權代理。代理人基於法律規定或本人之授權而有代理權者，為有權代理，通常所謂代理，即指有權代理而言。法律未規定有代理權或本人未授與代理權而以本人之名義為代理行為者，為無權代理。

(三)單獨代理與共同代理

　　代理人有數人時，以代理權行使之方式為區別標準，可區分為單獨代

理與共同代理。數代理人各得單獨有效為代理行為者，為單獨代理；數代理人應共同為代理行為者，為共同代理。代理人有數人時，除法律另有規定或本人另有意思表示外，原則上為共同代理（民法第一六八條）。

五、代理之效力

代理者既是代理人於代理權限內（授與或法律規定），以本人名義，向第三人為意思表示，或從第三人受領意思能力，而直接對本人發生效力之行為。故由本人、代理人、第三人組成三面關係：

(一)本人與代理人之關係

本人與代理人之關係可分法定代理與意定代理兩種，在法定代理，依法律之規定賦予法定代理人之地位，即有代理權，無須本人授權，亦無內部關係。在意定代理，可分為內部關係（基本法律關係）及外部關係（授權行為），內部關係如委任、僱傭、承攬等以決定代理人與本人之權利義務。外部關係指代理權之授與，即本人一方之意思表示將代理權授與代理人時，代理人即取得代理權，故通說認為代理權之授與性質為單獨行為，毋須經代理人之同意即成立生效。

(二)代理人與第三人之關係

代理人與第三人之關係為代理行為之問題。此二人為實際法律行為之當事人。代理人為法律行為時，必須以本人名義為之，其意思表示始直接對本人發生效力，所謂以本人名義為之之方式，代理人可同時表示本人及代理人之姓名，也得僅表示本人姓名，但不得僅表示代理人之姓名，在未以本人名義為法律行為，除有可認係代理情形外（公司行號職員在事務所、營業處之職務行為，通常可認為代理行為），應認代理人自身之法律行為，由代理人自負法律效果。

代理行為之效果直接歸屬本人，本人用限制行為能力人為代理人，對於限制行為能力之權利並無影響，自不必要求代理人具備完全行為能力。

民法第一〇四條:「代理人所為或所受意思表示之效力,不因其為限制行為能力人而受影響。」依此觀之,代理人為限制行為能力人亦無不可。

代理人既係法律行為之實際行為人,因此民法第一〇五條前段即規定:「代理人之意思表示,因其意思欠缺、被詐欺、被脅迫或明知其事情,或可得而知其事情,致其效力受影響時,其事實之有無,應就代理人決之。」但代理人對第三人之意思表示,係按照本人已決定的特定指示內容而為表示,如代理購買本人指定之機車、代租本人指定之房屋,此時意思是否欠缺(牌子是否有錯誤)、被詐欺、脅迫、明知其事情或可得而知其事情(明知機車、房屋有瑕疵)應就本人決定之,與代理人無關,故本條後段但書規定:「但代理人之代理權係以法律行為授與者,其意思表示,如依照本人所指示之意思而為時,其事實之有無,應就本人決之。」

【案例研析】

乙受甲之委託,代理甲購買耕牛一頭,乙選購丙牛,不料丙牛有重病,甲得否解除契約?

擬答:　原則上甲得否解除契約應就代理人乙是否知丙牛有重病,如乙不知丙牛有重病則可解除契約。但如甲指定購買丙牛,是否明知丙牛有重病,應以本人甲決定之,如明知丙牛有重病仍予指定,依民法第三五五條第一項規定,不得解除契約。

(三)第三人與本人之關係

第三人與本人之關係為效果關係。此即民法第一〇三條:「代理人於代理權限內,以本人名義所為之意思表示,直接對本人發生效力。」此法律效果之歸屬本人,不僅指代理法律行為預期之主要效果尚包括其他附隨效果(如由買賣契約所生之擔保責任),但須代理人有代理權且在代理權範圍內始可,若代理人無代理權或雖有代理權而逾越代理權,其法律效果是否歸屬於本人,須視本人之承認或拒絕而定(民法第一七〇條),若本人承認,

則法律效果歸屬本人，反之，本人拒絕或相對人定相當期限催告本人確答是否承認，而本人逾期未為確答，視為拒絕承認（同條第二項），則法律效果不歸屬本人，此無權代理人對善意之相對人，應負損害賠償責任（民法第一一〇條），在無權代理中須注意者係表見代理（無權代理之一種），即由自己之行為表示以代理權授與他人，或知他人表示為其代理人而不反對之表示者，為表見代理，本人對於第三人應負授權人之責任，但第三人明知其無代理權或可得而知者，不在此限（民法第一六九條）❸。例如甲未經乙之授權，而以乙之代理人名義，出賣乙所有之機車與善意之丙，該買賣機車之契約，如經乙拒絕承認而無效時，甲對於丙所受損害，應負賠償責任。但如乙向丙表示出售甲之機車，甲未當場阻止者，則甲須依契約負移轉機車所有權之義務。

六、自己代理與雙方代理

自己代理者，謂代理人代理本人與自己為法律行為，如甲授權乙，以甲之名義出售房地，乙以自己名義買受之。雙方代理者，謂代理人同時為本人及第三人此雙方二人之代理人而為雙方為法律行為，如前例，甲授權乙，以甲之名義出售房地，同時，丙授權乙，以丙之名義買受房地。不管是自己代理或雙方代理，均易造成本人之利益受損（或利益衝突），原則上禁止之，但①已經本人之許諾，②代理之法律行為係專履行債務者（如清償債務），不在此限。蓋已無利益衝突之弊，故民法第一〇六條即規定：「代理人，非經本人之許諾，不得為本人與自己之法律行為，亦不得既為第三

---

❸ 由自己之行為表示以代理權授與他人者，對於第三人應負授權人之責任，必須本人有表見之事實，足使第三人信該他人有代理權之情形存在，始足當之（參看六十年臺上字第二一三〇號判例）。我國人民將自己印章交付他人，委託該他人辦理特定事項者，比比皆是，倘持有印章之該他人，除受託辦理之特定事項外，其他以本人名義所為之任何法律行為，均須由本人負表見代理之授權人責任，未免過苛。原審徒憑上訴人曾將印章交付與呂某之事實，即認被上訴人就保證契約之訂立應負表見代理之授權人責任，自屬率斷（七十年臺上字第六五七號判例）。

人之代理人，而為本人與第三人之法律行為。但其法律行為，係專履行債務者，不在此限。」

七、代理權之消滅

㈠基本關係消滅

民法第一〇八條第一項：「代理權之消滅，依其所由授與之法律關係定之。」例如因僱傭、委任關係而授與代理權，則僱傭、委任關係終止時，代理權亦因之而消滅。

㈡代理權之限制或撤回

民法第一〇八條第二項：「代理權得於其所由授與之法律關係存續中，撤回之。但依該法律關係之性質不得撤回者，不在此限。」撤回指代理權的全部撤回，撤回部分代理權，則為代理權的限制。代理權既由本人任意授與，本人在原則上自得隨時撤回，不必等待基本法律關係終了，使代理權自然歸於消滅。但在某些法律關係中，基本法律關係的完成有賴代理權之存續，或基本法律關係在性質上必須以代理行為為其履行行為，此時本人不得任意撤回代理權，例如債務人授權其債權人代為收取租金以充債務利息，在未有其他方法確保利息支付前，債務人不得任意撤回代理權。

民法第一〇七條：「代理權之限制及撤回，不得以之對抗善意第三人。但第三人，因過失而不知其事實者，不在此限。」因代理權之限制或撤回，可能使第三人誤以為代理人仍有代理權，為保護善意第三人，本人不得主張代理人係無權代理，但以善意之第三人必須無過失為限❹。

---

❹　①甲委託乙代為出售土地，在委託契約上訂明甲有價金之最後決定權，但乙竟擅定價金與丙訂立買賣契約。若丙為善意且無過失並主張契約效力及甲者，甲以契約對其不生效力為抗辯為無理由。②又如女婿丙向甲借款，岳父乙將私章交與丙，同意其代為辦理借貸三萬元之保證契約，丙向甲借款時，代乙辦十五萬元之連帶保證契約，甲如為善意且無過失，得主張乙應負十五萬元之連帶保證責任，乙抗

代理權消滅或撤回時，代理人須將授權書，交還於授權者，不得留置（民法第一〇九條）。

第六節　無效及撤銷

法律行為具備一定要件時，即發生當事人所欲發生之效力，成為有效之法律行為。反之，意思表示有瑕疵、違反強行規定、公序良俗時，則不能發生當事人所預期之法律效果。法律依照其瑕疵之性質及違反之程度，法律行為之瑕疵程度最嚴重者，成為「無效之法律行為」；次嚴重者，成為「得撤銷之法律行為」❶；較輕微者，其行為處於不確定狀態，非無效也非得撤銷，而係「效力未定之法律行為」。

一、無　效

㈠無效之意義

無效者法律行為自始、確定、當然、絕對不生效力。亦即表意人內心所期望發生之法律效果終局的不發生，無效無須當事人有何主張，亦勿庸法院為無效之宣告，其法律行為即自始不發生效力，縱經當事人承認，亦不能發生預期之法律效力（但並非不發生任何效力，無效法律行為通常依法律規定，會發生損害賠償等法律效果）。不過當事人若有爭執時，得向法院提起確認無效之訴。

無效法律行為之特性有下列四項：

辯僅應負三萬元之連帶保證債務為無理由（乙負十五萬元之連帶保證債務後，可依民法第一八四條侵權行為規定，請求丙賠償損害）。甲如為惡意（知情）或善意但有過失（因過失而不知乙丙間之約定），則乙之上述抗辯為有理由，其餘十二萬元部分則構成無權代理。

❶ 無效之行為在法律行為當時即已確定不生效力，與得撤銷之行為須經撤銷權人之撤銷始失其效力者，顯有不同（三十二年上字第六七一號判例）。

1.自始無效

　　無效之法律行為於成立時即自始無效，從未發生過當事人所欲發生之效力。

2.確定無效

　　無效之法律行為確定無效，不因時間經過而補正，亦不因當事人之承認而發生效力或法院宣告始變為無效。

3.當然無效

　　無效之法律行為當然無效，無待主張，也不必經由一定程序使其失效。

4.絕對無效

　　無效之法律行為，對任何人皆為無效，並非當事人間無效而對其他人仍為有效（但為保護交易安全而有特別例外之規定，如民法第八七條第一項但書）。

(二)無效之效果

1.全部無效與一部無效

　　全部無效，指無效之原因，存於法律行為之全部。一部無效，指無效之原因，存於法律行為之一部。民法第一一一條：「法律行為之一部分無效者，全部皆為無效。但除去該部分亦可成立者，則其他部分，仍為有效。」為維護法律行為之完整性及共同效力，原則上一部無效使之全部無效，例外在認定時應兼顧法律行為之客觀性及當事人之主觀意思。例如一次購買安非他命及機車，安非他命部分無效，機車部分有效。又如附有押租之土地租賃契約，押租部分因違法而無效，但土地租賃部分仍為有效。但如一次購買土地及其地上工具等設備，土地部分因故無效，通常依當事人之意思及所欲達之經濟目的之事實來認定其法律行為不具可分性，故全部法律行為無效。

2.無效行為之轉換

　　在交易頻繁人事複雜之經濟生活，無效法律行為，除違反強行規定或公序良俗外，應儘量使之減少，對於法律行為之當事人及交易之便利，甚

有助益，其最簡便之方法即使之轉換成有效之法律行為，基此，民法第一一二條：「無效之法律行為，若具備他法律行為之要件，並因其情形，可認當事人若知其無效，即欲為他法律行為者，其他法律行為，仍為有效。」例如密封遺囑不具法定方式但具備自書遺囑之方式，如認密封遺囑無效，對立遺囑人而言非其意願，故民法第一一九三條使之轉換成有效之自書遺囑。又如不具備法定方式之票據（支票、本票、匯票）無效且當事人如知其無效即欲為他法律行為，可轉換成普通債券。故無效法律行為之轉換他有效之法律行為，須符合下列三要件：

(1)原來法律行為無效：毋論全部無效或一部無效，解釋上包括經撤銷而無效之法律行為在內。

(2)具備其他法律行為之要件：即符合欲轉換成之法律行為成立及生效要件（如前例符合自書遺囑、普通債券之要件）。

(3)當事人有為其他法律行為之意思：依法律行為當時之客觀情形，可認當事人如知原來之法律行為無效（密封遺囑、票據無效），即不為原來法律行為而欲為其他有效法律行為（自書遺囑、普通債券）。

3.無效法律行為當事人之責任

法律行為無效時不發生當事人預期之效力，但為求當事人公平合理，以免他方當事人受有不利益，依民法第一一三條：「無效法律行為之當事人，於行為當時，知其無效或可得而知者，應負回復原狀或損害賠償之責任。」例如甲明知出賣之古瓶早已不存在仍與乙之古畫交換而取得乙之古畫，甲應返還乙之古畫，古畫如毀損滅失而無法返還時，應以金錢賠償❷。

---

❷ ①(2)損害賠償之方法，以回復原狀為原則，金錢賠償為例外，故損害發生之後，如有回復原狀之可能，受害人請求加害人賠償，應先請求為原狀之回復，倘非法律另有規定或契約另有訂定，不得逕行請求金錢賠償。（六十年臺上字第三〇五一號判例。本則判例於九十一年八月二十日經最高法院九十一年度第九次民事庭會議決議廢止，廢止理由：民法第二一三條增訂第三項，依同法債編施行法第一二條規定有溯及效力，本則判例與增訂民法第二一三條第三項規定之意旨不符，應予廢止。）

②(1)契約無效，乃法律上當然且確定的不生效力，其當事人於行為當時，知其無

二、得撤銷之法律行為

㈠撤銷之意義

　　當事人之法律行為存有瑕疵之意思表示，經過有撤銷權人行使撤銷權後，使已生效之法律行為之效力溯及自始的歸於無效。例如甲將 K 金首飾偽稱純金首飾出售予乙，乙得撤銷已生效之意思表示，使買賣契約溯及的自始歸於無效。申言之：

1.得撤銷之行為限於法律行為

　　民法條文中「撤銷」有本質上屬公法上行為之撤銷（如禁治產宣告之撤銷、法人許可之撤銷）及法律行為之撤銷。此之所謂「撤銷」專指限於以意思表示構成或以意思表示為核心之法律行為。

2.得撤銷之行為業已發生效力

　　得撤銷之法律行為必須已發生效力，經撤銷權人撤銷始溯及既往歸於無效，此與無效之法律行為，於行為當時即自始確定當然絕對無效者不同，根本不發生撤銷問題。又與「撤回」係對於尚未發生效力之意思表示阻止發生效力者亦不同。

3.撤銷由撤銷權人為之

　　撤銷須由依法具有撤銷權人或其代理人行使之，此與無效之法律行為，任何人皆得主張無效者不同。撤銷權之相對人為被撤銷法律行為之他方當事人。

4.撤銷權之行使原則上以意思表示為之

　　民法第一一六條：「撤銷……，應以意思表示為之。如相對人確定者，前項意思表示，應向相對人為之。」撤銷權之行使原則上以意思表示為之，

　　效或可得而知者，應負回復原狀或損害賠償之責任。至契約之解除，乃就現已存在之契約關係而以溯及的除去契約為目的，於契約解除時，當事人雙方均有回復原狀之義務，故契約無效與契約解除，性質上並不相同（四十九年臺上第一五九七號判例）。

其有相對人者,應向相對人為之。行使撤銷權無一定方式,但為舉證方便,通常利用郵局存證信函為之。例外情形,撤銷權是否存在不易認定或行使撤銷權影響第三人、多數人之權益時,則須向法院以訴訟方式撤銷之(五十二年臺上字第八三六號判例),例如第七四條撤銷暴利行為、第二四四條撤銷詐害行為及第九八九至九九七條撤銷婚姻等。

(二)撤銷之效果

其效果有二:

1.法律行為溯及無效

撤銷有瑕疵之法律行為,其主要效果在於溯及的使法律效力歸於無效。民法第一一四條:「法律行為經撤銷者,視為自始無效。」所謂自始無效,即等於未為法律行為,溯及地根本不發生預期之法律效果且係對任何人都無效(對世效力)。但為維護交易之安全,法律設有例外規定,如撤銷被詐欺之意思表示,其撤銷不得對抗善意第三人(民法第九二條第二項),且身分行為之撤銷,不溯及無效而自撤銷時起向後發生效力,例如民法第九九八條:「結婚撤銷之效力,不溯及既往」,以免所生子女成為非婚生子女。

2.撤銷法律行為當事人之責任

民法第一一四條第二項:「當事人知其得撤銷,或可得而知者,其法律行為撤銷時,準用前條之規定。」即法律行為因撤銷而無效,當事人於行為當時知其得撤銷或可得而知者,應負回復原狀或損害賠償責任。

(三)撤銷權之消滅

得撤銷法律行為因撤銷權之行使,隨時可能使業已生效之法律行為變成自始無效,影響交易安全及當事人權益,故不宜長期存有不安定狀態,須使法律效果儘速確定,法律乃規定得撤銷之法律行為因①撤銷權人之承認(民法第一一五條:「經承認之法律行為,如無特別訂定,溯及為法律行為時,發生效力」),或②除斥期間經過,使撤銷權消滅。例如被詐欺而為之法律行為當事人事後雖發現被詐欺,但仍承認原先之法律行為或發現詐

欺後經過一年後（除斥期間）或自意思表示後十年（除斥期間），撤銷權消滅，不得再行撤銷。

三、效力未定

㈠效力未定之意義

效力未定之法律行為者係法律行為發生效力與否,行為當時尚未確定,必須事後有他人承認或拒絕之行為介入，始能確定其效力。既與無效之法律行為之自始確定無效者不同，亦與得撤銷之法律行為，行為當時即生效，經撤銷權人行使撤銷權之後，始溯及既往，視為自始無效者不同。

㈡效力未定法律行為之種類

效力未定之法律行為，有兩種型態： 1.須得第三人同意之行為， 2.無權處分行為。茲述之於後。

1.須得第三人同意之行為

即以第三人之同意為生效要件之法律行為。第三人同意即確定發生效力，反之則確定無效。同意在性質上有事前同意與事後同意，民法條文「允許」指事前同意，「承認」指事後同意，「同意」則包括事前同意與事後同意。須得第三人同意之行為主要種類如下，①應得允許：例如民法第七七條：「限制行為能力人為意思表示及受意思表示，應得法定代理人之允許。……」②應經承認：例如民法第七九條：「限制行為能力人未得法定代理人之允許，所訂立之契約，須經法定代理人之承認，始生效力。」❸

民法第一一七條：「法律行為，須得第三人之同意，始生效力者，其同意或拒絕，得向當事人之一方為之。」但同意無須依一定方式。又效力未定之法律行為經第三人同意後，溯及於為法律行為當時，成為確定有效之法律行為，經第三人拒絕後，自始成為無效之法律行為，第三人未為同意或拒絕前，其效力不定狀態仍存續，但為使此不確定狀態早日確定其效力，

---

❸　未成年人未獲法定代理人同意之婚姻契約效力為「得撤銷」，非「效力未定」。

法律設有賦予當事人之催告權或撤回權（民法第八〇、八二條）。

2.無權處分行為

　　無權利人以自己名義就他人權利標的所為之處分，稱為無權處分（民法第一一八條第一項前段）。無處分權人必須以自己名義為處分行為，如以他人名義為處分行為則為「無權代理」。所謂處分行為，指直接使權利發生、變更或消滅之行為，至於一般負擔行為（債權行為）則不適用第一一八條之規定。例如甲之機車寄放於乙處，乙以自己（乙）之名義出售於丙並交付之，此時乙即為無處分權之人，其行為即為無權處分行為。如乙、丙僅商訂好買賣機車（債權行為、負擔行為），尚未交付機車，則非此無權處分行為。如乙以甲之名義，則為無權代理行為。「處分」指法律上處分，不包括事實上之處分，如將物毀損或消滅在內。

　　民法第一一八條第一項後段：「……經有權利人之承認始生效力。」故該無權處分行為，經有權利人之承認後溯及於處分當時自始有效。

　　同條第二項：「無權利人就權利標的物為處分後，取得其權利者，其處分自始有效。但原權利人或第三人已取得之利益，不因此而受影響。」如前例甲將機車贈予乙，乙取得機車所有權後，其先前之無權處分行為變成自始有效❹。又如乙並未現實交付機車給丙，而係使丙取得間接占有，機車仍在乙處，甲（原權利人）取回使用或出售給丁（第三人）並交付之，則甲仍有權使用機車或丁取得機車權利，蓋無處分權人之處分行為，其效力不應優於有處分權人之處分行為。此時丙僅得對乙請求損害賠償，不得向甲或丁請求交付機車。

---

❹　子於父生前，以自己名義將父之汽車，出售他人，其後因繼承父之遺產而取得此車之所有權，其處分自始有效。

第五章　期日及期間

　　在法律上除人之行為外，時間亦為重要之法律事實，時間之經過與許多法律效果之發生、變更、消滅有密不可分之關係。時間之經過在法律上區分為期日及期間，如無期日及期間，人之出生死亡、法令之施行變更廢止、權利之發生行使及消滅等均無所依據。故民法第一一九條：「法令、審判或法律行為所定之期日及期間，除有特別訂定外，其計算依本章之規定。」以資遵循。

一、期日及期間之意義及區別

　　期日指不可分或視為不可分之某一特定時刻，在法律觀念上為時間過程中之某一個「點」，雖實際上「點」有長度，可能為一小時、一日或一星期，但法律上視為不可分的點，如十一月十一日下午一點、十一月十一日或十一月第一週。期間則為確定或可得確定之一定範圍之時期，通常指從一定期日至一定期日，在法律觀念上為時間過程中之某「一段」或「一條線」，如房屋租賃期間自九月一日起至次年八月三十一日止一年。期日通常以特定之時、日、星期定之，如以月或年為標準，則宜解釋為期間。

　　期間與期限之不同在於前者為法律事實（自然狀態），後者是一種法律行為之附款，分為始期及終期，而始期與終期之經過時間，則為期間。

二、期日之決定與補充

　　期日在理論上指某一特定時刻，如應於某時給付沖洗照片或某日為給付工資或受僱與否之意思表示。以某日為給付期日，則該日全日視為不可分之「點」，在該日通常營業或作息時間內皆得為給付，但深夜或清晨為給付，則有違誠信原則。應於一定期日為給付或意思表示，適該日為星期日、

紀念日或其他休息日，依一般社會習慣不認為工作日，依第一二二條：「於
一定期日……，應為意思表示或給付者，其期日……，為星期日、紀念日
或其他休息日時，以其休息日之次日代之。」本條規定在性質上並非期日之
延長（延期），而係期日之「補充」，因期日依前述所言係一特定時刻（一
個點），無延長可言。又次日也適為紀念日、補假日或其他休息日，則再以
次日為之。

又期日為月初、月中、月末，該如何決定，民法未設明文，依票據法
第六八條第三項：「票上僅載月初、月中、月底者，謂月之一日、十五日、
末日」可供參考。

三、期間之計算

期間之計算方法通常有兩種，一為自然計算法，一為曆法計算法。

㈠自然計算法

即按實際時間，精確計算之方法。一日為二十四小時，一週為七天，
一月為三十日，一年為三百六十五天。依此計算法使期間之長短相同。民
法第一二三條第二項：「月或年，非連續計算者，每月為三十日。每年為三
百六十五日」即是。例如承攬水電排水工程契約書條款約定自十月一日起
四十五個工作天，則應以實際工作天算足四十五日（即扣除假日、雨天等
不能工作日數）。

㈡曆法計算法

即依照曆法計算期間之方法。依此計算法，稱月非指三十日，稱年非
指三百六十五天，因月有大小，年有平閏年，其日數長短均照曆法定之，
如工讀自元月一日起兩個月，依曆法計算方法應至二月二十八日（或二十
九日）。所謂曆指國曆而言，法律已不採農曆，不得依農曆計算期間。我國
民法對於連續期間，係採曆法計算法，民法第一二三條第一項：「稱月或年
者，依曆計算。」

(三)期間計算之起點及終點

1.起　點

民法第一二〇條:「以時定期間者,即時起算。以日、星期、月或年定期間者,其始日不算入。」如沖洗相片上午九時約定二小時內給付,應自上午九時起算至上午十一時止。所謂「始日不算入」乃因法律行為均在每日上班或營業時間內為之,當日時間無法全部利用,為求公平合理,法律行為當日(始日)不算入,自次日起算。如於十一月一日訂作西裝約定十日內做好,則十一月一日(始日)不算入,自十一月二日起算,連續計算至十一月十一日止❶。但如當事人約定自法律行為當日起算,即排除本項規定之適用,其始日應予算入。

2.終　點

民法第一二一條第一項:「以日、星期、月或年定期間者,以期間末日之終止,為期間之終止。」如租機器一個月期間自十一月一日起算一個月,則十一月三十日下午十二時止;保險期間自一月一日起一年,至十二月三十一日下午十二時止。但期間不自星期一、每月一日或元旦起算者,則依同條第二項:「期間不以星期、月或年之始日起算者,以最後之星期、月或年與起算日相當日之前一日,為期間之末日。但以月或年定期間,於最後之月,無相當日者,以其月之末日,為期間之末日。」例如自星期三、十一月三日起算一星期,一個月,其終止日為次星期二、十二月二日(與起算日相當日之前一日),如自八月三十一日起算一個月或一年半,則終止日為九月三十日或次次年二月二十八(九)日❷。

3.末日之延長

---

❶ ①甲向乙催繳欠租,限期七日,乙於十二月一日收受存證信函,始日不計,應自十二月二日起算,八日午夜十二時為期間終止。②民事事件,上訴期間為二十日,刑事案件為十日,自送達判決後起算,亦應自送達判決之次日起算。

❷ 例如八十四年九月五日簽訂租約,為期兩年,未明定起訖日期者,自八十四年九月六日起算到八十六年九月五日,蓋始日不算入。

第一二二條:「於一定期日或期間內,應為意思表示或給付者,其期日或其期間之末日,為星期日、紀念日或其他休息日時,以其休息日之次日代之。」如期間之末日為星期六,則以下星期一上午代之(司法行政部五十五年十一月十九日(五五)令人字第六八九一號令)。本條文指期間之末日適為休息日始有適用,如休息日在期間中間,則不得予以扣除。又縱期間之末日為休息日而為意思表示或給付,並經相對人接受,其經相對人接受者,其意思表示或給付仍為有效,不因為休息日而受影響。

四、年齡之計算法

關於年齡之計算,我國舊民間習慣多採曆年計算法,即一出生為一歲,次年二歲。現行民法改採週年計算法,自出生之日起算足一年為一歲。民法第一二四條第一項:「年齡自出生之日起算。」不同於第一二〇條第二項「始日不算入規定」。

若出生之月日無法確定時,依第一二四條第二項:「出生之月、日無從確定時,推定其為七月一日出生。知其出生之月,而不知其出生之日者,推定其為該月十五日出生。」以中數為準,較為合理。又出生之月日僅係「推定」,如有反證,自可推翻而以實際出生日為準。至不知何年出生,則應依醫學鑑定或其他方法確定出生年份,再依本條定其出生月日。

第六章　消滅時效

一、除斥期間、取得時效與消滅時效之意義

　　時間之經過，影響權利之存續或其行使者，可分為二類，一為除斥期間，一為時效期間。除斥期間者，乃權利預定存續之期間，亦稱預定期間。時效者，乃一定事實狀態存在於一定期間之法律事實，可分為取得時效與消滅時效兩種，取得時效乃占有他人之物繼續達一定期間而發生取得其所有權（或其他財產權）之效果，民法物權編設有規定（民法第七六八至七七二條）；消滅時效乃權利不行使所形成之無權利狀態繼續達一定之期間，而發生請求權消滅（實際上請求權並未消滅，僅其效力減損）之效果。

二、消滅時效與除斥期間之區別

　　法律所定期間究為除斥期間，抑或為消滅時效的區別標準，一般言之，可視條文使用者為「因不行使而消滅」或「時效」等字樣判斷之，但基本上應依權利之本質及法規之實質具體內容判斷。二者之不同，可分如下四點：

㈠立法精神

　　除斥期間乃在維持繼續存在之原秩序❶。消滅時效乃在維持新建立之

---

❶　誤甲為乙而贈與、買賣契約誤二三號為三三號而買受、誤租賃房屋為借貸房屋、誤認某人深諳英文而聘為英文祕書、誤認銅質花瓶為純金質花瓶，而以相當高價購買、在拍賣場舉手招呼友人致被認為應買之表示，以上事例之撤銷權自意思表示後，經過一年而消滅（民法第八八、九〇條），此一年期間，即為除斥期間，則撤銷權因除斥期間經過而消滅，原有之法律關係（贈與甲、買賣二三號、房屋

秩序❷。

㈡適用之客體

除斥期間之客體，為形成權，尤其是關於有瑕疵原因法律行為之撤銷權。消滅時效之客體為請求權，但並非一切請求權均受消滅時效之規律❸（參閱附論）。

㈢期間計算

除斥期間為不變期間，除法律別有規定外，自權利發生時起算，短者有六個月，最長者不超過十年（民法第九三條），並不得展期，以確定當事人間之關係。消滅時效，自請求權可行使時起算，以不作為目的之請求權，自行為時起算（民法第一二八條），短者有一個月，長者為十五年（民法第一二五條），有中斷或不完成之規定（民法第一二九條以下），但不得以法律行為加長或減短之。

㈣效力及其主張

除斥期間經過後，權利當然消滅，當事人縱不援用、主張其效力，法院亦應依職權加以調查以為裁判之資料。請求權罹於消滅時效者，請求權仍得行使，唯權利人行使請求權時，義務人得主張拒絕給付之抗辯權，消滅時效非經當事人援用，法院不得依職權以之為裁判之資料。

契約……）繼續存在。

❷ 例如甲出賣土地予乙，乙長達十五年期間未行使其權利，其請求權罹於消滅時效時，甲得拒絕給付以繼續維持乙未行使其權利而形成之新秩序。

❸ ①共有物分割請求權為分割共有物之權利，非請求他共有人同為分割行為之權利，其性質為形成權之一種並非請求權，民法第一二五條所謂請求權，自不包含共有物分割請求權在內（二十九年上字第一五二九號判例）。②請求權因十五年間不行使而消滅，固為民法第一二五條所明定，然其請求權若著重於身分關係者，即無該條之適用（例如因夫妻關係而生之同居請求權）。履行婚約請求權，純係身分關係之請求權，自無時效消滅之可言（四十八年臺上字第一○五○號判例）。

三、時效制度存在之理由

民法上私權的行使，應尊重當事人的意思，此乃私法自治原則的表現。如權利人長期不行使權利，或知他人侵害其權利而不加以排除，則長久繼續，勢將造成新的事實狀態，影響原有法律秩序的正常維持，為適應既成事實狀態並承認新法律秩序的建立，乃產生時效制度。其主要理由如下：

㈠尊重現存秩序，維護社會交易安全

一定事實狀態，繼續達一定期間，在社會輒形成新之秩序，具有相當之影響力，如加以推翻，將造成已形安定新秩序之混亂，反與法律本質不符。

㈡權利上之睡眠者，不值保護

權利人能行使權利而竟多年不行使，無異是「權利上之睡眠者」，自不值得保護。具有濃厚的教育與督促功能，提醒權利人及時適當行使權利，使權利人不敢怠於行使權利，減少法律紛爭，以增進社會和諧關係。

㈢避免舉證困難

一定事實狀態，經過一定期間後，舉證必日益困難，如仍任由權利人繼續行使請求權，易使訴訟難以進行，久懸不決。

四、消滅時效之客體

消滅時效所能適用的權利，稱為消滅時效的客體。民法第一二五條：「請求權，因十五年間不行使而消滅。」係以請求權為消滅時效的客體，請求權以外的其他權利（如支配權、形成權、抗辯權）不因時效期間的經過而消滅，不適用消滅時效的規定。請求權，一般均有消滅時效之適用，但下列兩種請求權情形除外：

(一)純粹身分請求權

身分請求權有著重財產關係，有著重身分關係，前者有消滅時效制度之適用，例如人格權或姓名權受侵害之財產上損害賠償請求權。後者無消滅時效制度之適用，例如夫妻同居請求權、履行婚約請求權……等純粹身分請求權與公序良俗、道德觀念密不可分，故無消滅時效。

(二)已登記不動產之物上請求權

所有人對於無權占有或侵奪其所有物者，得請求返還之（即所謂所有物返還請求權或回復請求權）。對於妨害其所有者，得請求除去之（即所謂除去妨害請求權）。有妨害其所有權之虞者，得請求防止之（即所謂預防侵害請求權或防止妨害請求權）（民法第七六七條），三者合稱物上請求權。依司法院大法官會議第一○七及一六四號解釋，已登記不動產之所有人回復請求權、除去妨害請求權均無消滅時效之適用。至於已登記不動產所有人之防止妨害請求權有無消滅時效之適用，雖大法官會議未作成解釋，通說亦認為無消滅時效制度之適用❹。

【案例研析】

甲出國，其房地被乙占用十六年，甲向乙訴請返還，乙以逾十五年時效抗辯，有無理由？

擬答：甲之房地如已在地政機關土地及建築改良物登記簿登記，雖被乙占用達十五年以上，依大法官會議解釋第一○七號，乙之抗辯無理由；反之，占用甲未登記之房地則有理由。

五、消滅時效之期間

---

❹　又有關已登記之不動產，關於他項權利（如抵押權、地上權、典權、永佃權、地役權）登記，因其有無效原因所發生之塗銷登記請求權，不因時效完成而消滅。

消滅時效之期間，可分為一般時效與短期時效，此項期間，不得以法律行為加長或減短（民法第一四七條）：

㈠一般時效

民法第一二五條：「請求權，因十五年間不行使而消滅。但法律所定期間較短者，依其規定。」一般消滅時效為十五年，其適用須以法律無較短時效期間規定為限❺。

㈡短期時效

除民法總則所規定下列兩種外，其餘散見於民法各編及民事特別法中：

1.五年時效

民法第一二六條：「利息、紅利、租金、贍養費、退職金及其他一年或不及一年之定期給付債權，其各期給付請求權，因五年間不行使而消滅。」本條為有關定期給付債權之短期時效，所謂「其他一年或不及一年之定期給付債權」，指與利息、租金有共同性質之債權，諸如遲延利息、各季終身定期金、勞工保險費請求權……等是。

2.二年時效

民法第一二七條：「左列各款請求權，因二年間不行使而消滅：一、旅店、飲食店及娛樂場之住宿費、飲食費、座費、消費物之代價及其墊款。二、運送費及運送人所墊之款。三、以租賃動產為營業者之租價❻。四、

---

❺　一般時效適用在實務上常見有：①本於買賣契約之請求權：交付出賣標的物請求權、不動產所有權移轉登記請求權、不動產交付及交付遲延之損害賠償請求權。②本於租賃或借貸契約之請求權：租賃物或借貸物返還請求權、借款請求權。③本於委任契約之請求權：返還處理事務所收取金錢之請求權、委任人對受任人因處理委任事務有過失，或因逾越權限之行為所生之損害賠償請求權。④其他：因可歸責於債務人之事由，致給付不能者，債權人之損害賠償請求權；違約金請求權（民法第二五○條）；不當得利返還請求權。

❻　甲經營電玩出租業，乙向甲承租電玩二十臺及店面營業，期間一年，租金每月各為五萬元及二萬元，則其消滅時效期間不同，前者為二年，後者為五年，又前者

醫生、藥師、看護生之診費、藥費、報酬及其墊款。五、律師、會計師、公證人之報酬及其墊款。六、律師、會計師、公證人所收當事人物件之交還。七、技師、承攬人之報酬及其墊款。八、商人、製造人、手工業人所供給之商品及其產物之代價。」❼

【案例研析】

甲借十萬元予乙，約明借期一年，自一月一日至十二月三十一日止，借期屆至應返還本金十萬元及利息一萬元，經過八年後，甲向乙請求返還，乙可否以時效經過而拒絕給付？

擬答：甲之利息請求權經過五年而罹於時效消滅，而本金返還請求權之消滅時效為十五年，尚未經過，故乙不得拒絕支付本金十萬元之請求。

六、消滅時效之起算點

民法第一二八條：「消滅時效，自請求權可行使時起算。以不行為為目的之請求權，自為行為時起算。」所謂「可行使」，指權利人得行使請求權之狀態❽，例如借款清償期屆至，債務人行使請求權是；所謂「不行為為

必限於營業，否則仍應適用第一二六條為五年。

❼ 本款規定為商品代價請求權，商人指一切販賣商品之人，又本款僅適用於商品及產物的代價請求權。相對人請求交付出賣標的物的請求權，則適用第一二五條一般時效期間的規定。例如甲電器行以價金一萬元出賣某電器予乙並交付之，甲遲遲於三年後才向乙請求，乙得以消滅時效為理由抗辯，拒絕給付；反之，如乙交付一萬元予甲，甲卻未交付電器，乙向甲請求交付電器的請求權消滅時效為十五年。

❽ 以行為為目的之請求權，自請求權可行使時起算，亦即指自行使請求權在法律上無障礙時起算，請求權人如因疾病、不在、或其他事實上之障礙而不能行使請求權，消滅時效亦不妨開始進行，債務人逃避債務，亦應開始。可得行使之時間應依客觀情事定之，不以請求權人主觀之認識為必要。例如：①乙向甲買地，約定付清價金同時，應將土地所有權移轉登記。則乙之所有權移轉登記請求權之消滅

目的之請求權」，指債權之內容係要求債務人單純不作為或容忍，前者如約定汽車經銷公司經理於離職後一年內不得於方圓三十公里內受僱於其他經營汽車銷售為業之公司擔任相同職務是，後者如約定債務人於半年內有容忍債權人通過其土地以利搬運貨物。

七、消滅時效之中斷

㈠消滅時效中斷之意義

時效中斷者，時效進行中，因有與時效基礎相反之事實發生（如請求、承認、起訴），使已進行之期間歸於無效之制度。

㈡時效中斷之事由

時效中斷之事由如下：

1.請　求

請求是權利人於訴訟外，行使權利之行為。權利人一請求，時效立即中斷（民法第一二九條）。唯若不於六個月內起訴，視為不中斷（民法第一三〇條）❾。

2.承　認

承認乃義務人向權利人表示其權利存在的觀念通知。承認之方式不一，

───────────

時效，應自乙付清價金時起算，蓋此時請求權始可行使。②土地所有人甲與鄰地所有人乙約定：甲在土地上不建築，否則賠償損害新臺幣十萬元，如甲違約在土地上開始建築房屋，則乙對甲之損害賠償請求權，應自甲開始建築時起算。③出租人對於承租人返還租賃物之請求權，其消滅時效應自租賃關係消滅時起算（三十三年上字第三五四一號判例）。

❾ 請求，不須何種方式，只要債權人對債務人發表請求履行債務之意思即可，例如甲出租予乙營業用電玩租金於本月一日應給付，二年時效即開始進行，次月一日甲打電話要求乙給付，二年時效即中斷，過去一個月期間歸於消滅，二年時效重新於此起算，但乙未於將來六個月內給付而甲亦未起訴（包括與起訴有同一效力之事項）時，二年時效期間仍自原起算點（本月一日）起算，繼續進行。

以書面、言詞、明示或默示均可 ❿，唯須在時效完成前為之。承認所發生之效力為絕對效力，與請求而中斷效力不同，即權利人不必再有起訴等行為，一經中斷後並無視為不中斷的情事發生，因義務人的承認比權利人的請求或起訴更為明確，權利人應可完全信賴。

3.起　訴

　　起訴乃權利人向法院提起訴訟主張權利之行為，起訴專指民事訴訟及刑事附帶民事訴訟。民法第一二九條第一項第三款乃規定：消滅時效因起訴而中斷。不過時效因起訴而中斷者，若撤回其訴，或因不合法而受駁回之裁判，其裁判確定，視為不中斷（民法第一三一條）❶。故起訴發生之中斷效力，亦非如承認般具有絕對效力乃相對效力。

4.與起訴有同一效力之事項

　　民法第一二九條第二項：「左列事項，與起訴有同一效力：一、依督促程序，聲請發支付命令。二、聲請調解或提付仲裁。三、申報和解債權或破產債權。四、告知訴訟。五、開始執行行為或聲請強制執行。」

　　有此類事項而中斷時效，效力亦非絕對效力而是相對效力，亦即如有民法第一三二至一三六條規定情形，視為不中斷。

---

❿　例如①義務人以信函或電話向權利人表示借款十萬元一時無力清償、清償部分、緩期清償、提供擔保等行為。②以支付金錢為標的之債務，債務人因無金錢清償，將所有之田交債權人收取租金抵償利息，自係對於債權人承認請求權存在之表示，依民法第一二九條第一項第二款之規定，該請求權之消滅時效即因而中斷（三十八年臺上字第二三七〇號判例）。③上訴人所欠被上訴人貨款六萬元既以所得佣金三千元抵償其一部分，自係對被上訴人為請求權存在之承認，依民法第一二九條第一項第二款，被上訴人之請求權消滅時效即因而中斷（六十三年臺上字第一九四八號判例）。

❶　乙於人群中遭人打傷，認甲涉嫌傷害，乃在刑事訴訟程序進行中提起附帶民事訴訟，因刑事判決被告甲無罪而被駁回確定，另行獨立提起民事訴訟時，距知有損害及賠償義務人起又已超過二年，訴訟中被告甲主張時效抗辯為有理由，蓋被害人乙以前所提之附帶民事訴訟，因不合法而受駁回之判決確定，消滅時效視為不中斷，而後訴之消滅時效期間已完成。

㈢時效中斷之效力

1.對於時之效力

①時效中斷者，自中斷之事由終止時，重行起算（民法第一三七條第一項）。故在時效中斷前已經過之時效期間，全歸無效，在中斷時效事由存續之期間，時效不進行，並自時效中斷事由終止時起算，重新計算時效。時效中斷事由於何時終止，因情況不同而不同，例如因起訴而中斷之時效，自受確定判決，或因其他方法訴訟終結時，重行起算（同條第二項），又如因請求或承認而中斷時效，自請求或承認彼時起重新進行❷。②經確定判決或其他與確定判決有同一效力之執行名義所確定之請求權，其原有消滅時效期間不滿五年者,因中斷而重行起算之時效期間為五年(同條第三項),以免債權人須不斷請求強制執行或為其他中斷時效之行為,而徒增紛擾❸。

2.對於人之效力

時效中斷，以當事人、繼承人、受讓人之間為限，始有效力（民法第一三八條）。當事人指中斷時效行為之人及其相對人，繼承人指當事人的概括繼承人，受讓人指當事人之特定繼受人。例如甲借款予乙，已屆清償期後一年，乙向甲請求緩期清償（默示之承認），嗣甲將債權讓與丙或甲死亡，由丙繼承，則丙（受讓人或繼承人）得對乙主張因承認而中斷時效之效力。

八、消滅時效之不完成

㈠消滅時效不完成之意義

時效不完成者乃時效期間行將完成之際，權利人有難於或不能行使權利之事由存在，使時效暫不完成。時效不完成係暫時停止時效之進行，亦稱時效之停止。其立法理由在保護因時效而不利益者（權利人），阻止時效

---

❷　因承認而中斷之消滅時效，以承認為權利人所了解或達到權利人時，重新起算。

❸　同❾例，甲向法院訴請乙給付租金，獲確定勝訴判決後，原有消滅時效期間不滿五年（僅有二年），因有中斷事項而重行起算之時效期間改為五年。

在最後階段中繼續進行，俾使有中斷機會，避免在障礙事由存續期間內完成時效。同時不使時效長期不完成（已經過的時效仍然有效），以維護義務人的相對利益及法律秩序的早日確定。

(二)消滅時效不完成與中斷之異同

兩者相同之處均為時效進行之障礙，係為保護因時效進行而受不利益之權利人，不同之處有：

1.前者乃由於當事人行為以外之事實，後者乃由於當事人之行為。

2.前者在時效停止前已經過之時效期間仍屬有效，停止事由終止後仍須合併計算；後者自中斷之事由前已經過之時效期間歸於無效，時效重新於中斷事由終止時起算。

3.前者效力係絕對的，對世的（對任何人均有效力）；後者係相對的，對人的（對特定之人方有效力）。

(三)消滅時效不完成之事由

1.因事變之不完成

時效之期間終止時，因天災或其他不可避之事變，致不能中斷其時效者，自妨礙事由消滅時起一個月內，其時效不完成（民法第一三九條）。但須一切中斷時效之方法，均為事變所妨礙，始有此之適用。例如因事變不能起訴，尚有其他方法中斷時效者，其時效仍完成❶。

2.因繼承人或管理人未定

屬於繼承財產之權利，或對於繼承財產之權利，自繼承人確定，或管理人選定，或破產之宣告時起，六個月內，其時效不完成（民法第一四〇

---

❶ 例如時效本應於八月一日完成，唯七月二十九日適有強烈颱風來襲，交通電訊中斷，法院停止辦公，無法起訴而中斷時效，亦無他法得予以中斷時效進行，直至八月三日始恢復交通電訊，當事人無法於八月一日時效完成日，行使權利以中斷時效，時效乃自八月三日（妨礙事由消滅日）起，一個月內（即九月二日以前），其時效不完成。

條）**⓯**。

3.因法定代理人之欠缺

　　無行為能力人或限制行為能力人之權利，於時效期間終止前，六個月內，若無法定代理人者，自其成為行為能力人或其法定代理人就職時起，六個月內，其時效不完成（民法第一四一條）**⓰**。

4.因法定代理關係之存續

　　無行為能力人或限制行為能力人，對於其法定代理人之權利，於代理關係消滅後一年內，其時效不完成（民法第一四二條）**⓱**。

5.因婚姻關係之存續

　　夫對於妻或妻對於夫之權利，於婚姻關係消滅後一年內，其時效不完成（民法第一四三條）**⓲**。

㈣消滅時效不完成之效力

　　時效不完成乃暫時停止時效之進行，性質上係將時效期間酌予延長，在延長之期間經過後，時效始告完成。故在延長期間，權利人自可行使權

⓯　例如：①甲死亡，生前對乙有一百萬元債權，因甲之繼承人有無不明且未選定有遺產管理人，而對乙之債權時效行將完成之際，無行使權利之主體以便中斷時效之進行，則時效自繼承人確定或管理人選定時起（如三月一日），六個月內不完成（即八月三十一日以前）。但如被繼承人被徵召海外作戰，並非不能確定，故無民法第一四〇條之適用。② A 死亡，生前對 B 負債一百萬元，因 A 之繼承人有無不明且未選定遺產管理人，而 B 對 A 之債權時效行將完成之際，無被行使權利之對象以便中斷時效之進行，則時效自繼承人確定或管理人選定時起，六個月內不完成。

⓰　因無行為能力人不能自己行使權利，限制行為能力人原則上亦不能獨立有效為法律行為，故於無法定代理人而其權利因時效完成而受影響，為保護其權利，乃特設本條。

⓱　例如受監護人甲對監護人乙有債權或其他請求權，在監護存續中，其權利行使事實上有困難，乃特設本條。

⓲　例如夫向妻借款，本應於本年月一日時效完成，但有婚姻關係，行使中斷時效之行為實有不便，故有本條之規定。

利而中斷時效，否則，延長期間屆滿，時效即完成。

九、消滅時效完成之效力

(一)及於債務人之效力

1.債務人得拒絕給付

民法第一四四條第一項：「時效完成後，債務人得拒絕給付。」依此規定，消滅時效完成之效力，並非請求權當然消滅，僅係債務人取得拒絕給付之永久抗辯權，亦即權利人雖仍得請求，唯債務人得拒絕給付**⑲**。

2.債務仍為給付時不得請求返還

民法第一四四條第二項：「請求權已經時效消滅，債務人仍為履行之給付者，不得以不知時效為理由，請求返還。其以契約承認該債務，或提出擔保者，亦同。」蓋時效雖經完成，其基本債權並未消滅，故債務人仍為履行之給付者，在債權人方面原非不當得利，故不得以不知時效為理由，請求返還**⑳**。至於以契約承認該債務，或提出擔保者，則可認為該債務人已拋棄其拒絕給付之抗辯權，故事後亦不得主張該契約為無效，或撤回其擔保**㉑**。

---

⑲ ①甲未登記之不動產被乙占有已逾十五年，甲行使所有物返還請求權，占有人乙為時效抗辯後，但乙之取得時效（民法第七六八至七七〇條）尚未完成，占有人乙仍得拒絕返還占有物。②按消滅時效完成，僅債務人取得拒絕履行之抗辯權，得執以拒絕給付而已，其原有之法律關係並不因而消滅。在土地買賣之情形，倘出賣人已交付土地與買受人，雖買受人之所有權移轉登記請求權之消滅時效已完成，惟其占有土地既係出賣人本於買賣之法律關係所交付，即具有正當權源，原出賣人自不得認係無權占有而請求返還（八十五年臺上字第三八九號判例）。

⑳ ①不動產買受人經過十五年以後，始向地政事務所請求出賣人辦理移轉登記，出賣人未拒絕，地政事務所仍應辦理移轉登記。②甲將土地出售予乙並交付之，但乙移轉登記請求權罹於時效（十五年），此際甲可否向乙請求返還不當得利？不可，因乙之請求權雖罹於時效而消滅，但發生請求權之原因行為並不隨同消滅，乙因甲履行交付義務而占有土地，有正當權源，不能認為不當得利。

㈡及於債權人之效力

1.債權人得行使擔保權利

　　民法第一四五條第一項:「以抵押權、質權或留置權擔保之請求權,雖經時效消滅,債權人仍得就其抵押物、質物或留置物取償。」❷❷

2.債權人得行使權利之限制

　　民法第一四五條第二項:「前項規定,於利息及其他定期給付之各期給付請求權,經時效消滅者,不適用之。」蓋此種債權,本可從速請求履行,不應使經久而不確定❷❸。

㈢及於從權利之效力

1.以效力及於從權利為原則

　　民法第一四六條前段:「主權利因時效消滅者,其效力及於從權利。」按權利有主從之別,從權利之時效,雖未完成,而主權利既因時效而消滅,則從權利亦隨之消滅,此為「以從隨主」原則❷❹。

2.例外效力不及於從權利

　　民法第一四六條但書:「但法律有特別規定者,不在此限。」法律有特別規定者如民法第一四五條第一項、第八八〇條。

---

❷❶　所謂契約承認債務不限於書面,如債務人表示願意償還一部或緩期清償或提供擔保品擔保債務時,債權人表示同意,契約即成立,債務人時效利益即喪失。

❷❷　例如甲借一百萬元予乙,乙提供其房地抵押擔保一百萬元債務,一百萬元之消滅時效(十五年)於本年月一日完成,本年月二日起五年內,甲仍得就乙提供之房地予以拍賣受償(民法第八八〇條)。

❷❸　A向B承租營業用電玩,租金十萬元,A並提供其公債券質給B擔保租金,租金之時效(二年)於本年月一日完成,B不得就公債券拍賣受償所欠租金。

❷❹　①侵權行為之損害賠償,債權人對主債務人之請求權因債務人為時效抗辯而消滅,其後始對保證人請求,亦得以時效完成為拒絕給付之理由,蓋主權利因時效消滅者,其效力及於從權利(保證)。②所有物返還請求權因時效消滅者,所有人對不法占有人之損害賠償請求權,亦隨之消滅。

㈣時效完成前，不得拋棄，完成後則可

民法第一四七條：「時效期間……並不得預先拋棄時效之利益。」如時效完成前拋棄應為無效 ❷⑤。蓋時效制度，既為公益而設，若許得預先拋棄，債權人即利用其優越地位，迫使債務人於緊迫之時允許拋棄時效利益，時效制度等於虛設，自非所許。至時效完成後，債務人倘欲拋棄時效完成之利益，則無不可，蓋此時保護之必要，已不存在，自宜順乎債務人之意思，時效完成之利益一經拋棄，即回復時效完成前之狀態，債務人不得再以時效業經完成拒絕給付 ❷⑥。

---

❷⑤ 甲向乙借一百萬元，借款上附有縱令時效完成，亦不得拒絕給付之條款無效，因時效之利益不得預先拋棄，但借貸契約不因本條款無效而影響其效力（即仍為有效）。

❷⑥ 時效完成後，如拋棄時效之利益，應由因時效受利益之人，對於時效完成受不利益之當事人，以意思表示為之，再因時效受利益之人如屬多數，除有明文規定外，一人拋棄，其影響不及於他人（五十二年臺上字第八二三號判例）。

第七章　權利之行使

一、意　義

　　權利之行使乃權利人實現其權利之正當行為，例如甲房東將其房屋出租給乙學生，甲係行使房屋所有權（收益權），父母懲戒其子女係行使親權。權利人行使權利固有自由，其不行使權利亦有自由，此為個人主義制度下之現象，但在社會本位下，對於權利之保護，社會公益重於個人利益，權利之行使，均須受法律之限制（所謂民法社會化），因此行使權利應遵循下列三項指導原則：行使權利消極上㈠禁止違反公益原則及㈡禁止權利濫用原則。行使權利積極上須符合㈢誠實信用原則。

二、權利行使之基本原則

㈠禁止違反公益

　　民法第一四八條第一項：「權利之行使，不得違反公共利益。」本項為修正民法時新增，強調權利社會化之意義。所謂公共利益，指不特定多數人利益之通稱，是增進國家社會生存發展不可缺之基本要素。權利人行使權利雖不必積極增進公共利益，但必須消極的不違反公共利益。是否違反共同利益，應由法院就權利人的客觀行為作標準加以判斷，而非以權利人主觀動機或目的判斷之。行使權利如違反公共利益，不能發生預期之效力，如甲所有供公眾使用之水井封閉，其所有權行使違反公共利益，不能發生禁止公眾使用水之效果。

㈡禁止權利濫用

第一四八條第一項:「權利之行使，不得⋯⋯以損害他人為主要目的。」此即禁止權利濫用之原則。權利之濫用係外觀上有行使權利之形式，但實質上違反權利之社會化，蓋法律賦予人私權，其本旨不僅在保護個人亦維護社會公益，因而權利人行使權利之結果，有損人不利己或利己極微而損人極大等情形時，即為以損人為主要目的，例如甲雖有在土地上掘井之權利，但掘井主要目的在使鄰人乙之井水乾涸；甲之行為自應構成權利濫用，乙得請求甲改善之。但權利人行使權利，雖足使他人喪失利益，然非專以損害他人為主要目的，則不屬權利之濫用，如甲擅自在乙土地上建屋，乙得請求甲拆屋還地，乙行使權利雖造成甲之損害，然非專以損害甲之主要目的，故非權利之濫用❶。

權利之濫用，不僅不能發生應有之法律效果，且可能產生其他法律效果，如前例甲掘井之行為，乙不僅得請求甲填井之外，如乙另有損害，亦得請求甲賠償損害。

【案例研析】

甲所有之土地，登記為道，以供通行之用，以地上所受已經警局許可之攤販為無權占有，請求其拆攤還地，有無理由?

擬答:　依土地法第一四條第一項第五款規定，公共交通道路不得私用，在本例中甲雖保有所有權狀，而其管理權亦應依一般習慣受有限制。其請求拆攤還地，於人有害，於己無益，為權利之濫用，故無理由。又如鄰地所建大廈雖有越界情事，但該大廈價值甚鉅，而越界占用土地坪數極少，土地所有人利用之實益不大，如必使占有人拆除建物，亦屬權利濫用（利己極微而損人極大），為法不許。僅能請求賠償其土地被占用之損害。但

---

❶　民法第一四八條係規定行使權利，不得以損害他人為主要目的，若當事人行使權利，雖足使他人喪失利益，而苟非以損害他人為主要目的，即不在該條所定範圍之內。出租人出售租賃物，因承租人出價過低，乃轉售他人，圖多得售價三四千元，其行為僅圖利己，要非以損害他人為主要目的，依上說明，顯無該條適用之餘地（四十五年臺上字第一〇五號判例）。

如土地被人無權占有建築高樓，地主請求拆屋還地，不構成權利之濫用，蓋為自己利益而行使權利，縱他人利益有害，並非以損害他人為主要目的。

㈢誠信原則

民法第一四八條第二項:「行使權利,履行義務,應依誠實及信用方法」,此即誠實信用原則簡稱誠信原則。此原則是法律的最高原則，學者稱「帝王條款」，雖規定在民法總則，但適用於民法全部之規定，亦適用於全部之法律。所謂誠信原則，指於具體之法律關係中，依公平正義理念，衡量雙方當事人之利益之一種法律原則。例如甲欠乙錢，甲清償借款（履行債務）係擲錢散落於地或遇強盜之際還債，均不能發生清償之效果。又如甲出租土地予乙為期二十年，甲未盡出租人義務達十一年之久，乙亦未行使其租賃權禁止甲在土地上建屋植樹，迄甲耗資甚巨建屋植樹後，始出而主張其租賃權，令甲盡出租人義務，要求甲拆屋砍樹交出土地，乙雖行使租賃權，但有違誠信原則。

三、權利救濟之原則

㈠權利私力救濟禁止原則

有權利即有救濟，固為自古以來即有之制度。為避免循環復仇，權利之救濟不得訴諸個人之實力，而須依據法定程序，通過國家權力，以求實現，此即「私力救濟禁止原則」。

㈡權利私力救濟例外承認

私力救濟雖以禁止為其原則，但權利侵害迫切，國家之保護力有未逮之時，如仍禁止私力救濟，難免坐令損害無謂擴大，亦有失法律保護權利之本來意旨，於此則私力救濟禁止原則即不能不例外承認其存在，依現行

民法規定，其情形有三：

1.正當防衛

民法第一四九條：「對於現時不法之侵害，為防衛自己或他人之權利所為之行為，不負損害賠償之責。但已逾越必要程度者，仍應負相當賠償之責。」故正當防衛者，乃對於現時不法之侵害，為防衛自己或他人之權利所為之行為，且未逾越必要程度。其要件：

⑴**須為現在之侵害**：侵害須現正實施而未完畢，始得對之為防衛行為，例如竊賊正偷取財物，或得手後正逃逸中。若侵害已成過去或尚未到來，只得請求公力救濟。

⑵**須為不法之侵害**：若為合法之侵害，則不得對之為防衛行為，例如警察拘捕人犯。又所謂侵害係特定之「人」對於他人權利所加之攻擊行為❷，如係動物之侵害乃單純之自然現象，並非不法之侵害，故對動物之侵害所為之自衛行為，乃緊急避難而非正當防衛。

⑶**須為防衛自己或他人之權利**：權利之種類及範圍並無限制，不論為公權或私權均包括在內。私權方面不論為財產權或非財產權，均在防衛之列。所防衛者不必為自己權利，對他人權利也得為保護而實施防衛行為❸。

⑷**須未逾越必要程度**：是否必要，應就具體情事，依客觀標準決之，初不以雙方勢力之強弱及受害結果之大小為判斷標準❹。

---

❷ 甲見乙身帶尖刀，即用扁擔打去，奪得尖刀，將乙殺斃，是乙只帶刀在身，並未持以行兇，即非有不法之侵害，甲遂用扁擔毆打，不得認為排除侵害之行為。

❸ 於黑夜被夥匪多人撞門入室劫財物，起而抵抗，將盜夥之一人殺傷身死，其行為自屬排除危害應取之手段，且盜匪於行劫時並將其父母砍傷綑縛，則當此急迫之際，持鏢戮傷該匪徒致死，亦不得謂逾越防衛必要之程度。又如乙年僅十七歲，因回家撞見甲正向其妹施暴，情急之下，取用斧頭僅向甲之右手臂砍傷二下，以解其妹之被姦污，而未對其要害攻擊，自係對於現在不法之侵害而出於防衛他人權利之行為，即屬正當防衛之必要措施。

❹ ①未逾越必要程度者如❸，逾越必要程度者如本夫或第三人於姦夫姦婦行姦之際，殺死姦夫，則係逾越必要程度。又如甲認明乙黑夜無故侵入住宅時並未攜有兇器，則此項不法之侵害，顯非除槍擊外不能排除，竟持槍射擊不已，致乙中彈

正當防衛之效果，①於未逾越必要程度，而造成對侵害人之損害之行為，在民法上不構成侵權行為（阻卻違法），不負損害賠償責任。在刑事上如符合刑法規定，不構成犯罪行為，其行為不罰（刑法第二三條）。②如於逾越必要程度，則構成過當防衛，防衛人不論有無過失，對於過當防衛所生的損害應負賠償責任（民法第一四九條但書）。③防衛人的防衛行為應對「侵害人」為之，因實施正當防衛而侵害「第三人」的權利，例如為防衛侵害人的不法侵害而毀損第三人的所有物時，除構成緊急避難，依緊急避難原則處理外，防衛人應對第三人負損害賠償責任。

2. 緊急避難

民法第一五〇條第一項：「因避免自己或他人生命、身體、自由或財產上急迫之危險所為之行為，不負損害賠償之責。但以避免危險所必要，並未逾越危險所能致之損害程度者為限。」故緊急避難者，乃因避免自己或他人生命、身體、自由或財產上急迫之危險所為之必要行為。其要件：

(1)須有急迫之危險：危險之程度須急迫，其發生原因係由於人、動物、事變，在所不問，但必須為現存之危難，情形迫切，非損害他人之法益，即無從避免始足當之，例如狂犬來襲，將該犬擊斃❺。

(2)須為避免自己或他人生命、身體、自由或財產上急迫之危險：至於名譽、姓名、信用等其他法益，則不在保護之列，以免範圍過大，損及第三人之利益。

(3)須為避免危險所必要，且未逾危險所致之損害程度：此乃避難行為的必要性與限制性。避難行為有無必要，應依危險情形、避難方式、避難

身亡，則其防衛顯然逾越必要之程度。②所謂正當防衛，乃對於現時不法之侵害為防衛自己或他人之權利，於不逾越必要程度範圍內所為之反擊行為。又此反擊行為，必加損害於侵害人，始生正當防衛之問題，至正當防衛是否過當，又應視具體之客觀情事，及各當事人之主觀事由定之，不能僅憑侵害人一方受害情狀為斷（六十四年臺上字第二四四二號判例）。

❺　又如為避免房屋延燒起見，將燃燒之油桶抱出至店外，因熱度過高，被迫拋擲，燒燬他人之物，因其情勢危急異常，無考慮之餘地，為緊急避難之行為，不負損害賠償之責任。

人與第三人之損害，全盤判斷。通說認為採此避難行為必須捨此之外，別無其他方式可採，始為必要，即所謂「必要原則」或「補充原則」❻。又避難行為「並未逾越危險所致之損害程度」係指避難行為加於他人的損害，必須少於或等於危險所能產生的損害，逾越此程度即為過當避難，即所謂「權衡的原則」❼。

緊急避難之主要效果為①阻卻違法，避難人因緊急避難行為對於他人所造成的損害，在民法上不構成侵權行為，不負損害賠償責任（民法第一五〇條第一項），在刑事上如符合刑法規定，不構成犯罪行為，其行為不罰（刑法第二四條）。②但避難人為過當避難時，應負損害賠償責任。③危險之發生,行為人(即避難人)有責任者,應負損害賠償責任(同條第二項)❽。

正當防衛與緊急避難之區別如下：

⑴正當防衛係為避免現時不法之侵害,緊急避難係為避免急迫之危險。

⑵正當防衛所防衛之權利並無限制，緊急避難所欲避免而獲得保護之權利，限於生命、身體、自由或財產四種。

⑶正當防衛係對於侵害者實施反擊，緊急避難得對於加害者或第三人實施避難行為。

⑷正當防衛，僅須其行為未逾必要之程度；緊急避難，除以避難為必要，並須避難行為所加於他人之損害，少於或等於危險所能產生之損害。

3.自助行為

民法第一五一條:「為保護自己權利,對於他人之自由或財產施以拘束、押收或毀損者,不負損害賠償之責。但以不及受法院或其他有關機關援助,並非於其時為之,則請求權不得實行或其實行顯有困難者為限。」此即所謂

❻　如❺例子即符合「必要原則」。但如狼犬狂吠，可暫時走避或囑主人制止即可，不必射殺，否則即不符合本項原則。

❼　牛入稻田，將牛殺死，所採避難行為非屬必要且逾越危險所致之損害程度（將牛殺死所造成之損害，大於稻田被踐踏所能產生之損害）。

❽　甲挑逗鄰人乙飼養狼犬，導致狼犬撲噬，在危險中甲將狼犬擊斃，甲雖得為緊急避難，但應負損害賠償責任。

自助行為。自助行為在彌補公權力緩不濟急，以保全自助人的請求權。自助行為的要件較為嚴格，其情形如下：

(1)須保護自己權利：如係保護他人之權利，則不能成立自助行為。又自己權利在性質上必須適於強制執行之請求權，包括債權、物權的請求權及身分的請求權（請求交出子女）。如不適於強制執行者（如婚約履行請求權、夫妻同居請求權等）則不得為自助行為。

(2)須時機緊迫不及請求公力救濟：即以不及受法院或有關機關援助❾，並非於其時為之，則請求權不得實行或其實行顯有困難者為限（民法第一五一條但書）❿。

(3)須為對於他人之自由或財產施以拘束、押收或毀損：他人指債務人而不及債務人以外之第三人，且限債務人之自由及財產為限，不及債務人之生命、身體、健康等權利⓫。

自助行為之主要效果亦在①使自助行為阻卻違法，行為人對他人的自由或財產施以拘束、押收或毀損者，不負損害賠償責任（民法第一五一條）。但是否具備自助行為要件而不負損害賠償責任，應由行為人負舉證責任。自助行為過當時，應負損害賠償責任。又②自助行為係臨時性之保全措施，故民法第一五二條第一項：「依前條之規定，拘束他人自由或押收他人財產者，應即時向法院聲請處理。」亦即拘束債務人自由時，應即（迅速而不遲延）送請法院管收，押收債務人財產者，應即送交法院依強制執行程序處

---

❾　其他有關機關指派出所、警察局、機場航警、海關港警等有權阻止逃亡之機關，而鄉鎮區公所、衛生局、郵局、電信局……等一般行政機關或業務機關，則不包括在內。

❿　債務人變賣財產將潛逃國外，或僱用車輛準備將貨物、貨款一併捲逃，或在飲食店白吃白喝後欲藉機溜走，此時無法立即請求法院或有關機關協助，而債務人一經逃逸，請求權即不得實施或實施顯有困難，權利人在此種情形下必須以自助行為，始能有效保護自己的權利。

⓫　例如為阻止債務人逃匿，權利人得使用實力直接限制債務人的自由或將其護照證件等扣留。為防止隱匿、變賣或滅失財產，權利人得將財產加以扣留或將貨車鑰匙取去。

理。③如向法院聲請被駁回或遲延者，行為人應負損害賠償責任（民法第一五二條第二項）。

附　論

第一節　法律關係與權利義務

一、法律關係之意義

　　法律關係原則上就是權利義務關係，在民法中，尤其財產法領域，法律常規定當事人之一方應作為或不作為，因而使他方獲得利益，故一方負有義務而他方享有利益之間的關係就是法律關係，換言之，人與人間或人與物或人與權利之間，由法律加以規定，具有法律意義之生活關係，即為法律關係。法律關係之基本要素（內容）為權利及義務。例如甲出售汽車予乙，甲對乙有請求支付約定價金及受領汽車之權利，乙對甲有請求交付汽車並移轉汽車所有權之權利。而權利與義務是相對應的，如前例，甲之權利即乙之義務，乙之權利即甲之義務。因此法律關係可謂權利義務關係。

　　民法共一千二百二十五條，可分財產法與身分法，內容包羅萬象，錯綜複雜，實際上其結構不外法律關係之主體、客體及權義之變動，茲圖列如下頁：

二、權利之意義

　　權利之意義，學說上有不同見解，依法力說，權利是為了使特定人能享受合理利益，由法律賦予該特定權利人的一種法律手段。權利人得依其意思行使其權利，以滿足法律所承認之利益（即法益），如未獲滿足時，則以訴訟方式，以國家權力強制促其實現其權利內容（即具有法律實力）。例如債權，債權人得請求債務人為一定給付，因給付而滿足特定利益，不給

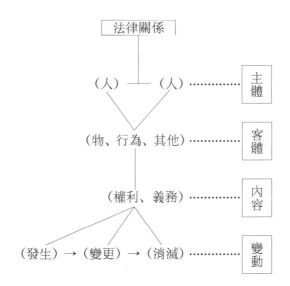

付時，債權人得以訴訟方式促其實現。物權，權利人得直接支配標的物，為使用、收益或處分，如他人不法侵害時，得直接排除或請求法院協助。在人格權或身分權，權利人得直接享有人格或身分利益，如他人不法侵害時，得直接排除或請求法院協助。

三、權利之種類

權利可依不同之標準，而有不同之種類。主要種類如下：

(一)以權利效力所及的範圍為標準

1.絕對權

又稱對世權，即得對抗「一般不特定人」的權利。如人格權、身分權、物權是。其特徵在遭受不法干涉或侵害時，得直接加以排除而不論出自何人，權利人皆得與之對抗。

2.相對權

又稱對人權，即僅得對抗「特定人」，亦即僅得請求特定人為一定作為或不作為的權利。債權是為典型的相對權，債權人僅得請求特定的債務人為給付行為。債權遭受不法侵害，除符合自助行為要件外，不得直接以己

力對抗侵害人排除侵害，僅得於事後請求救濟。

(二)以權利的標的為標準

1.非財產權

非以財產上利益為標的之權利，可再分為人格權與身分權，故亦稱人身權。

(1)**人格權：**存在於權利主體一個人身上，以人格上利益為標的之權利。如特別人格權：生命、身體、健康、自由、名譽、姓名，一般人格權：除特別人格以外之人格權，如隱私、肖像……等。其特徵在此種權利因出生而取得，因死亡而消滅，在權利關係存續中，不得讓與或拋棄。

(2)**身分權：**存在於兩個權利主體之間，基於一定身分關係而發生的權利，主要存於親屬的身分關係上，故亦稱親屬權，如父母子女關係而發生親權（保護、教養、懲戒權），因家長家屬關係而發生家長權，因婚姻關係而發生同居請求權、配偶權。

2.財產權

以財產上利益為標的之權利，可再分為債權、物權、準物權、無體財產權。

(1)**債權：**特定人得請求特定人為一定給付（作為或不作為）的權利，稱為債權。構成債權內容為給付，包括作為與不作為，且不以有財產價格者為限（民法第一九九條）。

(2)**物權：**得直接支配管領特定物並具有排他性的權利，稱為物權，民法物權編規定物權有所有權、地上權、永佃權、地役權、抵押權、質權、典權、留置權八種及占有。

(3)**準物權：**非民法上的物權，但在法律上視為物權，準用民法關於不動產物權之規定者，稱為準物權。如礦業權、漁業權。

(4)**無體財產權：**以人類精神、智慧的創作，具有無體及無形的利益為標的之權利，稱為無體財產權，如著作權、專利權、商標權等。後兩者通稱為「工業財產權」，三者合稱「智慧財產權」。

(三)以權利的作用為標準

1.請求權

要求他人為特定行為（作為或不作為）的權利，稱為請求權，如債權請求權、物權請求權、準物權、無體財產權請求權、人格權、身分權請求權。

【案例研析】

甲先仿冒勞力士手錶註冊商標之圖樣及文字，使用於自己製造手錶上後開車出去兜售，途中不慎撞傷路人乙並壓死乙之小狗，問甲係侵害何者的那些權利？

擬答：甲侵害勞力士手錶公司之商標專用權（無體財產權）及乙之人格權（身體及健康）、財產權（小狗——物權），甲須依商標法第六一條、民法第一八四條第一項前段、第一九三條負損害賠償責任。

2.支配權

直接支配權利客體的權利，稱為支配權，主要有人格權、身分權、物權、準物權及無體財產權。支配權得直接支配權利客體、支配管領標的物或直接取回標的物，無須他人為特定行為的積極作用以及禁止他人不法干涉或妨害行為之排除權利的消極作用。

3.形成權

因權利人一方的意思表示，使法律關係直接發生、變更或消滅的權利，稱為形成權，如撤銷權、選擇權、抵銷權、承認權、解除權等。

4.抗辯權

對抗權利人行使權利的權利，稱為抗辯權。依其性質可分為永久性抗辯權與暫時性抗辯權，永久性抗辯權指永久阻止權利人行使權利，如消滅時效完成後，權利人行使請求給付時，義務人得予拒絕給付且永久不需給付之抗辯權；暫時性抗辯權指暫時阻止權利人行使權利，如因契約互負債

務，他方當事人未為對待給付前，得拒絕自己之給付的抗辯權（即同時履行抗辯權），但如他方當事人已對待給付，則抗辯權喪失，故其作用僅暫時性。

㈣以權利主體與權利的關係為標準

1.專屬權

專屬於權利人，與權利人不能分離的權利，稱為專屬權。如人格權、身分權。

2.非專屬權

非專屬於權利人，而得與權利人分離的權利，稱為非專屬權。如一般財產權均為非專屬權，具有移轉性，得為讓與或繼承的標的。

㈤以權利的依存關係為標準

1.主權利

不須依賴其他權利，能獨立存在的權利，稱為主權利，如一般債權、人格權、身分權、物權中之所有權、地上權、永佃權、典權等。

2.從權利

不能獨立而須從屬於其他權利始能存在的權利，稱為從權利，如保證契約、物權中之抵押權、質權、留置權等，必須從屬於主債權，原則上從債權與主債權同一命運。

為便於閱讀了解，茲將前述權利之意義與種類，圖示如下頁：

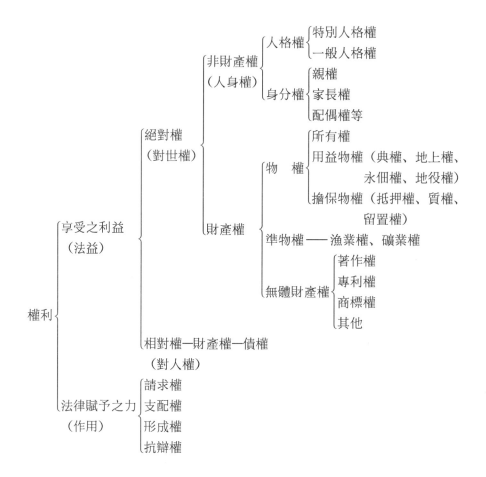

四、義務之意義

　　義務乃法律上所課之作為或不作為之拘束，違反此拘束應受到法律制裁。義務內容包括積極之作為及消極之不作為，積極作為，如基於勞務契約要求提供勞務之積極作為；不作為有單純不作為及容忍，前者如不參加同業競爭，後者如容忍他人通過土地、噪音等。法律上之義務原則上有強制性，義務人不履行應受法律制裁，此種處於受制裁之不利益地位者，稱為「責任」，例如債務人不履行債務（「義務」），即產生債務不履行之損害賠償「責任」。故義務與責任應有區別。

五、義務之種類

義務可依不同之標準,而有不同之種類。主要種類如下:

1.積極義務與消極義務:前者是應為一定行為之義務,後者是不應為一定行為之義務。

2.對世義務與對人義務:前者又稱絕對義務,是任何人均受拘束之義務;後者又稱相對義務,是僅特定人間應受拘束之義務。

3.專屬義務與非專屬義務:前者乃僅特定人始得負擔之義務;後者乃可以移轉他人負擔之義務。

4.主義務與從義務:前者是可以獨立存在的;後者是附屬於主義務而存在的。

5.第一義務與第二義務:前者是對於原權之義務,即不許侵害他人權利之義務。第二義務是對於救濟權之義務,即侵害他人權利時,負有損害賠償責任之義務。

第二節　民法用語

一、視為與推定

「視為」乃將不同之事項,當作相同處理。如胎兒依民法第七條視為其已出生。故視為者,乃法律就某一特定事實之存在,賦予另一法律效果,縱別有反證,亦不因之喪失其效力。

「推定」乃因某事實之存在,依一般情況判斷,當作有另一事實存在。如民法第九條:「受死亡宣告者,以判決內所確定死亡之時,推定其為死亡。」「前項死亡之時,應為前條各項所定期間最後日終止之時。但有反證者,不在此限。」又如第一二四條第二項:「出生之月、日無從確定時,推定其為七月一日出生。」唯若有反證證明其非於其時死亡或出生時,其推定之時日即失其效力。

二、善意與惡意

「善意」指不知有某事實者。如民法第二七條第三項：「對於董事代表權所加之限制，不得對抗善意第三人」，此所謂善意即不知董事之代表權所受限制之事實。「惡意」指知悉有某事實者。如第九五八條：「惡意占有人，負返還孳息之義務……。」所謂惡意占有人即知其所占有之物非其所有或無權占有而占有之。

三、適用與準用

「適用」乃直接依法律規定，應用於該事項之謂，如定金應適用民法第二四九條之規定。

「準用」乃避免立法繁複，將類似事項明文規定，準用某條，準用不能完全適用被準用之法條，僅在性質許可之範圍內，始可適用。例如民法第四一條規定，法人之清算程序，除民法有規定外，準用股份有限公司清算規定。票據法第一二四條匯票規定準用在本票，第一四四條匯票規定準用在支票上。

四、相對人與第三人

「相對人」乃法律關係之他造當事人。「第三人」乃雙方當事人以外之人。例如民法第八七條第一項：「表意人與相對人通謀而為虛偽意思表示者，其意思表示無效。但不得以其無效對抗善意第三人。」甲為脫產逃債乃與乙（相對人）通謀，就其名下房地過戶予乙，乙竟黑吃黑將房地出售並過戶予善意（即不知情）之丙（第三人）。甲不得以與乙之間過戶之意思表示係通謀而無效來對丙主張其過戶無效，請求返還其房地。

五、前段及但書

「前段」指某一條文之前一段規定而言。例如民法第一八四條第一項：「因故意或過失，不法侵害他人之權利者，負損害賠償責任。故意以背於

善良風俗之方法，加損害於他人者亦同。」前段指「因故意……，負損害賠償之責」，後段指「故意以……亦同」。

　　「但書」指同一條文中，同時含有原則法與例外法時，原則法部分，多規定於前文之前段，例外法部分所用文字，則用「但」字開始，此即所謂但書。例如民法第一四九條：「對於現時不法之侵害，為防衛自己或他人之權利所為之行為，不負損害賠償之責。但已逾越必要程度者，仍應負相當賠償之責。」

第三節　民法之基本原則

　　十八、十九世紀民權革命，反對專制及個人主義思潮，高唱人生而自由平等，解除舊日專制之壓迫和身分之限制，由於當時工商發達，經濟上亟須享有契約自由和財產權之保障，所以人們得任意訂立契約的契約自由權及尊重人們自由使用收益處分財產之財產權。故十八世紀各國憲法，多有保障所有權之規定，當時各國民法之規定，配合產業革命後經濟發展之需要，絕對保障所有權，尊重契約自由，採取過失責任原則。

　　但絕對保障所有權，所有權人常為自己利益，濫用權利，使社會遭受損失。過分尊重契約自由之結果，造成富者利用契約自由之名，欺凌窮者，造成嚴重貧富不均現象。貫徹過失責任主義，對被害人之保護，有時或有不周。為補救這些流弊，各國乃制定社會政策，實現社會安全之理想，表現在法律上，即所謂法律社會化，在民法上即民法社會化，亦即：

(一)權利之限制

　　權利不能夠無限制，權利之濫用，為法律所禁止。行使權利，履行義務，應遵守誠信原則。行使權利之際，尤應以公共利益為重，求與公共利益相配合。如私權之行使或存在和公益相衝突，寧可犧牲私權。此即我國民法第一四八條：「權利之行使，不得違反公共利益，或以損害他人為主要目的。」「行使權利，履行義務，應依誠實及信用方法。」

仁契約自由之限制

為維護社會公益，私人間契約，恆受國家之限制，契約不僅不能違反公共秩序善良風俗，必要時，還可以強迫當事人訂立契約，有時由國家規定契約內容，不許當事人自由改變。過去以自由競爭為基礎之契約自由，至此代之以互助協同為基礎之契約管制。例如民法第七二條：「法律行為，有背於公共秩序或善良風俗者，無效。」第七四條：「法律行為，係乘他人之急迫、輕率或無經驗，使其為財產上之給付，或為給付之約定，依當時情形顯失公平者，法院得因利害關係人之聲請，撤銷其法律行為，或減輕其給付。」其他如勞動契約、郵電瓦斯供應契約簽訂，國家均加以管制。

三無過失責任之採用

由於某些事件之本質，如核子、飛航、礦害、高壓設備、公害事故等，一旦發生，很難查明其失事的真正原因，造成事故通常起於剎那之間，又其發生後責任之鑑定往往須高度專門科學知識、大量金錢及長久時間，甚或無法鑑定之窘境，於是在特殊性質之事項紛紛改採無過失責任，以保護被害人。例如民法第一八八條第一項、民航法第六七條、核子損害賠償法第一一條以下。

第四節　民法之解釋

法律條文通常係抽象的原則規定，抽象條文適用在具體事件時，如其規定不明確，最易引起疑義或爭執，必須以解釋方式闡明條文真義。而法律用語常常專門艱深，條文間牽連複雜，或有矛盾，或有牴觸，更需解釋法律，確定條文之涵義。

解釋法律之機關，在我國以司法院大法官會議的解釋最具權威，其次為法院之法官或行政機關之主管公務員。其於解釋法律時的基本態度，有兩種不同之理論，一是主觀說，認為解釋的目的乃在確定「立法者的意思」，

解釋機關應嚴格受到立法者意思及見解之拘束。二是客觀說，認為解釋的目的在探求並闡明法律規定所含有的、客觀的「法律意思」。法律是一種理性、客觀、公正而合乎目的的規範，法律本身具有客觀的涵義。前一種見解難以適應社會變遷，後一種見解，通盤衡量法律發展的過程、學術研究、法律思潮、時代演進、政經變化等因素，客觀解釋法律，賦予法律新生命而能繼續適用於未預見之新變局。

　　解釋法律之方法，主要有「文理解釋」與「論理解釋」兩大類，解釋時應先依文理解釋，再以論理解釋為補充。文理解釋乃依據法律規定的文字，按照一般文義及通常使用的方式而為解釋。論理解釋則不依照法律規定之文字，而依立法理由、背景、精神及其他一切情事，衡情度理，而闡明法律之真義，換言之，乃不拘泥於文字，而依一般論理法則，確定法律之意義。其方法又可細分為擴張解釋、限縮解釋、當然解釋、反對（反面）解釋。

第二編　債

第一章 通 則

第一節 債之發生原因

一、債之意義

　　債兼指債權及債務而言，乃特定人對於特定人得請求為特定行為（包括作為及不作為）之法律關係。得請求為特定行為之權利稱之債權；為實現債權而為特定行為之義務稱之債務。例如甲向乙借新臺幣參萬元，則甲、乙之間即有債之關係，亦即甲（特定人）對於乙（特定人）於清償期屆至時，得請求清償借款（特定行為）。

二、債法之內容

　　民法債編分為兩章，第一章通則，包括①債之發生，②債之標的，③債之效力，④多數債權人及債務人，⑤債之移轉，⑥債之消滅。第二章各種之債，包括①買賣，②互易，③交互計算……㉔保證等二十四種❶。

　　債法多為任意法，亦即當事人相互間之權利義務內容，只要不違反公共秩序、善良風俗，當可任由當事人自由商定，此所謂契約自由原則。故債之種類及內容即不限定前述二十七種類契約類型。

三、債之發生意義

　　債之發生謂債之關係原始的發生。因債之發生，一方取得債權，他方

---

❶　民國八十八年四月二十一日增訂修正公布民法債編，增訂旅遊、合會、人事保證三種契約，現共有二十七種有名契約類型。

負擔債務。民法規定債之發生原因有①契約，②代理權之授與，③無因管理，④不當得利，⑤侵權行為。但代理權之授與，民法列為債之發生原因，頗受學者批評，通說認為代理權為一種法律上資格，本質上非權利，似難逕認代理人即為代理關係之權利人，因代理人為代理行為時，其法律上效果均歸屬本人，對代理人並無利益可言，故不應將之列為債之發生原因為妥。

第一款　契　約

一、契約之意義

契約有廣狹二義，廣義所謂契約，泛指以發生私法上效果為目的之一切合意。此私法上效果有債之發生，有物權之設定或其他權利之移轉，亦有親屬法上之效果。狹義所謂契約，僅指以債之發生為目的之合意，亦即由雙方當事人互相意思表示一致，以發生債權債務為內容，而成立之法律行為。民法債編通則所列之契約，專指債權契約而言。

二、契約之分類

㈠有名契約與無名契約

其區別在於是否為法律所明定。有名契約又稱典型契約，即法律賦予一定名稱，並設有特種規定之契約，民法債編第二章所定各種之債即屬之。無名契約又稱非典型契約，即法律未賦予名稱，並未設特別規定之契約，包括①以法律全無規定之事項為內容者，稱之純粹無名契約。②以二種以上有名契約之內容為內容者，稱之混合契約，例如住宿契約，以租賃契約與膳食買賣契約或提供勞務之僱傭契約，合而為單一契約之混合契約。無名契約依契約之性質及經濟目的，類推適用與該契約相近之有名契約有關之規定。

㈡雙務契約與單務契約

其區別在於雙方當事人是否負擔有對價之關係之債務。雙務契約者，雙方當事人各須負擔有對價關係之債務之契約，所謂對價非指客觀上有同一價格，乃指主觀上雙方所為給付互相依存，互為因果而有報償關係之謂。例如買賣、租賃、承攬、合夥等契約。單務契約者，僅當事人一方負擔債務或雙方均負擔債務，但其債務無對價關係者之契約。屬此類契約有二：一是僅當事人之一方負擔債務，例如贈與、消費借貸。二是雙方當事人負擔債務，然未立於對價關係，例如使用借貸（貸與人負有容忍借用人使用收益借用物之義務，借用人則負返還借用物之義務，雙方負有債務，但無對價關係，故為單務契約）。

㈢有償契約與無償契約

其區別在於雙方當事人是否由給付而取得利益。有償契約者，雙方當事人各須由給付而取得利益之契約，例如買賣、租賃、僱傭、承攬。無償契約者，當事人一方無所給付，而取得利益之契約，例如贈與、使用借貸。兩者差異在①有償契約，債務人履行義務所負注意程度重（即須盡善良管理人之注意程度）；無償契約，債務人履行義務所負注意程度輕（即只盡與處理自己事務同一之注意程度）。②限制行為能力人未經法定代理人允許，不得訂立有償契約；而純獲法律上利益之無償契約，則無須有法定代理人之允許（民法第七七條）。

㈣要式契約與不要式契約

其區別在於契約之成立，是否須有一定方式。要式契約者，其成立須有一定方式之契約，例如不動產物權之移轉或設定，終身定期金契約之訂立，須以書面方式為之，結婚應有公開儀式及兩個以上證人。非要式契約者，其成立毋須有一定方式之契約。現代法律，因採方式自由原則，故多為不要式契約。兩者差異在要式契約，如不具備法定之方式者，其契約原

則上無效（民法第七三條），在該方式未完成前，推定其契約為不成立（民法第一六六條），不要式契約，則不受此拘束。

　　契約之分類，除上述四種外，尚有①要物契約❷與不要物契約（諾成契約），②要因契約與不要因契約（無因契約），③本約與預約，④一時之契約與繼續性之契約（例如租賃、僱傭），⑤主契約與從契約等。

三、契約之成立

　　民法第一五三條第一項：「當事人互相表示意思一致者，無論其為明示或默示，契約即為成立。」契約之成立，除須具備一般法律行為之成立要件（當事人、標的、意思表示）外，尚須當事人意思表示互相一致始可成立。例如甲願以十萬元出售其汽車，乙願以甲之出價買受之，雙方之意思表示客觀上相對立之一致，契約即成立。本條項亦揭明契約成立，以不要式為原則，只要當事人意思一致，即可成立。又當事人對於契約必要之點（前例甲之某部汽車、價金），意思一致即可，至於非必要之點（前例之履行期、何人去辦理過戶），當事人意思不一致時，法院應依其事件之性質定之，即民法第一五三條第二項：「當事人對於必要之點，意思一致，而對於非必要之點，未經表示意思者，推定其契約為成立，關於該非必要之點，當事人意思不一致時，法院應依其事件之性質定之。」但契約當事人有約定契約須用一定方式者，在該方式未完成前，推定其契約不成立（民法第一六六條）❸。契約既以當事人之意思表示一致即成立，然則究竟依如何之方法，

❷　要物契約如使用借貸契約、消費借貸契約、寄託契約、倉庫之寄託契約、押租金契約等。契約之成立，除雙方意思表示一致之外，另須標的物之交付。

❸　不動產物權具有高度經濟價值，訂立契約約定負擔移轉、設定或變更不動產物權之義務者，不宜輕率，為求當事人締約時能審慎衡酌，辨明權義關係，防止爭議發生，其契約應由公證人作成公證書，乃增訂民法第一六六條之一第一項：「契約以負擔不動產物權之移轉、設定或變更之義務為標的者，應由公證人作成公證書。」唯當事人間如已有變動物權之合意，並已向地政機關完成物權變動之登記者，則已生物權變動之效力，自不宜因其債權契約未具備公證要件而否認該債權契約之效力，乃增訂第二項：「未依前項規定公證之契約，如當事人已合意為不

始能一致？有如下三種方法：

(一)要約與承諾一致

此為契約成立最尋常之方法，一般契約多以此方法而成立。要約與承諾並不以二人之間為限，即多數人締結一個契約者，亦不乏其例。茲分述之如下：

1.要　約

(1)**要約之意義**：乃以訂立契約為目的，為喚起相對人承諾之一種意思表示。要約為構成契約（法律行為）要素之一即意思表示。因此民法總則關於意思表示之規定，例如意思表示之心中保留、錯誤、被詐欺、被脅迫……等均適用之。

要約之作用既在於喚起相對人之承諾而具體表明契約內容，如其意思表示之目的雖亦在締結契約，但其作用僅能喚起他人向自己為要約，並未具體表明契約內容，須待相對人為要約之意思表示始能確定，則為要約之引誘。例如沿街叫賣：「賣燒肉粽哦！」為要約之引誘。「燒肉粽，一個二十元。」則為要約。要約與要約之引誘，在理論上雖顯然有別，在實際上頗易混淆，應視其表示行為是否足以決定契約必要之點，其契約是否注重當事人其人及當地與交易上有無特別習慣等情事,並探求表意人之意思決定之，如民法第一五四條第二項明定：「貨物標定賣價陳列者，視為要約。但價目表之寄送，不視為要約。」故價目表之寄達即為要約之引誘❹。

(2)**要約之效力**：①要約效力發生時期，依民法總則意思表示之法則，向特定人為要約者，對話為要約，以相對人了解其要約時，發生效力（民法第九四條），非對話為要約，以要約達到相對人時發生效力（民法第九五條）。無特定人為要約者，民法無規定，解釋上應採達到主義，即以不特定

動產物權之移轉、設定或變更而完成登記者，仍為有效。」俾免理論上滋生不當得利之疑義。

❹ 要約之引誘為引誘他人向自己為要約，僅為契約之準備行為，其本身尚不發生法律上之效果。如招租售房屋、徵聘工人、職員之廣告、商品推銷之廣告。

人居於得了解其要約之狀態時,發生效力。②對於要約人之效力,依民法第一五四條第一項:「契約之要約人,因要約而受拘束。但要約當時預先聲明不受拘束,或依其情形或事件之性質,可認當事人無受其拘束之意思者,不在此限。」故原則上要約一經生效後,要約人即須受拘束,此即所謂要約之拘束力,又稱要約之不可撤回性,要約人不得將要約之內容擴張、限制、變更或撤回。但要約當時預先聲明不受拘束❺,或依其情形或事件之性質❻,可認當事人無受其拘束之意思者,不在此限,此即所謂要約拘束力之除外規定。③對於相對人之效力。要約到達相對人後,相對人即取得可以承諾而成立契約之地位,稱之承諾能力或承諾適格。相對人雖取得承諾之地位,但除依預約或法律規定外,並無承諾之義務,承諾與否原則上有其自由,如不為承諾,亦無通知要約人之義務,要約人於要約同時寄送現物(現物要約),相對人亦不負受領、保存及返還義務(消費者保護法第二〇條)。

【案例研析】

　　A 開服飾店,標明某件衣服價格為二千元,B 欲購買並即付款要求交貨時,A 欲抬價為二千五百元,B 可否以二千元之標價請求交付該衣?

擬答: 可以,因依民法第一五四條第二項規定,貨物標定賣價陳列者,視為要約,故一經 B 承諾願依此標價購買時,契約即成立,A 即有交付衣服予 B 之義務。

　　(3)要約之消滅: 要約生效以後,在要約拘束力存續期間,有如下原因時,要約即失其拘束力: ①要約經拒絕。民法第一五五條規定要約經拒絕者,失其拘束力。又民法第一六〇條第二項規定將要約擴張、限制或為其他變更而為承諾者,視為拒絕原要約而為新要約。此時原要約失其拘束力,

---

❺ 例如向數人為要約,表明與最初之承諾者成立契約,則對後之承諾者,要約人不受拘束。

❻ 例如電影戲劇院、停車場、遊樂場等掛出「客滿」牌子而拒絕售票、進入是。

承諾既視為新要約，原要約人反而取得承諾地位（能力、適格）。②已逾承諾期間。要約因承諾期間之經過後，失其拘束力。可分為兩種情形，A. 要約定有承諾期限者，依民法第一五八條：「要約定有承諾期限者，非於其期限內為承諾，失其拘束力。」故已逾承諾期限，要約即失拘束力。B. 要約未定承諾期限者，在對話要約時依民法第一五六條：「對話為要約者，非立時承諾，即失其拘束力。」蓋他方承諾與否本可立時決定，除定有承諾期限外，非立時承諾，即失其拘束力。在非對話要約時，依民法第一五七條：「非對話為要約者，依通常情形可期待承諾之達到時期內，相對人不為承諾時，其要約失其拘束力。」所謂依通常情形可期待承諾之達到時期內，指要約到達相對人之期間及相對人考慮承諾之期間與承諾達到要約人之期間。③要約經撤回。要約之撤回乃要約人於要約生效前，阻止要約發生拘束力為目的之意思表示。在對話要約時，相對人了解前固得撤回其意思表示，在非對話要約時，撤回之通知與要約之通知，同時或先到達相對人處，亦得撤回，但撤回要約之通知，其到達在要約到達之後，而按其傳達方法，通常在相當時期內應先時或同時到達，其情形為相對人可得而知者，相對人應向要約人即發遲到之通知。相對人怠於為遲到之通知者，要約之撤回之通知，視為未遲到（民法第一六二條）。即該撤回要約之通知，仍生效力。

2.承　諾

(1)承諾之意義：乃以與要約人訂立契約為目的，所為之意思表示。對於要約人為承諾，契約即成立，是承諾與要約同為構成契約之意思表示，承諾並非法律行為（承諾係法律行為要素之一）。承諾之內容，必須與要約之內容完全一致，方能成立契約，若將要約擴張、限制或為其他變更而為承諾者，視為拒絕原要約而為新要約（民法第一六〇條第二項），不得認為承諾。

(2)承諾之效力：①承諾效力發生時期，與要約效力發生時期同，即依民法總則第九四、九五條規定，茲不復言。但在非對話的承諾，承諾之通知，若按其傳達方法，通常在相當時期內可達到而遲到，其情形為相對人可得而知者，要約人應向相對人即發遲到之通知。如怠於為遲到之通知，

則該承諾視為未遲到（民法第一五九條），即仍生承諾之效力。反之要約人即發遲到之通知，或承諾並無本條情形時，遲到之承諾視為新要約（民法第一六〇條第一項）。②承諾之效力。承諾之效力為契約成立，所以承諾生效的時期，亦即契約成立之時期。

(3)承諾之方法：承諾應以意思表示為之。但要約人有所限定（如限以書面承諾）或當事人間另有特約，亦得依特約為之。又依習慣或依其事件之性質，或要約人於要約當時，預先聲明承諾無須通知者，可不向要約人為承諾之意思表示，在相當時期內，有可認為承諾之事實時，其契約為成立（民法第一六一條）。

【案例研析】

甲向乙購買砂石，約定自收受定金之日起一週內交貨四分之一，一個月內全部交清，遲延一日將罰款價金總額千分之五的違約金。今乙未如期交貨，故甲據以請求乙給付違約金，乙則曾以函請甲延長交貨期日，甲遲不答覆為默示之承諾為由，拒絕甲之請求，乙之抗辯有無理由？

擬答：按甲單純之沈默，除有特別情事，依社會觀念可認為一定意思表示外，依通常情形，不得認為承諾，故甲並無承諾准乙延期交貨，其請求乙違約金之給付有理由。故乙之抗辯無理由。

(4)承諾之撤回：承諾之撤回，乃以阻止承諾發生效力為目的之意思表示。承諾之撤回，與要約之撤回相同，故民法第一六三條規定承諾之撤回準用民法第一六二條要約之撤回規定。

(二)要約交錯

要約交錯又稱要約交叉，乃當事人偶然的互為要約，而其內容卻完全一致。要約交錯依學者通說，亦可成立契約。例如甲向乙表示電腦一部四萬元，乙亦恰好向甲表示願以四萬元購買該部電腦是。要約交錯通常在非對話之情形發生，在對話之情形則係同時表示。

㈢意思實現

意思實現，乃承諾無須通知情形下，於有認為承諾之事實時，契約即成立之謂。故意思實現應具備之要件為㈠須在相當時期內有可認為承諾之事實，㈡承諾無須通知情形。所謂承諾無須通知情形有三：

1.依習慣，承諾無須通知者。例如旅客訂旅館，飯館訂酒席，在客觀上足以推斷主人有備妥房間、酒食之事實者，即認契約成立。

2.依事件性質，承諾無須通知者。例如使用要約人送到之物品、履行契約成立後應負擔之義務，或如延醫治病。

3.要約人要約當時預先聲明承諾無須通知者。

四、懸賞廣告

㈠懸賞廣告之意義

懸賞廣告，乃以廣告聲明對完成一定行為之人給予報酬之意思表示。例如登報聲明尋找老人、愛犬，如有通知而尋得者，給予報酬若干是。

㈡懸賞廣告之性質

懸賞廣告之性質，①有學者認為係單獨行為，其理由乃依原民法第一六四條第一項：「以廣告聲明對完成一定行為之人給付報酬者，對於完成該行為之人，負給付報酬之義務。對於不知有廣告而完成該行為之人，亦同。」之規定，懸賞廣告一經廣告表示，即負擔給付報酬之債務，唯附有「一定行為之完成」為停止條件，條件未成就，不付報酬，故懸賞廣告直接為債之發生原因之一。②有學者認為係要約，其理由乃依原民法第一六四條第二項：「數人同時或先後完成前項行為時，如廣告人對於最先通知者已為報酬之給付，其給付報酬之義務，即消滅。」之規定，認為懸賞廣告僅為要約，尚不發生債務，必須行為人完成一定行為，且向廣告人為通知（承諾）後，始能成立契約，而發生債務，且懸賞廣告規定在「契約」款中，自屬契約

之要約。故懸賞廣告僅為債之發生之間接原因。為免理論爭議影響法律適用，並使本法體例與規定內容一致，修訂第一六四條第一項為：「以廣告聲明對完成一定行為之人給與報酬者，為懸賞廣告。廣告人對於完成該行為之人，負給付報酬之義務。」爰將第一項末段「對於不知有廣告而完成行為之人，亦同。」移列為第四項，並將「亦同」修正為「準用之」，以明示本法採取契約說之旨。

(三)懸賞廣告之效力

完成廣告所聲明一定行為之人，廣告人負給付報酬之義務（民法第一六四條第一項），即行為人取得報酬請求權。如數人先後分別完成懸賞廣告之內容時，由最先完成該行為之人，取得報酬請求權；數人共同或同時分別完成行為時，由行為人共同取得報酬請求權（同條第二項）。廣告人善意給付報酬於最先通知之人時，其給付報酬之義務，即為消滅（同條第三項）。不知有廣告而完成廣告所定行為之人，準用之（同條第四項）。

因完成廣告所定行為而可取得一定權利者（如專利權、著作權），其權利屬於行為人（因行為人個人心血及勞力之結晶，其權利仍屬於行為人，較為公平）。但廣告另有聲明者，不在此限（民法第一六四條之一）。

(四)懸賞廣告之撤回及其效果

民法第一六五條：「預定報酬之廣告，如於行為完成前撤回時，除廣告人證明行為人不能完成其行為外，對於行為人因該廣告善意所受之損害，應負賠償之責。但以不超過預定報酬額為限。」蓋廣告人有因情事變更而無須有廣告之必要時，若仍使其受廣告之拘束，未免過於嚴酷，故符合撤回之四要件如下：①在未完成指定行為前為之。②依以前之廣告同一方法為之。③廣告人未撤回懸賞廣告。懸賞廣告經撤回，廣告人不再有給付報酬之義務。④廣告未定有完成行為之期間。如廣告人於廣告中定有完成行為之期間者，通常情形可解為廣告人於該期間內，有受其拘束而不撤回之意思，未便由廣告人任意於期間屆滿前予以撤回，以免受害，故規定：「廣告

定有完成行為之期間者，推定廣告人拋棄其撤回權。」行為人於撤回前，因信賴懸賞廣告所受之損害，不能不使廣告人負賠償之責，故廣告人於符合下列要件，即應負賠償責任，①廣告人不能證明行為人不能完成其行為，②行為人須善意所受之損害，③賠償責任以預定報酬額為限。例如甲登廣告，尋獲其子者，給予十萬元報酬。乙見廣告即四處尋找甲之子所支付之費用，甲其後卻登報撤回之，乙善意支出之費用在十萬元之內應賠償，但其子係自行回家或已為警尋獲等證明乙不可能完成其行為，或乙知上情(非善意)卻支出費用，即不得向甲請求賠償。

㈤優等懸賞廣告

近年來常見獎勵學術上、技術上之發明、發現或徵求學術上、技術上或文學上之著作、製造品或為運動競賽，僅對於入選之作品或成果給付報酬之懸賞廣告，其性質雖屬懸賞廣告之一種，唯仍有所不同之處，為避免適用上之疑義，乃增訂民法第一六五條之一：「以廣告聲明對完成一定行為，於一定期間內為通知，而經評定為優等之人給與報酬者，為優等懸賞廣告。」其特點有三，①廣告中聲明完成一定行為者須經評定為優等始給與報酬。②須定有一定期間。③須有應徵之通知。

廣告人於評定完成時，負給付報酬之義務。有關優等之評定人由廣告中指定之人為之，廣告中未指定評定人者，由廣告人決定方法評定之。評定之結果對於廣告人及應徵人有拘束力(民法第一六五條之二)，不得以評定不公而訴請法院裁判，以代評定。

被評定為優等之人有數人同等時，除廣告另有聲明外，共同取得報酬請求權(民法第一六五條之三)。被評定為優等之人因完成之廣告內容之行為而可取得一定權利者，其權利屬於行為人，但廣告另有聲明者，不在此限(民法第一六五條之四)。

第二款　代理權之授與

一、代理權之授與之意義

代理權係得代本人為法律行為之資格，而非權利。本人雖對代理人授與代理權，但代理人對於本人並不負任何義務。代理人對本人負有義務者乃由於其間基本法律關係而生，與代理權之授與行為無關。故代理權之授與，並不發生債之關係，非債之發生原因，民法將之規定於債之發生一節，實欠妥當，前已述及。唯民法既列入本節，本書亦依本款規定條文順序，敘述其內容以補足民法總則第四章第五節代理規定之不周。

二、代理權授與之方法

民法第一六七條：「代理權係以法律行為授與者，其授與應向代理人或向代理人對之為代理行為之第三人，以意思表示為之。」故代理權授與方法為意思表示，其授與方式有二，一是向代理人為之，稱為內部授權，二是向第三人（即代理人為法律行為之相對人）為之，稱為外部授權。

三、共同代理

民法第一六八條：「代理人有數人者，其代理行為應共同為之。但法律另有規定或本人另有意思表示者，不在此限。」代理人有數人，而其代理行為應由數代理人共同為之者，稱為共同代理。故原則上欠缺一人或一人為不同之表示者，其代理行為不生效力，例外如法律另有規定或本人另有意思表示無須共同為之者，則不在此限。

四、無權代理

(一)無權代理之意義及種類

　　無權代理有廣義及狹義之分。廣義之無權代理，包括表見代理及狹義無權代理，所謂表見代理者，指無代理權人，因與本人間有一定之關係，而有相當理由，足使相對人信其為代理人而與之為法律行為時，相對人得對於本人主張其法律效果之制度。表見代理成立之情形有三，①由自己行為表示以代理權授與他人，或知他人表示為其代理人，而不為反對之表示（民法第一六九條）。②代理權之限制或撤回，而原代理人仍為代理行為（民法第一○七條）。③代理權因授權關係之終了，或存續期間屆滿而消滅，而原代理人仍為代理行為（類推適用第一○七、一六九條規定）。所謂狹義之無權代理者，係指表見代理以外之無權代理，其主要情形有二，①完全無代理權，②逾越代理權之範圍。

㈡無權代理之效力

1.表見代理之效力

　　民法第一六九條：「由自己之行為表示以代理權授與他人，或知他人表示為其代理人而不為反對之表示者，對於第三人應負授權人之責任。但第三人明知其無代理權或可得而知者，不在此限。」故對於善意而無過失之第三人負授權人之責任，所謂負授權人之責任，即僅使本人負擔與授與代理權同一責任❼，但第三人對本人主張無權代理或表見代理有其選擇自由，

---

❼　⑴由自己之行為表示以代理權授與他人，對於第三人應負授權人之責任者如①甲為乙妻，甲將印章交付乙，乙以甲之名義簽發支票為借款憑證，向丙借款，甲應負授權人之責任。②丙數次向丁借用印章，均經同意借用，自足使第三人信其曾以代理權授與他人，丙向農會借款，擅自利用丁之印章，用以保證丙之借款，丁應負授權人之責任。

⑵知他人表示為其代理人而不為反對之表示者，對於第三人應負授權人之責者如①甲明知其子在支票背面蓋用其獨資開設商行之店章背書而不予阻止，應負授權人之責任。②公司明知常務董事數次使用公司印章向他人借款而不加阻止，應負授權人之責。

⑶民法第一六九條但書，不構成表見代理者如甲將其印章、印鑑證明書、土地權狀交付乙代書，委託辦理繼承及贈與登記，乙與丙串通，偽造甲向丙借據及設定

第三人主張無權代理，因而依民法第一七一條規定撤回其法律行為時，本人即不能主張為有權代理；反之本人得承認該無權代理之法律行為，使其確定的發生效力，第三人之撤回權則因而歸消滅。第三人主張表見代理，本人不得以未授與代理權以為抗辯，而應負擔與授與代理權同一責任。

2.狹義無權代理之效力

可分如下三方面觀察：

(1)代理人與第三人之效力：規定在民法總則第一一〇條，前已言及，茲不另言。

(2)本人與代理人之效力：如本人承認無權代理行為，代理行為對本人發生效力，內部關係即構成無因管理（參閱次款）。如本人不予承認，則無權代理行為對於本人不生效力，代理人與本人間即無任何關係。

(3)第三人與本人之效力：則依民法第一七〇及一七一條，即①無代理權人以代理人之名義所為之法律行為，非經本人承認，對於本人不生效力。是為效力未定之法律行為，經本人承認，始生效力，經本人拒絕承認，則確定不生效力❽，若第三人定相當期限，催告本人確答是否承認（此為第三人之催告權），本人逾期未為確答者，視為拒絕承認，故確定不生效力。②無代理權人所為之法律行為，第三人於本人未承認前，得撤回之（此為第三人之撤回權），但第三人必須善意者方能行使撤回權。

抵押權予丙，屆期丙向甲請求給付為甲所拒絕，丙向甲主張應負表見代理為無理由，蓋丙明知乙無代理權，且乙逾越代理權限，不構成表見代理。

❽　無權代理行為，效力未定者如①甲旅居香港，將其在臺之屋託乙看管，乙擅自將其以甲之名義出租予丙，其租約效力未定，如甲不予承認，訴請丙遷讓房屋，為有理由，因乙未經甲授權出租，其所訂租約，非經甲之承認，對甲不生效力。②合夥之事務約定由合夥人中之數人執行業務，則僅由業務執行人中之一人代理合夥之行為，為無權代理的行為，效力未定，須經其他業務執行人全體共同承認，對於合夥始發生效力，如遭拒絕承認，即為無效。

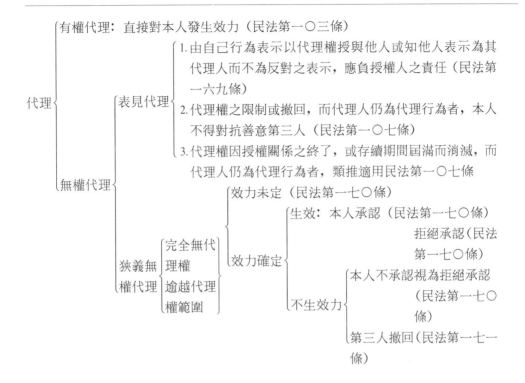

第三款　無因管理

一、無因管理之意義及立法意旨

　　無因管理者，乃未受委任，並無義務，而為他人管理事務之事實行為（民法第一七二條）。如颱風來臨自動修理鄰居之屋頂、門窗、救助人命、收留迷失兒童、老人是。此種無義務而管理他人之事務，原屬人類之美德，扶危濟困，實增社會之福利，然人類生活方式不同，不欲他人干涉其事務者，亦常有人在，且他人之干涉，未必有圓滿之結果，故法律一面認無因管理為合法行為，允許管理人有償還費用等請求權，以發揮無因管理之社會作用，另一方面限制無因管理之範圍，嚴定其應盡之義務，以防濫行干預他人之事務，此為無因管理之立法意旨。

二、無因管理之成立要件

無因管理之當事人，一方為管理人，一方為本人，其成立要件，依民法第一七二條：「未受委任，並無義務，而為他人管理事務者，其管理應依本人明示或可得推知之意思，以有利於本人之方法為之。」可分為三點：

㈠須管理他人事務

所謂事務指足以滿足人類生活所需之一切事項，而得為債之標的者，單純之不作為、違法事務及宗教、道德上之事項如為病人祈禱、為友人祝福，不能成立無因管理。處理他人事務之範圍包括管理行為（保存、利用、改良）及處分行為。故為他人清償債務、出賣他人魚肉蔬果以免腐壞等處分行為均得成立無因管理，唯事務須屬他人。故自己事務誤認為他人事務而加以管理，不成立無因管理。

㈡須有為他人管理之意思

此之所謂「管理意思」，乃指有使管理行為事實上所生之利益，歸屬於本人之意思。他人為誰，管理人即使無法確知為何人亦可成立無因管理，又為自己利益同時具有為他人利益之意思，仍可成立無因管理，例如鄰居火災為免殃及己屋，而購買滅火器參與救火是。但專為自己利益之意思，如竊占他人工地耕作、竊盜他人機車裝修改良，因欠缺管理意思，不能成立無因管理。

㈢須無法律上義務

無法律上義務指無法定及契約約定義務而言，故父母扶養子女、交警處理交通事故、送受傷者急診等管理人均有法定義務。又受託保管他人寄託物、受他人委任出租房屋均有契約義務，不成立無因管理。雖有法律上義務，但超過範圍而管理他人事務者，亦得成立無因管理，如受他人委託出租房屋，並將房屋整修改良，此改良行為原非委任事務之範圍，但仍得

成立無因管理。又本無義務誤認為有義務而管理他人事務者，仍可成立無因管理。

三、無因管理之效力

無因管理，本係未經他人同意而擅自干涉他人事務之行為，屬侵權違法行為，但無因管理係幫助他人之義舉，故可以阻止該行為之違法性，具有阻卻違法之效力外，另一方面管理人與本人之間亦發生債權債務關係，故無因管理亦為債之發生原因，茲分述管理人之義務及權利，至本人之權利與義務可從反面解釋得知。

(一)管理人之義務

管理人在管理前本無義務，但一著手管理事務後，即發生如下之義務：

1.適當的管理義務

所為適當，依民法第一七二條，須不違反本人明示或可得推知之意思，而且須以有利於本人之方法為事務之管理❾。如管理人違反本人明示或可得推知之意思，而為事務之管理者，對於其管理所生之損害，雖無過失，亦應負賠償之責（無過失責任）❿。然則，如其管理係為本人盡公益上之義務，或為其履行法定義務或本人之意思違反公共秩序善良風俗者⓫，則僅就過失負責（民法第一七四條）。此外，管理人為免除本人之生命、身體

---

❾ ①所謂本人明示之意思乃本人曾經明示希望為此行為之意思，即對事不對人，如對人對事則為委任而非無因管理。②所謂本人可推知之意思乃本人雖未明示，唯依管理事務在客觀上加以判斷之本人具有此意思，例如收留迷失兒童、見路人受傷，送醫救治。③所謂有利於本人，指管理事務之承擔，對本人實質有利或客觀有益，例如救火、收留迷失老人、代收信件。

❿ 例如本人曾表示不欲出賣股票，管理人將其出賣後，行情暴漲，管理人雖無過失，仍應賠償損失。

⓫ ①盡公益上義務：包括公法及私法上義務而有公益性質，如稅捐之繳納、喪葬費之支付。②盡法定義務：如扶養為本人所遺棄之寡母、智障子女。③違反公序良俗行為：如對自殺者之救助，對放火者之滅火。

或財產上之急迫危險而為事務之管理者，對於其管理所生之損害，僅就動機不良之故意或重大過失，負賠償之責任（民法第一七五條）⓬。

2.通知義務

民法第一七三條第一項：「管理人開始管理時，以能通知為限，應即通知本人，如無急迫之情事，應俟本人之指示。」是為管理人之通知義務。如本人無指示或有指示而拒絕其管理時，管理人應不再管理，否則應負民法第一七四條之責任，如同意管理，自可繼續管理，但其法律關係，變成委任。亦即管理事務經本人承認者，除當事人有特別意思表示外，溯及管理事務開始時，適用關於委任之規定（民法第一七八條）。

3.計算義務

民法第一七三條第二項：「第五百四十條至第五百四十二條關於委任之規定，於無因管理準用之。」故管理人之計算義務有三，①管理事務狀態及始末之報告義務，②交付收取物及移轉取得權利之義務⓭，③利息支付及損害賠償義務。

㈡管理人之權利

1.管理人適當管理本人事務之權利

民法第一七六條第一項：「管理事務利於本人，並不違反本人明示或可得推知之意思者，管理人為本人支出必要或有益之費用，或負擔債務，或受損害時，得請求本人償還其費用及自支出時起之利息，或清償其所負擔之債務，或賠償其損害。」又管理事務若係為本人盡公益上之義務，或履行法定扶養義務，或本人之意思違反公共秩序善良風俗時，管理人雖違反本

⓬ 例如入水救人，撕破溺者衣服、擦傷身體，情況緊急，難期萬全，對其損害，不負賠償責任。又如發現鄰人家畜染傳染病，為免擴大，挑出殺之，不負損害賠償之責。倘將家畜全數殺之，是為故意或重大過失，對鄰人之損害應負賠償之責任。

⓭ 甲為房屋所有權人，其父死後，其叔乙以甲年幼，但未受委任代為管理甲屋，乙以自己名義出租與丁，嗣甲長大後，乙應將因出租所生之權利移轉與甲，使甲行使出租人之權利。

人之意思，仍有上述三種請求權（同條第二項）。例如甲為救助落水者乙所支出手術醫療費、飲食、住院費（必要費用）、營養費（有益費用），或為負擔手術擔保金向他人借錢及利息（負擔債務），或救助時管理人受傷、衣服破損（受損害）等均得請求償還其費用及自支出時起之利息，或清償其所負擔之債務，或賠償其損害。

2.管理人未適當管理本人事務之權利

管理人如未依本人明示或可得推知之意思，但利於本人而為事務之適當管理時，本人得不享受其因管理所得之利益，亦不負償還費用等責任，但本人如享受其因管理所得之利益，則所負之責任，以其所得之利益為限（責任最高額不超過所得利益）（民法第一七七條第一項）❶，又管理係為本人盡公益上之義務，或為履行法定扶養義務或本人之意思違反公共秩序善良風俗者，雖違反本人之意思，但有利於本人，故管理人仍得依第一七六條第一項之規定請求，而本人之義務則不得依第一七七條之規定縮減其範圍，以兼顧公共利益及善良風俗。如甲明知乙係自殺，仍去救助乙而支出之必要、有益費用或負擔債務或受損害，均得向乙請求。

---

❶　無因管理之成立，以管理人有「為他人管理事務」之管理意思為要件。如因誤信他人事務為自己事務（誤信管理）或誤信自己事務為他人事務（幻想管理）而為管理，均因欠缺主觀要件而無適用無因管理規定之餘地，同理，明知係他人事務而為自己之利益管理時，管理人並無「為他人管理事務」之意思，原非無因管理，然而本人如依侵權行為或不當得利規定請求損害賠償或返還利益時，其請求範圍卻不及於管理人因管理行為所獲致之利益，如此不啻承認管理人得保有不法管理所得利益，顯與正義有違，為使不法管理所生之利益仍歸諸本人享有，乃增訂民法第一七七條第二項：「前項規定，於管理人明知為他人之事務，而為自己之利益管理之者，準用之。」即不法管理所生之利益仍歸本人享有，俾能除去經濟上之誘因而減少不法管理之發生。

第四款　不當得利

一、不當得利之意義

不當得利者，乃無法律上之原因而受利益，致他人受損害之事實（民法第一七九條）。例如甲將乙之飼料餵食自己家畜，丙之魚自然游入丁之魚池中等。不當得利之形成原因有由於當事人行為，有由於自然事實。故不當得利在性質上應屬事件，而非法律行為。有此事件而受領利益之人（受領人），負返還所得利益於受損害之人（受害人）之義務，受害人則有請求受益人返還利益之權利，雙方因而成為債務人及債權人，故不當得利為債之發生原因之一。

二、不當得利之成立要件

依民法第一七九條之規定，不當得利之成立要件有四：

(一)須一方受利益

所謂受利益，乃因一定事實之結果，致其財產總額增加或不減少。增加財產者，謂之積極得利；不減少財產者，謂之消極得利。前者如財產權取得。後者如本應支出之費用而得不支出，本應負擔之債務而得不負擔。

(二)須他方受損害

所謂受損害，乃現存財產減少或財產應增加而未增加。不當得利之成立，須一方受利，他方受損，缺其一，均不構成不當得利。

(三)須損益之間有因果關係

所謂「因果關係」，乃一方受利益致他方受損害之間，依社會觀念認為有牽連關係，即屬有因果關係（非直接因果關係說），非必限於受益與受損

二者係基於同一事實，有直接因果關係（直接因果關係說），始得成立不當得利。因此甲為飼養乙之魚而竊取丙之飼料，乙之得利與丙之受損間有因果關係。A 以贈與 C 手錶為目的，向 B 詐騙手錶，B 之受損與 C 之受益亦有因果關係而得成立不當得利。

㈣無法律上原因

所謂無法律上原因，通說認為無權利之意。無法律上原因包括①自始無法律上原因，如甲出售早已滅失之古董予乙，因買賣契約自始無效，但甲仍受領乙之價金即為自始無法律上原因而不當得利 ❻。②受領時有法律上原因，但其後已不存在 ❼，如丙被詐欺而廉售房地並移轉登記予丁，後買賣房地契約被撤銷而溯及既往無效，此時丙、丁雙方得以不當得利返還請求權分別請求返還價金與移轉登記房地。

三、不當得利之效力

不當得利成立後，受領人對於受害人負有返還義務（民法第一七九條），二者間有債權債務之關係。茲就不當得利之效力分如下兩點說明：

㈠返還標的

依民法第一八一條：「不當得利之受領人，除返還其所受之利益外，如本於該利益更有所取得者，並應返還。但依其利益之性質或其他情形不能返還者，應償還其價額。」故受領人所返還之標的，以受領之原物為原則，以返還原物附加本於該利益進一步取得之利益為例外。但依其利益之性質

---

❻ ①甲、乙間通謀成立假債權，丙不知假債權，替乙向甲清償，丙得請求甲返還不當得利，因通謀虛偽意思表示自始無效。②未借金錢而收取利息，所付利息為不當得利。

❼ 預支一年租金，半年即終止租賃契約，後半年之租金為不當得利。預支一年汽車竊盜保險費，但半年汽車已撞毀，後半年之保費保險公司即不當得利，要保人得請求返還。

或其他情形不能返還者,如受領者為他人之勞力或受領之物已滅失等情形,則應返還價額(金錢償還)**❼**。

㈡返還範圍

返還範圍,因受領人係善意或惡意而不同:

1.善意受領人

民法第一八二條第一項:「不當得利之受領人,不知無法律上之原因,而其所受之利益已不存在者,免負返還或償還價額之責任。」善意受領人僅就現存之利益,負返還責任,若其所受之利益已不存在者,不必返還,亦不必以金錢償還其價額。例如善意受領人將受領之利益已消費或轉贈他人是,唯雖受領之利益已不存在,而實際上受領所獲財產總額之增加現尚存在時,不得謂利益已不存在。又轉贈他人,雖受領人依本條項免責,但依民法第一八三條:「不當得利之受領人,以其所受者,無償讓與第三人,而受領人因此免返還義務者,第三人於其所免返還義務之限度內,負返還責任。」故受贈之第三人(轉得人)應負返還之責,蓋轉得人之受讓,並非無法律上原因(有贈與契約法律上原因),本不合乎不當得利之要件,但因其係無償受讓,法律乃於衡量受害人與轉得人二者間之利益,受害人應予保護,故規定轉得人應負返還責任。

【案例研析】

善意之不當得利耕作人,將不當得利所收之稻穀,除繳租換肥外,並

---

❼ ①乙公司向中油購買汽油,中油員工甲為圖利乙公司而多加一百加侖,中油公司得依不當得利規定向乙公司請求返還汽油或價額。②房租約到期,承租人仍繼續使用收益,出租人得向承租人請求返還不當得利,請求得利之金額,如無反證,可以出租人所可得之租金為標準。③丙之木屋為颱風吹倒,丁乃拾去木屋之樑柱建築成新木屋,則該樑柱構成不動產(新木屋)之重要部分(因附合而喪失所有權,民法第八一一條),丙不得向丁請求返還該樑柱,但得請求返還價額或侵權行為之損害賠償。

出賣得款存入郵局，餘均食用，該受領人得否主張稻穀已不存在而免負責任？

擬答：　民法第一八二條所謂所受之利益已不存在者，非指所受利益之原形不存在而言，受領人所收稻穀原形縱不存在，但實際上所獲財產總額之增加，尚存在時，不得謂利益已不存在。

2.惡意受領人

　　民法第一八二條第二項：「受領人於受領時，知無法律上之原因或其後知之者，應將受領時所得之利益，或知無法律上之原因時所現存之利益，附加利息，一併償還，如有損害，並應賠償。」受領人於受領時，明知無法律上之原因，則自始即有惡意。或受領後始知無法律上之原因，其先為善意，而其後變為惡意者，均須加重其責任，以保護受害人之利益。

【案例研析】

　　A盜賣農會之肥料，農會應如何向A請求不當得利之返還？

擬答：　農會可向A請求肥料價金全部，附加利息返還，若另有損害（如因肥料無法交予農戶而增加之違約金），亦可請求賠償。

四、特殊不當得利

　　有下列情形，本屬具備不當得利之要件而得請求返還不當得利，唯因有特殊情形，法律乃另規定其無返還請求權，茲分述如下（民法第一八〇條）：

㈠給付係履行道德上之義務者

　　為維護社會道德，對因履行道德上之義務而為給付者如禮節上之餽贈、為朋友之子女醫病、姪子女對叔伯父給付生活費等，不得請求返還。

㈡債務人於未到期之債務因清償而為給付者

債務未到期，本得不清償，但已清償，則不得請求返還，蓋終將會因到期而須清償，以避免法律關係煩雜為目的，故債務人明知或出於錯誤而為給付者，均不得請求返還所為之給付或中間利息。

㈢因清償債務而為給付，於給付時明知無給付之義務者

無債務而為清償，謂之「非債清償」，唯必須明知而為任意給付，始有本款之適用，如誤認或受強制、脅迫則仍應返還。

【案例研析】

A 脅迫 B 支付一萬元，B 明知無給付之義務，因受脅迫不得已之事由而支付一萬元，A 得否主張依民法第一八○條第三款非債清償之規定，拒絕返還？

擬答：A 之主張無理由。蓋第一八○條第三款僅限於債務人任意為給付而言，本案受害人 B 得依民法第九二條規定撤銷其意思表示，再請求返還不當得利。

㈣因不法之原因而為給付者

不法原因指違背公序良俗或強行法規。因不法原因而為給付（例如為買選票而為給付、因姦宿而給付夜渡費），法律無保護之必要，故明定之，以示制裁❸。但不法之原因僅於受領人之一方存在時，不在此限，仍得請求返還，否則，反足以發生鼓勵為不法行為。如為回贖肉票而為給付，僅

---

❸　①乙以五十萬元向甲買受其女為娼，付款後該女不接客，乙不得據所簽訂之借款契約，向甲請求返還五十萬元。②丙、丁對賭，丙不得以丁詐賭，而依不當得利請求返還所輸之款項（但丙如尚未交付款項，丁亦無請求交付之權利）。③戊委託己代為販賣安非他命而給付報酬，縱己未為代賣，戊亦不得請求返還報酬。

受領人存有不法原因而受領給付，或如給予金錢以阻止犯罪，給付人得請求返還給付。

第五款 侵權行為

一、侵權行為之意義及種類

侵權行為，因故意或過失不法侵害他人之權利或利益之行為。侵權行為成立後，加害人對於被害人應負損害賠償責任，被害人對於加害人取得損害賠償請求權，兩者間遂發生債之關係，故亦為債之發生原因。

民法第一八四條第一項：「因故意或過失，不法侵害他人之權利者，負損害賠償責任。」即開宗明義宣示過失責任主義。不過貫徹此過失主義，對被害人之保護有時或有不周，故各國民法在過失責任之外，尚有部分例外規定，要求行為人負較過失為重之責任類型，我民法亦同，唯過失責任主義，乃現行民事責任之基本原則，民法第一八四條堪稱表現此基本原則之規定，而民法第一八五至一九一條則為例外規定，前者稱一般侵權行為，後者稱特殊侵權行為。

然隨著無過失責任主義之發達，特殊侵權行為之存在領域，已不限於民法，其他如航空、核能、高壓設備、電煤氣供給設備、公害等事故之發生雖無過失仍應負賠償責任，外國紛紛於民事特別法上予以規定，此類亦為特殊侵權行為態樣。

二、一般侵權行為之意義及要件

一般侵權行為之意義即民法第一八四條第一項：「因故意或過失，不法侵害他人之權利者，負損害賠償責任。故意以背於善良風俗之方法，加損害於他人者亦同。」第二項：「違反保護他人之法律，致生損害於他人者，負賠償責任。但能證明其行為無過失者，不在此限。」依此規定，侵權行為之構成有三種情形，①權利之侵害，②違反善良風俗之故意侵害，③違反

保護他人之法律⓳。於此就權利之侵害須具備下列要件分析如下：

(一)須有加害行為

加害行為包括積極的作為及消極的不作為。但不作為須行為人有作為義務，始構成侵權行為⓴。又加害行為係指自己有意識之身體動作，始須負責，此為「自己責任」原則，但如係利用無責任能力之人（如幼童）或無故意、過失之人，以加害他人之權利者，仍為自己的加害行為，而應負責。

(二)行為須不法

不法指違背善良風俗或強行法規。加害行為本質上雖屬不法，但若具有阻卻違法事由存在時，則不構成不法。例如前已述及之正當防衛、緊急避難、自助行為、無因管理、業務正當行為（醫生手術行為、法警拘捕行為）等。

(三)須侵害他人之權利或利益

侵害之客體包括權利及利益。侵害權利之方法無限制。侵害利益之方法則須以故意背於善良風俗之方法，加損害於他人，始能構成，例如甲故意以房屋供人開設妓館，致相鄰人乙以營女子宿舍為業者，蒙受損失，又如丙以破壞丁營業為目的而為無謂之競爭，均屬故意以背於善良風俗之方法，加損害於他人，構成侵權行為，甲、丙應負賠償責任，反之甲、丙非故意造成，則不構成侵權行為。

⓳　原民法第一八四條第二項：違反保護他人之法律者，推定其有過失。究為舉證責任之規定，抑為獨立之侵權行為類型？有所爭議，為明確計，爰修正為獨立之侵權行為類型。

⓴　①甲投宿乙觀光飯店，飯店失火，乙飯店之服務生怠於通知房客甲，致甲喪生火窟，乙飯店應負侵權行為責任。②丙至丁所開設游泳池游泳，因不擅泳而呼救，丁所雇用之救生員怠於救援致丙滅頂，丁應負侵權行為責任。

㈣須生損害

損害包括積極損害與消極損害，財產損害與非財產損害。民事責任係以填補被害人所受損害為目的，無損害即無責任，故須有實際損害為必要。在非財產上損害即精神上損害，於人身權被侵害時可能發生，此項精神上損害究屬被害人之主觀感覺，事實上幾無法證明，故民法第一八條第二項對於人格權被侵害之情形特予限制，以法律特別有規定者為限，始得請求給付慰撫金，法律有特別規定之人格權有生命、身體、健康、名譽、自由、姓名、信用、隱私、貞操，或不法侵害其他人格法益而情節重大者，被害人苟能證明被侵害之事實存在，即得請求給付慰撫金，對於其損害無庸證明，反之加害人能證明被害人精神上未受痛苦，即無損害，解釋上亦應免責。至於侵害財產權，法律無特別規定得請求慰撫金，是縱有精神上損害，被害人亦不得請求給付，例如毀人傳家寶是。

㈤行為與損害須有相當因果關係

所謂相當因果關係，乃指加害行為在一般情形下，依社會通念，皆能發生該等損害結果之連鎖關係，亦即「無此行為，雖必不生此損害，有此行為，通常即足生此種損害」是有因果關係，例如甲撞傷乙雙腳，送至丙醫院，當夜丙醫院失火，乙因不良於行被燒死，乙之死亡與甲之撞傷行為，無相當因果關係，甲對乙之死亡，不負損害賠償責任。

㈥須有責任能力

責任能力亦稱侵權行為能力，指侵權行為人有負擔損害賠償之能力(資格)。有無侵權行為能力，以有無識別能力決之，所謂識別能力，指是非辨別力，即能識別自己之行為之結果之能力。責任能力之有無以侵權行為時有無識別能力為斷（須就個別行為具體認定，與行為能力設有抽象之標準不同），苟有識別能力，則雖未成年人，仍有侵權行為能力；倘無識別能力，縱為成年人，仍無侵權行為能力。

㈦須有故意或過失

　　所謂故意，指行為人對於構成侵權行為之事實，明知並有意使其發生，或預見其發生而其發生並不違背其本意❷。所謂過失，指行為人雖非故意，但按其情節，應注意能注意而不注意，或對於構成侵權行為之事實雖預見其發生而確信其不發生❷。行為人是否有故意、過失，應由被害人負舉證之責任。凡違反保護他人之法律，致生損害於他人者，即應負賠償責任（民法第一八四條第二項），則被害人免去舉證之責（舉證責任之倒置），即苟能證明加害人係違反保護他人之法律者，如違反交通規則而撞傷他人，因其違反交通規則，即推定其加害行為具有過失，唯為避免對行為人課以過重之責任，能證明其行為無過失者，即不負損害賠償責任（民法第一八四條第二項但書）。

三、特殊侵權行為之意義及種類

　　特殊侵權行為主要著眼於此類型之侵權行為，與過失責任有別之故，如法定代理人責任、僱用人責任、動物占有人責任、工作物所有人責任等，此為固有意義之特殊侵權行為，然我民法典為便宜規定而將共同侵權行為、公務員侵權行為及定作人責任三類均屬過失責任納入，其成立要件與一般侵權行為尚無不同，所以特殊者，係由於侵權行為主體而來，並非固有意義之侵權行為。職是之故，民法上之特殊侵權行為，大別分為便宜規定之特殊侵權行為與固有意義之特殊侵權行為兩大類型。

---

❷ ①甲竊取乙之物，乙可依侵權行為之規定，向竊賊甲請求賠償。②丙、丁相鄰而居，昔日即存有恩怨，丙之工藝社設有煙囪，吹向丁之果園，排出之煤煙，丙預見會使丁種植之果蔬枯死，且丙認為枯死亦無所謂之意而繼續排出，果然致丁之果蔬枯死，須負故意侵權行為責任。

❷ A 係雜耍師傅，以助理 B 之頭頂上蘋果為飛鏢命中目標，A 雖能預見有可能發生誤射 B 之情形，但確信其不會發生，卻發生誤射 B 之眼珠，仍應負過失侵權行為責任。

(一)共同侵權行為

共同侵權行為指數人共同不法侵害他人權利或利益之行為。民法第一八五條:「數人共同不法侵害他人之權利者,連帶負損害賠償責任。不能知其中孰為加害人者,亦同。」「造意人及幫助人,視為共同行為人。」故共同侵權行為可分為共同侵害行為、共同危險行為及造意、幫助行為。共同侵害行為,須行為人為多數,且該多數人皆具備侵權行為要件。共同行為人雖有數人,但只有一人或部分人為加害行為,而不能知其中孰為加害人者,是為共同危險行為。侵權行為之造意人及幫助人,雖未自己親自實行侵權行為,但對侵權行為之發生有造意(即教唆他人,使萌生侵權行為之決意,相當刑法上之教唆犯)及幫助(即給予侵權行為人助力,使易於遂行侵權行為,相當刑法上之幫助犯),為保護被害人,乃規定將其視同侵權行為人❷。

共同侵權行為之成立,加害人間不以有意思聯絡為必要,如其過失行為均為被害人所生損害之共同原因者,即「行為關連共同」,便可成立,例如甲、乙司機過失肇事,致路人丙、乘客丁戊己受傷,甲、乙司機對受傷之丙、丁、戊、己成立共同侵權行為(甲、乙司機僅有行為關連共同,無共同侵權意思聯絡),應負連帶損害賠償責任。

共同侵權行為之特殊,除主體為多數外,且各行為人就共同侵權行為所生損害,均應負連帶損害賠償責任。

【案例研析】

乙、丙各別無權占有使用甲之土地,甲主張乙、丙二人為共同侵權行為人而請求連帶賠償,有無理由?

擬答: 因乙、丙二人無權占有為各別獨立,無行為關連共同,所以不成立共同侵權行為而無法責令其連帶負責。

---

❷　甲、乙、丙、丁、戊五人持刀殺死 A,甲雖未砍殺 A 僅在場助勢,乙則僅教唆甲、丙、丁、戊殺人,但甲、乙二人仍應與丙、丁、戊連帶負侵權行為責任。

㈡公務員侵權行為

民法第一八六條第一項：「公務員因故意違背對於第三人應執行之職務，致第三人受損害者，負賠償責任。其因過失者，以被害人不能依他項方法受賠償時為限，負其責任。」所謂公務員，在現行法上頗不一致，於此應採國家賠償法第二條規定：凡依法令從事公務之人員即為民法第一八六條所指之公務員，不問有無給職、正式職員或臨時約雇、階級。第三人之權利或利益受損害均為保護之客體。所謂職務係指公法上職務，非公法上職務而為私法上職務或根本與職務無關者，均非此所謂職務。茲分述如下：

1.公務員純屬私人行為而與職務無關之侵權行為

應由該公務員依民法第一八四條規定負責，如戶政機關人員甲與鄰居乙因停車問題而打傷乙是。

2.私法上之職務行為

公務人員執行之職務係私法上之行為，此時公法人係立於準私法人地位，該公務員執行私法上之職務行為（如買賣、承攬、運送、借貸等）而構成侵權行為，該公務員與公法人均應依民法第二八條規定連帶負損害賠償責任。例如公務員甲與乙清潔公司簽定清潔工作承攬契約，使用詐術欺騙乙致侵害乙之權利，又如公立醫院醫師因診療過失，致病患受有損害。

3.公法上之職務行為

此即民法第一八六條規範之對象，可分為三點：①公務員因故意違背對於第三人應執行公法上職務行為，不論被害人有無其他受賠償之方法，公務員均應負賠償責任。②公務員因過失而侵害他人，被害人得依特別法或國家賠償法第二條規定受賠償，不得逕向公務員請求賠償❷❹。③公務員之侵權行為不論因故意或過失，如法律上有救濟方法可除去其損害，而被害人因故意或過失不為之者，公務員不負賠償責任❷❺。由此觀之，公務員

---

❷❹ 地政機關公務員甲，因疏忽而錯誤或遺漏土地登記致使乙受損害，依土地法第六八條第一項規定，乙應先請求地政機關賠償，受賠償後，公務員甲即不須再負賠償責任。

之侵權行為較一般侵權行為，其責任為輕，蓋如課予較重責任，凡事畏縮不前，消極被動，或公務行為繁多而憚於服公職，致行政效率低落，優秀人才裹足不前，均非國家人民之福，故法律乃減輕其責任。

(三)法定代理人之責任

民法第一八七條第一項：「無行為能力人或限制行為能力人，不法侵害他人之權利者，以行為時有識別能力為限，與其法定代理人連帶負損害賠償責任。」故其型態可分二類，①如行為時有識別能力時，由法定代理人與行為人連帶負責❷❻。②如行為時無識別能力時，由法定代理人單獨負責，行為人不負責任。法定代理人之所以須負損害賠償責任，係法律推定其監督有過失之故。因而同條第二項：「前項情形，法定代理人如其監督並未疏懈，或縱加以相當之監督，而仍不免發生損害者，不負賠償責任。」法定代理人能舉證其監督並未有疏懈或縱加以相當之監督而仍不免發生損害而免其損害賠償責任❷❼。故法定代理人之責任既非純粹的過失責任，亦非純粹的無過失責任，學者以「中間責任」稱之。

行為人於行為時無識別能力，而法定代理人又具備免責要件時，被害

---

❷❺　如❷❹乙怠於向地政機關求償致請求權罹於時效（過失），轉向甲求償，公務員不負賠償責任。

❷❻　①乙十七歲，在某商職就讀，於校內與甲發生口角，竟以手腕緊搯甲之咽喉致死，甲之父母向乙及乙父母請求連帶賠償責任為有理由。②丙十六歲於大度路飆車並持刀砍傷路人丁致受重傷，丁得向丙及其父母請求連帶賠償。蓋丙行為當時已十六歲且有識別能力，依民法第一八七條第一項規定，行為人與其法定代理人應負連帶責任。

❷❼　①甲與乙均十二歲，為小學六年級學生，課餘之際在操場打棒球，致甲左眼被乙擊球打中失明，乙父可主張免責，因打棒球係國小學生於課餘之際熱中遊戲之一且非法令所不許，且乙父對乙之監督，亦無疏懈（有學者認此係阻卻違法事由，乙及乙父均不負侵權行為責任）。②未成年人丙受僱臺中市，其父母遠居高雄，丙對丁有侵權行為，丙父對丙縱加以監督，亦因鞭長莫及，仍不免發生損害，丙父可主張免責。

人即無賠償請求權可言，如此，對被害人而言，殊屬不公，為救濟被害人，同條第三項：「如不能依前二項規定受損害賠償時，法院因被害人之聲請，得斟酌行為人及其法定代理人與被害人之經濟狀況，令行為人或其法定代理人為全部或一部之損害賠償。」是為無行為能力人或限制行為能力人之衡平責任。無行為能力人或限制行為能力人甚少具有獨立之經濟能力，故立法責任其為全部或一部之賠償，事實上恐難以達到。故增列法定代理人亦為法院得斟酌其經濟狀況令負全部或一部損害賠償。又此項衡平責任之規定，於其他之人，在無意識或精神錯亂中所為之行為致第三人受損害時，亦準用之（同條第四項）。

(四)僱用人之責任

民法第一八八條第一項：「受僱人因執行職務，不法侵害他人之權利者，由僱用人與行為人連帶負損害賠償責任。但選任受僱人及監督其職務之執行，已盡相當之注意或縱加以相當之注意而仍不免發生損害者，僱用人不負賠償責任。」所謂受僱人，乃受僱用人之選任、監督而為其服勞務之人，不問其間是否有僱傭契約。即事實上一方被他方所使用，在其監督之下，執行一定之事務者，亦包括在內❷。又是否為執行職務之行為，應以行為之外觀定之，不僅受僱人職務範圍內之行為在內，與執行職務相牽連之行為亦包括之，不問僱用人與受僱人內在之意思如何❷。僱用人責任，係以

---

❷ 乙以自己汽車（如計程車、砂石車、遊覽車）加入甲公司（或行號）聯營，乙駕車不慎撞傷他人，被害人得請求甲公司與乙連帶賠償損害。因乙對外營業均係用甲公司名義，則其營業行為，對第三人言，即係自處於受僱人之地位，受甲公司之指揮監督。

❷ ①汽車貨運公司僱用之貨車助手，因貨車停放路旁，妨礙交通，且恰好司機不在，乃駕駛該車駛往他處停放，途中不慎撞死路人，在客觀上，應認與其執行職務有關。②醫院之護士，穿著醫師制服為病人治病而致病人死亡，在外觀上，依一般情形，係執行職務。③受僱充任技工而非司機，自行駕空車出遊，不慎撞傷路人，客觀上不能認其與執行職務有關。④醫師為病人治病之際，乘機竊取病人之物，為非執行職務。

其選任及監督受僱人職務之執行，未盡相當注意為依據，故僱用人於證明其選任受僱人及監督其職務之執行，已盡相當之注意，或縱加以相當之注意，仍不免發生損害者，則可不負賠償責任，是為僱用人免責要件，僱用人對之有舉證責任，故僱用人責任之型態，亦為過失推定或中間責任。

如僱用人能舉證而免去與受僱人之連帶責任，很可能因受僱人之無資力致被害人之損害賠償請求權難以實現而無所取償，不足以保護被害人，故本條第二項：「如被害人依前項但書之規定，不能受損害賠償時，法院因其聲請，得斟酌僱用人與被害人之經濟狀況，令僱用人為全部或一部之損害賠償。」是為僱用人之衡平責任。又僱用人所以負責係保護被害之第三人而設，真正侵權行為人仍係受僱人，因此有第三項：「僱用人賠償損害時，對於為侵權行為之受僱人，有求償權。」之規定。

(五)定作人之責任

民法第一八九條：「承攬人因執行承攬事項，不法侵害他人之權利者，定作人不負損害賠償責任。」蓋承攬人執行承攬事項，有其獨立自主之地位，定作人對於承攬人並無監督其完成工作之權限，與僱用人有監督受僱人執行職務之權限不同 ❸⓿。但定作人於定作或指示有過失者，不在此限（同條但書），蓋此時承攬人有似定作人之使用人也，定作人應依民法第一八四條規定單獨負損害賠償責任，不過此種定作人有過失而承攬人無過失情形實務上不常見，通常，定作人有過失者，承攬人亦以有過失居多，蓋承攬人亦有應盡之注意義務 ❸①。

(六)動物占有人之責任

民法第一九〇條第一項：「動物加損害於他人者，由其占有人負損害賠

---

❸⓿　A 承攬 B 公司之廠房，A 違背建築技術成規，所用水泥太厚，附著力不足且鋼筋少用致突然下塌，壓死 B 公司之職員 C 及財務受損，C 之子女、配偶及 B 公司可向 A 請求賠償損害。

❸①　例如乘客指示計程車司機超速或闖紅燈。

償責任。但依動物之種類及性質，已為相當注意之管束，或縱為相當注意之管束而仍不免發生損害者，不在此限。」動物為物，是為權利客體而非主體，如加害於他人，應由其占有人負責。所謂相當之注意管束係指善良管理人之注意而言，例如動物園之設備應考慮將遊客隔離於安全範圍，避免動物因遊客之挑動而加害於人之注意程度，果此而遊客靠近挑動，致為所傷，動物園不負責任❸。

同條第二項：「動物係由第三人或他動物之挑動，致加損害於他人者，其占有人對於該第三人或該他動物之占有人，有求償權。」蓋既有第三人或他動物之挑動，占有人之管束即有疏失之處，唯占有人於賠償被害人所受損害以後，對該第三人或他動物之占有人有求償權。該第三人對被害人亦應負民法第一八四條之侵權行為責任。該挑動之他動物如亦加害於他人，其占有人亦應同負第一九○條第一項前段規定動物占有人之賠償責任，唯只有動物被挑動致加損害於他人者，始有本條第二項之求償權。

(七)工作物所有人之責任

民法第一九一條第一項：「土地上之建築物或其他工作物所致他人權利之損害，由工作物之所有人負賠償責任。但其對於設置或保管並無欠缺，或損害非因設置或保管有欠缺，或於防止損害之發生，已盡相當之注意者，不在此限。」是有關工作物所有人的責任亦採中間責任，亦即土地上之建築物或其他工作物使他人權利遭受損害時，應推定其所有人就設置或保管有欠缺，被害人於請求損害賠償時，對於此項事項無須舉證。但所有人如能證明其對於建築物或工作物之設置或保管無欠缺，或於防止損害之發生，已盡相當之注意，或損害非因設置或保管有欠缺所致者，仍得免負賠償責任，方為公允。所謂「工作物」指建築在土地上之設施，尚包括橋樑、隧道、牌坊、紀念碑等。設置有欠缺，指工作物於建造之初，即存有瑕疵，欠缺通常應有情狀或設備。保管有欠缺，指於建造後欠缺通常應有之保管，

---

❸　B 飼養鬥雞一隻，放於戶外之際，突將鄰居五歲孩童 A 之眼珠啄傷致失明，A 可請求 B 賠償損害，因 B 未為善良管理人之注意程度，任意將鬥雞放於戶外。

致其物發生瑕疵。被害人應就設置或保管之欠缺負舉證責任，至於是否由於所有人之過失，則非所問。工作物所有人亦得證明其防止損害之發生已盡相當之注意，免負損害賠償責任❸。

同條第二項：「前項損害之發生，如別有應負責任之人時，賠償損害之所有人，對於該應負責者，有求償權。」例如甲廣告公司承攬乙公司廣告看板，因設置不良，第二天即倒下壓傷路人丙，丙向乙公司請求賠償後，乙公司對甲公司有求償權。

工作物如為公有公共設施，因設置或管理有欠缺，致人民生命、身體或財產受損害者，國家應負損害賠償責任（國家賠償法第三條第一款）。

㈧商品製造人、輸入業者之責任

為保護消費者之利益，商品製造人之責任，宜採侵權行為說，凡商品製造人因其商品之通常使用或消費所致他人之損害，負賠償責任。商品製造人為免除其責任，須證明商品之生產、製造或加工、設計並無欠缺或其損害非因該項欠缺或於防止損害之發生，已盡相當之注意（民法第一九一條之一第一項）。例如商品有危險性，商品製造人有附加說明之義務，應說明而未說明，即為防止損害之發生未盡相當之注意。商品製造人之責任係中間責任。又商品之生產、製造或加工、設計，與其說明書或廣告內容不符者，視為有欠缺（同條第三項），乃因依通常消費者之習慣，於購買或使用、消費該商品時，均信賴該商品之說明書或廣告之內容，倘該商品之品質、功能，事實上與其說明書不相符合，致誤信而為使用、消費而發生損害，應即視為商品有欠缺。

所謂商品製造人，指商品之生產、製造、加工業，在商品上附加標章或其他文字、符號，足以表彰係其自己生產、製造、加工者，視為商品製

---

❸ 乙蓋建之農舍，因久雨侵蝕，以致倒塌，壓傷路人甲，甲可向乙請求賠償損害，因久雨侵蝕，以致倒塌，是對於農舍之設置及保管有欠缺，而非不可抗力造成。如乙於四周圍以籬笆並掛牌告示危屋勿近，甲竟擅自進入採取青草致倒塌壓傷，乙不須負損害賠償之責。

造人（同條第二項）。商品包括自然產物及工業產品在內，從而商品製造人兼指自然產物及工業產品之生產、製造及加工業者。

商品如係國外輸入，每因轉賣、運銷等原因致使該商品之製造人難於追查，應使該商品之輸入業者，對該商品之瑕疵，負與製造人同一責任，藉保護消費者之權益，故規定商品輸入業者，應與商品製造人負同一責任（同條第四項）。輸入業者包括在外國輸出商品到我國之出口商及在我國之進口商在內。

㈨駕駛動力車輛肇事人之責任

近年來交通發達，汽機車數量成長快速，相對因動力車輛肇事致損害人之生命、身體或財產者，日見增多，各國立法例對汽車肇事賠償責任均有特別規定，乃增訂民法第一九一條之二：「汽車、機車或其他非依軌道行駛之動力車輛，在使用中加損害於他人者，駕駛人應賠償因此所生之損害。但於防止損害之發生，已盡相當之注意者，不在此限。」

㈩經營一定事業或從事其他工作或活動之人之責任

近代企業發達，科技進步，人類工作或活動方式及其使用之工具與方法日新月異，伴隨繁榮而產生危險性之機會大增，且鑑於①危險來源於從事危險事業或活動者（例如爆竹廠製造爆竹、桶裝瓦斯廠裝填瓦斯、舉行賽車活動、使用炸藥開山、開路、開礦、燃放焰火）。②從事危險事業或活動者於某種程度能控制危險。③從事危險事業或活動者，因危險事業或活動而獲取利益，令其就此危險所生之損害負賠償責任，係符合公平正義之要求，乃增訂民法第一九一條之三規定：「經營一定事業或從事其他工作或活動之人，其工作或活動之性質或其使用之工具或方法有生損害於他人之危險者，對他人之損害應負賠償責任。但損害非由於其工作或活動或其使用之工具或方法所致，或於防止損害之發生已盡相當之注意者，不在此限。」故被害人請求賠償時，只須證明加害人之工作或活動之性質或其使用之工具或方法，有生損害於他人之危險，而在其工作或活動中受損害即可，不

須證明其間有因果關係。但加害人能證明損害非由於其工作或活動或其使用之工具或方法所致,或於防止損害之發生已盡相當之注意者,則免負賠償責任,以期平允。

四、侵權行為之效力

侵權行為一經成立,被害人對於負侵權行為責任之人取得損害賠償之債權,而發生損害賠償之債。有關損害賠償之一般問題,民法第二一三至二一八條設有一般規定,乃因損害賠償之債,不獨於侵權行為發生,於債務不履行及其他法律有特別規定時,亦均可發生,故不能不設一般規定,以資共通適用。但侵權行為所生之損害賠償之債,畢竟有其特殊之點,民法復另於侵權行為款中設有損害賠償之特殊規定(民法第一九二至一九八條)。在適用時關於侵權行為所生之損害賠償,應先適用侵權行為款中之特殊規定,該款無規定者,始得適用債之標的一節所設之一般規定。

侵權行為之效力,可分下列三點敘述之:

(一)損害賠償之當事人

1.債務人

損害賠償之債務人,在一般侵權行為,為行為人,在特殊侵權行為,則依前述各該條文規定而定。

2.債權人

損害賠償之債權人,通常係權利或利益直接被侵害之人,但生命權被侵害時,因權利主體已不存在,故特別規定下列之人,亦享有損害賠償請求權:

(1)支出醫療費、增加生活需要費用或殯葬費之人:民法第一九二條第一項:「不法侵害他人致死者,對於支出醫療及增加生活上需要之費用或殯葬費之人,亦應負損害賠償責任。」支出此等費用之人,不問其與被害人之關係如何,以及有無支出義務,均可請求賠償。

(2)被害人對之負有法定扶養義務之人:民法第一九二條第二項:「被害

人對於第三人負有法定扶養義務者，加害人對於該第三人亦應負損害賠償責任。」法定扶養義務人與權利人依民法第一一一四條以下所規定之親屬定之。扶養費之支付，如許為定期金之支付較合當事人之目的，故適用民法第一九三條第二項規定，法院得因當事人之聲請，定為支付定期金，但須命加害人提出擔保（民法第一九二條第三項）。至於賠償方法，當然以金錢為之。

【案例研析】

㈠甲之父母 A、B 年老而不能維持生活，甲與其弟乙經濟能力相等，一日甲被害致死，A、B 是否可向侵權行為人請求全部扶養之賠償？

擬答：不可，只可請求扶養費之一半，因扶養義務人如有數人，應各依其經濟能力，比例分擔義務（民法第一一一五條第三項），二子之經濟能力既然相等，自只能請求二分之一。

㈡被害人死亡前尚無贍養能力（如少年求學中被害），其法定扶養請求權人，可否得向被害人請求賠償扶養費？

擬答：可以，蓋依一般情形，被害人將來亦有贍養能力，因之加害人之行為侵害被害人將來應有之贍養能力，亦即侵害死者之法定扶養權利人將來應受贍養之權利。至於扶養數額，應以死者如未死亡，依其現況，於一般情形通常將來供給贍養能力為準，不應以父母此時需要贍養之生活狀況為準。

㈢扶養請求權人死亡，其繼承人主張繼承此權利，繼續向加害人請求賠償是否有理由？

擬答：無理由，蓋扶養請求權，為身分上專屬之權利，因請求權人之死亡而消滅，因之其繼承人不得再繼續向加害人請求賠償。

⑶被害人之父母子女及配偶：民法第一九四條：「不法侵害他人致死者，被害人之父、母、子、女及配偶，雖非財產上之損害，亦得請求賠償相當

之金額。」此即慰撫金之特別規定，係精神上損害之賠償，以慰藉被害人之
遺屬所受精神上之痛苦。賠償方法，仍以金錢為之，子女有數人時，均須
一一對之賠償，胎兒亦含之，不得以子女年幼少知或為胎兒為減低賠償或
不予賠償之依據❸。唯胎兒以將來非死產者為限。

　　(4)被害人之父母或配偶：身分法益與人格法益同屬非財產法益，鑑於
父母或配偶與本人之關係最為親密，基此親密關係所生之身分法益被侵害
時，其所受精神上之痛苦最深，例如未成年子女被擄掠、配偶被強姦等，
被害人之父母或配偶之身分法益被侵害所致精神上損害至深且痛，故增訂
民法第一九五條第三項不法侵害他人基於父母或配偶關係之身分法益而情
節重大者，亦得請求非財產上之損害。

【案例研析】
　　慰撫金數額如何決定？
擬答：慰撫金非如財產損害之有價額可以計算，究竟如何始認為相當，應由法
　　　院斟酌雙方身分資力及加害程度，如加害人之身分、地位、家庭經濟狀
　　　況、能力，請求權人所受痛苦之程度、其與死者之關係及其他一切情形，
　　　定其數額。

(二)損害賠償之方法及範圍

1.侵害他人之身體、健康者
　　民法第一九三條第一項：「不法侵害他人之身體或健康者，對於被害人
因此喪失或減少勞動能力，或增加生活上之需要時，應負損害賠償責任。」
所謂喪失或減少勞動能力（謀生能力、工作能力），謂職業上工作能力全部
或一部之滅失，亦即減少能力後，通常情形原來可得收入之逸失❸。所謂

❸　死者家屬受贈奠儀、慰問金、勞工保險金（或其他商業保險金）、就業公司工廠
　之補助金、撫卹金或公務人員遺族撫卹金等，加害人不得主張自損害賠償額中扣
　除。因上述金錢給付或與損害賠償無關，或為國家之恩惠性質，故不得主張扣除。

增加生活上之需要，謂被害以前並無此需要，因被害以後，始有支付此費用之必要者，例如義足、整形等費用，醫療費用亦包括之。賠償方法，以一次支付為原則，均以金錢為之，唯法院得因當事人之聲請，定為支付定期金，但須命加害人提供擔保（同條第二項）。

2. 侵害他人身體、健康、名譽、自由、信用、隱私、貞操，或不法侵害其他人格法益而情節重大者

民法第一九五條第一項：「不法侵害他人之身體、健康、名譽、自由、信用、隱私、貞操，或不法侵害其他人格法益而情節重大者，被害人雖非財產上之損害，亦得請求賠償相當之金額。」❸❻因此等法益被侵害，被害人精神上必感痛苦，故使加害人賠償相當數額之慰撫金，此項慰撫金法官得酌情定之❸❼。又名譽之侵害，除賠償金錢外，並得請求為回復名譽之適當處分，例如登報道歉。慰撫金之損害賠償請求權，乃專屬權（人格權）被侵害而發生，行使與否，應尊重被害人之意思，故原則上不得讓與或繼承。但以金額賠償之請求權，已依契約承諾或已起訴者，則已成一般之金錢債權之性質，例外仍許讓與或繼承（同條第二項）。不法侵害他人基於父母或配偶關係之身分法益而情節重大者（如未成年人被人擄掠時，父母監護權被侵害所受精神上痛苦，又如配偶之一方被強姦，他方身分法益被侵害所致精神上之痛苦），亦得請求精神上損害賠償及回復名譽，唯此項請求權人之請求權亦不得讓與或繼承，但以金額賠償之請求權已依契約承諾或已起

---

❸❺ 工人手指被砍斷、船員雙腳被切斷、腦震盪昏睡等。是否減少或喪失勞動能力應由當事人舉證，例如提出醫師或該項職業專家（工會）之證明，而由法院自由心證決之。

❸❻ 本條第一項原採列舉規定人格權之範圍，僅為身體、健康、名譽、自由四項權利，揆諸現代法律思潮，似嫌過窄，樹酌我國傳統道德觀念，乃擴張人格權範圍，於條文中增訂及於信用、隱私、貞操或不法侵害其他人格法益而情節重大者。

❸❼ 因受傷所受肉體及精神之痛苦，可請求精神慰撫金，其數額之決定，通常樹酌傷情是否嚴重，受傷之原因，傷害之動機，兩造身分、地位、經濟情況及其他各種情形。又此請求權人限於被害人本身，與生命被侵害之請求權人不同，故父母不得以其女被強姦而向加害人請求慰撫金，僅其女可請求。

訴者，不在此限（同條第三項）。

【案例研析】

　　女子貞操被侵害可否請求慰撫金？

擬答：過去實務上多數見解，認係侵害身體及名譽，而得請求慰撫金。民法第
　　　一九五條於民國八十八年修正後，即增加「貞操權」為人格權之一種，
　　　如對之侵害，亦得請求慰撫金，不再以之為身體權或名譽權之侵害。

3.毀損他人之物者

　　民法第一九六條：「不法毀損他人之物者，被害人得請求賠償其物因毀
損所減少之價額。」本條賦予被害人得向不法毀損其物者請求賠償其物因毀
損所減少之價額。本來損害賠償之債以回復原狀為原則（民法第二一三條），
至於在物之毀損（不包括滅失在內），被害人固不得請求物之全部價格之賠
償，而由加害人取得毀損之物之所有權，反之，加害人亦不得為全部價額
之賠償，而請求讓與其物之所有權，否則所有權將難以保全。故被害人得
按修復費用計算其所受損害或回復原狀任擇行使之。如物之滅失，仍以回
復原狀為原則，例如侵奪或毀滅他人之物者，應返還其物或以同種類之物
返還。

(三)損害賠償請求權之時效

1.消滅時效之期間

　　民法第一九七條第一項：「因侵權行為所生之損害賠償請求權，自請求
權人知有損害及賠償義務人時起，二年間不行使而消滅，自有侵權行為時
起，逾十年者亦同。」因此侵權行為請求權之消滅時效期間為：

　　(1)二年：自請求權人知有損害及賠償義務人時起算，要件（即知有損
害、知賠償義務人）缺一則時效不起算。

　　(2)十年：自有侵權行為時起算（有認此為除斥期間）。此時無論請求權
人對於損害或賠償義務人已知或不知，均不得以尚未經過二年為由，行使

請求權，以貫徹短期時效之規定 **❸**。

2.侵權行為與不當得利請求權之競合

侵權行為發生之同時，常有加害人因之受有利益而構成不當得利之行為，此時即發生因侵權行為受利益致被害人受損害，被害人有損害賠償請求權與不當得利返還請求權兩者併存（競合）情形，當事人得擇一行使，但侵權行為請求權時效期間較短（民法第一九七條），不當得利請求權之消滅時效期間較長（法如無另有特別規定，依民法第一二五條為十五年），侵權行為時效完成，不當得利請求權仍未消滅時效，被害人仍得行使不當得利請求權，因此民法第一九七條第二項：「損害賠償之義務人，因侵權行為受利益，致被害人受損害者，於前項時效完成後，仍應依關於不當得利之規定，返還其所受之利益於被害人。」例如甲侵占（或竊盜）乙之唐瓷，乙自知被甲侵占（或竊取）時起逾二年或自甲侵占（或盜取）行為時起，逾十年而不行使侵權行為損害賠償請求權，則該請求權即因時效經過而消滅。但甲無法律上原因而受利益（占有唐瓷利益）致使乙受損害，乙得於甲侵占（或竊盜）行為時起十五年內行使不當得利請求權，請求甲返還唐瓷。

3.惡意之抗辯

民法第一九八條：「因侵權行為對於被害人取得債權者，被害人對該債權之廢止請求權，雖因時效而消滅，仍得拒絕履行。」是為惡意之抗辯。例如甲因被乙詐欺或脅迫而立下借據，甲有撤銷權（民法第九二條）及廢止請求權（民法第一八四條），但撤銷權有除斥期間，廢止請求權有消滅時效期間，如廢止債權請求權因時效而消滅，乙對甲取得之債權仍然存在，而

---

❸ ①夫自七十八年起即與他女子同居通姦，至八十二年被查獲，如妻於七十八年即知姦情，而於八十二年請求夫及該女子連帶給付慰撫金，是否已逾二年消滅時效？不，因通姦行為係連續發生，則時效期間應自妻知悉最後通姦行為時起算，故八十二年請求未逾二年。②甲係靠行計程車司機，一日攬客撞傷路人乙，乙因對甲司機之請求權消滅時效完成，始發現甲係靠行司機，乙得向甲所靠之計程車行請求損害賠償，因依民法第一八八條須與甲連帶負責且其請求權消滅時效分別起算。

仍向甲請求時，法律不保護惡意之人，故甲仍得依本條之規定拒絕履行（抗辯權），此即所謂惡意之抗辯。

第二節　債之標的

一、債之標的之意義

債之要素有二，即債之主體及標的，債權人及債務人即債之主體，債務人依債務本旨應為之一定行為，此種行為稱之給付，即債之標的，亦稱債之客體或債之內容。民法第一九九條第一項：「債權人基於債之關係，得向債務人請求給付。」即指此而言。故債之關係一經成立，債權人有請求債務人為一定行為之權利，債務人有為一定行為（給付）之義務❶。債務人之給付不以有財產價格為限，且給付包括作為與不作為（民法第一九九條第二、三項）。例如約定作學術演講，約定區域經理於離職後一年內不得受僱於本區域內營業種類相同之其他公司擔任相同職務，以免洩露營業祕密。

又法律行為標的之有效要件：合法、可能、確定（參閱前述法律行為之有效要件），於債之標的亦應具備，茲不贅言。

二、種類之債

㈠種類之債之意義

以不特定物為給付標的之債，謂之種類之債，亦稱不特定之債。不特定物是依照當事人之意思抽象的以種類、品質、數量而指定之物，例如幸福牌水泥八十包，冠軍牌磁磚五十箱等，並未具體指定某八十包水泥，某

---

❶ ①若當事人間僅屬遊戲或道德上、倫理上行為，例如相約散步而爽約、相約戒煙、戒酒而違反，因其間並「無法效意思」，並非法律行為，故難以之為債之標的。
②非締約之債權人，不得向債務人請求給付，例如丙借款予甲，甲作為辦理乙之喪葬事宜，丙不可向乙之繼承人（如配偶、子女）請求清償債務。

五十箱磁磚，僅言明標的物之共通屬性，即種類之債，反之，如已具體指
定「此八十包，五十箱」，則為特定物之債。

(二)種類之債之數量、品質之確定

種類之債之給付物，其數量必須確定或可得確定，否則因標的不能，
應為無效，如買水泥、磁磚，但未告知數量多少？但如告之施工面積，則
係可得確定。除應確定數量外，並應確定品質，蓋品質有優劣，如無從確
定等級，即屬債之標的不確定，足以使債之關係歸於無效。為此，民法第
二○○條第一項：「給付物僅以種類指示者，依法律行為之性質或當事人之
意思不能定其品質時，債務人應給以中等品質之物。」可知確定品質之方法
有三：

1.依法律行為之性質

例如貨樣買賣之出賣人應交付買受人，與貨樣有同一品質之物。消費
借貸之借用人返還之借用物，為其受領之同品質代替物。

2.依當事人之意思

當事人於契約成立時或契約成立後，就種類之債之品質有約定者，可
依當事人之約定定其品質。若未約定，倘若依標的物之價格、數量亦可確
定其品質。

3.給付中等品質之物

不能依法律行為之性質或當事人之意思確定種類之債之品質者，應給
付中等品質之物。

(三)種類之債之特定

種類之債係以給付不特定物為標的之債，須經特定後，始能履行，故
將不特定之債變更為特定之債，即所謂「種類之債之特定」。特定之方法，
依民法第二○○條第二項規定有二：

1.債務人交付其物之必要行為完結

例如約定以債權人或債務人住所地為清償地之債，前者稱之「赴償債

務」，債務人應將給付物持往債權人住所地，使債權人得隨時受領的狀態，始屬特定；後者稱之「往取債務」，債務人應將給付之物自種類之中分離，置於與他物足以辨認之狀態，並通知債權人前來受領而特定。

2.經債權人之同意指定其應交付之物時

債權人同意債務人有指定權，並依債務人之指定而決定應交付之物。例如買盆景送友人新居落成，買受人同意花店店主有指定權，經店主決定應交付之盆景時。

㈣種類之債特定之效力

種類之債既經特定，債務人應給付之物即告確定，如有滅失或毀損，即發生給付不能或危險負擔等問題。反之，在未特定以前，債務人負有給付同種類同品質及同數量之物，社會上苟有此種類之物存在，債務人之履行責任即不消滅，必該種類之物客觀的在社會上已失其存在或禁止流通，始生給付不能問題，債務人對於其資力應徹底負其責任，故種類之債的給付物在社會上苟有其存在，債務人在主觀上無此給付物，無論係基於何種原因，其所負給付義務，仍然存在，即應依其資力，換取相當種類之物給付之。例如買受上等西螺蓬萊米百斤，在未特定前，店裡所有之上等西螺蓬萊米均銷售一空時，出賣人仍應依其資力，換取上等西螺蓬萊米百斤給付，不生給付不能問題。

三、貨幣之債

㈠貨幣之債之意義

以給付一定數額之貨幣為標的之債，謂之貨幣之債，亦稱金錢之債、價值之債。貨幣乃價值評定之標準，財貨交換之媒介，法律意義上，尚無給付不能之問題。貨幣有時亦當作一般物品，以為交易對象，如購買袁大頭、古錢，因係著重物品之個性，而非其評價之價值，則非此之所謂貨幣之債，故有給付不能之問題。

㈡貨幣之債之種類

貨幣之債以其給付之貨幣係本國發行之貨幣或外國發行之貨幣為區分標準，可分本國貨幣之債與外國貨幣之債。

1. 本國貨幣之債

以本國發行之貨幣為標的之債，稱為本國貨幣之債，亦稱國內貨幣之債。本國貨幣之債，債務人得給付任何通用貨幣；但當事人約定以特種通用貨幣之給付為債之標的者，如其貨幣至給付期失去通用效力時，應給付他種通用貨幣（民法第二〇一條）。例如約定以舊臺幣為給付，但至給付期，舊臺幣已不通用，則應以通用之新臺幣給付之。又如罰金以銀元計算，實際給付時算付新臺幣是。

2. 外國貨幣之債

以外國發行之貨幣為標的之債，稱為外國貨幣之債。以外國通用貨幣定給付額者，債務人得按給付時給付之市價，以中華民國通用貨幣給付之，但訂明應以外國通用貨幣為給付者，不在此限（民法第二〇二條）。因外國通用貨幣在我國內並無強制通用之效力，且當事人所重視者，為金額之價值，而非其種類，故除當事人有特約外，債務人得任意選擇，以為清償。

四、利息之債

㈠利息之債之意義

以給付利息為標的之債，稱為利息之債。所謂利息乃使用他人之原本（金錢或代替物），依一定之利率而支付之對價。可見利息之債必先有原本之債，故利息之債，具有從債務之性質，非有原本之債，利息之債無從發生。

㈡利息之種類

利息以發生原因不同為區分標準，可分為下列二種：

1.約定利息

利息依當事人約定而發生者，稱為約定利息。約定利息以約定利率計算，但若只約定有利息，未約定利率者，應依法定利率計算其利息，即民法第二〇三條：「應付利息之債務，其利率未經約定，亦無法律可據者，週年利率為百分之五。」

2.法定利息

利息依法律規定而發生者，稱為法定利息。民法上所定之法定利息甚多，歸納之有四種，①遲延利息，因給付遲延而生之利息（如民法第二三三條）。②墊費利息，為他人支出費用而生之利息（如民法第一七六、二八一條）。③擬制利息，為自己利益使用他人金錢之利息（如民法第一七三、五四二條）。④返還利息，返還他人財產所附加之利息（如民法第一八二、二五九條第二款）。

(三)利息之債之利率

利率乃計算利息之標準。利率依當事人約定或法律規定可分為約定利率及法定利率，無論法定利息或約定利息，均應先依約定利率計算，無約定利率時，始依法定利率計算。

1.約定利率

約定利率之高低，本得由當事人自由決定（契約自由原則），但為防止重利剝削，有礙交易秩序，民法設有保護債務人之規定：

(1)最高利率之限制：民法第二〇五條：「約定利率，超過週年百分之二十者，債權人對於超過部分之利息，無請求權。」債權人對超過部分無請求權，亦即債務人對超過部分得拒絕給付，以便保護債務人❷。但如債務人不為拒絕而任意給付時，不得事後主張債權人不當得利，請求返還。

---

❷　甲向乙借用一萬元，約定一年後應返還一萬元及利息黃金半兩（折算金錢為五千元），乙對超過部分之利息（三千元），仍無請求權。但在最高額限制範圍內，乙仍有請求權。

【案例研析】

甲向乙借稻穀百斤，約定一個月後應返還一百五十斤，是否有民法第二○五條之適用？

擬答：按民法第二○五條之規定，對於金錢以外其他代替物之消費借貸亦適用之，故甲得拒絕返還超過年利二分之稻穀。

(2)**巧取利益之禁止**：民法第二○六條：「債權人除前條限定之利息外，不得以折扣或其他方法，巧取利益。」例如借用九萬元，載明借用金額十五萬元是❸。

(3)**債務人之期前清償權**：民法第二○四條第一項：「約定利率逾週年百分之十二者，經一年後，債務人得隨時清償原本。但須於一個月前預告債權人。」是為較高利率之限制，以免債務人長期負擔過重之利息。又以項係強制性規定，不得以契約除去或限制之（同條第二項）。

(4)**複利之禁止**：複利乃將利息滾入原本，再生利息。複利易生重利盤剝之問題，對於債務人至為不利，故民法第二○七條第一項：「利息不得滾入原本，再生利息。」但有下列二種例外情形，一是當事人以書面約定利息遲付逾一年後經催告而不償還時，債權人得將遲付之利息滾入原本者（同條項但書）。蓋此時無甚害於債務人之利益，且可歸責於債務人，自無禁止之必要。二是商業上另有習慣者（同條第二項）。如金融業有複利習慣，於法即不受禁止，蓋對客戶有利❹。

2.**法定利率**

---

❸ 此「折扣付本」行為之效果，多數學者認為巧取利益部分違反禁止規定，貸與人不得請求借用人返還，至於實借部分（九萬元）則有效，但超過法定最高利率限制（即超過一萬八千元以上部分），債權人無請求權。但有認為巧取利益之行為，既為法律禁止之行為，為無效，當事人應負回復原狀之責任，與第二○五條迥然不同，不得援用本條，故貸與人僅得請求借用人返還九萬元。

❹ 銀行郵局之活期儲蓄存款每半年計算複利一次。利息依法滾入原本，即失其利息之性質，而成為原本之一部。

應付利息之債務，其利率未經約定，亦無法律可據者，週年利率為百分之五（民法第二○三條），此即為法定利率❺。

五、選擇之債

㈠選擇之債之意義

於數宗給付中，得選定其一為給付標的之債，稱為選擇之債。例如約定就機車一部、夏威夷來回機票一張、電腦一部，任選其一以為給付是。選擇之債之關係為單一，但債之標的為數宗，故債之關係成立時，其標的尚未特定，僅其範圍特定，而在範圍之內加以選擇❻。

㈡選擇之債之特定

選擇之債，其標的尚未特定，自須選定一宗，始能履行，稱為選擇之債之特定。其特定之方法如下：

1.選擇權之行使

何人得行使選擇權？依民法第二○八條：「於數宗給付中，得選定其一者，其選擇權屬於債務人。但法律另有規定或契約另有訂定者，不在此限。」❼選擇權一經行使則選擇之債變成單純之債。選擇權行使之方法，依

---

❺　票據法第二八條第二項：「利率未經載明時，定為年利六釐。」第一二四條準用第二八條之規定及第一三三條：「執票人向支票債務人行使追索權時，得請求自為付款提示日起之利息。如無約定利率者，依年利六釐計算。」與民法規定不同。

❻　甲公司將其所有磚廠出賣予乙公司，並約定三筆土地等甲公司向市府承租土地八百坪完成後，如乙公司願意購買，僅需再補價金二百萬元。今甲公司尚無法順利承租市府土地，乙公司尚無權交付二百萬元與甲公司後，要求甲公司將該三筆土地辦理移轉登記之權利。蓋所謂數宗給付可由契約當事人選擇者，是指該數宗給付係屬平行，並無先後之分，而不須等某種條件成就後，始有選擇之權。故向市府承租土地尚未解決之前，乙公司不得向甲公司請求價購。

❼　甲父向乙女表示如高考及格，贈與機車一部或夏威夷來回機票或電腦一部或古玉環一只。乙女果然高考及格，此時選擇權仍屬於甲父。但如甲、乙有約定，由乙

民法第二〇九條:「債權人或債務人有選擇權者,應向他方當事人以意思表示為之。」「由第三人為選擇者,應向債權人及債務人以意思表示為之。」

2.選擇權之移轉

選擇權定有行使期間者,如於該期間內不行使時,其選擇權,移轉於他方當事人。選擇權未定有行使期間者,債權至清償期時,無選擇權之當事人,得定相當期限催告他方當事人行使其選擇權。如他方當事人不於所定期限內行使選擇權者,其選擇權移屬於為催告之當事人❽。由第三人為選擇者,如第三人不能或不欲選擇時,選擇權屬於債務人(民法第二一〇條)。

3.給付不能

給付不能亦為選擇之債之特定方法。即數宗給付中,有自始不能或嗣後不能給付者,債之關係僅存在於餘存之給付。如僅存一宗時,即歸特定。但其不能之事由,應由無選擇權之當事人負責者,不在此限(民法第二一一條)❾。

㈢選擇之債特定之效果

有選擇權人向他方當事人意思表示生效時,則選擇之債變成單純之債,故選擇權屬於形成權之一種。不過選擇權之效力,應溯及於債之發生時(民法第二一二條)。即與自始成立以選定之給付為標的之單純債權相同❿。

選擇者,則選擇權屬於乙女。

❽ 同前註例,甲父如遲遲未行使選擇權時,乙女得定相當期限催告甲父行使,甲父仍不於所定期限內行使,其選擇權則移屬於乙女。

❾ 甲向乙買A馬或B馬,約定七天內由甲選擇,如A馬在買賣契約成立前已死亡(自始不能)或成立後(嗣後不能),則債之關係僅存在於B馬之給付,即成為單純之債。但A馬係乙故意或過失致死或出賣他人,則仍為選擇之債,如甲選擇A馬,因A馬不存在,甲得請求乙負損害賠償責任,甲亦可選擇B馬。

❿ 同❼例,甲父於乙女高考及格後,選擇電腦一部之意思表示時,選擇之債即變成單純之債,此給付電腦一部之單純之債之效力溯及於高考前甲、乙贈與契約成立時,而非從選擇之意思表示起。即與自始於高考前贈與乙電腦一部單純之債相同。

六、損害賠償之債

(一)損害賠償之債之意義

以賠償損害為標的之債，稱為損害賠償之債。損害指人身或財產上所生之不利益。賠償乃填補損害是。損害賠償之債，多因法律規定而發生，如侵權行為、債務不履行。亦有因契約而成立，如保險契約而生損害賠償之債。

(二)損害賠償之方法

損害賠償在於填補損害，故其方法以回復原狀為原則，以金錢賠償為例外：

1.回復原狀

民法第二一三條第一項：「負損害賠償責任者，除法律另有規定或契約另有訂定外，應回復他方損害發生前之原狀。」例如竊取或毀壞機車者應返還或修復該機車。所謂法律另有規定，例如因過失撞傷路人致其殘廢，因此喪失或減少勞動能力或增加生活上之需要，應負擔損害賠償，民法即在第一九三條第一、二項規定賠償方法為「法院得因當事人之聲請，定為支付定期金。但須命加害人提出擔保」。又如不法侵害他人名譽，依民法第一九五條應賠償相當之金額並回復名譽之適當處分（如登報道歉）是。契約另有訂定者，如借機車七天，約定不慎遺失，賠償若干是。

2.金錢賠償

例外以金錢賠償情形有二：

(1)經催告逾期不回復原狀者：民法第二一四條：「應回復原狀者，如經債權人定相當期限催告後，逾期不為回復時，債權人得請求以金錢賠償其損害。」例如機車毀壞訂七天期限催告修復，但逾期仍不修復，得自行修復，而請求修復費用之金錢賠償，以免久懸不決。

(2)不能回復原狀或回復原狀有重大困難者：民法第二一五條：「不能回

復原狀或回復顯有重大困難者，應以金錢賠償其損害。」例如打破古瓶或嚴重毀損汽車修復需費過鉅；撈起沈船，需費過多等。

3.請求支付回復原狀所必要之費用

我國民法損害賠償方法，以回復原狀為原則，金錢賠償為例外，然回復原狀若必由債務人為之，對被害人有時可能緩不濟急或不符合被害人之意願，為期合乎實際需要，並使被害人獲得更周密之保障，乃賦予債權人得請求支付回復原狀所必要之費用，以代回復原狀之權利（增訂民法第二一三條第三項）。

(三)損害賠償之範圍

損害賠償之範圍：①有依當事人約定者，謂之約定賠償範圍，例如當事人於損害之前約定賠償範圍，此即損害賠償總額之預定，係民法第二五〇條違約金契約。於損害後約定賠償範圍，則多出於和解。②有依法律規定者，謂之法定賠償範圍。民法第二一六條第一項：「損害賠償，除法律另有規定或契約另有訂定外，應以填補債權人所受損害及所失利益為限。」所謂契約另有訂定即約定賠償範圍，至於法定賠償範圍則以「填補債權人所受損害及所失利益」為一般範圍，以「法律另有規定」即民法第二一七、二一八條等為特殊範圍，茲分述如下：

1.一般範圍

填補債權人「所受損害」及「所失利益」為損害賠償之一般範圍。

(1)所受損害：所謂「所受損害」即積極之損害，例如身體健康被侵害發生精神上損害、支出醫療費用或負擔醫療費債務是。

(2)所失利益：所謂「所失利益」即消極之損害，換言之，倘若無責任原因之事實時，即能取得此利益，因有此事實發生致無此利益可得，是為所失利益。唯所謂所失之利益，其範圍頗難確定，故依通常情形，或依已定之計畫、設備，或其他特別情事，可得預期之利益，視為所失利益（民法第二一六條第二項）**⓫**。

⓫ ①駕駛計程車營業，依通常情形每日可得純利三千元，因受傷不能駕駛，致每日

2.特殊範圍

損害賠償之特殊範圍有過失相抵、賠償義務人生計關係而酌減、損益相抵。

(1)過失相抵：民法第二一七條第一項：「損害之發生或擴大，被害人與有過失者，法院得減輕賠償金額，或免除之。」損害之發生被害人與有過失者如甲乙二車碰撞，甲受傷但車禍之發生甲亦有違規超速之過失時，乙雖有過失但得請求減輕賠償金額。損害之擴大被害人與有過失者如甲受傷後自行誤用劣藥致傷勢加重是。又所謂「與有過失」不限於積極行為，消極行為亦屬之，即同條第二項：「重大之損害原因，為債務人所不及知，而被害人不預促其注意或怠於避免或減少損害者，為與有過失。」❷關於被害人之代理人或使用人之過失，應視同被害人之過失，方得其平，故增訂本條第三項：「前二項之規定，於被害人之代理人或使用人與有過失者，準用之。」

(2)賠償義務人生計關係而酌減：民法第二一八條：「損害非因故意或重大過失所致者，如其賠償致賠償義務人之生計有重大影響時，法院得減輕其賠償金額。」本條立法意旨全在基於道德上之衡量，如加害行為出於故意或重大過失，其道德上依據即失所在，自無特加保護必要❸。本條與第二

喪失應可獲得之三千元。②歌星已與歌廳簽約，預定登臺一月可得報酬若干。③如按期裝設廠房機器，按期開工可獲利之利潤，均為所失利益。

❷ ①所謂重大之損害原因為債務人所不及知而被害人不預促其注意者，如託運易碎陶瓷玻璃製品而不告以小心裝卸，致運送不慎，將其毀損。②所謂怠於避免損害者如債務人給付有傳染病之家畜，不予隔離，致其他家畜亦被傳染。③所謂怠於減少損害者如被毆傷後拒不就醫，致無法復原。

❸ ①乙與甲鎮公所訂約，承攬某國小校舍工程，未如期完工，經限期催告仍未完工，乃解除契約後，請求乙因鎮公所另行招商承辦所增加工價之損害賠償，法院以此損害之發生，非基於乙之故意或重大過失，而乙現已生活窘迫，如為全部賠償，必致其生計有重大影響，而減輕賠償金額。②丙刺傷丁致死，丁之父母請求丙損害賠償，如丙家境貧寒，無力支付賠償金額，如為全部賠償，必致其生計有重大影響，法院是否可以此理由減輕賠償金額？不可，因丙係出於故意之行為，與民法第二一八條之規定不合。

一七條不同點在：本條法院僅得「減輕」，不得「免除」，而第二一七條法院得「減輕」或「免除」賠償金額。

(3)損益相抵：民法第二一六條之一：「基於同一原因事實受有損害並受有利益者，其請求之賠償金額，應扣除所受之利益。」此項損益相抵原則乃損害賠償請求權人因同一賠償原因事實，受有利益時，應將所受利益，由所受損害中扣除，以定賠償範圍，否則豈非反使被害人得到利益？例如某歌星車禍受傷，未能依約赴外地表演，失去報酬，但減省之車費、化妝費之支出，於賠償時應加以扣除。

四負損害賠償責任人之權利

關於物或權利喪失或損害，負賠償責任之人，得向損害賠償請求權人，請求讓與基於其物之所有權或基於其權利對於第三人之請求權（增訂民法第二一八條之一第一項）。此項賠償義務人之權利讓與請求權，應解為與損害賠償義務有對價關係，故有關民法第二六四條同時履行抗辯權規定，於此情形準用之（增訂民法第二一八條之一第二項）。

第三節　債之效力

債之效力即債之關係成立後，為實現債之內容，債權人得請求債務人為給付，債務人負有為其給付之義務。故債之主要效力為債務人之給付。債之從屬效力則為(1)債務人因故意、過失不履行給付時，應負何等債務不履行之責任？(2)給付不能或不完全給付，應負何等債務不履行之責任？(3)給付遲延或債權人受領給付遲延時，應負何等債務不履行之責任？(4)債權人於債務人積極的或消極的損害其債權時，應如何保全其債權？

第一款　給　付

給付乃債務人實現債之內容，即債務之履行。債務人依債之本旨實現

債務內容之行為，即為債務履行。債務履行，應遵守誠信原則，即民法第二一九條：「行使債權，履行債務，應依誠實及信用方法。」誠信原則不僅關於債權債務❶，即其他權利之行使與義務之履行❷，亦須遵此原則。民國七十一年修正民法總則時，將本條之規定，增列於第一四八條第二項，故本條待刪除❸。

情事變更原則為私法上之一大原則，唯民法尚無一般性之原則規定，致適用上易生困擾，增訂第二二七條之二：契約成立後，情事變更，非當時所得預料，而依其原有效果顯失公平者，當事人得聲請法院增、減其給付或變更其他原有之效果。於非因契約所發生之債（如無因管理、不當得利），準用之。

第二款　債務不履行

一、債務不履行之意義

債務不履行乃債之內容未能實現，其情形有下列四種：①給付不能，②給付拒絕，③不完全給付，④給付遲延。

---

❶ ①甲委任律師乙辦民事事件，酬金三十萬元，包括一、二、三審，律師乙曾替甲撰狀出庭第一審，其後當事人和解而撤銷委任律師訴訟契約，律師乙請求全部酬勞三十萬元，無理由，因律師乙僅辦理第一審事務之一部分，依誠信原則，僅可請求給付第一審事務之酬金。②甲委任乙介紹出售土地，總價一千二百萬元，超出總價部分，悉歸乙得作為報酬，乙介紹丙承買，總價二千萬元，出甲所料，為避免報酬之給付，乃拒絕簽定買賣契約並向乙聲明終止契約，後再暗與丙簽約，乙請求甲履行契約，給付報酬，有理由，因甲聲明終止與乙之契約，違反誠信原則，況契約之終止，不應以使居間人喪失報酬請求權為目的而為之。

❷ 消費者保護法第一二條：「定型化契約中之條款違反誠信原則，對消費者顯失公平者，無效。」貿易法第二六條：「出進口人應本誠信原則，利用仲裁、調解或和解程序，積極處理貿易糾紛。」

❸ 本條（民法第二一九條）於民國八十八年民法債編增修訂時刪除。

二、債務不履行之可歸責事由

債務人有債務不履行情形，係以債務人有可歸責之事由，負其賠償責任。所謂可歸責者即債務人具有應負責之事由。民法第二二○條第一項：「債務人就其故意或過失之行為，應負責任。」故原則上債務人就債務不履行有故意或過失時，才負責任。但例外情形，因事變（包括通常事變及不可抗力），亦須負責，乃因社會公共政策及舉證之困難，法律亦使債務人對事變負其責任。茲就可歸責事由：故意、過失、事變，分述之如下：

㈠故　意

所謂故意乃行為人對於債務不履行之事實，明知並有意使其發生，或預見其發生而其發生不違反其本意。前者如甲明知借款到期而故意不清償。後者如甲受僱於乙看顧小孩，甲見小孩於火車軌道遊戲能預見車禍之發生，發生車禍亦無所謂之心態。

㈡過　失

所謂過失乃行為人對於債務不履行之事實，應注意能注意而不注意，或其雖預見其發生，而確信其不發生。前者如甲計程車應注意交通規則且能注意卻疏於注意，車禍致乘客受傷。後者如乙受僱於甲特技團，甲令乙頭上置一蘋果，表演射準功夫，甲雖能預見會發生誤傷之可能，但確定其功夫而不致於誤傷，不幸卻誤傷，此亦認甲有過失。

過失可分為下列三種：

1.抽象輕過失：

即欠缺善良管理人之注意謂之抽象輕過失。所謂善良管理人之注意，即依交易上一般觀念認為具有相當知識、經驗及誠意人應盡之注意。

2.具體輕過失

即欠缺與處理自己事務為同一之注意謂之具體輕過失。

3.重大過失

顯然欠缺一般人之注意。

　　債務人過失行為負責之標準，當依法律之規定，亦得由當事人以契約定之。如無規定亦無約定，則依民法第二二○條第二項規定，酌定過失之輕重。

1.法律規定

　　①民法明定就抽象輕過失負責者，例如第四三二條第一項、第四六八條第一項、第八八八條等。②民法明定就具體輕過失負責者，例如第五九○條前段、第六七二條、第一一○○條第二項等。③明定就重大過失負責者，例如第一七五、二三七、四一○條等。

2.當事人約定

　　當事人就債務人應負過失責任之輕重有所約定，則依其約定，但不得約定：即使有重大過失亦不須負責，此即民法第二二二條：「故意或重大過失之責任，不得預先免除。」例如醫師替病人手術契約上約定如醫師有故意或重大過失而發生之責任，均免其責任，此約定不生免責之效力。

3.過失之酌定

　　過失責任之輕重，法無明文，當事人亦無約定，則債務人過失之責任，依事件之特性而有輕重，如其事件非予債務人以利益者，應從輕酌定（民法第二二○條第二項）❹。民法第二二三條：「應與處理自己事務為同一注意者，如有重大過失，仍應負責。」乃因如債務人處理事務向來疏忽隨便，則債之履行，苟已盡與處理自己事務為同一注意，即不負具體輕過失，唯其疏忽如已達重大過失程度，猶可不負責任，殊不足以保護社會交易安全。例如甲受乙之託，免費保管機車，甲向來疏於注意，任意就自己之機車放置屋外且未加鎖，致乙車被竊，依民法第五九○條規定：「受寄人保管寄託物，應與處理自己事務為同一之注意。」甲已盡保管乙機車與保管自己機車

---

❹　僅債務人自己一方受利益，應就抽象輕過失負責，例如承租人對租賃物之保管。如他方受利益，債務人亦受利益，須就具體輕過失負責，例如合夥（民法第六七二條）。僅他方受利益，債務人自己不受利益，即所謂如其事件非予債務人以利益，應從輕酌定，故僅就故意或重大過失負責，例如贈與（民法第四一○條）。

同一注意而免責，依此結果，難免甲遭受不測，且不足以貫徹重大過失不得免除之旨。故甲仍應依本條負損害賠償之責。

㈢事　變

所謂事變乃非由於債務人之故意或過失所發生之變故，可分為通常事變及不可抗力兩種。通常事變指債務人如予以嚴密之注意或可避免發生損害，但債務人已盡其應盡之注意義務仍不免發生之情形❺。不可抗力則指人力所不能抗拒之事由，即任何人縱加以嚴密之注意，亦無法避免❻。

三、債務人之責任能力

故意或過失之成立以有意思能力為前提，債務人應就故意或過失之行為負責任者，應具備意思能力，若債務人為無行為能力或限制行為能力者，其責任依民法第一八七條規定（民法第二二一條），換言之，即債務人是否負債務不履行責任，其標準與侵權行為相同，乃以債務人於行為時有無識別能力定之；債務人為限制行為能力或無行為能力者，亦同。又債務人無意識或精神錯亂之行為而致債務不履行，亦因其行為時無識別能力而無庸負責。

四、債務人對於其代理人或使用人之責任

民法第二二四條：「債務人之代理人或使用人，關於債之履行有故意或

---

❺　例如民法第六五四條：「旅客運送人對於旅客因運送所受之傷害及運送之遲到應負責任。但因旅客之過失，或其傷害係因不可抗力所致者，不在此限。」運送人雖已盡其應盡之注意仍不免發生旅客之傷害或遲延，但運送人如予以嚴密之注意或可避免發生旅客之傷害或遲延，故運送人仍應對之負責。其他如民法第六〇六、六〇七、六三四條。

❻　例如民法第五二五條：「著作交付出版人後，因不可抗力致滅失者，出版人仍負給付報酬之義務。」著作人將著作物交予出版人後，著作物因天災、地變、戰爭、法令修改等不可抗力原因致不能或無法出版時，出版人仍應給付報酬是。其他如民法第一七四條第一項、第二三一、八三七、八九一條、民用航空法第六七條。

過失時，債務人應與自己之故意或過失負同一責任。但當事人另有訂定者，不在此限。」代理人包括意定代理人及法定代理人，使用人指輔助債務人履行債務之人。債務人就其履行債務如借助他人以為輔助，用以擴充自己活動範圍，增加利潤，自應就此債務履行輔助人之行為所生損害負責，以確保交易安全❼。

五、債務不履行之種類

㈠給付不能

1.意　義

　　債務人應為之給付，不能依債之本旨實現之意。民法第二二五、二二六條所謂給付不能，指自始主觀不能及嗣後不能。給付是否不能，應依一般社會觀念決定之而且給付時期屆至時能否給付為準。不包括自始不能，因自始不能屬於標的不能(民法第二四六條參照)，涉及債之關係是否成立，尚非單純為債務不履行與否之問題。

2.效　力

　　給付不能因是否可歸責於債務人，而有不同之效力：

　　⑴不可歸責於債務人：民法第二二五條第一項：「因不可歸責於債務人之事由，致給付不能者，債務人免給付義務。」例如買賣契約訂立後，出賣物經法律禁止交易成為不融通物，出賣人可免給付義務。第二項：「債務人因前項給付不能之事由，對第三人有損害賠償請求權者，債權人得向債務人請求讓與其損害賠償請求權，或交付其所受領之賠償物。」斯即「代償請求權」，例如，債務人於給付物交付前曾投保者，因颱風而滅失，對保險人所取得之損害賠償請求權，債權人可請求債務人讓與。

　　⑵因可歸責於債務人：民法第二二六條第一項：「因可歸責於債務人之

❼　例如貨車司機因駕駛不慎致貨物毀損，貨運公司應負債務不履行之責任（民法第二二四、二二七條），如駕駛不慎致撞傷路人，貨運公司對路人負責係依民法第一八八條，非依民法第二二四條負責，因貨運公司與該路人無債之關係。

事由，致給付不能者，債權人得請求賠償損害。」例如乙向甲購屋以後，甲
又將之售於丙（一屋二賣）並辦理過戶手續完畢，此時，乙已不能請求甲
辦理所有權移轉登記，因可歸責於甲致給付不能，乙可向甲請求損害賠償，
如請求返還價金及自支付日起之法定利息、介紹費，如依已定計畫設備或
其他特別情事可得預期之利益（所失利益）亦可請求。第二項：「前項情形，
給付一部不能者，若其他部分之履行，於債權人無利益時，債權人得拒絕
該部之給付，請求全部不履行之損害賠償。」例如甲向乙買受三棟房屋用以
開設商場，其中二棟乙又出售於丙且辦理所有權移轉登記，則僅存一棟房
屋不敷商場使用，買受人甲即得拒絕乙之一部給付而請求全部不履行之損
害賠償。

㈡不完全給付

1.意　義

　　債務人不依債之本旨，所為之給付。其情形可分為瑕疵給付與加害給
付兩種，前者指債務人所為之給付，含有瑕疵，有價值不符、品質不合❽、
方法不當、地點不適或時間不宜等瑕疵給付，依情形分別有瑕疵給付可補
正及不可以補正兩種情形。後者指債務人之給付，不但含有瑕疵且因有瑕
疵致債權人遭受其他損害❾。

2.效　力

　　民法第二二七條：「因可歸責於債務人之事由，致為不完全給付者，債
權人得依關於給付遲延或給付不能之規定行使其權利。」（第一項）「因不完
全給付而生前項以外之損害者，債權人並得請求賠償。」（第二項）故①不
完全給付可補正時，債權人可依遲延之法則行使其權利，詳如後述。②不
完全給付不能補正時或縱經補正，與債務本旨已不相符者，則依給付不能

---

❽　例如買賣十公斤上等西螺米，交付十公斤中等西螺米，或十公斤上等其他產地米
　　等。

❾　例如債務人給付機件損壞之車輛，致債權人遭受車禍。又如給付病犬，致傳染債
　　權人原有之他犬致死亡，學理上或稱此為積極之債權侵害。

之法則行使權利。③債權人得請求賠償損害：不完全給付如為加害給付，除發生超過履行利益之損害，例如債務人交付染有疾病之家畜，致債權人原有家畜受病菌感染而生損害，又如出賣人未告知機器特殊使用方法，致買受人因使用方法不當引起機器爆破，傷害買受人之人身或其他財產等，依本條第二項規定，被害人就履行利益以外之損害，得依不完全給付理論請求賠償損害。

㈢給付遲延

1.意　義

債務人於債務已屆履行期，而給付可能，因可歸責於債務人之事由，而未為給付。

2.要　件

民法第二二九條：「給付有確定期限者，債務人自期限屆滿時起，負遲延責任。給付無確定期限者，債務人於債權人得請求給付時，經其催告而未為給付，自受催告時起，負遲延責任。其經債權人起訴而送達訴狀，或依督促程序送達支付命令，或為其他相類之行為者，與催告有同一之效力。」「前項催告定有期限者，債務人自期限屆滿時起負遲延責任。」故債務人遲延之要件有三：

⑴債務須已屆履行期：在給付有確定期限者，債務人自期限屆滿時起，負遲延責任。在給付無確定期限者（包括未定期限債務及定有不確定期限之債務），債務人於債權人得請求給付時，經其催告而未為給付，自受催告時起負遲延責任。所謂催告，乃請求給付之意思通知，得以言詞或書面通知。起訴而送達訴狀於債務人時或依督促程序送達支付命令或為其他相類之行為（如調解之聲請、提付仲裁）者，與催告有同一之效力。

⑵須給付為可能：債務人之遲延謂應給付時能給付而不為給付。如應給付時，已屬給付不能，則依給付不能規定，不發生給付遲延問題。

⑶須可歸責於債務人：民法第二三○條：「因不可歸責於債務人之事由，致未為給付者，債務人不負遲延責任。」蓋給付遲延屬於債務之不履行，自

以可歸責於債務人之事由所致者，始由債務人負遲延責任，債務人主張不負遲延責任，應就不可歸責之事由負舉證責任。

3.效　力

(1)損害賠償：民法第二三一條：「債務人遲延者，債權人得請求其賠償因遲延而生之損害。」❿「前項債務人，在遲延中，對於因不可抗力而生之損害，亦應負責。但債務人證明縱不遲延給付，而仍不免發生損害者，不在此限。」⓫

(2)拒絕給付並請求賠償：民法第二三二條：「遲延後之給付，於債權人無利益者，債權人得拒絕其給付，並得請求賠償因不履行而生之損害。」⓬

(3)請求遲延利息：民法第二三三條第一項：「遲延之債務，以支付金錢為標的者，債權人得請求依法定利率計算之遲延利息。但約定利率較高者，仍從其約定利率。」⓭

六、債務不履行致債權人之人格權受侵害之效力

債權人因債務不履行致其財產權受侵害者，固得依債務不履行之有關

---

❿　例如乙向甲借用土地建屋，約定甲要處分土地時，乙即須拆除房屋交還土地。後甲要處分土地通知乙，乙遲未拆還，甲如因此受到損害，可向乙請求所受損害。又如承攬修復工程，逾期未完成，致定作人另交他人承包，損失工程價款之差額，可向承攬人請求所受損害。

⓫　例如應交付債權人之物品，債務人遲延中遭賊所盜（屬不可抗力中之普通事變）致給付不能，亦應負責。但如應交付債權人之房屋一棟，於遲延中因遭地震而倒塌，雖屬因不可抗力所致損害，但不論債務人有無遲延，均不免因地震而倒塌，此損害債務人不須負責。

⓬　例如訂酒席後，餐廳遺忘致不能準時備妥酒席，不得已另改餐廳設筵，自得拒絕原訂餐廳之補送筵席，且得請求另訂筵席所生之損害。

⓭　例如乙向甲借用新臺幣一萬元，未約定利息及返還期限，乙不返還，甲則可定一個月以上之相當期限，催告乙返還，於期限屆滿後，請求乙返還一萬元及從催告期滿時起至清償日止之法定遲延利息（年息5%），若當事人有借款「無遲延利息」或「年息10%」之特約，即應依特約。

規定求償。唯如同時侵害債權人之人格權致其受有非財產上之損害者，依現行規定，僅得依據侵權行為之規定求償。是同一事件所發生之損害竟應分別適用不同之規定解決，理論上尚有未妥，且因侵權行為之要件較之債務不履行規定嚴苛，如故意、過失等要件舉證困難，對債權人之保護亦嫌未周，為免法律割裂適用及充分保障債權人之權益，增訂民法第二二七條之一：債務人因債務不履行，致債權人之人格權受侵害者，準用民法第一九二至一九五條及第一九七條之規定，負損害賠償責任。

第三款　債權人受領遲延

一、意義及要件

受領遲延乃債務人依債務本旨而提出給付，使債權人處於可受領狀態，而債權人拒絕受領或不能受領之事實。其要件有三：

(一)債務之履行須經債權人協力始得完成

債務人履行債務時，無須債權人受領或為其他協力者，債務人即得自行履行債務，並不發生受領遲延問題，例如不得深夜開工喧嘩等不作為債務。債務之履行須經債權人協力始得完成者，例如貨物之點收、錄音錄影等，債權人如不為此項協力，債務即不能履行，債權人之受領遲延因而發生❶。

(二)須債務人已為合法提出

民法第二三五條：「債務人非依債務本旨實行提出給付者，不生提出之效力。但債權人預示拒絕受領之意思，或給付兼需債權人之行為者，債務

---

❶　例如乙依債務本旨將欠租交甲時，甲拒收，乙將租金存入商會，乙對甲之債務仍不消滅，但甲受領遲延。乙應將租金為債權人甲提存（向清償地之地方法院提存所為之）始能消滅債之關係。

人得以準備給付之事情，通知債權人，以代提出。」 ⓯

㈢須債權人未予受領

　　民法第二三四條：「債權人對於已提出之給付，拒絕受領或不能受領者，自提出時起，負遲延責任。」拒絕受領者乃對於債務人提出之給付，經債權人表示拒絕受領之意思，或兼需債權人之行為而不行為者，均為拒絕受領。不能受領者乃給付可能而因債權人主觀之情事，不能協力完成債務之履行。例如僱工修屋，於約定施工期日前，將房屋交他人修繕完畢。又如屋主出國未返，無法入屋修繕等。唯債務之履行無確定期限，或債務人於清償期前得為給付者，債權人就一時不能受領之情事，不負遲延責任（民法第二三六條），蓋債務履行期日，債權人難以預測，故債權人一時不能受領，不負遲延責任。但債務人提出給付，係由於債權人之催告，或債務人已於相當期間前預告債權人者，不在此限（同條但書）。

【案例研析】

　　乙欠甲貨款十萬元，未約定返還期限，甲預先向乙表示拒絕受領之意思，乙如何始可不負給付遲延責任或可請求對待給付（交貨）？
擬答：乙得以準備給付之事情通知甲，以代提出，或辦理提存，使甲負受領遲
　　　延之責任，乙即可不負給付遲延責任，並可請求甲對待給付。

二、效　力

　　受領遲延並非債務不履行之一種，因除民法有特別規定或當事人有特約外，債權人無受領之義務，故債權人縱有受領遲延情事，債務人亦不得強制其受領給付。債權人受領遲延，債務人之債務仍屬存在，僅其責任消

⓯　例如乙欠甲十萬元，年息 10%，約定今年十月一日返還，到期乙帶本金十萬元擬
　　返還，甲以利息未一併返還，拒絕受領有理由，因乙未依債務本旨提出，不生提
　　出之效力，甲不負受領遲延之責任。

極之減免，其效力如下：

(一)減輕債務人責任

　　民法第二三七條：「在債權人遲延中，債務人僅就故意或重大過失，負其責任。」例如漁販供應餐廳之充氧活魚，因債權人（餐廳）受領遲延而致耗損率增加，如非出於債務人（漁販）之故意或重大過失所致，債務人即不負債務不履行責任。亦即債權人如不遲延受領，債務即因清償而消滅。另一方面，債權人雖受領遲延，債務並不消滅，當不容債務人任意不為給付，故債務人仍就其故意或重大過失負責。

(二)無須支付利息

　　民法第二三八條：「在債權人遲延中，債務人無須支付利息。」如債權人受領債務人之給付，債務消滅，當無須再支付利息，因債權人之不受領，債務不但不消滅且仍應隨時準備給付，實際上亦不能利用之以生息，故約定利息或法定利息，債務人均無須再行支付。

【案例研析】

　　乙公司欠甲公司五十萬元，以票面金額五十萬元交甲公司而為甲公司拒絕，以後甲公司請求乙公司清償，乙公司有無理由拒絕清償？
擬答：乙公司無理由拒絕甲公司請求，但自提出時起無須支付利息。

(三)孳息返還範圍縮小

　　民法第二三九條：「債務人應返還由標的物所生之孳息或償還其價金者，在債權人遲延中，以已收取之孳息為限，負返還責任。」❶

---

❶　甲不當得利乙之母雞，依民法第一八一條應返還母雞（所受利益）及雞蛋（更有所取得者）是。但乙（債權人）遲延受領甲之給付時起，雞蛋因故意或重大過失而未取收亦不負返還責任。因如債權人乙若不遲延，債務人甲即可不必注意孳息

㈣請求賠償費用

民法第二四〇條:「債權人遲延者,債務人得請求其賠償提出及保管給付物之必要費用。」 **❶**

㈤拋棄占有

民法第二四一條:「有交付不動產義務之債務人,於債權人遲延後,得拋棄其占有。」「前項拋棄,應預先通知債權人。但不能通知者,不在此限。」

【案例研析】

甲租乙房地,到期欲返還予乙,乙拒絕點收受領時,甲得否強制債權人受領?

擬答:　不可,因除法律有特別規定(如民法第三六七條、第五一二條第二項)

及特約外,債權人不負受領給付之義務,此時,如為金錢債務,或動產

之債務,債務人可以提存,本事件為交付不動產(房地)之債務,債務

人可拋棄占有,並應預先通知債權人乙,但不能通知者,不在此限。

第四款　債權之保全

一、債權保全之意義

債權保全乃債權人為確保其債權之獲償,防止債務人財產減少之制度。債務人之總財產,為債權人之共同擔保,債務人之財產增加,則債權之擔保雄厚;反之,如債務人之財產減少,則債權之擔保薄弱。故債務人財產

之收取。

❶ 甲出售獒犬於乙,乙受領遲延中,債務人甲得請求乙賠償自提出時起之保管獒犬必要費用(飼養費等)。

之增減與債權人之權利有密切關係。如債務人對於自己之權利怠於行使，致其財產消極減少，或為積極的減少其財產行為，致債權之擔保轉為薄弱時，債權人為保全其權利起見，對於債務人消極的怠於行使其權利者，則可代為行使，此之謂代位權；對於債務人積極的減少財產行為，則可聲請法院撤銷之，此之謂撤銷權。此二者，均為保全債權而設，故稱債權保全。

二、代位權

(一)意義及要件

債務人怠於行使其權利，消極地聽任其財產減少，債權人為保全其權利，得以自己之名義，行使債務人之權利。民法第二四二條：「債務人怠於行使其權利時，債權人因保全債權，得以自己之名義，行使其權利。但專屬於債務人本身者，不在此限。」故其要件有四：

1.須債務人怠於行使其權利

即債務人就其權利得行使而不行使。債務人是否怠於行使權利，應以其有無行使權利之決心及具體行動，是否積極求取達到圓滿實現其權利內容之目的加以判斷[18]。

2.債務人之權利存在且非專屬於債務人之權利

如債務人對於第三人無權利或已行使而無效果，債權人即不能代位，即使有權利但專屬債務人之權利，債權人亦不得代位行使權利[19]。

3.債權人有保全其債權之必要

---

[18]　丙將土地售乙，乙又將此土地售甲，乙怠於向丙請求移轉所有權登記，甲可代位乙請求丙將土地移轉登記與乙，再依買賣契約，請求乙移轉登記與自己，甲不可代位乙請求丙移轉登記與自己。但如丙已合法解除乙丙間買賣契約，甲因乙對於丙無權利存在，即無代位行使權利之餘地。

[19]　同[18]。又如乙向某機關詐購土地，經該機關撤銷，則向乙購買該土地之甲，不可代位乙請求該機關辦理所有權移轉登記。因乙與該機關間買賣契約既經撤銷，則視為自始無效，乙已無權請求該機關辦理所有權移轉登記，甲自無代位行使之可言。

行使代位權，原則上須債務人因自己怠於行使權利之結果，致其資力不足清償債務時，債權人始得代位行使，反之，對於債務之清償，並無影響時，則無代位行使債權之必要 ❷。

4.須債務人已負遲延責任

民法第二四三條：「前條債權人之權利，非於債務人負遲延責任時，不得行使。」以避免過分干涉債務人之事務，但對債務人有利且性質上宜及時為之，為免坐失時機，例如債權人因債務人對第三人之債權將因時效消滅而為之中斷時效是。故本條但書：「但專為保存債務人權利之行為，不在此限。」

(二)效　力

1.債權人代位行使債務人權利所得利益，仍應歸屬於債務人，債權人並無優先受償之權利。

2.債權人代位行使債務人之權利時，第三人得以對於債務人之一切抗辯權對抗該債權人 ❷。

三、撤銷權

(一)意義及要件

債權人對於債務人所為有害債權之行為，得聲請法院予以撤銷之權利。民法第二四四條：「債務人所為之無償行為，有害及債權者，債權人得聲請

---

❷ 甲向乙機關承租土地被丙占用，乙機關怠於向丙行使所有物返還請求權時，甲可代位乙機關請求丙交付該土地與乙機關，而不能請求丙返還（交付）自己。如乙機關拒絕受領給付，甲可代位行使受領權。

❷ 乙欠甲十萬元，乙無資產但對丙有十萬元債權，如乙怠於向丙請求，甲於清償期屆至後（即乙負給付遲延責任時）得以自己（甲）名義行使乙對丙之請求權，如乙另欠丁十萬元，則此時丙所返還之十萬元，行使代位權之甲無優先獲償之權，而應與丁比例受償。再者，丙得主張乙未交付十萬元貨物為理由，向甲抗辯。又乙對丙之十萬元係屬扶養費債權（專屬於乙之權利），則甲不得代位行使。

法院撤銷之。」「債務人所為之有償行為，於行為時明知有損害於債權人之
權利者，以受益人於受益時亦知其情事者為限，債權人得聲請法院撤銷之。」
「債務人之行為非以財產為標的，或僅有害於以給付特定物為標的之債權
者，不適用前二項之規定。」故要件有四：

1.須為債務人之有效行為

　　債務人之行為除有特別規定外，無論債權行為或物權行為，亦不以法
律行為為限，訴訟行為（如自認、和解、訴之撤回）及其他生法律上效果
之準法律行為均包括之。但此行為以有效成立為其前提要件。

2.須債務人所為行為係以財產權為目的

　　蓋非以財產權為目的之行為，與債權人之權利無直接關係，應不許債
權人聲請撤銷之（民法第二四四條第三項）。如身分上之行為、以給付勞務
為標的之行為等，均不得行使撤銷權。

3.須債務人有損害債權之行為及陷於無資力

　　損害債權之行為，不論有償或無償，係指行為後成為無資力，使債權
人之債權受償不能或清償陷於困難而言，如債務全部超過總資產，即可認
為無資力清償。否則債務人雖減少其財產，但其資力（包括信用、勞力在
內），尚有餘裕還債，即無害於債權人之債權，債權人不得加以干涉❷。債
務人之全部財產為總債權人之共同擔保，債權人應於債權之共同擔保減少
致害及全體債權人之利益時，方得行使撤銷權，易言之，撤銷權之規定係
以保障全體債權人之利益為目的，非為確保特定債權而設，乃在民法第二
四四條第三項增訂「僅有害於以給付特定物為標的之債權」不得行使撤銷
權❸。

---

❷　債務人甲雖欠債權人乙五百萬元，今甲將公債一千萬元贈與他人或將房地產廉售
　　他人，但甲仍有其他房地產或存款五百萬元以上，甲之贈與或廉售行為非損害債
　　權人乙之行為。

❸　在以給付特定物為標的之債權，如因債務人之行為致有履行不能或困難之情形，
　　債權人如即得行使撤銷權以保全其債權，並不以債務人因其行為陷於無資力為
　　限，顯係違背債權無優先權之性質，逾越撤銷權制度之原有機能（保全債務人之

4.債務人有償行為，以債務人及受益人於行為時均明知有損害債權人之權
利始可訴請法院撤銷之；無償行為則不須此主觀要件

所謂受益人包括債務人之行為直接受益人（相對人）及間接受益人（轉
得人）**㉔**。

㈡行使方法

債權人行使撤銷權，須聲請法院為之，不得只以意思表示方法行使，
因撤銷權之行使於第三人有重大之利害關係，須由法院為之，以昭鄭重，
此點與代位權之行使得以意思表示為之，亦得以提出於法院為之者不同。
撤銷權之行使，自債權人知有撤銷原因時起一年間不行使，或自行為時起
經過十年而消滅（民法第二四五條）。

㈢效　　力

1.對於債務人及受益人之效力

債務人之行為一經債權人撤銷，發生溯及消滅其效力，當然回復原狀。
如債務人及受益人僅有債權行為，則因該行為而發生之權利義務，歸於消
滅；如債務人與受益人間已完成物權行為，則受益人並負返還財產之義
務**㉕**。原民法第二四四條條文對此未加規定，乃增訂第二四四條第四項：

責任財產為目的），演變成撤銷權為對債務不履行之制裁手段。例如甲將房地售
乙，又將之贈與丙並登記在丙名下，即使甲尚有其他財產（資力）可賠償乙之損
害，乙仍得撤銷甲、丙之贈與契約及移轉登記行為，則無異承認債權（買賣）有
優先權，對於受贈人保護亦感不周，故乃於第三項增訂不得僅為保全特定債權而
行使撤銷權之規定。

㉔　甲欠乙三百萬元未清償，甲將僅有價格三百萬元之房地以一百萬元廉售予丙，丙
又以同價格轉售於丁，丙為直接受益人，丁為間接受益人，若乙、丙、丁三人於
行為時或受益時均明知侵害乙之債權，乙即得撤銷其各該買賣行為。

㉕　乙欠甲金錢債務，竟將其不動產無償贈與丙，致有害甲之債權，甲可訴請法院撤
銷其贈與行為，如已移轉登記在丙之名下，並得訴請塗銷其所有權移轉登記。又
如丁欠丙金錢債務，竟將其房屋售予戊（知此行為損害丙之債權），而有害於丙

「債權人依第一項或第二項之規定聲請法院撤銷時，得並聲請命受益人或轉得人回復原狀。但轉得人於轉得時不知有撤銷原因者，不在此限。」轉得人於轉得時知悉債務人與受益人之行為有撤銷原因，債權人撤銷之效果，始及於該轉得人，如不知有撤銷之原因，則應依物權法上善意受讓規定取得權利，不得令其回復原狀。

2.對於債權人之效力

因撤銷權之目的既在保全一般債權之擔保，利益應歸屬於所有之債權人，非歸於行使撤銷權之債權人，故該債權人不得就該給付物優先受償❷❻。

第五款　契約之效力

契約為債之發生原因，前已言之。契約成立後在法律上所發生之效果即契約之效力，有關前述債之效力如債務履行、債務不履行、債權保全等效果乃屬契約之一般效力，茲所論者為契約之特殊效力（契約之標的、確保、解除、終止及雙務契約、涉他契約之效力）。至於各種契約（如買賣、租賃、贈與、承攬……等契約）之個別效力，於債編各論中各種之債有詳細規定。

近日工商發達，交通進步，當事人締約前接觸或磋商之機會大增。當事人為訂立契約而進行準備或商議，即處於相互信賴之特殊關係中，如一方未誠實提供資訊、嚴重違反保密義務或違反進行締約時應遵守之誠信原則，致他方受損害，此等行為既非侵權行為，亦非債務不履行之範疇，原

之債權，並辦畢所有權移轉登記。丙可訴請法院撤銷其買賣行為及塗銷其所有權移轉登記。

❷❻　例如❷❺情形，甲或丙不得訴請法院將該不動產（房地）移轉登記在自己（甲或丙）名下。但有例外情形，可以登記在行使撤銷權之債權人名下，如 A 售屋予 B，A 再售予 C 並移轉登記 C 名下，C 明知此損害 B 之債權時，B 得訴請法院撤銷 A、C 之買賣契約及塗銷 A、C 之間所有權移轉登記，再依 A、B 間之買賣契約，請求 A 移轉登記與自己 (A) 名義之下。

民法對此未設有賠償責任之規定，有失周延，為保障締約前雙方當事人間因準備或商議訂立契約已建立之特殊信賴關係，並維護交易安全，參照外國法「締約過失責任」規定，乃增訂民法第二四五條之一：「契約未成立時，當事人為準備或商議訂立契約而有左列情形之一者，對於非因過失而信契約能成立致受損害之他方當事人，負賠償責任：一、就訂約有重要關係之事項，對他方之詢問，惡意隱匿或為不實之說明者。二、知悉或持有他方之祕密，經他方明示應予保密，而因故意或重大過失洩漏之者。三、其他顯然違反誠實及信用方法者。」「前項損害賠償請求權，因二年間不行使而消滅。」

一、契約之標的

契約為法律行為之一種，法律行為標的（法律行為之內容）必須合法、可能及確定，契約之標的亦必具備此三要件，關於合法、可能、確定之意義，於民法總則法律行為一節已有說明，茲不贅言。本款規定者乃契約之標的若屬不能時，契約之效力究有如何之影響，其內容如下：

㈠契約無效

民法第二四六條第一項前段：「以不能之給付為契約標的者，其契約無效。」所謂契約標的不能指契約內容自始客觀不能（自始客觀不能實現），包括法律上標的不能及事實上標的不能❷。故契約之標的，若是自始不能之給付，契約為無效。但有兩個例外，即①本條項後段：「但其不能情形可以除去，而當事人訂約時並預期於不能之情形除去後為給付者，其契約仍為有效。」②第二項：「附停止條件或始期之契約，於條件成就或期限屆至前，不能之情形已除去者，其契約為有效。」

---

❷　乙向甲購買特定物（如房屋、書畫），訂約前已因火災燒燬，即事實上標的之自始客觀不能。父母為未成年子女所訂之婚約，違反民法第九七二條無效；私有農地所有權之移轉，其承受人以能自耕者為限，違反者，其物權行為無效。此即法律上標的自始客觀不能。

㈡締約過失之賠償責任

　　契約無效，雖契約本身不發生任何效力，但因契約無效，而致一方受損害時，則發生損害賠償問題。民法第二四七條第一項：「契約因以不能之給付為標的而無效者，當事人於訂約時知其不能或可得而知者，對於非因過失而信契約為有效致受損害之他方當事人，負賠償責任。」此即所謂締約過失之損害賠償責任，契約因以不能之給付為標的而無效時，如受害之一方無過失，而他方有過失時，則他方應負損害賠償責任，但雙方均有過失或無過失，則不發生損害賠償問題❷❸。

　　債權人之損害賠償請求權，本條未規定其消滅時效，原應適用民法第一二五條十五年之時效規定，唯時效期間過長，使權利狀態久懸不決，有礙社會秩序，乃增訂本條第三項：「前二項損害賠償請求權，因二年間不行使而消滅。」

二、附合契約（定型化契約）

　　當事人一方預定契約之條款，而由需要訂約之他方，依照該項預定條款簽訂之契約，學說上名之「附合契約」。此類契約，通常由工商企業者一方，預定適用於同類之條款，由他方依其契約條款而訂定之。預定契約條款之一方大多為經濟上較強者，而依其預定條款訂約之一方，則多為經濟上較弱者，為防止契約自由之濫用，乃增訂民法第二四七條之一規定，列舉四款有關他方當事人利害之約定，如按其情形顯失公平者，明定該部分之約定無效。詳言之，依照當事人一方預定用於同類契約之條款而訂定之契約（此即附合契約之意義），為下列各款之約定，按其情形顯失公平者，該部分約定無效：一、免除或減輕預定契約條款之當事人之責任者。二、

❷❸　甲得知其在國外訂購之木材一批，於海運途中，遭巨風致船沈沒，竟仍持交運單為證明方法，將所購木材售予乙，乙屆期始知標的不能而契約無效，乙得請求因信賴契約有效所受之損害（信賴利益），如訂約費用、準備履行所需費用（如介紹費、向他人借款之利息、勞務費用等）、另外失去訂約機會之損失。

加重他方當事人之責任者。三、使他方當事人拋棄權利或限制其行使權利者。四、其他於他方當事人有重大不利益者。至於所謂「按其情形顯失公平者」係指依契約本質所生之主要權利義務或按法律規定加以綜合判斷而有顯失公平之情形，例如某建設公司於預售房屋合約書中載有「本契約於雙方完成交屋日起，自動失效，甲方（購屋人）應將本合約書交還給乙方銷毀作廢」之條款，依民法買賣之規定，出賣人對於出賣物本負有權利及物之瑕疵擔保責任，而此買賣契約書係買受人行使請求權之最主要依據，如購屋人繳回契約書，將使請求權行使發生困難，須承受不可預期之危險損失，不但顯失公平，且已嚴重影響消費者權益及交易秩序，故本條款無效。

三、契約之確保

為確保契約之效力，法律設有兩種方法，即定金與違約金：

㈠定　金

定金者，契約當事人之一方，為確保契約之履行，交付於他方之金錢或其他代替物（稻米等）。定金契約以主契約之成立為前提，故為從契約。又以交付為成立要件，故亦為要物契約。

交付定金後，產生如下效果：

1.契約推定成立，民法第二四八條：「訂約當事人之一方，由他方受有定金時，推定其契約成立。」倘有反證，可推翻法律所作之推定，使其契約不成立。

2.契約履行時，定金應返還或作為給付之一部（民法第二四九條第一款）。

3.因可歸責於付定金當事人之事由，致不能履行時，定金不得請求返還（同條第二款）❷❾。

---

❷❾　不能履行指社會一般觀念已不能履行，即不能依債務之本旨而為給付。至於債務人不為履行、給付遲延或履行困難，均非不能履行，但給付遲延，致履行不能，

　　4.因可歸責於受定金當事人之事由，致不能履行時，該當事人應加倍返還其所受之定金（同條第三款）❸⓿。

　　5.契約因不可歸責於雙方當事人之事由，致不能履行時，定金應返還之（同條第四款）❸①。

㈡違約金

　　違約金者，以確保債務之履行為目的，由當事人約定債務人於債務不履行時，所應支付之金錢。違約金契約以主契約之成立為前提，故為從契約。但以意思表示一致而成立，故為不要物契約（諾成契約）。

　　違約金之種類因其性質而異，可分下列二種，①懲罰性違約金：即以強制債務之履行為目的，確保債權效力所定之強制罰，債權人除得請求支付違約金外，並得請求履行債務，或不履行之損害賠償。例如乙向甲承租房屋，約定期滿後不續租，乙如期滿未遷出，除租金外，逾期違約金每日若干元。屆期乙果真未遷出，甲除請求遷出（主債務）及相當之租金之外，並得請求懲罰性之違約金。②賠償額預定性違約金：即以違約金為債務不履行所生損害之賠償總額，經當事人於損害發生前預先約定者。其目的在避免計算之困難及訴訟之煩累，故請求違約金後，不得再請求其他損害賠償，例如乙向甲購買外銷鰻魚一萬斤，約明屆期，每遲延一日，賠償總價千分之若干。則一旦有遲延，債權人（乙）即不待舉證證明其所受損害係因遲延所致及損害額之多寡，均得按約定之違約金，請求債務人（甲）支

　　仍為履行不能。例如乙向甲買受土地，已付定金五萬元，除當事人另有約定外，其後乙遲延交付價金，經甲合法解除契約後，乙請求返還定金，有理由，因此為給付遲延，而非履行不能。

❸⓿　例如甲向乙買受土地，交付定金後，乙另售他人致不能對甲履行，甲可請求加倍返還定金。例如丁向丙購買木材，付有定金，丙以貨價高漲，無故將定金退還，拒不交貨，除當事人另有約定外，丁請求丙加倍返還定金，為無理由，蓋此為不為給付，而非履行不能，故與前例不同。

❸①　甲向乙買受土地，交付定金後，交付土地前土地被政府徵收為都市計畫道路用地，致不能履行，甲得請求乙返還定金。

付，反之，債務人（甲）亦不得證明債權人未受損害，或損害額不及違約金額之多而請求減免賠償；債權人亦不得證明實際所受損害額多於違約金額，請求按所受損害賠償。民法第二五〇條第二項：「違約金，除當事人另有訂定外，視為因不履行而生損害之賠償總額。其約定如債務人不於適當時期或不依適當方法履行債務時，即須支付違約金者，債權人除得請求履行債務外，違約金視為因不於適當時期或不依適當方法履行債務所生損害之賠償總額。」即是賠償額預定性違約金。

債務已為一部履行者或違約金過高者，法院得比照債權人因一部履行所受之利益，酌減違約金（民法第二五一、二五二條），例如甲向乙購買蓮霧五千臺斤，如不交付，應付違約金十六萬元，嗣乙只交付二千五百臺斤，法院得將違約金減為八萬元，又如借稻穀之逾期違約金，約定每百臺斤每日應給一臺斤認為過高，應酌減至週年百分之二十始為相當。

四、契約之解除

(一)意　義

當事人一方行使解除權，使契約之效力，溯及於訂約之時歸於消滅之意思表示。

(二)解除權之發生

解除權之發生原因有二，一是契約約定，二是法律規定。前者乃契約當事人得於「訂立契約時」，約定保留解除權；「訂定契約後」亦得另行訂定契約承認當事人得行使解除權，稱之「約定解除權」；後者乃因法律規定發生之解除權，有基於債之契約共同原因，稱之「一般的法定解除權」即民法第二五四至二五六條所規定解除原因；有基於各別契約之特殊原因者，稱之「特殊的法定解除權」，例如民法第三五九、三六三、四九四條等。茲就一般的法定解除權，述之如後：

1.給付遲延之解除

民法第二五四條:「契約當事人之一方遲延給付者,他方當事人得定相當期限,催告其履行,如於期限內不履行時,得解除其契約。」❸❷民法第二五五條:「依契約之性質或當事人之意思表示,非於一定時期為給付不能達其契約之目的,而契約當事人之一方不按照時期給付者,他方當事人得不為前條之催告,解除其契約。」❸❸

2.給付不能之解除

民法第二五六條:「債權人於有第二百二十六條之情形時,得解除其契約。」亦即因可歸責於債務人之事由,致給付不能者,債權人得不定相當期限催告其履行,而逕行解除契約。例如甲出售房屋與乙後,又售予丙並辦妥所有權移轉登記,乙可逕行解除與甲之買賣契約。如乙承攬甲之建屋工程,因基地為丙所有,乙依約定日期前往開工為丙所阻,一再交涉無效致不能興建,此為可歸責於甲之事由,致給付不能,甲依民法第二五六條行使解除權,於法不合。

(三)解除權行使方法

依民法第二五八條:「解除權之行使,應向他方當事人以意思表示為之。」「契約當事人之一方有數人者,前項意思表示,應由其全體或向其全體為之。」行使解除權之意思表示以訴訟上書狀為之,或以訴訟外之書信言詞為之均可。

(四)契約解除之效果

契約一經解除,其效力即溯及既往歸於消滅,與自始未訂立契約相同,故因契約所生之債權債務關係均溯及當初全歸消滅。契約解除後之效力主

---

❸❷　鎮公所將某校舍工程交由乙承攬,限期完工,嗣乙未如期完工,該鎮公所定相當期間催告履行,乙仍未完工,該公所可解除契約。如催告未定期間或期間相當短,不生催告之效力,以保護債務人。

❸❸　如結婚筵席之承辦遲延、生日蛋糕之送達遲延,或明示參加畫展而裱畫遲延,不須為催告即得解除契約。

要有：

1.回復原狀

契約解除後，當事人雙方有回復原狀之義務。關於回復原狀時返還義務之範圍，民法特設第二五九條規定以處理之，但除法律另有規定，或契約另有所定者，仍從其規定或約定之外，依下列之規定：

⑴由他方所受領之給付物，應返還之❸。

⑵受領之給付為金錢者，應附加自受領時起之利息償還之。

⑶受領之給付為勞務或為物之使用者，應照受領時價額，以金錢償還之❸。

⑷受領之給付物有孳息者，應返還之。

⑸就返還之物，已支出必要或有益之費用，得於他方返還時所得利益之限度內，請求其返還❸。

⑹應返還之物有毀損滅失或因其他事由，致不能返還者，應償還其價額❸。

2.損害賠償

民法第二六○條：「解除權之行使，不妨礙損害賠償之請求。」所謂損害賠償是指因債務人不履行（給付不能、給付遲延等）所生之舊賠償請求權，其範圍依民法第二一六條一般損害賠償之法則，即債務不履行所受損害及所失利益，不包括因契約消滅所生之損害❸。

---

❸ 土地買賣契約解除，如已交付土地及辦畢所有權移轉登記，應交還土地及辦理所有權移轉登記與出賣人。

❸ 買賣契約解除，買受人已使用房屋者，應返還與租金相當之金額。

❸ 買賣契約解除，買受人修繕房屋或裝潢之費用，得於返還時出賣人所得利益之限度內，請求返還。

❸ 買賣古董契約解除前，買受人早已轉售他人或打破而不能返還，應償還古董之價額。

❸ 甲出賣寵物給乙，經甲催告限期履行仍置之不理，甲乃解除契約，甲因此所受支出保管費、飼料費之損害，仍得請求乙賠償。甲解約後，適該寵物價格下跌，以低價出售他人之損害，則不得請求賠償。

3. 雙務契約之準用

民法第二六一條:「當事人因契約解除而生之相互義務,準用第二百六十四條至第二百六十七條之規定。」所謂相互義務,通說認係兼指一方負擔回復原狀之義務,他方負擔賠償損害義務❸。

(五)解除權之消滅

1. 除斥期間經過

解除權行使之期間或依法律之規定,或依當事人間之約定,除斥期間屆滿而未行使者,其解除權消滅。

2. 經他方當事人催告而未行使

民法第二五七條:「解除權之行使,未定有期間者,他方當事人得定相當期限,催告解除權人於期限內確答是否解除,如逾期未受解除之通知,解除權即消滅。」以免法律關係久懸不決,陷於不安定狀態。

3. 受領給付物不能返還或種類變更

民法第二六二條:「有解除權人,因可歸責於自己之事由,致其所受領之給付物有毀損、滅失,或其他情形不能返還者,解除權消滅。因加工或改造,將所受領之給付物變其種類者,亦同。」❹

五、契約之終止

(一)意　義

---

❸　買賣土地並經交付後,買受人合法解除契約,訴請出賣人返還價金,出賣人主張買受人未交還土地回復原狀,為拒絕返還價金之抗辯,為有理由。蓋依民法第二六一條準用第二六四條之規定,於他方未為對待給付前,得拒絕自己之給付。

❹　例如受領汽車曾經撞毀、被竊等事由,解除權消滅。又如將木頭加工雕成藝品,將麵粉製成麵包,買受衣服改窄,解除權消滅。但若如將木材刨光,於木材之原有用途不但無害且屬有益,則不但解除權不消滅,且木材增加之利益,得依民法第二五九條第五款規定請求返還。

當事人本於終止權，使繼續的契約關係向將來消滅之一方意思表示。其與契約之解除不同在：契約之解除有使契約效力溯及既往消滅且以一時之契約關係為限，例如買賣、贈與等；契約終止則使契約效力自終止時向將來消滅，且以繼續之契約關係為限，例如僱傭、租賃等。

㈡終止權之發生

終止權之發生原因有二：①是因契約約定而發生；②是因法律規定而發生。前者如甲僱傭乙看店，約定甲之子退役時即終止契約。後者如民法第五九七條：「寄託物返還之期限，雖經約定，寄託人仍得隨時請求返還。」

㈢終止權行使方法及效果

民法第二六三條：「第二百五十八條及第二百六十條之規定，於當事人依法律之規定終止契約者，準用之。」請參閱前述說明，茲不另贅言❹。

六、雙務契約之效力

㈠意　義

雙方當事人互負對價關係之債務之契約，稱之雙務契約。雙方互負對價關係之債務，在發生、履行及消滅上均有牽連性。亦即一方債務不發生，他方債務亦不發生；一方債務不履行，他方亦得拒絕履行債務；一方因不可歸責於自己之事由，致免給付義務時，他方倘亦無可歸責事由時，亦免對待給付義務。

㈡效　力

雙務契約之效力主要有二：

---

❹ 如出租人有數人，以其中一人名義向承租人聲明終止租約，不生終止之效力，須以全體出租人名義為之；反之，承租人有數人，出租人應向承租人全體聲明終止契約，否則不生終止之效力（民法第二六三條準用第二五八條之規定）。

1.同時履行抗辯

雙務契約之當事人於他方當事人未為對待給付前，有拒絕自己之給付之權利，稱之同時履行抗辯權。所謂「一手交錢，一手交貨」是也❷。

民法第二六四條第一項：「因契約互負債務者，於他方當事人未為對待給付前，得拒絕自己之給付。但自己有先為給付之義務者，不在此限。」雙務契約原則上當事人均有同時履行抗辯權，但有先為給付義務者，則無此權利❸。同條第二項：「他方當事人已為部分之給付時，依其情形，如拒絕自己之給付有違背誠實及信用方法者，不得拒絕自己之給付。」❹

當事人之一方，應先他方為給付者，如他方之財產於訂約後顯形減少，有難為對待給付之虞時，如他方未為對待給付或提出擔保前，得拒絕自己之給付，稱之「不安抗辯權」（民法第二六五條），例如甲售屋予乙，約定甲先將其屋過戶給乙，訂約後，乙經商失敗，顯無支付價金能力時，如乙未給付價金或提供擔保時，甲得拒絕交屋及過戶手續，若訂約時，乙之財產已屬難為對待給付，即不得拒絕交屋及過戶，蓋甲自甘冒險，無保護之必要。

2.危險負擔

一方之債務，因不可歸責於雙方當事人之事由，致給付不能，其因給付不能所生之損失（危險），應歸何方當事人負擔，稱之「危險負擔」。依

---

❷　出賣人尚未交貨，買受人可以拒絕付款。租賃契約約定押租金應於終止契約交還房屋時交還，承租人不交還房屋，出租人可以拒絕押租金之交還，因出租人可以行使同時履行抗辯權。房屋租賃關係終止後，承租人不可主張支出之有益費用（如改、增建、裝潢）尚未清償，拒絕交還房屋，因有益費用償還請求權與租約終止後之返還租賃物義務並無對價關係，不可行使同時履行抗辯權。

❸　承攬完成之工作，為有形之結果者，原則上承攬人須將完成物交付於定作人。承攬人不得於定作人未為給付報酬前，遽行拒絕交付完成物；因承攬人有先給付工作物之義務，與定作人給付報酬之義務，非當然同時履行。

❹　甲向乙購買水果一千箱，乙先給付九百八十箱，買受人甲如藉此拒絕全部價金之給付，自屬違背誠實及信用方法，應解為僅得就未受領之二十箱部分，拒絕給付價金。

民法第二六六條第一項:「因不可歸責於雙方當事人之事由,致一方之給付全部不能者,他方免為對待給付之義務,如僅一部不能者,應按其比例減少對待給付。」故因不可歸責於雙方當事人之事由,致不能給付者,就債務人言,依民法第二二五條第一項規定,可免給付義務;就他方當事人言,依民法第二二六條第一項規定,亦可免為對待給付之義務。即其因給付不能發生之危險,應歸債務人負擔。例如出租之土地因河川暴漲致全部不能為約定之使用收益,出租人免其將該土地租與承租人使用收益之義務,承租人亦免其交付租金之義務。但如土地一部不能為約定之使用收益,出租人可免為給付,承租人亦可按其比例減少租金之對待給付。本條第二項:「前項情形已為全部或一部之對待給付者,得依關於不當得利之規定,請求返還。」因原有之法律關係消滅,他方所為對待給付即屬無法律上原因,自得基於目的消滅之不當得利,請求返還。如前例承租人已先給付租金,出租人因土地被沖刷滅失而使土地租賃契約消滅,致保有租金無法律上原因,自應依不當得利關係返還予承租人。

前述者為狹義之危險負擔,至於廣義之危險負擔指當事人之一方因可歸責於他方之事由,致不能給付者,其損失應歸他方負擔,亦即得請求對待給付。民法第二六七條前段:「當事人之一方因可歸責於他方之事由,致不能給付者,得請求對待給付。」即債務人應為之給付,因可歸責於債權人之事由致陷於不能,債務人依民法第二二五條第一項規定,負給付義務,依民法第二六七條規定則得請求對待給付,是危險應由有歸責事由之債權人負擔。但債務人因免給付義務所得之利益或應得之利益,均應由其所得請求之對待給付中扣除之(同條但書)❹❺,因此種利益,亦屬不當得利。

---

❹❺　例如買受人將買賣標的物毀損,定作人將承攬人完成工作之材料盜走或不提供工作必要之材料或場所等,出賣人或承攬人得請求對價或報酬。但出賣人或承攬人減省之運費、工資等應扣除之。

七、涉他契約

㈠意 義

契約之雙方當事人約定由第三人向他方為給付或由他方向第三人為給付者，為涉他契約。債之契約原僅於當事人之間發生效力，第三人原則上不受契約之影響，唯經濟發展結果，契約當事人間約定之效力涉及第三人者，日漸需要，為適合社會共同生活之必要，民法第二六八至二七○條特設有關涉他契約之規定。

㈡種類及效力

涉他契約乃涉及第三人之契約，此類契約，分為兩種，即由第三人給付之契約（簡稱第三人負擔契約）及向第三人給付之契約（簡稱第三人利益契約），茲分述如下：

1.第三人負擔契約

⑴意義：第三人負擔契約者乃以第三人之給付為契約內容（標的）之契約。例如甲電器損壞，送至乙處，乙負責使丙為甲修理電器是（契約當事人為債權人甲與債務人乙）。

⑵效力：①第三人不為給付行為時，債務人即應依民法第二六八條：「契約當事人之一方，約定由第三人對於他方為給付者，於第三人不為給付時，應負損害賠償責任。」之規定負責。②第三人不因第三人負擔契約之訂定而當然負擔債務，因第三人並非契約之當事人，該第三人何以願為給付行為，乃因第三人與債務人間常有契約或其他事實關係存在。如前例，甲、乙之電器承攬修繕契約，丙不當然負擔修理義務，丙願負擔修理責任，乃乙與丙之間存有契約或其他事實關係。

2.第三人利益契約

⑴意義：第三人利益契約者乃當事人約定，就契約所生債權，直接歸屬於當事人以外之第三人為契約內容（標的）之契約，亦稱利他契約。例

如甲貨物交乙貨運公司運送（運送契約當事人為要約人、債權人甲與承諾人、債務人乙），由受貨人丙直接對運送人取得關於運送契約之權利（債權），丙出資向丁買房地（買賣契約當事人為丙丁），約定應將該房地之所有權移轉登記在妻戊或子己名下。戊、己為第三人，亦稱受益人。

　　(2)效力：①第三人對債務人得直接請求給付：依民法第二六九條第一項：「以契約訂定向第三人為給付者，要約人得請求債務人向第三人為給付，其第三人對於債務人，亦有直接請求給付之權。」但第三人對於該契約，未表示享受其利益之意思前，當事人得變更其契約或撤銷之（同條第二項）。故前例第三人丙取得直接向乙請求貨物之給付或交付之權利。但如丙未表示享受其利益前，甲、乙得變更或撤銷其間之契約。②債務人得以由契約所生之一切抗辯，對抗該受益人（民法第二七〇條），因第三人之權利，係本於該契約，因此債務人本於契約得向債權人對抗者，亦可向第三人對抗，以保護債務人，如前例乙得以甲未交運費拒絕交付貨物為抗辯（對抗甲之同時履行抗辯權來對抗丙）。

第四節　多數債務人及債權人

　　債之關係，如債權人與債務人均為一人者，謂之單數主體之債；反之，如債權人或債務人一方為二人以上者，或雙方均為二人以上者，謂之多數主體之債。多數主體之債可分為可分之債、連帶之債及不可分之債三種，茲分述如下：

第一款　可分之債

一、可分之債之意義

　　可分之債，乃數人負同一債務或有同一債權，而其給付可分者（民法第二七一條）。所謂給付可分者，指一個給付而其性質可分為數個給付，仍

無損於其性質或價值者而言。例如甲、乙、丙共同向丁借貸三百萬元或戊、己、庚共同貸與辛三百萬元，其三百萬元之支付，可予以分割，並無損其性質或價值是。其中債務人為多數，而各分擔其給付者，稱之「可分債務」；債權人為多數，而各分受其給付者，稱之「可分債權」。

二、可分之債之效力

民法第二七一條：「數人負同一債務或有同一債權，而其給付可分者，除法律另有規定或契約另有訂定外，應各平均分擔或分受之。其給付本不可分而變為可分者，亦同。」可見①多數主體之債，如其給付可分者，以發生可分之債為原則❶，唯法律另有規定或契約另有訂定為連帶之債者，則適用連帶之債之規定❷。②可分之債，各多數主體間原則上平均分擔債務或分享債權。如前例甲、乙、丙各負擔一百萬元債務，丁只得向甲、乙、丙各請求清償一百萬元；辛對戊、己、庚各負擔一百萬元債務，戊、己、庚亦僅各得向辛請求清償一百萬元。③給付本不可分而變為可分者，其效力亦同，例如 A、B 共同向 C 購買土地，C 後悔拒絕履行買賣契約，A、B 解除契約請求金錢損害賠償，本係對 C 有不可分之債權，後轉變為可分之債權，可由 A、B 各得向 C 請求賠償。

---

❶ 甲被乙卡車撞死，經和解賠償一百五十萬元，損害賠償金之權利人有死者之父母、妻、子女共六人，除和解書內就賠償金額之分配有特別約定外，權利人六人均可請求六分之一，因金錢債權為可分之債權，原則上應平均分受之。

❷ 乙、丙共同向甲承租一棟房屋，月租五千元，月付一次，未記明為連帶債務，丙先行遷出後，乙每月僅交甲月租二千五百元，甲以乙欠租兩個月，定相當期間催告無效果，而請求乙遷出房屋為無理由，蓋此為可分之債務，除另有約定外，乙、丙二人應平均負擔，乙月付二千五百元，無欠租可言。

第二款 連帶之債

一、連帶之債之意義與特性

連帶之債乃以同一可分給付為標的,而其債之多數主體間具有連帶關係之債。各債權人得單獨請求全部之給付,各債務人有為全部給付之義務的債之關係。所謂連帶關係,指「債之效力及消滅,一人所生事項,對於他債權人或債務人亦生效力」之關係。例如連帶債權人各得向債務人請求全部或一部之給付,其中一人受一部或全部之清償,對於他債權人亦生效力;連帶債務人依債權人之請求,各有為全部或一部給付之義務,其中一人為全部或一部之給付後,全體債務人俱免其責。連帶之債可分為連帶債務及連帶債權,茲分述如下:

二、連帶債務

㈠連帶債務之意義

連帶債務乃數債務人負同一債務,依明示之意思或法律之規定,對於債權人各負全部給付之責任(民法第二七二條)。析言之:

1.連帶債務須有數債務人

連帶債務人須二人以上,若只是一人,則為單數主體之債或連帶債權之債。

2.連帶債務須為同一之債務

所謂同一之債乃指同一給付為標的,例如甲、乙向丙購買土地一筆,價金一千萬元,約明連帶負給付之責是。倘若給付之內容不同,例如 A 給付 C 麵粉百包,B 給付 C 價金十萬元,A、B 之給付,在客觀上並非具有同一內容,無從成立連帶債務。

3.連帶債務須債務人對於債權人各負全部給付之責

前例丙得向甲、乙二人中之一人單獨請求一千萬元，如任一債務人清償全部債務，其他債務人亦同免責任；如未全部履行前，全體債務人仍負連帶責任，故甲如給付五百萬元，餘款五百萬元仍由甲、乙二人連帶負責，丙仍得向甲、乙中一人或全體請求五百萬元。

4.連帶債務須依明示之意思表示或法律規定始能成立

因連帶債務就債務人而言，所負之責任甚重，故須有明示意思表示或法律規定，始能發生，默示意思表示不發生連帶債務。明示者以言語文字明白直接表示之謂，例如前例甲、乙於買賣契約書中載明連帶負責或連帶保證人甲、乙❸。法律規定者如民法第二八、一八五、一八八、六八一、一一五三條等。例如 A、B 因共同侵害 E 之權利，依第一八五條規定，就 E 之損害連帶負責，C 係 A 之法定代理人依第一八七條第一項規定，對 E 所受損害與 A 連帶負賠償責任，D 為 B 之僱用人，依第一八八條第一項規定，亦應與 B 連帶負責，則 A、B、C、D 中一人賠償 E 損害，其餘三人之賠償義務同時消滅。但應注意者是 C、D 間並不成立連帶債務。

㈡連帶債務之效力

可分債權人與債務人相互關係間及債務人相互關係間。前者涉及於多數主體之外，故稱對外效力；後者僅以多數主體為範圍，故稱對內效力。

1.對外效力

對外效力又可分為債權人之權利及就債務人一人所生事項之效力：

⑴債權人之權利：連帶債務之債權人，得對於債務人中之一人，或數人，或其全體，同時或先後，請求全部或一部之給付（民法第二七三條第

---

❸　①例如乙向丙借款，甲在借用證書列為連帶保證人，丙不先向乙請求，而直接向丙請求全部給付，為有理由。因連帶保證人即為連帶債務人，不得主張先訴抗辯權，即不得主張應先向乙請求。②B 欠 A 貨款，由 C、D 為保證，保證書僅載：「如到期未能清償，保證人願負全部責任。」屆期 B 未清償，A 訴請法院判令 C、D 與 B 連帶給付貨款，是否有理？無理由，因保證書未明示 C、D 與 B 對 A 負連帶清償之責任。

一項)。故連帶債務未全部履行前，全體債務人仍負連帶責任，債權人仍保有上述多重選擇之請求權，其結果，無異全體債務人互相擔保債之履行，對債權人相當有利，在社會上極為常見。

(2)就債務人一人所生事項之效力：連帶債務人一人所生事項之效力，有及於他債務人者，稱為「絕對效力事項」；有不及於他債務人者，稱為「相對效力事項」，茲分述如下：

①絕對效力事項

A. 清償、代物清償、提存、抵銷或混同：民法第二七四條：「因連帶債務人中之一人為清償、代物清償、提存、抵銷或混同而債務消滅者，他債務人亦同免其責任。」雖連帶債務人是多數，但債之給付僅有一個，故債務人中之一人為清償、代物清償、提存、抵銷、混同（皆為債之消滅原因，詳參閱第六節）而消滅債務者，債權人獲得滿足時，他債務人亦同免責，可見此等事項係生絕對效力事項❹。又消滅之債務僅一部者，則他債務人亦各一部免責，餘則仍由全體負連帶責任，已如前述。又本條之抵銷，係指連帶債務人中之一人以自己對於債權人中之債權主張抵銷而言，與民法第二七七條係由他債務人主張抵銷之情形不同，後者僅生限制的絕對效力。舉例說明，設甲、乙、丙向丁借款三百萬元，借款契約書約明負連帶清償之責，甲、乙、丙在內部關係是各應分擔一百萬元。如甲對丁有二百萬元之債權，當甲以其二百萬元債權主張抵銷，結果甲、乙、丙即免去二百萬元債務，餘一百萬元三人仍負連帶之責，此為前者即民法第二七四條之情形。若是乙或丙主張甲對丁之債權與丁對甲之債權互相抵銷時，只能限制在甲應分擔部分一百萬元內主張，結果甲、乙、丙即免去一百萬元債務，餘二百萬元三人仍負連帶之責，後者即民法第二七七條之情形，僅生限制之絕對效力。

B. 確定判決：民法第二七五條：「連帶債務人中之一人，受確定判決，而其判決非基於該債務人之個人關係者，為他債務人之利益，亦生效

❹ 合夥商號之債權人即為合夥人中之一人時，其對合夥之債權與其所負之連帶債務已因混同而消滅，依民法第二七四條之規定，其他合夥人亦同免其責任。

力。」反之如債務人之勝訴判決係基於個人關係者，如前例甲係被脅迫或被詐欺才與乙、丙連帶對丁負責，訴請法院撤銷而獲勝訴判決確定，其效力不及於其他債務人。又債務人受敗訴判決確定，其效力亦不及於其他債務人，如前例丁訴請乙給付三百萬元，乙主張早已返還三百萬元，但因無法舉證已返還之事實而被判敗訴是❺。

　　　　C. 免除債務或消滅時效完成：民法第二七六條：「債權人向連帶債務人中之一人免除債務，而無消滅全部債務之意思表示者，除該債務人應分擔之部分外，他債務人仍不免其責任。」❻「前項規定，於連帶債務人中之一人消滅時效已完成者，準用之。」如前例丁向甲表示免除債務，如有消滅全部債務三百萬元之意思表示，則全體債務人均免責，如無消滅全部債務之意思表示，則以該債務人應分擔之部分為限，他債務人亦同免其責任，如丁向甲表示免除其應分擔部分，餘二百萬元，乙、丙仍對甲負連帶責任。又甲之債務時效已完成，乙、丙僅就餘二百萬元負連帶之責，不負全部三百萬元給付之責，故不發生求償問題，而使法律關係單純化，避免循環求償毫無意義之結果。

　　　　D. 受領遲延：民法第二七八條：「債權人對於連帶債務人中之一人有遲延時，為他債務人之利益，亦生效力。」如前例甲合法清償而為丁所拒絕者，丁須負受領遲延之責任之效力，對乙、丙亦生效力，亦即乙、丙亦得援用丁應負受領遲延責任之主張。

　　②相對效力事項

　　　連帶債務人中之一人所生之事項，除前述或契約另有訂定者外，其利益或不利益，對他債務人不生效力（民法第二七九條）。例如連帶債務人

---

❺　例如 B、C 二人應連帶賠償 A 五萬元，A 對 B 起訴請求五萬元，其中二萬元，B 受勝訴判決確定，乃因以 A 向 B 免除債務為基礎，則關於 B 之債務被免除二萬元部分，依民法第二七五條，為 C 之利益亦生效力。若 A 再向 C 訴請給付五萬元，C 就此二萬元部分，得為拒絕給付之抗辯。

❻　同❺，因 A 對 B 免除債務二萬元，此二萬元在 B 原應分擔之二分之一，亦即二萬五千元範圍之內，對 C 亦生效力。

中之一人有給付遲延、給付不能、消滅時效中斷❼、不完成等均非前述之事項，故對其他債務人不生效力。此係表明連帶債務本質上係屬多數之債，故原則上連帶債務人中之一人所生之事項，其利益或不利益，對於債務人不生效力，僅於法律另有規定或契約另有訂定時，例外的承認其絕對效力。

2. 對內效力

對內效力可分為分擔部分及求償權：

(1)分擔部分：民法第二八〇條：「連帶債務人相互間，除法律另有規定或契約另有訂定外，應平均分擔義務。」足見連帶債務之債務人雖均對債權人負全部給付責任，但對內關係則僅各就分擔部分負擔責任，除法律另有規定或契約另有訂定外，應平均分擔義務，始屬公允。但因債務人中之一人應單獨負責之事由所致之損害及支付之費用，由該債務人負擔（同條但書）。例如債務人因為清償債務，以高利借入金錢或以廉價出賣財產所生之損害，由該債務人單獨負擔，當不應由他債務人分擔。

(2)求償權：連帶債務人間內部既有分擔部分，則其中之一人履行債務如超出自己分擔部分時，自得向他債務人請求償還，此謂之求償權。依民法第二八一條：「連帶債務人中之一人，因清償、代物清償、提存、抵銷或混同，致他債務人同免責任者，得向他債務人請求償還其各自分擔之部分，並自免責時起之利息。」得請求償還之利息係法定利息，應依法定利率計算，起算日係「自免責時起」，不適用民法第一二〇條「始日」不算入之原則規定。又求償權人於求償範圍內，承受債權人之權利，但不得有害於債權人之利益（民法第二八一條第二項），稱之為求償權人之代位權。即該債權之擔保及其他從屬之權利均由求償權人取得，在全部清償之前，該擔保仍應由債權人優先行使，例如連帶債務人乙、丙、丁三人，欠甲三萬元，並由丙提出金錶擔保之。屆期由乙償還三萬元及利息三千元，乙可向丙、丁二人各求償三分之一，即一萬一千元及自免責時（清償時）起之法定利息，該金錶應交付乙以供擔保超出分擔部分之求償權。但如乙償還二萬二千元，

---

❼ 例如連帶債務人 B、C、D 三個，B 對債權人 A 承認債務，故 A 對 B 之請求權消滅時效中斷，重行起算，但此不利益，對 C、D 二債務人不生效力。

乙可向丙、丁二人各求償五千五百元，但金錢之擔保仍應由甲債權人優先行使而滿足其債權後，有餘額方由乙獲償，此即所謂不得有害債權人之利益也。

又連帶債務人中之一人，不能償還其分擔額者，其不能償還之部分，由求償權人與他債務人按照比例分擔之。但其不能償還，係由求償權人之過失所致者，不得對於他債務人請求其分擔（民法第二八二條第一項）是為求償權範圍之擴張。此種情形，他債務人中之一人應分擔之部分已免責者，仍應依此比例分擔之規定，負其責任（同條第二項）。舉一例說明如下：

甲、乙、丙、丁、戊共同向 A 借款一百萬元，約定對 A 負連帶清償之責，嗣後 A 免除甲分擔部分二十萬元，屆期乙清償 A 八十萬元，乙向丙、丁、戊三人求償時，適戊死亡，戊既無遺產又無繼承人。此時求償權之關係即為：① A 既由乙受領債權全數八十萬元，丙、丁、戊亦同免責任，乙得按各該債務人分擔部分，向丙、丁、戊各求償二十萬元。②戊死亡無遺產又無繼承人，乙顯然無法向戊求償，乙對此並無過失，自得向甲、丙、丁其他債務人各按分擔部分求償（應注意者甲雖已免除債務，然此部分仍須分擔），戊之二十萬元，應甲、乙、丙、丁分擔，每人各負擔五萬元。③因此，乙得向甲求償五萬元，向丙、丁各求償二十五萬元。如戊未死亡前尚有資力，求償權人乙於其有資力時，怠於求償，怠其無資力時，始向其求償或求償無門，此求償權人乙即有過失，不得以自己之過失造成之損失，轉嫁予其他債務人，故只能向丙、丁各求償二十萬元。

三、連帶債權

(一)連帶債權之意義

連帶債權乃數人依法律或法律行為有同一債權，而各得向債務人為全部給付之請求之權利（民法第二八三條），析言之：

1.連帶債權須有數債權人

連帶債權人須有二人以上，至於債務人人數為一人或二人以上在所不問。

2.連帶債權須為同一債權

連帶債權雖有數個債權，但此數個債權之標的須為同一給付，即所謂「同一債權」，例如甲、乙共同借款予丙二百萬元，約定甲、乙各得向丙請求為全部之給付，二債權之標的（內容）均為相同（金錢債權）。

3.連帶債權須債權人各得向債務人為全部給付之請求

連帶債權之債權人必須有單獨向債務人請求全部之權利，至於全體債權人一同請求或一債權人請求一部之給付亦無不可。如前例甲（或乙）有權單獨向丙請求二百萬元之給付。

㈡連帶債權之成立

依民法第二八三條規定可知連帶債權之成立有二，一是依法律規定，二是法律行為，前者如民法第五三九條，受任人使第三人代為處理委任事務者，委任人對於該第三人關於委任事務之履行有直接請求權是，甲委任乙出售汽車，乙再委任第三人丙（次委任人）出售甲之汽車，則甲與乙各得請求丙履行委任出售汽車之事務。後者依法律行為成立連帶債權，並不以明示為必要，是與連帶債務不同，如夫妻存款於銀行而約定無論夫或妻均得單獨請求返還存款 ❽。

㈢連帶債權之效力

亦可分債權人與債務人間之關係及債權人相互間之關係，前者稱對外效力，後者則稱對內效力。

1.對外效力

對外效力又可分為債務人之給付及就債權人一人所生事項之效力：

⑴債務人之給付：連帶債權之債務人，得向債權人中之一人為全部之給付（民法第二八四條）。即債務人向債權人中之一人為全部給付者，債之

---

❽　A、B 二人共賣房地予 C，約定各得向 C 請求全部之價金，但 C 向 A、B 中之一人為全部給付後，該價金債權即歸消滅。

關係消滅。

　　⑵**就債權人一人所生事項之效力**：就債權人一人所生事項之效力，原則上僅該債權人與債務人間發生效力，稱為「相對效力事項」，例外法律有規定或契約另有約定時，對於他債權人亦生效力，稱為「絕對效力事項」，茲分述如下：

　　①絕對效力事項

　　A. 請求：民法第二八五條：「連帶債權人中之一人為給付之請求者，為他債權人之利益亦生效力。」例如甲、乙共同借款予丙，約定甲、乙各得向丙請求為全部之給付，今甲或乙（債權人）中之一人向丙請求給付，致時效中斷或使丙負遲延責任之效力，其他債權人亦得加以援用對抗債務人。

　　B. 已受領清償、代物清償、提存、抵銷、混同：民法第二八六條：「因連帶債權人中之一人，已受領清償、代物清償、或經提存、抵銷、混同，而債權消滅者，他債權人之權利，亦同消滅。」蓋各債權具有共同目的，債權人中之一人有此事項之一者，其債權既得實質上滿足，他債權人之債權亦因達其目的而同歸消滅。

　　C. 確定判決：民法第二八七條：「連帶債權人中之一人，受有利益之確定判決者，為他債權人之利益，亦生效力。」「連帶債權人中之一人，受不利益之確定判決者，如其判決非基於該債權人之個人關係時，對於他債權人，亦生效力。」故可分兩種情形，①利益之判決：為他債權人之利益，亦生效力。②不利益之判決：如判決非基於該債權人之個人關係時（即基於共同目的關係之原因，如清償、債務人無行為能力），對他債權人亦生效力。反之，基於該債權人個人關係時（如該債權人已向債務人免除債務、消滅時效，為詐欺、脅迫等與共同目的無關），對於他債權人即不生效力。

　　D. 免除債務或時效完成：民法第二八八條：「連帶債權人中之一人，向債務人免除債務者，除該債權人應享有之部分外，他債權人之權利，仍不消滅。」「前項規定，於連帶債權人中之一人，消滅時效已完成者，準用之。」反面解釋，該債權人應享有之部分，他債權人之權利亦同歸消滅，即生限制的絕對效力。例如甲、乙、丙貸款三百萬元給丁，每人分受一百萬

元，如甲對丁免除債務（或債權時效完成），乙、丙對丁仍各得請求二百萬
元。

　　　E. 受領遲延：民法第二八九條：「連帶債權人中之一人有遲延者，
他債權人亦負其責任。」因債務人得任擇一債權人而為給付也。如前例丁曾
合法給付三百萬元予甲、乙、丙中之一人而受領遲延，丁自遲延後無須支
付利息之效力得向其他債權人主張。

　　②相對效力事項：連帶債權人中之一人所生之事項，除前五條規定或
契約另有訂定者外，其利益或不利益，對他債權人不生效力（民法第二九
○條）。例如債務人對連帶債權人中之一人因逾確定期限而遲延給付、因承
認而生中斷效力、給付不能等均非前所舉之事項，故對他債權人不生效力，
是為相對效力。但當事人另有約定者，則生絕對效力。

2.對內效力

　　民法第二九一條：「連帶債權人相互間，除法律另有規定或契約另有訂
定外，應平均分受其利益。」即各債權人對內應各有分受部分，而其分受部
分之比例，除法律另有規定或契約另有訂定外，以平等為原則。因而一債
權人受領全部清償後，應按債權人分受部分之比例，償還其他債權人。

第三款　不可分之債

一、不可分之債之意義

　　不可分之債，乃數人負同一債務，或有同一債權，而其給付不可分者。
所謂給付不可分者指給付之標的在本質上使然，例如債務人甲、乙二人應
給付汽車一輛給債權人丙是。又雖給付之標的本質上非不可分，唯依當事
人之意思表示，定為不可分者，亦可成立不可分之債，如甲、乙二人向丙
借款二萬元，金錢本質上非不可分但約定為不可分債務是。

二、不可分之債之效力

㈠不可債務之效力

　　民法第二九二條：「數人負同一債務，而其給付不可分者，準用關於連帶債務之規定。」可見不可分債務，各債務人各負全部給付之責任，與連帶債務相類似，故不可分債務之效力準用連帶債務之規定❾。如本法第二七三、二七四、二七五、二七八、二七九、二八〇、二八一、二八二Ⅰ等規定，自均準用之列。

㈡不可分債權之效力

　　①數人有同一債權，而其給付不可分者，各債權人僅得請求向債務人全體為給付，債務人亦僅得向債權人全體為給付（民法第二九三條第一項）❿，②債權人中之一人與債務人間所生之事項，其利益或不利益，對他債權人不生效力（本條第二項）。③債權人相互間，準用民法第二九一條之規定（本條第三項）。即連帶債權人相互間，除法律另有規定或契約另有訂定外，應平均分受其利益。

---

❾　例如B、C二人共有機車出售與A，則B、C二人負有交付機車一部與A之債務即為不可分債務，依民法第二九二條規定，全部準用連帶債務之規定。

❿　例如①數人共同承租房屋一棟，出租人拒不交屋，承租人中之一人得單獨請求出租人向承租人全體為交付，但不可請求向其個人為交付。②B、C、D共同向A購屋一棟，A竟不辦理過戶手續，B、C、D不必三人共同請求A為之，其中一人請求即可，但應請求A向全體三人辦理過戶登記，不可請求向請求人一人為之，因其為不可分債權，依民法第二九三條規定，各債權人僅得為債權人全體請求給付是。

第五節　債之移轉

一、債之移轉意義

　　債之移轉，指債之給付內容（標的）仍為同一，而其主體有所變更是。債權主體變更，謂之債權讓與，債務主體變更，謂之債務承擔。所謂債之給付內容仍為同一指債之效力、原有之利益、瑕疵、從屬權利等債之關係不失其同一性，不因債之主體變更而有所變更是。

　　債之移轉原因有由於法律規定者，如民法第二八一條第二項求償代位、第三一二條清償代位、第一一四八條繼承等；有由於法律行為者，如債權讓與、債務承擔，就其內容述之如下：

二、債權讓與

㈠債權讓與之意義

　　債權讓與者乃以移轉債權為內容之契約，又稱債權讓與契約。此種契約之特色有：一是不要式契約，即只須當事人意思表示相互一致，契約即成立。二是準物權契約，即債權讓與契約一旦發生效力，債權人與債務人間立即發生債權移轉之效力，債權即行移轉於受讓人，因此稱為準物權契約。（物權契約者乃直接引起物權變動之契約，契約一經成立，物權隨即變動。）

㈡債權讓與之自由及限制

　　債權為財產權之一種，具有客觀經濟價值，自應具有讓與性，使之流通，故民法於第二九四條第一項規定：「債權人得將債權讓與於第三人。」即揭示債權具有讓與性為原則 ❶。但債權仍有例外情形而不得讓與（民法

---

❶　如乙以丙所欠之價金債權讓與甲，以抵償自己欠甲之借款金錢債務。又如乙以丙

第二九四條但書）：

1.依債權之性質，不得讓與者

例如對人具有特殊信用關係、身分關係之債權，不得讓與❷。

2.依當事人之特約不得讓與者

債權本得讓與，但當事人特約不得讓與，則不得讓與，以維護當事人利益，唯為保護交易安全，此特約不得對抗善意第三人（同條第二項）❸。

3.債權禁止扣押者

例如退休金、撫卹金等債權，係法律上為保護該債權人之生活所必需，故規定不得扣押，即不得讓與。

㈢債權讓與之效力

債權讓與之效力有：1.讓與人與受讓人間之效力，2.對於債務人之效力。

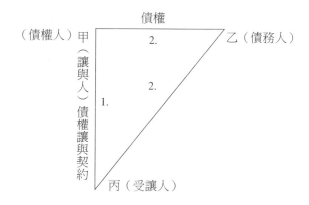

機關應退還之保證金債權，讓與甲，以抵償自己欠甲之金錢債務。乙以丙所欠工資債權，讓與甲。

❷ ①甲為好友乙攝影結婚照，乙之債權如讓與他人則給付內容變質。②丙為丁看顧小孩，丁之債權如讓與則失去原有信賴基礎，故不得讓與。③耕地、森林用地不得轉租，故耕地、森林用地之租賃權亦不得讓與。④戊對己之扶養請求權不得讓與。

❸ 如甲向乙借錢，甲為避免第三人知悉其欠債，向乙約定其對甲之債權不得讓與第三人是。但如乙不遵此特約，竟讓與不知債權已存有不得讓與之特約之丙（即善意丙）時，丙仍得向甲行使債權。

1.讓與人與受讓人間之效力

主要有三：①債權之讓與，於讓與人甲與受讓人丙契約完成，即生效力，無須債務人乙同意，亦無須向債務人乙通知。②債權讓與之效力範圍，不但及於債權本身，且原則上及於從權利。民法第二九五條：「讓與債權時該債權之擔保及其他從屬之權利，隨同移轉於受讓人。」「未支付之利息，推定其隨同原本移轉於受讓人。」蓋從權利與主權利同其命運為原則。所謂債權之擔保如擔保物權、保證❹。所謂其他從屬權利如利息、違約金、損害賠償請求權等。未支付之利息債權（分支權），雖已變成獨立債權，但法律仍先推定其隨同原本移轉於受讓人，以杜爭執，但當事人能舉證證明其不隨同移轉者，則不隨同移轉。③文件交付及必要情形告之。民法第二九六條：「讓與人應將證明債權之文件，交付受讓人，並應告以關於主張該債權所必要之一切情形。」例如將借據、人保、物保契約書交付受讓人，並告以該債權之清償期、清償地、人保之住居所等，以利受讓人行使或保全債權。

2.對於債務人之效力

主要有四：①債權讓與未通知債務人，對於債務人不生效力。民法第二九七條第一項：「債權之讓與，非經讓與人或受讓人通知債務人，對於債務人不生效力。但法律另有規定者，不在此限。」債權讓與在未通知債務人前，僅讓與人與受讓人間生效，對債務人不發生效力❺，故債務人仍向原

---

❹　①乙商行與甲部隊訂立軍糧碾製契約，甲部隊要求乙商行覓妥保證人而由丙為保證人，保證乙在承碾期內所欠之糧米。甲部隊奉令調防，不便攜帶，遂移轉於聯勤某補給站接收，並通知乙及丙，迨乙商行倒閉，某聯勤站可向丙請求清償所欠軍糧。②原債權已約定設定抵押權登記而尚未登記者，債權之受讓人可請求辦理抵押權設定登記。

❺　①債權讓與，不須經債務人承認或同意，始對債務人生效，僅須通知債務人即對債務人生效。②合作社定期存款債權之讓與，是否以定期存單（債權證書）之過戶為必要？不須，只要讓與人或受讓人通知債務人，對於債務人即生效力，而債權證書之過戶並非發生債權讓與效力之要件。

債權人（即讓與債權之人）清償債務時，即發生清償效力，以避免債務人蒙受不測之損害（蓋債務人不知有讓與之事實），但法律另有規定者，不在此限。通知之方法，口頭或書面均無不可，依第二項規定：「受讓人將讓與人所立之讓與字據提示於債務人者，與通知有同一之效力。」②有表見讓與情形，債務人仍得以其對抗受讓人之事由，對抗讓與人。所謂表見讓與，即民法第二九八條第一項：「讓與人已將債權之讓與通知債務人者，縱未為讓與或讓與無效……」例如甲將其對乙之債權讓與丙，並通知乙，乙即向丙清償，後甲主張其債權讓與契約係在精神錯亂中所為，依民法第七五條規定係讓與無效，乙仍得以其已清償之效力（債務消滅）對抗（拒絕）甲之請求，蓋甲原為債權人，其通知，乙當然信以為真。第二項：「前項通知，非經受讓人之同意，不得撤銷。」蓋受讓人因該通知，已取得新債權人之地位，自不能由讓與人片面加以撤銷，以害及受讓人之地位。③抗辯之援用。民法第二九九條第一項：「債務人於受通知時，所得對抗讓與人之事由，皆得以之對抗受讓人。」例如甲將其對乙之債權（消滅時效經過後）讓與丙，乙得援用債權已經消滅時效之事由對抗丙。蓋債權讓與不變更債之內容，故債務人之利益不因債權讓與而受影響，此為「後手（受讓人）應繼受前手（讓與人）瑕疵」原則 ❻。④抵銷之主張：民法第二九九條第二項：「債務人於受通知時，對於讓與人有債權者，如其債權之清償期，先於所讓與之債權，或同時屆至者，債務人得對於受讓人，主張抵銷。」蓋債務人不因債權之讓與而陷於不利之地位，例如甲對乙有借款債權一萬元，本月十五日到期，乙對甲亦有貨款債權，本月十日（或十五日）到期，甲將其對乙之債權讓與丙並通知乙，則乙得對於丙主張甲、乙雙方債務互相抵銷，此即抵銷權之主張 ❼。以保護債務人之利益，但債務人對債權人之債權係受

---

❻　B 將其對 C 之價金債權，讓與 A 之後，B、C 間之買賣契約已經合法解除，A 向 C 請求價金時，C 得以契約解除，B 對其已無債權，因之 A 不得再主張其受讓之債權為抗辯。

❼　B 將其對 C 之借款債權讓與 A，C 主張於受通知時對 B 有支票債權，且其清償期先於該金錢債權或同時屆至者，C 對 A 主張抵銷，有理由。

通知後始發生者，或其債權之清償期後於所讓與之債權者，則不許主張抵銷。

【案例研析】

　　乙向甲租用基地建屋，房屋完竣後，乙將房屋售與丙並辦畢所有權移轉登記，此時乙對甲之租賃權是否移轉與丙？

擬答：尚未，仍須乙或丙將買賣房屋及租賃權讓與之事實通知甲後，始得對甲發生效力，否則，承租人仍為乙，如乙欠租達兩年以上，催繳無果，甲仍得終止租約。此時乙以終止租約前或欠租未滿兩年以前，已將房屋讓與他人，應由房屋買受人繼受承租人之地位，負擔租金之抗辯，為無理由。

三、債務承擔

㈠債務承擔之意義

　　債務承擔者乃由第三人擔負債務人之債務之契約。第三人擔負債務方式有二，一是由第三人承受債務，原債務人脫離債之關係，第三人成為新債務人，稱為「免責之債務承擔」；二是由第三人加入債之關係，但原債務人不脫離原債之關係而與第三人一併負責之承擔，稱為「併存之債務承擔」。債務承擔契約一經生效，債務立即移轉，故為準物權契約，又第三人擔負債務人之債務之原因行為是否有效，不影響承擔契約之效力，故亦為不要因契約。

㈡免責之債務承擔之成立

　　免責之債務承擔成立方式有下列二種：

1.承擔人與債權人訂立債務承擔契約

　　民法第三○○條：「第三人與債權人訂立契約承擔債務人之債務者，其

債務於契約成立時,移轉於該第三人。」此種承擔方式對原債務人有益無害,故第三人與債權人訂立承擔契約而生效力,毋須通知債務人及徵其同意❽。

2.承擔人與債務人訂立債務承擔契約

民法第三○一條:「第三人與債務人訂立契約承擔其債務者,非經債權人承認,對於債權人,不生效力。」此種承擔方式對債權人恐有損害其權利,故承擔人與債務人訂立承擔契約,須經債權人承認,方生效力❾,未經債權人承認前,對債權人而言,屬效力未定之契約(應注意者是承擔人與債務人間契約已發生效力)❿。但為使債務承擔契約之效力對債權人早日確定,民法第三○二條:「前條債務人或承擔人,得定相當期限,催告債權人於該期限內確答是否承認,如逾期不為確答者,視為拒絕承認。」若經債權人拒絕承認或逾期不為確答,債務人與承擔人間債務承擔契約已無存在價值,故債務人或承擔人得撤銷其承擔之契約(同條第二項)。

㈢免責之債務承擔之效力

免責之債務承擔,債之內容仍相同,債務仍不失同一性,僅原債務人脫離債之關係,因此發生下列效力:

1.承擔人得援用債務人抗辯事由對抗債權人

民法第三○三條第一項:「債務人因其法律關係所得對抗債權人之事由,承擔人亦得以之對抗債權人。但不得以屬於債務人之債權為抵銷。」因債務承擔後,債務內容不變,仍不失其同一性,不過使承擔人(第三人)代債務人履行債務而已,因此承擔人就原債務人得抗辯之權利,承擔人均

---

❽　乙、丙二人向甲借款,乙之部分欠款未還,經甲、丙二人同意由丙一人於四個月內清償,甲即不得再向乙請求清償。

❾　乙侵占甲機關公款,乙與丙訂立承擔契約,由丙承擔債務,如甲機關承認,即生債務承擔之效力。

❿　乙父欠甲借款十萬元,約定俟子丙成年時,由丙母子負責歸還,則丙成年後,甲不得向丙母子請求清償,仍應向乙請求,蓋丙母子並未同意,不成立承擔契約,且甲、乙之約定由未成年之子於成年後負債,有背善良風俗,其契約(法律行為)無效。

得援用，與債權人對抗❶。然承擔人不得以債務人所有之債權，向債權人抵銷其債務，因承擔人無權利處分債務人之債權，亦欠缺抵銷之要件（參閱本章第六節）。

2.承擔人不得援用原因關係對抗債權人

　　民法第三〇三條第二項：「承擔人因其承擔債務之法律關係所得對抗債務人之事由，不得以之對抗債權人。」所謂承擔人因其承擔債務之法律關係，即原因關係者，例如甲向乙購買機車一部，五萬元，因乙對丙負有五萬元債務，乃由甲（承擔人）與丙（債權人）訂立債務承擔契約以代車款之交付，倘甲、乙間機車買賣契約即原因關係無效，或乙遲延不交車，甲均不得以此事由對抗丙。因原因行為，係承擔人與債務人間內部關係，不能影響債務承擔之效力，以保護債權人。

3.從權利之繼續存在

　　民法第三〇四條第一項：「從屬於債權之權利，不因債務之承擔而妨礙其存在。但與債務人有不可分離之關係者，不在此限。」蓋債務承擔，不過以第三人代債務人而已，其債務關係，並不變更，故從屬於債權之權利（例如利息、違約金、保證），不因此而妨礙其存在。但與債務人有不可分離之關係者，性質上不能脫離債務人而移轉於第三人，故其從權利消滅，例如債務人應為債權人服勞務，以充利息者，債務由第三人承擔時，該項利息債權（從權利）即歸消滅。

　　由第三人就債權所為之擔保，除該第三人對於債務之承擔已為承認外，因債務之承擔而消滅（民法第三〇四條第二項）。因第三人之所以提供擔保（不論是人保、物保）係以債務人之信用考量，債務人既有變更，對提供擔保之第三人之權利恐有影響，故應得其承認，否則該擔保（從權利）即消滅。

---

❶　丙承擔乙欠甲之金錢債務後，如乙已實行清償，丙可據為免責之主張。蓋債權人因債務承擔契約之生效，雖得向承擔人為履行債務之請求，但原債務人已實行清償，承擔人應可據為免責之主張。

(四)併存之債務承擔之發生

併存之債務承擔之發生原因，有由於約定而發生者，有由於法律規定而發生者，前者稱為「約定併存債務承擔」，後者稱為「法定併存債務承擔」。茲分述如下：

1.約定併存債務承擔

乃約定第三人加入債務關係，與原來債務人併負同一責任之承擔契約。此種債務承擔契約如何成立，法無規定，解釋上與免責之債務承擔契約同，即①承擔人與債權人訂立契約，此種契約不問債務人之意思如何，均得為之。②承擔人與債務人訂立契約，此與免責債務承擔不同在即使未經債權人之承認，亦對債權人生效而非效力未定，蓋不但原債務人並未脫離債之關係，照舊負債務之責，且又新增負責任之承擔人，對債權人而言又多一保障，自不須債權人同意。

約定併存債務承擔之效力，因民法未對此種債務承擔設有規定，故依通說認為原債務人就其債務，仍與承擔人（第三人）連帶負責，適用有關連帶債務之規定。

2.法定併存債務承擔

此在民法上有下列兩種：

(1)**資產負債之概括承受**：民法第三〇五條第一項：「就他人之財產或營業概括承受其資產及負債者，因對於債權人為承受之通知或公告，而生承擔債務之效力。」按債務之承受，亦是承擔之一種。承擔以特定債務為限，而承受則以債務人之資產及其所負一切債務概括繼受。此種情形，對於債權人並無不利，已如前述，故不須經債權人之承認，只須通知或公告，使債權人知悉即生承擔債務之效力❷。又債務人之責任，依同條第二項：「債

---

❷　某貿易行改組為某貿易股份有限公司，仍沿用原名稱向經濟部辦理公司成立登記，改組後之公司內部人事均不變，並函知所有舊雨新知，則該貿易行原所欠債務之債權人，可向該公司請求清償。蓋此種情形為概括承受原貿易行之一切權義，並應認有通知之而生承擔債務之效力。

務人關於到期之債權,自通知或公告時起,未到期之債權,自到期時起,二年以內,與承擔人連帶負其責任。」故二年之後,則由承擔人單獨負責。

【案例研析】

　　甲經營之茶行,出售予乙,並更名,關於以往債務約定以所列清單為限,為乙承受。丙以甲所簽發,而未列入清單之支票提示,遭退票,向乙請求清償,是否有理?

擬答:　因甲、乙關於債務之承受既經約定以清單所列者為限,自非概括承受資產及負債,故丙之請求無理由。

　　(2)營業之合併:民法第三〇六條:「營業與他營業合併,而互相承受其資產及負債者,與前條之概括承受同。其合併之新營業,對於各營業之債務,負其責任。」營業合併有兩種,一是「創設合併」,如甲商號與乙商號合併,新設丙商號是,此時甲、乙商號之原有債務,由丙商號負責。二是「吸收合併」,如甲商號與乙商號合併吸收成甲商號是,此時乙商號原有債務由甲商號負責。又此營業指獨資或合夥而言,若其營業均為公司組織者,則應適用公司法第七二至七五條、第三一六至三一九條等有關公司合併之規定。

第六節　債之消滅

第一款　通　則

一、債之消滅之意義

　　債之消滅,乃債之關係因某種原因,而客觀的失去其存在。債之消滅與債之移轉不同在,前者債之關係本身消滅,而後者僅債之主體變更,債

之本身則依然存在。

二、債之消滅原因

　　債之消滅原因甚多，例如法律行為之撤銷、解除條件之成就、終期之屆至、標的物之給付不能、契約之解除或終止……等一般權利消滅之原因，在債之關係上亦適用之，蓋債權亦是權利之一種。民法債編通則僅就其重要之清償、提存、抵銷、免除、混同五者而為規定，餘則散見各條文。

三、債之消滅之共同效力

㈠從屬權利之消滅

　　民法第三○七條：「債之關係消滅者，其債權之擔保及其他從屬之權利，亦同時消滅。」蓋從權利與主權利同其命運。債之擔保如擔保物權、保證是，從屬之權利如利息、違約金。債權消滅後，擔保或從屬該債權之權利均隨之消滅。

㈡負債字據之返還或塗銷

　　民法第三○八條：「債之全部消滅者，債務人得請求返還或塗銷負債之字據，其僅一部消滅或負債字據上載有債權人他項權利者，債務人得請求將消滅事由，記入字據。負債字據如債權人主張有不能返還或有不能記入之事情者，債務人得請求給與債務消滅之公認證書。」不過，負債字據畢竟是債權證明文件，非債之發生、消滅要件，故不能謂持有負債字據即屬債權存在，如債務人未依本條所述，而能反證證明債已消滅者，債權人仍不能僅憑負債字據主張債權。

【案例研析】

　　㈠乙欠甲一萬元，已全部清償，但甲未將負債字據塗銷或返還乙，如甲仍請求清償債務，是否有理由？

擬答：按乙若能證明已清償之事實，則甲之請求為無理由。蓋負債字據之塗銷或返還不過用以證明已清償而已，並非債之消滅要件。唯乙仍以將字據要回或加以塗銷，或收取收據為上策，蓋將來舉證較為容易。

　　㈡乙欠甲二千元並簽發支票擔保，其後支票未經銀行付款，而以現金支付，但乙未取回支票，甲訴請乙給付票款，是否有理？

擬答：按若乙能證明已清償之事實，甲之請求為無理由。不能因支票未收回，而謂乙仍負償還之義務。唯應注意票據法第一三條保護善意執票人規定，故為免再次付款之危險，仍宜收回支票為妥。

第二款　清　償

一、清償之意義

　　清償乃依債務本旨實現債務內容之行為❶。清償與履行、給付實為同一行為，僅通常依債之標的，謂為給付，依債之效力，謂為履行，依債之消滅，謂為清償。清償之方法包括作為及不作為，前者如給付租金、交付價金等，後者如不競業、容忍他人進出、噪音。

二、清償之主體

　　清償之主體，乃清償人與受領清償人，前者包括債務人及第三人，後者包括債權人及其他有受領權人。其內容分別如下：

㈠清償人

---

❶　①依債務本旨，致債之關係消滅者，例如合作社放款部主任或職員，擅在櫃臺代主辦人收取客戶歸還之借款，侵占入己，不交付出納銷賬，客戶之提出現款仍生清償之效力。②不依債務本旨履行債務，不生清償效果，例如乙向甲借款五萬元，屆期乙提出稻穀二百公斤清償，甲得拒絕。

　　清償人原則上為債務人或其代理人，唯亦得由第三人為清償：

1.債務人或其代理人

　　債務人為清償最為常見。又由債務人之代理人清償，其清償效力歸屬於本人，亦足以消滅債之關係，縱有雙方代理之情形，亦非法之所禁（民法第一〇六條但書）。

2.第三人

　　民法第三一一條第一項：「債之清償，得由第三人為之。但當事人另有訂定或依債之性質不得由第三人清償者，不在此限。」蓋債權首重獲得清償，至於何人清償，無關閎旨，故原則上得由第三人清償，例外不得由第三人清償有二：

　　⑴當事人另有訂定：既然當事人另有約定，須由債務人親自為之者，即應遵守，例如約定由債務人親自監工。

　　⑵債之性質不得由第三人清償：債務之履行，因債之性質，須債務人親自為之，例如注重債務人之學識、技能之債務，即不得由第三人清償。

　　債如得由第三人清償，債權人無故拒絕，須負債權人受領遲延之責任。但第三人清償，債務人有異議時，債權人得拒絕其清償，不負遲延之責，乃尊重債務人之意思。然第三人就債之履行有利害關係者，債權人不得拒絕（民法第三一一條第二項），以保護有利害關係之第三人利益。所謂有利害關係之第三人，例如乙向甲借錢，第三人（丙）以其房地設定抵押權替債務人（乙）擔保債務，若債務人不清償，則房地將有被拍賣之危險，該第三人與債之履行即有利害關係，此時債權人（甲）（抵押權人）即不得拒絕該第三人之清償，否則即負受領遲延之責。

　　就債之履行有利害關係之第三人為清償者，於其清償之限度內承受債權人之權利，但不得有害於債權人之利益（民法第三一二條）。即第三人因清償而立於原來債權人地位以行使其權利，此時債權原有之利益（如從屬權利、擔保）或瑕疵，亦一併移轉於第三人，其情形有如債權之讓與，故民法第二九七條（債權讓與之通知）及二九九條（對於受讓人抗辯之援用與抵銷之主張）債權讓與之規定準用之（民法第三一三條）。例如前例丙自

得清償，甲不得拒絕，並按清償之限度，承受甲之債權，向乙求償，但不得有害甲之利益❷。

㈡受領清償人

受領清償人原則上是債權人或其他有受領權人，經其受領者，發生清償之效力，但向第三人清償，合於一定要件者，亦生清償之效力：

1.債權人或其他有受領權人

民法第三○九條第一項：「依債務本旨，向債權人或其他有受領權人為清償，經其受領者，債之關係消滅。」債權人有請求給付之權，自亦有受領清償之權，但亦有例外情形而無受領清償之權，如債權人受破產宣告、債權被法院強制執行等。所謂「其他有受領權人」指債權人之代理人、受任人或破產管理人，雖非債權人，但得受領清償。即收據之持有人，有時亦得有效之受領，同條第二項：「持有債權人簽名之收據者，視為有受領權人。但債務人已知或因過失而不知其無權受領者，不在此限。」蓋持有債權人簽名之收據者，於通常情形係經債權人授與受領權限，唯該收據須真正合法且債務人須善意無過失，如債務人已知（如債權人已通知債務人收據、憑證遺失、被竊等），或因過失（如債務人已接遺失、被竊事由之通知函件而不拆閱）而不知持有收據者無受領權，法律自無再予保護之必要，債務人仍應再次對債權人清償。此時債務人得向該受領人請求不當得利之返還。

2.第三人

債務人本應向債權人或有受領權人清償，方發生清償效力，如向無受領權之第三人清償，其效力如何？依民法第三一○條：「向第三人為清償，

---

❷ ①借款時在場之中人雖非保證人，但約明該中人有催收借款之責，就借款之返還非無利害關係，如該中人清償此項債務，即有民法第三一二條承受債權人之權利。②鄉公所幹事侵占公款，尚有四萬元未賠償，因上級限期繳款，鄉長奉命墊付後，可向該幹事求償。③民法第三一二條但書規定者如甲向乙借十萬元，並由甲提供金錶擔保及丙保證之，丙清償五萬元後，該金錶將來如拍賣得款八萬元，仍應由乙優先獲得餘款五萬元之清償。

經其受領者，其效力依左列各款之規定：一、經債權人承認，或受領人於受領後取得其債權者，有清償之效力。二、受領係債權之準占有人者，以債務人不知其非債權人者為限，有清償之效力。三、除前二款情形外，於債權人因而受利益之限度內，有清償之效力。」❸

三、清償之客體

清償之客體，即債務之內容，債務人原則上應依債務之種類、數量、品質而為給付，使債權人之債權獲得滿足，否則債權人得拒絕受領。唯民法為保護債務人及求交易之簡便，特設有清償方法變更之例外情形：

㈠一部清償

債務人之履行債務，本須就全部債務而為清償，始足以保護債權人之利益，債務人無一部清償之權利，否則，因不合債務本旨，無從發生清償之效力。然債務人處於經濟弱者之地位，其境況奇窘，而一時不能為全部之清償者，亦事所恆有。故法院得斟酌債務人之情形，許其於無甚害於債權人利益之相當期限內，分期給付，或緩期給付。法院許為分期給付之情形，如債務人一期遲延給付時，基於私法自治原則，由債權人自行決定其權利之行使方式，即可對債務人請求全部之清償，亦可依法院之原判決而仍為分期給付之請求。其給付之不可分者（如返還房屋或拆屋還地），亦得比照可分給付之規定，許其緩期清償，以兼顧雙方之利益。此即民法第三一八條：「債務人無為一部清償之權利。但法院得斟酌債務人之境況，許其於無甚害於債權人利益之相當期限內，分期給付，或緩期清償。」「法院許

❸　①例如乙向甲借款，經甲之囑咐將借款轉付丙，嗣甲並曾有向丙催討借款，則應認乙之交付丙，業經甲之承認，而有清償之效力。②銀行對客戶之存摺及留存印鑑之印章持有人為存款之付款，發生清償之效力。但如取款憑條上所蓋印章，與原留印鑑不符，則該憑條之持有人即非債權之準占有人，銀行交付存款不生清償之效力。③戊向丁承租土地，將地租寄存於履行地以外之第三人處所，不但有背誠信原則，亦不生清償之效力。

為分期給付者，債務人一期遲延給付時，債權人得請求全部清償。」「給付不可分者，法院得比照第一項但書之規定，許其緩期清償。」之立法意旨❹。

(二)代物清償

　　債務人之清償債務，原應依債務之本旨而為履行，不得以他種給付，以代原定之給付。然事實上之便利，債務人以他種給付代原定之給付，而債權人亦經承諾，且已受領者，是債權人既得達其目的，應使債之關係歸於消滅，方為公允，此即民法第三一九條：「債權人受領他種給付以代原定之給付者，其債之關係消滅。」之立法原由❺。

(三)新債清償（間接給付、新債抵舊）

　　又稱間接給付或新債抵舊，即因清償舊債務，而負擔新債務，並因新債務之履行，而舊債務歸於消滅，例如清償汽車價金而交付支票；給付租金，而書立借據是。唯債務人不當然有此權利，必須與債權人另立契約始可。此即民法第三二○條：「因清償債務而對於債權人負擔新債務者，除當事人另有意思表示外，若新債務不履行時，其舊債務仍不消滅。」之規定。上例如支票或借據未獲兌現，則價金或租金之原債務仍不消滅，反之，則消滅，此乃新債舊償之效力。不過若當事人另有意思表示，如言明交付支票或借據，原價金或租金債務消滅，則依其約定使舊債務消滅，此種情形，則屬「債之更改」而非「新債清償」❻。

---

❹　①乙向甲借款十萬元業已到期，經雙方和解，甲同意分期償還，乙不依約履行一期，甲得請求一次給付，蓋分期歸還之債權如已屆期，債務人不履行，不得仍享期限之利益。②丁向丙借款十萬元，約定分十期償還，丁不依約履行一期，丙不得一次請求返還十萬元，此與前者各期業經到期而同意分期給付之情形不同，但如雙方有特約「一次不履行，視為全部到期」者，即應依特約。

❺　乙欠甲票款三十萬元，雙方同意，以汽車一輛代為清償並交付之，甲不得再向乙請求票款。代物清償須經債權人同意且須為現實給付，不可僅為給付之約定，否則為債之更改。

❻　①新債清償，債權人不能擇一請求，必須先就新債務請求履行，倘新債務不能履

四、清償地

　　清償地乃債務人應為清償之地點，與履行之處所或給付之處所同義。債務人如在清償地以外為給付之提出，因不符債務本旨，於法不生提出之效力。清償地，除法律另有規定❼或契約另有訂定，或另有習慣❽，或得依債之性質❾或其他情形決定者外，應依下列之規定，一、以給付特定物為標的者，於訂約時，其物之所在地為之。二、其他之債，於債權人之住所地為之（民法第三一四條）。

【案例研析】

　　乙向甲承租土地，繳租地點未約定，乙欠租二年以上，甲定相當期間催告乙繳納欠租，乙則函甲前來收取租金，若甲不前往乙處收取，是否應負受領遲延責任？

擬答：　按因繳租地點未經約定，又無法律另有規定、另有習慣或得依債之性質、其他情形決定地點時，則應於債權人之住所地為之，故乙不依債務本旨而為給付，應負遲延責任。乙經催告逾期未繳，甲並可終止租約（土地法第二○○條）。

　　行，或無效或撤銷時，始能就舊債務請求。②債之更改乃指成立新債務而消滅舊債務之契約，例如借款到期，另立新借據換回舊借據，其收回舊借據即有消滅原債務之意思。如未收回而當事人意思不明時，法律上則以之為新債清償，蓋始能合乎一般交易之習慣。

❼　例如民法第三七一條：標的物與價金應同時交付者，其價金應於標的物之交付處所交付之。民法第六○○條寄託物之返還，於該物應為保管之地行之。

❽　①與銀行交易，習慣上均以銀行為清償之處所。②政府機關與商人發生債之關係，如債務人為政府機關，通常慣例均由機關主辦人員辦妥會計手續後，通知商人前往領取。

❾　交付房屋之債務，依其性質在房屋所在地為之。

五、清償期

清償期乃債務應為履行之期日，故亦稱「履行期」。清償期之確定，依民法第三一五條：「清償期，除法律另有規定或契約另有訂定，或得依債之性質或其他情形決定者外，債權人得隨時請求清償，債務人亦得隨時為清償。」可知未定期債務之清償期如依法律、契約、債之性質或其他情形無法加以決定者，債權人得隨時請求清償，債務人亦得隨時為清償❿。至於定有清償期之債務，則依民法第三一六條：「定有清償期者，債權人不得於期前請求清償，如無反對之意思表示時，債務人得於期前為清償。」可知清償期之利益屬於債務人，故債權人無反對之意思表示時❶，債務人得拋棄其期限利益，期前為清償。清償期屆至，債權人得行使債權而不行使，消滅時效自此起算，反之債務人應履行債務而不履行，應負給付遲延責任。

六、清償費用

清償費用乃清償債務所必要之支出，例如運費、郵費、包裝費等，究應由何人負擔？民法第三一七條：「清償債務之費用，除法律另有規定，或契約另有訂定外，由債務人負擔。但因債權人變更住所或其他行為，致增加清償費用者，其增加之費用，由債權人負擔。」❷因清償乃債務人之義務，故清償費用原則上由債務人負擔。但債權人變更住所或其他行為，致增加清償費用時，增加部分由債權人負擔，例如債權讓與他人，新債權人之住

---

❿ 清償期：①法律有規定依其規定者，如民法第四三九、四五五、四七〇、四八六、五〇五條等。②契約有訂定者依其約定者，如買預售屋契約，按工程進度分期給付價金。③依債之性質定之者，如訂做結婚禮服，當於結婚期日前交付，出賣尚未成熟之家畜、蔬果，當以成熟時為清償期。

❶ 例如定期租賃契約或附有利息之消費借貸契約，其期限亦有為債權人或雙方當事人之利益而設，故債權人得加以反對，債權人反對時，債務人則不得期前清償。

❷ 清償費用：①法律另有規定者依其規定，如民法第三七八條買賣費用之負擔。土地法第一八二條土地增值稅之負擔。②契約另有訂定依其約定者，如國際貿易F.O.B.，C.I.F.條款陸、海運費、稅捐、保險費約定由出賣人或買受人負擔。

所與舊債權人之住所不同，增加之費用由債權人負擔，始為公允。

七、清償之抵充

清償之抵充乃債務人對同一債權人，負擔同種給付之數宗債務，而提出之給付不足清償全部債務時，決定何宗債務應先受清償。例如甲先後向乙借款一萬、二萬、三萬，今甲提出二萬五千元，究應清償何筆債務？①首依當事人之約定，是為約定抵充。②如無約定抵充，則由清償人指定，是為指定抵充，即民法第三二一條：「對於一人負擔數宗債務，而其給付之種類相同者，如清償人所提出之給付，不足清償全部債額時，由清償人於清償時，指定其應抵充之債務。」以保護債務人。指定者即債務人以意思表示向受領人為之。唯指定抵充須受民法第三二三條之限制，即清償人所提出之給付，應先抵充費用，次充利息，次充原本。③如清償人於清償時未指定其應抵充之債務時，則依民法第三二二條之規定，是為法定抵充，即1.債務已屆清償期者，儘先抵充。2.債務均已屆清償期或均未屆清償期者，以債務之擔保最少者，儘先抵充，擔保相等者，以債務人因清償而獲益最多者，儘先抵充（如先抵充利率較高者）。3.獲益及清償期均相等者，各按比例抵充其一部。法定抵充與指定抵充同須受民法第三二三條之限制，即清償人所提出之給付，應先抵充費用，次充利息，再充原本❶。

【案例研析】

乙欠甲白米三十包及三萬元，乙將某倉庫之白米二十包倉單經倉庫營業人簽名並背書交付予甲，甲主張抵充三萬元（折價），乙主張抵充白米二十包，何者有理？

---

❶ 依民法第三二一、三二二條之指定抵充或法定抵充時，其債務有費用、利息、原本之分者，例如數宗債務，每宗各有利息及費用，則依民法第三二三條之規定，必須先抵充各宗債務之費用，次充各宗債務之利息，最後始抵充各宗債務之原本（唯有反對說）。至於提出之給付，如不足清償各宗債務費用之全部時，其費用與費用相互間，仍應依第三二二條規定。利息與利息相互間亦同。

擬答：除當事人另有約定外，應推定其為清償與該給付同種類（白米）之債務，即乙有理由。

八、清償之效力

清償經有受領權之人受領者，債之關係消滅（民法第三〇九條），並發生下列效力：

1.清償人對於受領清償人，得請求給與受領證書（民法第三二四條）。

2.關於利息或其他定期給付，如債權人給與受領一期給付之證書，未為他期之保留者，推定其以各期之給付已為清償。如債權人給與受領原本之證書者，推定其利息亦已受領。債權證書已返還者，推定其債之關係消滅（民法第三二五條）❶。

【案例研析】

乙向甲借款二十萬元，立有借據，甲將借據返還，是否可認債之關係已消滅？

擬答：按債權證書已返還時，僅推定其債之關係消滅，如有反證存在時，自得推翻之。故甲如主張乙未清償，向法院起訴，應負舉證責任，例如借據係在何種情況下返還。

---

❶ 丁向丙租屋經營餐廳未定期限，丙主張六、七月租金未付，經催告逾期未給付，訴請法院判令丁遷讓房屋，丁則主張其賬簿記載房東丙欠其酒菜錢扣抵八、九、十月租金，即可推定六、七月租金亦已交付，是否有理？按民法第三二五條規定者係債權人給與受領一期給付之證書，至於丁在自己賬簿上記載交付租金之賬目，並非上開民法所規定者，故丁之主張無理由。究竟有無欠租，仍須調查事實認定。

第三款 提 存

一、提存之意義

提存乃清償人將其給付物，為債權人寄存於提存所，以消滅債務為目的之行為。債務人雖欲清償而不可得者，法律不能無救濟之途，此提存之由來。故債務人提出給付，而債權人拒絕受領，或不能確知孰為債權人，致使債務人無從給付，債務久懸未決，故應使債務人得為債權人提存其標的物，而免其債務（民法第三二六條），方足以保護債務人之利益❶⑤。

二、提存處所

提存，應在清償地之提存所為之（民法第三二七條）。原民法第三二七條第二項尚規定提存人於提存後應即通知債權人。如怠於通知致生損害時，負賠償之責任，但不能通知者，不在此限。唯依提存法第十條第二項規定如為清償提存，提存所應將提存通知書送達債權人，似無由提存人再為通知之必要。況清償提存係因債權人受領遲延或不能確知孰為債權人而難為給付，始得為之，法律課提存人通知之義務，殊無必要，乃刪除本項規定。

---

❶⑤ ①乙向甲承租房屋，月付一次，因欠租二期以上，甲限期七日內繳租，乙即向經常前來收租之甲之受僱人丙提出給付，為丙拒絕。乙於甲限期七日後始向法院提存租金，仍應認已發生提存效力，蓋丙為有受領權之第三人，乙依法可向丙提出給付而被拒，即發生提出給付之效力，其後提存雖已逾期限，甲仍不得以土地法第一〇〇條第三款：承租人積欠租金額，除以擔保金抵償外，達二個月以上時為收回房屋之事由而終止租約。②丙向丁購買房地，約定丁應將所有權移轉登記予丙之子戊，並將房地交付戊。如丙付尾款時，丁受領遲延，丙以自己名義或以丙、戊二人名義提存，均發生清償之效力。因戊為丙指定取得房地所有權移轉登記名義人，就尾款之給付，有利害關係，且以丙、戊名義共同提存，對丁並無不利。

三、提存之標的

給付物不適於提存，或有毀損、滅失之虞，或提存需費過鉅者，清償人得聲請清償地之法院拍賣，而提存其價金（民法第三三一條），例如給付物為動物、笨重物品、龐大物品、易腐敗物品，不適提存或提存過鉅者，拍賣提存價金。如給付物有市價者，地方法院得許可清償人照市價出賣，而提存其價金（民法第三三二條）。

四、提存之效力

㈠提存人與債權人間之效力

提存如屬合法，即與清償生相同之效力，債之關係消滅❶，提存人對提存物不再有支配權利。提存後，給付物毀損、滅失之危險，由債權人負擔，債務人亦無須支付利息，或賠償其孳息未收取之損害（民法第三二八條）。提存、拍賣及出賣之費用，由債權人負擔（民法第三三三條）。蓋此等支出係因可歸責於債權人或有利債權人之利益而支出，當由債權人負擔。

㈡債權人與提存所間之效力

債權人得隨時受取提存物。如債務人之清償，係對債權人之給付而為之者，在債權人未為對待給付，或提出相當擔保前，得阻止其受取提存物（民法第三二九條），所以保護債務人之利益也。債權人關於提存物之權利，應於提存後十年內行使之，逾期其提存物歸屬國庫（民法第三三〇條）❶。

---

❶　①向商會為清償之提存，不能消滅債之關係。②如債權人無受領遲延，債務人逕行提存，不生清償之效力。因提存為清償之代用，須於債權人受領遲延時，始得為之。③甲美籍，任職本國乙公司，甲在臺因公死亡，該公司以曾有二女子自稱為甲之配偶，為避免雙重給付之危險，將甲之遺產向法院提存，發生清償效力。

❶　政府提存補償地價給所有權人，所有權人如於提存後十年間不領取，則提存款歸國庫。

第四款　抵　銷

一、抵銷之意義

抵銷乃二人互負債務，而其給付種類相同，並已屆清償期，各得以一方之意思表示，使其債務與他方債務在等額範圍內歸於消滅之行為。抵銷因一方意思表示而生效，因此為單獨行為，抵銷權是形成權之一種。例如甲對乙負有十萬元借款債務，乙對甲負有二十萬元貨款債務，均於本月初屆清償期，甲或乙均得向他方為抵銷之意思表示，使雙方之債務同時消滅十萬元 ❶。

二、抵銷之要件

民法第三三四條：「二人互負債務，而其給付種類相同，並均屆清償期者，各得以其債務，與他方之債務，互相抵銷。但依債務之性質不能抵銷或依當事人之特約不得抵銷者，不在此限。」因此抵銷之要件有：

㈠須二人互負債務

得供主張抵銷之債權，須為對於自己債權人之債權，對於他人之債權，則不得以與債權人主張抵銷。又二債權須有效存在，唯債之請求權雖經時效而消滅，如在時效未完成前，其債務已適於抵銷者，亦得為抵銷（民法第三三七條）。例如甲對乙有房租金債權，經五年未行使請求權，若在未滿五年時，乙亦對甲取得金錢債權並適於抵銷，則甲於時效完成後，亦得主

---

❶ ①房屋承租人為出租人墊付之房屋稅、必要修繕費，可主張與其應付之租金抵銷。蓋就租賃物之一切稅捐或必要修繕費應由出租人負擔。②房屋之買受人得以受讓第三人對出賣人之金錢債權，主張與其應付出賣人之價金互相抵銷。③乙向甲水泥公司代銷水泥，甲水泥公司可主張其應返還之保證金債務與乙應付之價金債務互相抵銷。

張抵銷，以保護債權人之利益❶。

(二)須給付種類相同

如給付種類不同，不能使雙方債權人依抵銷而獲滿足。至於給付種類相同而清償地不同，雖得抵銷，但為抵銷之人，應賠償他方因抵銷而生之損害（民法第三三六條）❷。

(三)須均屆清償期

抵銷有相互清償之作用，以雙方均得請求履行為前提，因此須雙方均屆清償期，始得主張抵銷。但主張抵銷之人，雖他方對己之債權尚未到期而願拋棄期限利益者，仍得行使抵銷權（民法第三一六條）。

(四)須債務之性質能抵銷或當事人無不得抵銷之特約

例如相互不得為競業之不作為債務或扶養義務與他種義務等均屬性質上不能抵銷之債務。當事人間就其債務若有不得抵銷之特約，應排除抵銷權之行使。但為免第三人遭受不測之損害及保護交易之安全，乃增訂民法第三三四條第二項：「前項特約，不得對抗善意第三人。」

(五)須無抵銷之禁止

因民法規定禁止抵銷者如下：

1.禁止扣押之債務，如退休金、撫卹金、禁止強制執行之債權等，其債務人不得主張抵銷（民法第三三八條）；但債權人自願拋棄此項利益，以

---

❶ 僅有一個債權債務者，不得主張抵銷，例如 B 不得主張以 A 負其之債務，抵銷 C 負 A 之債務。因 C 負 A 之債務，既未由 B 合法承擔（須經 A 同意），則 B 與 A 間僅有一個債之關係，自不能主張互相抵銷。又如房屋出租人不得主張以承租人負其之租金與合法之次承租人（善意占有人）請求之支出有益費用互相抵銷。

❷ ①B 不得主張以其寄存 A 之稻穀，與其負 A 之借款返還債務互相抵銷。②B 不得主張以 A 所取去之貨物，與其負 A 之票據債務互相抵銷。

其與債務人之債權主張抵銷者，則不在禁止之列。

2.因故意侵權行為而負擔之債，其債務人不得主張抵銷（民法第三三九條）。旨在防止債權人因求償無望，而故意侵害債務人❷。至於債務人以其債權主動主張抵銷者，則不在禁止之列。

3.受債權扣押命令之第三債務人，於扣押後始對其債權人取得債權者，不得以其所取得之債權，與受扣押之債權為抵銷（民法第三四〇條）。旨在貫徹扣押命令之效力❷。

4.約定應向第三人為給付之債務人，不得以其債務，與他方當事人對於自己之債務為抵銷（民法第三四一條）❷。蓋利他契約，第三人已取得直接請求給付之權。

三、抵銷之方法及效力

民法第三三五條：「抵銷，應以意思表示，向他方為之。其相互間債之關係，溯及最初得為抵銷時，按照抵銷數額而消滅。」「前項意思表示附有條件或期限者，無效。」例如甲對乙之租金一萬元債權，本月一日到期，乙對甲之貨款二萬元債權，本月十五日到期，乙於本月三十日向甲表示主張抵銷，則抵銷之效力溯及到本月十五日在一萬元範圍消滅雙方債務❷。

---

❷ 甲負乙十萬元，乙向甲請求返還不可得，乃故意打傷甲或毀損甲物，乙不可主張對甲之損害賠償債務與其十萬元債權抵銷。

❷ 甲對乙有債權，乙對丙（第三債務人）亦有債權，甲乃聲請法院向丙發債權扣押命令，命丙不得向乙清償。若丙其後對乙亦取得債權，此時雖乙、丙二人互相債務，丙仍不得以此債權與受扣押之債權主張抵銷。

❷ 丙、丁約定丙應向戊給付金錢，雖丁對丙亦負有金錢債務，丙亦不得以其對戊之債務向丁主張抵銷。

❷ 雙方自行約定之抵銷，不受民法第三三四條抵銷要件之限制，乃因該條係規定法定抵銷。例如甲向銀行借款，並另有定期存款之債權，雙方在借款契約中約定「因甲或其連帶債務人等之行為，致違背或不履行本契約所載各條項時，……銀行認為必要，有權將甲存在銀行之各種存款，及甲對銀行之一切債權，不必通知甲，亦不問債權債務之期限如何，予以扣抵，抵銷銀行對甲之債權」。此約定銀行對

【案例研析】

行使抵銷權，是否要訴請法院裁判？

擬答：不須，因抵銷為消滅債務之單獨行為，債務人只須向債權人為抵銷之意
思表示即發生消滅債務之效力，其性質為形成權之一種，不須債權人同
意或協助，亦無經法院裁判之必要，即在訴訟行為中亦可行使。

第五款　免　除

一、免除之意義

免除乃債權人對債務人所為使債之關係消滅之一方的意思表示（民法
第三四三條），亦即債權之拋棄。須債權人有拋棄債權之意思，向債務人為
之，意思表示一經生效，債之關係即行消滅，不以債務人同意為必要，故
免除之性質為有相對人之單獨行為。

二、免除之效力

債權人向債務人表示免除其債務者，債之關係消滅（民法第三四三條）。
唯債權人如為一部免除之意思表示者，則僅免除部分之債消滅。債之免除
行為亦可代理，但無代理權人所為之免除，非經債權人承認，對於債權人
不生效力[25]。

於甲所負擔之定期存款債務，有為期前清償之權利，而得於期前主張抵銷。此約
定對銀行之債權保護甚周。

[25] ①乙向甲借款後其經營之商店倒閉，經親友出面清理，與各債權人商定所負債款
一律按八折償還，甲不同意，單獨與乙商定依八五折償還，其餘部分同意免除，
其後甲以債權證書尚未交還，而向乙請求返還餘款，為無理由。蓋同意免除債務
餘款者，該免除部分債之關係即歸消滅，不能以債權證書尚未交還，而請求給付
餘款。②因債務人負債累累，以其財產按成數攤還眾債權人，債權人受領攤還之
款，其餘部分之債務，除債權人就未受償之部分，顯然表示免除之意思，或於受

第六款　混　同

一、混同之意義

混同者，債權與債務同歸一人之事實。混同乃事實與免除係法律行為（單獨行為）不同，故無待意思表示，債之關係即因混同事實成立而原則上消滅，蓋不如此規定，勢必自己對自己請求，同時自己對自己履行債務，毫無意義可言，例如繼承或公司合併等之財產概括繼受或債務人自債權人受讓該債權之財產特定繼受是。

二、混同之效力

債權與其債務同歸一人時，債之關係消滅，但其債權為他人權利之標的或法律另有規定者，不在此限（民法第三四四條）。故混同原則上使債之關係消滅，但有例外二種情形，債之關係不消滅：

(一)債權為他人權利之標的

例如甲（父）對乙（子）之債權，設定權利質權予丙，其後甲死亡由乙概括繼承，債之關係不因混同而消滅，以保障丙之權益。

(二)法律另有規定者

例如票據債務人如受讓匯票，即債權與其債務同歸一人，理應因混同而消滅。但依票據法第三四條第二項規定：匯票到期日前，得再為轉讓與他人，此時債之關係不消滅，以促進票據之流通性，活絡經濟之活動。其

領之際，將債權證書交還銷毀，依通常情形認為免除者外，不得認為免除。（但依破產法規定所為和解或破產程序已受清償者，其債權未能受清償之部分，請求權視為消滅。）

他如公司法第一六七、一八六條，民法第一一五四條等均是因法律另有規定而不發生混同之例外規定。

第二章　各種之債

第一節　買　賣

第一款　通　則

一、買賣之意義及其要件

民法第三四五條第一項:「稱買賣者,謂當事人約定一方移轉財產權於他方,他方支付價金之契約。」故買賣之要件為:

1.買賣乃契約

買賣是財產權與金錢交換之契約,契約當事人一方為出賣人,一方為買受人。

2.出賣人須移轉財產權

所謂財產權,指凡是具有經濟利益而得為交易之標的者而言。包括債權、物權、準物權、無體財產權等。所謂移轉財產權,即財產權由原主體分離而歸屬於另一主體。

3.買受人須支付價金

支付價金即交付價金。唯價金未具體約定,而依情形可得而定者,視為定有價金,例如買賣砂石建材,約明市價是。如價金約定依市價者,視為標的物清償時清償地之市價。但契約另有訂定者,不在此限(民法第三四六條)。例如上例僅約定砂石建材價格依市價時,原則上依砂石交付時交付地之市價計算,但契約明定市價依訂約時或所在地之市價,則依契約所定。

二、買賣之性質

1.買賣為有償契約及雙務契約

　　買賣之出賣人負有移轉財產權之義務，買受人負有支付價金之義務。雙方互負之債務，顯有對價關係，自係雙務契約及有償契約。

2.買賣為諾成契約及不要式契約

　　買賣之當事人，就標的物及其價金互相同意時，買賣契約即成立（民法第三四五條第二項），不以實行給付為必要，亦無須一定方式，故為諾成契約及不要式契約。

3.買賣為債權契約及負擔契約

　　買賣當事人雙方僅取得債權或雙方互相負擔將來給付之義務，故為債權契約、負擔契約。日後尚須有履行行為，買賣並不能直接發生物權變動之效果。

【案例研析】

　　㈠甲逛百貨公司，見一西裝質料頗佳，標價公允，即向服務小姐表示欲以所標示之價款購買，該服務小姐正擬包裝交付時，領班手持新標價謂該西裝已漲價，要求甲以新價交款，甲不允，領班則以西裝尚未交付，亦無訂立書據，認為買賣契約未成立，拒絕交付西裝，甲則認為買賣契約已成立，誰有理由?

擬答：依民法第三四五條第二項當事人就標的物及其價金互相同意時，買賣契約即為成立。百貨公司把貨物標定賣價陳列，即視為要約（民法第一五四條第二項上段），甲表示欲以標示之價款購買，是為承諾。換言之，甲將西裝拿至結賬臺表示購買時，在法律上而言雙方當事人之意思已趨於一致，買賣契約即成立。至於買賣標的物是否交付、有否訂立書據，與買賣契約成立無關，因買賣契約是諾成、不要式契約。所以雖然標的物還沒有交付，也沒有書據，買賣契約還是有效成立，買受人可依法主張權利，不過，訂立書據，便於日後有爭執時可作證明之用，在大額買賣

還是以訂立書據為宜。

㈡ A 在其屋旁空地違章建築，A 是否對該屋取得所有權? 是否得連同該屋出賣予 B?

擬答: 按違章建築如達到能避風雨，供人使用之程度，即具有不動產之性質。故 A 對該違章建築原始取得所有權。但因其違反建築法規故不得登記，唯仍得為買賣契約之標的物。

三、買賣之種類

買賣在民法上可分兩大類，一是一般買賣，二是特種買賣。前者即通常之買賣，僅稱「買賣」者，即指此而言; 後者即較一般買賣另具有特殊情形之買賣，民法列有①試驗買賣，②貨樣買賣，③分期付價買賣，④拍賣等四種。

另外，民國八十三年一月十一日公布之消費者保護法第二章第三節訂有特種買賣，即郵購買賣、訪問買賣、未經消費者要約之寄送或投遞買賣、分期付款買賣等。除此之外，尚有日常可見其他類型之買賣，如自動販賣機買賣、多層次傳銷等，亦可謂特種買賣。

第二款　買賣之效力

買賣既是出賣人、買受人雙方約定出賣人移轉財產權於買受人，買受人支付價金於出賣人之契約，故買賣契約之效力，可分為出賣人之義務、買受人之義務及買賣雙方之效力，茲分述如下:

一、出賣人之義務

㈠移轉財產權之義務

其內容分述如下：

1.物之出賣

物之出賣人，負交付其物於買受人，並使其取得該物所有權之義務（民法第三四八條第一項），在動產負有交付其物使買受人占有之義務，在不動產負有訂立書面、協同移轉登記之義務，買受人始能取得所有權（民法第七六一、七六〇、七五八條）。

2.權利之出賣

權利之出賣人，負使買受人取得其權利之義務，如因其權利而得占有一定之物者，並負交付其物之義務（民法第三四八條第二項）。例如債權之出賣，應依債權讓與之規定（民法第二九五至二九七條）辦理之義務，關於擔保物權之出賣，在抵押權應依不動產物權之轉讓方式（書面並登記），在質權、留置權應依動產物權之轉讓方式（交付）為之。

以上義務，出賣人如不履行，買受人得依關於債務不履行之規定，行使其權利（民法第三五三條）。

(二)瑕疵擔保之義務

瑕疵指缺點，出賣人應擔保其移轉之財產權無瑕疵。出賣人瑕疵擔保責任係依法發生，故為法定責任，又縱使出賣人無故意或過失仍須負責，故為無過失責任，乃因買受人取得物或權利，係支付對價而來，故應課出賣人此項責任，以維交易上之誠實信用、公平合理。其類型可分權利瑕疵擔保與物之瑕疵擔保二者❶，前者不問物之買賣及權利之買賣均屬存在；

---

❶ 上訴人出賣與被上訴人之土地，登記之地目既為建築用地，依民法第三五四條第一項之規定，自負有擔保其物依第三七三條危險移轉於買受人時，無滅失或減少其價值之瑕疵，或減少通常效用或契約預定效用之瑕疵。茲系爭建地在交付前既屬於運河碼頭用地，依照都市計畫不得為任何建築，則不唯其通常效用有所減少，抑且減低經濟上之價值，從而被上訴人以此項瑕疵為原因，對上訴人解除買賣契約，而請求返還定金及附加之利息，自為民法第三五九條、第二五九條第一、二款之所許（四十九年臺上字第三七六號判例）。

後者則僅以物之買賣及以物之占有為成立要件之權利之買賣，始有適用。
茲述之如下：

1.權利瑕疵擔保

　　亦稱追奪擔保，乃出賣人就買賣標的之權利之瑕疵，應負擔保責任之
謂。其內容包括權利無缺及權利存在之擔保，前者即民法第三四九條：「出
賣人應擔保第三人就買賣之標的物，對於買受人不得主張任何權利。」無論
物之買賣或權利之買賣均屬有之。例如甲出賣予乙之汽車係屬第三人丙所
有，丙出而主張權利時，甲應對乙負權利瑕疵擔保責任（即除去權利上瑕
疵責任或解除契約後之損害賠償責任、回復原狀責任等債務不履行責任）。
後者即民法第三五〇條：「債權或其他權利之出賣人，應擔保其權利確係存
在。有價證券之出賣人，並應擔保其證券未因公示催告而宣告為無效。」僅
權利之買賣有之，例如甲出賣對丙之債權予乙，甲應擔保其對丙之債權確
實存在，如債權根本不存在或曾經存在但已消滅時，甲應負擔保責任（即
債務不履行責任）。債權之出賣人僅擔保債權確係存在為已足，至於該債權
之債務人之支付能力如何？原則上不負擔保責任，民法第三五二條：「債權
之出賣人對於債務人之支付能力，除契約另有訂定外，不負擔保責任。出
賣人就債務人之支付能力，負擔保責任者，推定其擔保債權移轉時債務人
之支付能力。」如上例甲對乙原則上僅擔保對丙之債權確係存在，不擔保丙
有支付能力，但如出賣契約有約定，則依約定負擔保丙在債權移轉予乙時
有支付能力。

　　權利瑕疵擔保責任本係法定無過失責任，但非強行規定，故得依特約
免除或限制出賣人權利瑕疵擔保義務，如出賣人故意不告知其瑕疵，則仍
應負此項義務（民法第三六六條）。又買受人於契約成立時知有權利之瑕疵
者，出賣人不負擔保之責，唯契約另有訂定時，不在此限（民法第三五一
條），蓋買受人已明知其權利有瑕疵者，應認為拋棄對於出賣人之權利擔保
權，如契約別無訂定，出賣人即不負瑕疵擔保之責。

　　出賣人對於上述之義務皆應盡履行之義務，方足以保護買受人之利益。
出賣人如不履行此種義務，則與債務人不履行債務無異，此時買受人即得

依照債務不履行之規定，行使其權利（民法第三五三條）。所謂行使關於債務不履行所生之權利者，即契約解除權、違約金請求權、損害賠償請求權等。

【案例研析】

　　A 先將房屋出賣予 B 並交付之，再將該屋出賣予 C（善意）並移轉登記予 C，問 B 可否向 A 主張權利瑕疵擔保？ 可否向 C 請求移轉登記？

擬答：依民法第三五一條規定，權利瑕疵之事實必須在買賣契約成立時存在。

　　　　A 先將房屋出賣予 B，A、B 之買賣契約成立之時，房屋尚未移轉登記予 C，故無權利瑕疵之事實存在，B 不得向 A 主張權利瑕疵擔保。C 依與 A 之買賣契約請求 A 移轉登記後，C 即取得該屋所有權，B 之占有於此時即變為無權占有，故 B 不僅不得依與 A 之買賣契約（債權，僅對特定人間有效，對人權）請求 C 移轉登記，甚且 C 可依據民法第七六七條請求 B 返還房屋（物權，對世權）。

2.物之瑕疵擔保

　　乃物之出賣人，就買賣標的物本身事實上所存有之缺點，應對買受人負擔保責任之謂，亦即民法第三五四條：「物之出賣人，對於買受人應擔保其物依第三百七十三條之規定危險移轉於買受人時，無滅失或減少其價值之瑕疵，亦無滅失或減少其通常效用，或契約預定效用之瑕疵。但減少之程度無關重要者，不得視為瑕疵。」「出賣人並應擔保其物於危險移轉時，具有其所保證之品質。」可見物之瑕疵尚可區分成「價值瑕疵」、「效用瑕疵」及「品質保證瑕疵」。前二者例如牛奶過期、西瓜已壞、保溫瓶不保溫、保險套破洞、約定比賽用球卻是練習用球等。出賣人均須負擔保責任，但減少之程度，無關重要者，不在此限，例如普通書本裝訂重複一頁（或二頁連在一起未裁開），自屬無關重要，不得視為瑕疵。後者例如保證衣服免燙卻是須燙易皺，出賣人須負「品質保證瑕疵責任」，僅出賣人有保證者為限，此與「價值瑕疵」、「效用瑕疵」不同。

有以下情形，出賣人不負物之瑕疵擔保責任：

(1)**買受人明知有瑕疵：**買受人於契約成立時，知其物有價值或效用之瑕疵者，出賣人不負擔保之責（民法第三五五條第一項）。

(2)**買受人有重大過失：**買受人因重大過失，而不知其物有價值或效用瑕疵者，出賣人如未保證其無瑕疵時，不負擔保之責；但出賣人故意不告知其瑕疵者，不在此限（民法第三五五條第二項）。

(3)**買受人怠於檢查通知：**買受人應按物之性質，依通常程序從速檢查其所受領之物。如發現有應由出賣人負擔保責任之瑕疵時，應即通知出賣人。買受人怠於通知者，除依通常之檢查不能發見之瑕疵外，視為承認其所受領之物。不能即知之瑕疵，至日後發見者，應即通知出賣人，怠於通知者，視為承認其所受領之物（民法第三五六條），例如購買寵物應依通常程序從速檢查外觀、神態，發現有應由出賣人負擔保責任者如寵物腳受傷或神態呈病態狀等，應即通知出賣人。所謂不能即知之瑕疵者如房屋是否漏水，非至雨天不得而知，日後下雨漏水應即通知出賣人，否則出賣人久負不可知之責任有欠公允，法律乃使出賣人對買受人怠於檢查通知時，免除物之瑕疵擔保責任，但出賣人明知物有瑕疵而故意不向買受人告知者，不適用之（民法第三五七條），蓋出賣人有違交易上之誠實信用，買受人之利益應予保護。

(4)**異地買賣買受人怠於為瑕疵之證明：**買受人對於他地送到之物，主張有瑕疵，不願受領者，如出賣人於受領地無代理人，買受人有暫為保管之責。買受人如不即依相當方法（由商會或鑑定人或檢驗所證明之）證明其瑕疵之存在者，推定於受領時為無瑕疵，以防流弊。送到之物易於敗壞，買受人經依相當方法之證明，得照市價變賣之，如為出賣人之利益，有必要時，並有變賣之義務。並應即通知出賣人，如怠於通知，應負損害賠償之責（民法第三五八條），以保護出賣人之利益。

物之瑕疵擔保責任有二，即一般效力為契約解除權及價金減少請求權，特殊效力為損害賠償請求權及另行交付請求權。亦即買賣因物有瑕疵，而出賣人依民法第三五四至三五八條之規定，應負擔保之責者，買受人或可

退還原物而解除買賣契約，或可受領其物而減少價金，買受人均有自由選擇之權。但依買賣之情形，其解除契約顯失公平，如該物只有特定事項所需之物，契約解除，即難銷售，買受人即不得解除契約，僅得減少價金（民法第三五九條），蓋一方保護買受人之利益，一方仍顧及出賣人之損失。但如出賣人就標的物之品質，特約擔保者，視為因此所生之一切結果，皆有擔保之意，故使買受人得請求不履行之損害賠償，以代契約之解除，或代減少價金之請求。出賣人故意不告知物之瑕疵者，亦同（民法第三六〇條）以保護買受人之利益。又買賣之標的物，僅指定種類（如購買白米一包），如其物有瑕疵，得使買受人即時請求另行交付無瑕疵之物，以省解除契約，或請求減少價金之煩，顧及當事人之便利。對於另行交付之物（如另換同種類白米一包），出賣人仍須負瑕疵擔保之責（民法第三六四條），方足以保護買受人之利益。

　　由前述可知出賣人瑕疵擔保責任，可依情況不同發生解約或減價或賠償或另行交付四種效果。關於解除契約方面，有如下四點說明：

　　(1)出賣人之催告權：買受人主張物有瑕疵者，出賣人得定相當期限，催告買受人於其期限內，是否解除。買受人不於催告期限內解除契約者，喪失其解除權（民法第三六一條），以便使出賣人除去不確定之狀態。

　　(2)解除契約效力及於從物：因主物有瑕疵而解除契約者，其效力及於從物。從物有瑕疵者，買受人僅得就從物之部分為解除（民法第三六二條）。例如汽車之備胎有瑕疵，僅能解除備胎（從物），但解除買賣汽車契約之效力一定及於備胎。

　　(3)數物併賣之解除：為買賣標的之數物中，一物有瑕疵者，買受人僅得就有瑕疵之物為解除。其以總價金將數物同時出賣者，買受人並得請求減少與瑕疵物相當之價額。但當事人之任何一方，如因有瑕疵之物，與他物分離而顯受損害者，得解除全部契約。例如買賣米與麵粉，發見麵粉有瑕疵，買受人即得對麵粉部分解除，而單為米之買受。若米與麵粉，係以總價金一萬元購入者，則僅得減少麵粉相當之價額，不必全部解除。又如買古對聯一副，其一聯有瑕疵，而僅餘一聯，亦即無懸掛之價值，則得解

除全部契約。

⑷**解除權或請求權之消滅：**買受人因物有瑕疵，而得解除契約或請求減少價金者，其解除權或請求權，於買受人依民法第三五六條規定為通知後六個月間不行使或於物之交付時起經過五年而消滅，以便除去不確定之狀態。但出賣人故意不告知瑕疵者，關於六個月期間之規定，不適用之，此時買受人仍得隨時行使契約解除權，及減少價金請求權（民法第三六五條），及因出賣人有背於交易之誠實及信用。唯如自物交付時起經過五年而未行使，仍為消滅。

【案例研析】

㈠A甲將樓房一幢，出賣於B，價金五百萬元。房屋交付一個月後，四壁裂縫，日有擴大之勢。則B對A得作如何之主張？

擬答：按物之出賣人應擔保其物無「價值瑕疵」、「效用瑕疵」、「品質保證瑕疵」（民法第三五四條），如有，則買受人得解約或減少價金或損害賠償（民法第三五九、三六〇條），A出賣於B之樓房四壁裂縫，乃屬減少該屋價值及通常效用之瑕疵，A依民法第三五四條之規定，對B負瑕疵擔保責任。又該裂縫係房屋交付後一個月發生，乃不能即知之瑕疵，B應即通知A（第三五六條第三項）。B如即通知後，得依同法第三五九條之規定，向A解除契約，或請求減少價金。又A於出賣房屋時，如向B保證該屋四壁無裂縫或故意不告知該瑕疵者，B得不解除契約或請求減少價金，而請求不履行之損害賠償（第三六〇條）。如B怠於通知A者，則視為承認其所受領之房屋，即不得再向A主張上開之權利；唯如A故意不向B告知瑕疵者，B仍得主張之（第三五七條）。

㈡某甲向某乙書局訂購「稅法大全」一部，價款三百元，先交訂金一百元，問某甲取書三日後，發現該書缺頁甚多，得向乙書局行何種請求？

擬答：①依民法第三五四條之規定，物之出賣人，對於買受人應擔保其物無價值上、效用上、品質保證上之瑕疵。如有，則買受人得請求解約或減少

價金或損害賠償，但解約顯失公平者，僅得減少價金（民法第三五九、三六○條）。

②乙書局交付之書缺頁甚多，乃具有減少其價值及通常效用並欠缺所保證之品質之瑕疵，應對甲負瑕疵擔保責任（第三五四條）。甲得解除契約或請求減少價金（第三五九條）；又依一般情形，書局均保證其出售之書不會缺頁，故甲亦得不解除契約或請求減少價金，而請求不履行之損害賠償（第三六○條）。

③又該書之買賣，如僅指定種類者，甲得不解除契約或請求減少價金，而即時請求另行交付無缺頁之書（第三六四條）。唯上述情形，如乙書局可另行交付無缺頁之書時，應認甲不得請求減少價金（蓋有違誠信原則）及解除契約（蓋顯失公平）與損害賠償（蓋未受損害）。

二、買受人之義務

㈠買受人支付價金之義務

買受人對於出賣人，有交付約定價金之義務（民法第三六七條），茲分如下四點說明：

1.價金數額及計算

價金之數額，由當事人雙方具體約定之，其未具體約定，而依情形可得而定者，視為定有價金（民法第三四六條第一項）。價金之計算係依物之重量計算者，應除去其包皮之重量，方合於真實之事理。但當事人另有訂定或另有習慣者，則當從其訂定或習慣（民法第三七二條），俾符當事人之意思。

2.價金支付之時期

買賣之標的物，與其價金之交付，原則上應使同時為之，俾符當事人之意思及銀貨兩訖之商場慣例。但法律另有規定或契約另有訂定，或另有習慣者，則應從其所定（民法第三六九條）。標的物交付定有期限者，其交

付標的物之期限，推定其為價金交付之期限（民法第三七〇條），庶合於當事人之意思。

3.價金交付之處所

標的物與價金應同時交付者，其價金應於標的物之交付處所交付之（民法第三七一條），以節勞力。

4.買受人價金支付拒絕權

買受人恐第三人在標的物上主張權利，而失其所買受之標的物之全部或一部者，如有正當理由，應使其得拒絕價金全部或一部之交付，以保護其利益。但出賣人已提供相當之擔保，則不得拒絕交付。又出賣人請求買受人提存價金，亦應允許，以保護出賣人之利益。

(二)受領標的物義務

買受人對於出賣人有受領標的物之義務（民法第三六七條）。出賣人已有給付之合法提出而買受人不履行其受領義務時，買受人非但陷於受領遲延，並陷於給付遲延，出賣人得依民法第三五四條解除契約，此與一般債務，債權人之受領給付乃其權利而非義務者不同。

三、買賣雙方之效力

(一)利益及危險之承受負擔

標的物，於交付前，標的物所生之利益（天然孳息、法定孳息）由何人取得、承受或因不可歸責雙方當事人之事由（如天災、其他不可抗力）致滅失、毀損、徵收或其他原因不能給付，該危險應由何人負擔，此所謂利益承受與危險負擔問題。民法第三七三條：「買賣標的物之利益及危險，自交付時起，均由買受人承受負擔，但契約另有訂定者，不在此限。」乃以交付作為利益承受及危險負擔之界限。例如甲出賣母牛一頭予乙，交付前生下小牛一頭，小牛仍歸屬甲所有，交付後小牛始出生，小牛則歸屬乙。另不動產買賣契約成立後，其收益權屬於何方？在所有權已移轉而標的物

未交付者,買受人仍無收益權。反之,所有權雖未移轉而標的物已交付者,買受人亦有收益權(三十三年上字第六〇四號、四十四年臺上字第二六六號)❷,實務上採取交付主義,至於所有權是否已由買受人取得,在所不問(四十七年臺上字第一六五五號)。唯通說以移轉所有權時為界限,以貫徹法律之大原則。

【案例研析】

㈠甲向乙購得房屋一棟,已付價金,在房屋還沒有交付以前,該房屋因地震倒塌,此項損失應由何人負擔?

擬答: 按買賣標的物之利益及危險,自交付時起均由買受人承受負擔,但契約另有訂定者不在此限(民法第三七三條),本題房屋尚未交付故除契約另有訂定者外,原則上應由乙負擔。

㈡甲將房屋一幢出賣於乙,收取半數價金後,即將該屋交乙接收,尚未辦就房屋所有權之移轉登記,適鄰居丙不慎失火,延燒該屋全燬,問乙應否對甲再給付其餘半數之價金?或不須再付且可請求甲返還其已付之半數價金?又丙如負損害賠償責任,乙能否請求賠償?

擬答: 依民法第三七三條:「買賣標的物之利益及危險,自交付時起,均由買受人承受負擔」,係以「交付」作為危險負擔之界限。本題甲將房屋交乙接收後,其房屋之危險即應由乙負擔,至於乙是否取得該屋所有權在所不問;故該屋因丙失火延燒全燬,乙仍須再給付其餘半數之價金,不可請求甲返還其已付之半數價金。丙如對甲負損害賠償責任時,乙得向甲請求讓與其損害賠償請求權,或交付其所受領之賠償物(第二二五條第二項)。

---

❷ 不動產買賣契約成立後,其收益權屬於何方,依民法第三七三條之規定,應以標的物已否交付為斷。所有權雖已移轉,而標的物未交付者,買受人仍無收益權。所有權雖未移轉,而標的物已交付者,買受人亦有收益權(三十三年上字第六〇四號判例)。

但通說以移轉所有權時為界限，故結論又與上開所述不同。

唯下列兩種情形，有其例外，不以交付為利益承受及危險負擔之界限：

1.契約另有訂定

例如前述甲、乙買賣母牛契約中約定契約成立後，所有利益及危險即歸乙承受或負擔是。

2.送往清償地以外標的物之危險負擔

買受人請求將標的物送交清償地以外之處所者，自出賣人交付其標的物於為運送之人或承攬運送人時起，標的物之危險，由買受人負擔（民法第三七四條）。

上述情形，既然交付前應由買受人負擔，故在此期間費用之支出，自應由買受人償還，此即民法第三七五條所規定：「標的物之危險，於交付前已應由買受人負擔者，出賣人於危險移轉後，標的物之交付前，所支出之必要費用，買受人應依關於委任之規定，負償還責任。」「前項情形，出賣人所支出之費用，如非必要者，買受人應依關於無因管理之規定，負償還責任。」又買受人關於標的物之送交方法，有特別指示，而出賣人無緊急之原因，違其指示者，對於買受人因此所受之損害，應負賠償責任（民法第三七六條）。

以上所述雖指物之買賣而言，但權利之買賣，如出賣人因其權利而得占有一定之物者，準用第三七三至三七六條規定（民法第三七七條）。

(二)費用之負擔

關於因買賣所生一切費用，如法律別無規定，契約別無訂定，習慣亦無可依據者，應視其利益及義務之所在，而定其負擔費用之人（民法第三七八條）❸：

---

❸　土地增值稅依法由出賣人負擔。納稅為公法上之義務，只要不違背公序良俗及法律上強制規定，可由當事人於契約中自由約定稅金由當事人何人負擔，但是此種約定僅生私法上之效果，不發生公法上之效果，故土地買賣約定由買受人負擔亦

1.買賣契約之費用，由當事人雙方平均負擔。

2.移轉權利之費用、運送標的物至清償地之費用，及交付之費用，由出賣人負擔。

3.受領標的物之費用、登記之費用及送交清償地以外處所之費用，由買受人負擔。

第三款　買　回

一、買回之意義

買回乃以出賣人之買回意思表示為停止條件，而於一定期限內，買回其已賣出的標的物之再買賣契約。買回之期限，不得超過五年，如約定之期限較長者縮短為五年（民法第三八○條）。

二、買回之效力

㈠買回人之義務

1.價金之返還

出賣人於買賣契約保留買回之權利者，得返還其所受領之價金，而買回其標的物。買回之價金，另有特約者，從其特約。原價金之利息，與買受人就標的物所得之利益，視為互相抵銷（民法第三七九條）。

2.費用之償還

買賣費用由買受人支出者，買回人應與買回價金連同償還之。買回之費用，由買回人負擔（民法第三八一條）。買受人為改良標的物所支出之費用及其他有益費用，而增加價值者，買回人應償還之。但以現存之增價額

可，唯如買受人未繳納土地增值稅，稅捐機關仍在稅單上以土地出賣人為納稅義務人，出賣人納稅完後，當然可依約定向買受人請求返還稅金。出賣人不得以已約定由買受人繳納為理由而拒絕向稅務機關繳納稅金。

為限（民法第三八二條）。

【案例研析】

A 將車子賣給 B，附有買回權，B 買得車子後，將①輪胎換新，②換較好之音響，③裝椅套，④板金。則何者為改良費用？何者為有益費用？何者為奢侈費用？

擬答：　1.改良費用：①（輪胎若已磨損）

　　　　2.有益費用：①（輪胎尚未磨損）、④（需視交付時狀態）

　　　　3.奢侈費用：②、③

改良費用、有益費用，以現存之增值額為限，即須以返還之時，尚存在之增加價值為限，始負償還之義務。至於奢侈費用，學者見解以無因管理來請求返還該費用。

㈡買受人之義務

1.交付標的物之義務

買受人對於買回人負交付標的物及其附屬物之義務（民法第三八三條第一項）。

2.損害賠償義務

買受人因可歸責於自己之事由，致不能交付標的物，或標的物顯有變更者，應賠償因此所生之損害（民法第三八三條第二項）。

第四款　民法規定之特種買賣

一、試驗買賣

㈠試驗買賣之意義

　　試驗買賣，為以買受人之承認標的物為停止條件，而訂立之契約（民法第三八四條）。所謂承認標的物，乃買受人滿意、接受。此種買賣契約於訂立當時即已成立，唯必須經買受人就標的物加以試驗，認為滿意後，始生效力。

㈡試驗買賣之試驗

　　試驗買賣一經成立，出賣人有許買受人試驗其標的物之義務（民法第三八五條）。

㈢試驗買賣之承認

　　標的物經試驗而未交付者，買受人於約定期限內未就標的物為承認之表示，視為拒絕，其無約定期限，而於出賣人所定之相當期限內，未為承認之表示者，亦同（民法第三八六條）。標的物因試驗已交付於買受人，而買受人不交還其物，或於約定期限或出賣人所定之相當期限內，不為拒絕之表示者，視為承認。買受人已支付價金之全部或一部，或就標的物為非試驗所必要之行為者，視為承認（民法第三八七條）。

二、貨樣買賣

　　貨樣買賣乃按照貨物之樣本，而決定標的物買賣。貨樣買賣之效力乃出賣人應擔保其交付之標的物與貨樣有同一之品質（民法第三八八條）。如交付之標的物與貨樣不符，出賣人即應負瑕疵擔保之責。

三、分期付款買賣

㈠分期付款買賣之意義

　　分期付款買賣，係約定價金分期支付之買賣。例如約定價金五萬元，每月付款一次，每期付五千元，十個月付清。

㈡分期付款買賣之限制

分期付款買賣之出賣人為預防損失，或意圖剝削、圖謀高利，乃附加諸多約款，法律雖不予禁止，但民法乃特設下列之限制：

1.期限利益喪失約款

分期付款之買賣，如約定買受人有遲延時，出賣人得即請求支付全部價金者，除買受人遲付之價額已達全部價金五分之一外，出賣人仍不得請求支付全部價金（民法第三八九條）。

2.解約扣價約款

分期付款之買賣，如約定出賣人於解除契約時，得扣留其所受領價金者，其扣留之數額，不得超過標的物使用之代價，及標的物受有損害時之賠償額（民法第三九〇條）。

動產擔保交易法尚規定有「附條件買賣」，即買受人先占有動產之標的物，約定至支付一部或全部價金，或完成特定條件時，始取得標的物所有權之交易（動產擔保交易法第二六條）。動產擔保交易，應以書面訂立契約。非經登記，不得對抗善意第三人（同法第五條），登記機關由行政院視動產性質分別以命令定之（同法第六條）。動產擔保交易契約存續中，其標的物之占有人，應以善良管理人之注意，保管或使用標的物（同法第一二條）。交易標的物之利益及危險，由占有人承受負擔，但契約另有約定者，從其約定（同法第一三條）。附條件買賣標的物所有權移轉於買受人前，買受人有下列情形之一，致妨害出賣人之權益者，出賣人得取回占有標的物：①不依約定償還價款者。②不依約定完成特定條件者。③將標的物出賣、出質或為其他處分者。出賣人取回占有前項標的物，其價值顯有減少者，得向買受人請求損害賠償（同法第二八條）。

四、拍　賣

㈠拍賣之意義

　　拍賣乃由多數應買人以公開競爭出價之方法，而與出價最高者訂立契約之買賣。拍賣，因拍賣人拍板或依其他慣用之方法，為賣定之表示而成立（民法第三九一條），屬於一種要式契約，故與一般買賣不同，在於契約之成立。又拍賣之各應買人出賣，係公開為之，與標賣之投標，投標人在未開標前，彼此不知其標價者不同。拍賣可分為強制拍賣與任意拍賣兩種，前者乃強制執行法所規定，後者為民法所規定，茲所論者以民法第三九一條以下所規定者為限。

㈡拍賣之成立

1.拍賣之表示

　　拍賣之表示屬於一種要約之引誘，例如公告拍賣標的物、拍賣日期、處所。拍賣之表示既為要約引誘，則拍賣人自不受其拘束，故對於應買人所出最高之價，認為不足者，得不為賣定之表示而撤回其物（民法第三九四條）。

2.應買之表示

　　應買之表示屬於承諾，由拍賣人以拍板或依其他慣用方法為之，於是拍賣即為成立（民法第三九一條）。拍賣人除拍賣之委任人有反對之意思表示外，得將拍賣物拍歸出價最高之應買人（民法第三九三條）。

㈢拍賣之效力

　　拍賣之買受人，應於拍賣成立時或拍賣公告內所定之時，以現金支付買價（民法第三九六條）。拍賣之買受人，如不按時支付價金者，拍賣人得解除契約，將其物再行拍賣。再行拍賣所得之價金，如少於原拍賣之價金及再行拍賣之費用者，原買受人應負賠償其差額之責任❹（民法第三九七條）。

---

❹　例如原拍賣之價金為新臺幣一百萬元，原拍賣之費用為十萬元，再行拍賣之價金為八十萬元，再行拍賣之費用為五萬元，則原買受人應負賠償之差額為 100 萬元+5 萬元–80 萬元=25 萬元。

第五款　消費者保護法規定之特種買賣

一、郵購買賣及訪問買賣

郵購買賣者，指企業經營者以郵寄或其他遞送方式，而為商品買賣之交易型態。訪問買賣者，指企業經營者未經邀約而在消費者之住居所或其他場所從事銷售，而發生之買賣行為（消費者保護法第二條第八、九款）。企業經營者為郵購買賣或訪問買賣時，應將其買賣之條件、出賣人之姓名、名稱、負責人、事務所或住居所告知買受人之消費者（同法第一八條）。郵購或訪問買賣之消費者，對所收受之商品不願買受時，得於收受商品後七日內，退回商品或以書面通知企業經營者解除買賣契約，無須說明理由及負擔任何費用或價款。郵購或訪問買賣違反前項規定所為之約定無效。契約經解除者，企業經營者與消費者間關於回復原狀之約定，對於消費者較民法第二五九條之規定不利者，無效（同法第一九條）。未經消費者要約而對之郵寄或投遞之商品，消費者不負保管義務。前項物品之寄送人，經消費者定相當期限通知取回而逾期未取回或無法通知者，視為拋棄其寄投之商品。雖未經通知，但在寄送後逾一個月未經消費者表示承諾，而仍不取回其商品者，亦同。消費者得請求償還因寄送物所受之損害，及處理寄送物所支出之必要費用（同法第二〇條）。

二、分期付款買賣

分期付款買賣者，指買賣契約約定消費者支付頭期款，餘款分期支付，而企業經營者於收受頭期款時，交付標的物予消費者之交易型態（同法第二條第一〇款）。企業經營者與消費者分期付款買賣契約應以書面為之。前項契約書應載明下列事項：(1)頭期款，(2)各期價款與其他附加費用合計之總價款與現金交易價格之差額，(3)利率。企業經營者未依前項規定記載利率者，其利率按現金交易價格週年利率百分之五計算之。企業經營者違反

第二項第一款、第二款之規定者，消費者不負現金交易價格以外價款之給付義務（同法第二一條）。

第二節　互　易

一、互易之意義

互易者，乃當事人雙方約定，互相移轉金錢所有權以外之財產權之契約（民法第三九八條）。例如甲以清古瓷換乙清古畫。

二、互易之效力

因互易與買賣相似，買賣是以價金易物，互易是以物易物，故互易準用關於買賣之規定。故民法第三九八條規定：「當事人雙方約定互相移轉金錢以外之財產權者，準用關於買賣之規定。」又當事人之一方，約定移轉民法第三九八條所定之財產權，並應交付金錢者，其金錢部分，準用關於買賣價金之規定（民法第三九九條）。

第三節　交互計算

一、交互計算之意義

稱交互計算者，謂當事人約定，以其相互間之交易所生之債權債務為定期計算，互相抵銷，而僅支付其差額之契約（民法第四〇〇條）。

二、交互計算之效力

㈠定期計算

交互計算之計算期，如無特別訂定，每六個月計算一次（民法第四〇

二條)。

㈡互相抵銷

計算期屆至，當事人雙方應將債權債務，分別結算，互相抵銷，以計算其差額。記入交互計算之項目，自計算後，經過一年，不得請求除去或改正（民法第四〇五條）。

㈢支付差額

由計算而生之差額，得請求自計算時起，支付利息（民法第四〇四條第二項）。

三、交互計算之終止

當事人之一方，得隨時終止交互計算契約，而為計算；但契約另有訂定者，不在此限（民法第四〇三條）。

【案例研析】

甲、乙訂立交互計算契約，甲將收得丙之支票支付予乙，乙將之記入交互計算，嗣丙支票退票而無法受償時，乙該如何？

擬答：民法第四〇一條規定，匯票、本票、支票及其他流通證券，記入交互計算者，如證券之債務人不為清償時，當事人得將該記入之項目除去之。故乙得將記入丙支票金額除去之。

第四節　贈　與

一、贈與之意義

贈與者，當事人約定，一方以自己之財產無償給與他方，他方允受之契約（民法第四〇六條）。

二、贈與之成立、生效

　　贈與，因當事人意思表示之一致而成立，並同時生效（民法第四〇六條）。

三、贈與之效力

㈠移轉財產權之義務

　　贈與人應依贈與契約，負有移轉所贈與之財產權之義務。

㈡債務不履行之責任

　　贈與為單務契約，只有贈與人負義務，因此立法政策上乃降低贈與人之責任。贈與物之權利未移轉前，贈與人得撤銷其贈與，其一部已移轉者，得就其未移轉之部分撤銷之（民法第四〇八條第一項）。於經公證之贈與，或為履行道德上之義務而為贈與者，若贈與人給付遲延時，受贈人得請求交付贈與物；其因可歸責於自己之事由致給付不能時，受贈人得請求賠償贈與物之價額。但受贈人不得請求遲延利息，或其他不履行之損害賠償（民法第四〇九條）。贈與人未撤銷贈與或不得撤銷贈與時，如因可歸責於贈與人之事由，致履行不能者，贈與人僅就其故意或重大過失，對於受贈人負給付不能之責任（民法第四一〇條）。

㈢瑕疵擔保責任

　　贈與之物或權利如有瑕疵，贈與人不負擔保責任；但贈與人故意不告知其瑕疵，或保證其無瑕疵者，對於受贈人因瑕疵所生之損害，負賠償之義務（民法第四一一條）。

四、贈與之撤銷

(一)撤銷之原因

1.任意撤銷

贈與物之權利未移轉前，贈與人得撤銷其贈與。其一部已移轉者，得就其未移轉之部分撤銷之（民法第四○八條第一項），於經公證之贈與，或為履行道德上之義務而為贈與者，則不得任意撤銷（同條第二項）。

2.法定原因之撤銷

(1)贈與人之撤銷權：如贈與物已移轉，或贈與經公證，或為履行道德上之義務，受贈人對於贈與人，有下列情事之一者，贈與人始得撤銷其贈與：①對於贈與人、其配偶、直系血親、三親等內旁系血親或二親等內姻親，有故意侵害之行為，依刑法有處罰之明文者。②對於贈與人有扶養義務而不履行者（民法第四一六條第一項）。此項撤銷權，自贈與人知有撤銷原因之時起，一年內不行使而消滅。贈與人對於受贈人已為宥恕之表示者，亦同（同條第二項）。

(2)繼承人之撤銷權：受贈人因故意不法之行為，致贈與人死亡，或妨礙其為贈與之撤銷者，贈與人之繼承人，得撤銷其贈與；但其撤銷權自知有撤銷原因之時起，六個月間不行使而消滅（民法第四一七條）。

(二)撤銷贈與之方法及效果

贈與之撤銷，應向受贈人以意思表示為之。贈與撤銷後，贈與人得依關於不當得利之規定，請求返還贈與物（民法第四一九條）。贈與之撤銷權，因受贈人之死亡而消滅（民法第四二○條）。

五、贈與之拒絕履行

贈與人於贈與約定後，其經濟狀況顯有變更，如因贈與致其生計有重大之影響，或妨礙其扶養義務之履行者，得拒絕贈與之履行（民法第四一

八條），通稱為贈與人之窮困抗辯權。

【案例研析】

　　A 贈與 B 汽車一輛並交付之，為 A 之子 C 反對，B 乃將 C 殺成重傷，試問該贈與契約之效力？

擬答：民法第四一六條第一項第一款規定，受贈人對於贈與人 A 之子 C（即直系血親）有故意侵害之行為，依刑法有處罰之明文者，贈與人得撤銷其贈與。刑法第二七八條第一項：使人受重傷者，處五年以上十二年以下有期徒刑。依題，B 將 A 之子 C 殺成重傷，A 得依前開規定撤銷贈與 B 汽車。

第五節　租　賃

一、租賃之意義

　　稱租賃者，謂當事人約定，一方以物租與他方使用收益，他方支付租金之契約（民法第四二一條第一項）。以物租與他方者為出租人，支付租金者為承租人。租賃之內容，為承租人對於租賃物為使用收益，故其客體以物（有體物）為限，權利之出租，係無名契約（準租賃），僅得準用租賃之規定。有體物包括動產與不動產。不僅私人之物可出租，公有物亦可。不僅物之全部可出租，一部亦得成立租賃。租賃契約係以當事人約定，一方以物租與他方使用收益，他方支付租金而成立，並不以出租人對於租賃物所有權為要件，因此就他人之物予以出租，其所定租賃契約並非無效，唯出租人若無法使承租人使用收益租賃物時，應對承租人負債務不履行之責任。

　　租金得以金錢或租賃物之孳息充之（同條第二項），但不以押金之交付為成立要件。所謂孳息如租賃土地所種植之蔬果、稻穀等。契約雙方當事

人雖非以租賃物之孳息充之，而係其他之實物（約定以白米給付租金），除其他法令別有禁止規定外，自為法所允許，尚無與本條項牴觸（釋字第四四號）。

二、租賃之性質

㈠有名契約及債權契約

租賃係民法債編所列舉契約之一，故為有名契約。又租賃當事人雙方僅取得債權或負擔義務，故為債權契約及負擔契約。僅特定人間發生效力，無對抗一般第三人之效力。唯租賃權於一定條件下得對抗特定第三人，此乃租賃物權化之結果，故租賃權亦有物權性質，是為特例。

㈡雙務契約及有償契約

租賃契約一經成立，出租人負有使承租人得就物使用收益之債務，承租人負有支付租金之債務，二者互為對價關係，故為雙務契約。又出租人以物租與他方而取得租金對價之利益，承租人支付租金而取得使用收益租賃物對價之利益，二者互為對價關係，故為有償契約。

㈢諾成契約及不要式契約

租賃契約經雙方當事人對於租賃之要件、意思表示一致時，即行成立，不以租賃物之交付為成立要件，故為諾成契約。亦不須具備一定之方式，故為不要式契約。但不動產之租賃契約，其期限逾一年者，應以字據訂立之，未以字據訂立者，視為不定期租賃（民法第四二二條）。

三、租賃之期限

租賃得定期限，亦得不定有期限。租賃契約之期限，如過於長久，是使各當事人受此契約之拘束，殊有害公益，故民法第四四九條：「租賃契約之期限，不得逾二十年。逾二十年者，縮短為二十年。」「前項期限，當事

人得更新之。」更新契約與另定租賃契約無異，法律允許之，唯仍不得逾二十年❶。租用基地建築房屋者，鑑於現代建築技術發達，房屋使用期限一般超過二十年，如租賃契約滿二十年未予同意更新，對承租人保障不周，乃增列第四四九條第三項:「租用基地建築房屋者,不適用第一項之規定。」即不適用二十年租賃期限之規定。又租賃期限屆滿後，承租人仍為租賃物之使用收益，而出租人不即表示反對之意思者，視為以不定期限繼續契約（民法第四五一條），稱之「法定更新」。

四、租賃之效力

㈠出租人之權利義務

1.租賃物之交付及合用之保持義務

出租人負有依約定方法，將租賃物交付於承租人使用收益之義務，並於租賃關係存續中，負有保持租賃物使用收益狀態之義務（民法第四二三條）。

【案例研析】

甲答應租給乙一部機器，每個月三千元租金，後甲反悔，並未把機器租予乙，而另租予不知情之丙，且將機器交付丙使用，每月四千元；乙不得已向丁租同樣機器，每月五千元，每月多損失二千元。問乙對甲有何權利?

擬答: 承租人乙可以以甲債務不履行向法院請求出租人履行契約或請求因不履

---

❶　例如出租人租一幢四合院給承租人使用，期間約定三十五年，若法律上無二十年的限制，則必須三十五年後才能請求返還。但過了二十年後，此四合院則必須整修或重建，以期能隨社會經濟發展而充分利用，但礙於三十五年期間不能行使，於是法律為租賃物的改良目的及社會經濟著想，才設此限制，到二十年，出租人就可請求返還租賃物，若出租人仍欲出租，則用「更新」的方法為之，此不失兩全其美之策。

行出租的約定，致使承租人乙受到財產上損害之賠償。

2.租賃物之修繕義務

租賃物之修繕，除契約另有訂定或另有習慣外，由出租人負擔❷。出租人為保存租賃物所為必要行為，承租人不得拒絕（民法第四二九條）。租賃物之毀損係由於可歸責於承租人之事由所造成者，出租人不負修繕義務。承租人就租賃物以外有所增設時，該增設物亦不在修繕義務範圍。租賃關係存續中，租賃物如有修繕之必要，應由出租人負擔者，承租人得定相當期限，催告出租人修繕。如出租人於其期限內不為修繕者，承租人得終止契約或自行修繕而請求出租人償還其費用，或於租金中扣除之（民法第四三〇條）。

3.租賃物稅捐負擔義務

租賃物上應納之諸項租稅，均以租賃物為目的，而租賃物仍為出租人所有，如契約無特別規定者，由出租人負擔（民法第四二七條）❸。

4.有益費用之償還義務

承租人就租賃物，支出有益費用，因而增加該物之價值者，如出租人知其情事而不為反對之表示，於租賃關係終止時，應償還其費用，但以其現存之增價額為限（民法第四三一條）。租賃關係終止後承租人不得以支付之有益費用未受清償即拒絕租賃物之返還，因二者非有互為對價之關係。租賃關係終止時已無增加價值者，即不得請求償還。承租人支出增加價值之有益費用，自始即為出租人所表示反對者，亦不得要求償還。承租人如

---

❷ 例如甲公司向乙影印機出租公司租賃之影印機功能不佳，經常夾紙，甲可要求乙修繕。

❸ 稅捐由出租人負擔並非強行規定，如經當事人約定，由承租人負擔亦可，但此僅為私法上關係，不得以此向稅捐機關主張而拒不繳納，例如出租土地、車輛予承租人，約定地價稅、車輛牌照稅、燃料稅由承租人負擔，但承租人並未繳交時，出租人不得以「和承租人約定由承租人負擔」為由，推卸繳納稅款，出租人應先繳納，再依其間約定向承租人請求。

有上開費用償還請求權，自租賃關係終止時，因二年間不行使而消滅（民法第四五六條第一項）。

5.不動產出租之留置權

不動產之出租人，就租賃契約所生之債權，對於承租人之物置於該不動產者，有留置權。但禁止扣押之物，不在此限。又出租人行使留置權之範圍，僅於已得請求之損害賠償，及本期與以前未交之租金之限度內，得就留置物取償（民法第四四五條）。所謂禁止扣押之物，如承租人生活必需物品、寢具、職業用品等。不動產出租人之留置權，因下列事由而消滅：

⑴承租人取去留置物：不動產出租人，就承租人所設備之動產而行使留置權時，原以置於該不動產者為限，若承租人已將其留置物取去，則其物已脫離得以留置之範圍，其留置權當然消滅。然出租人不知之時，或知之並有異議而仍取去時，則有背誠實及信用，應使其留置權依然存續。但若承租人取去其物，係因執行業務，或適於通常之生活關係，非取去不足以維持其通常生活時，或其所留之物尚足擔保租金之支付，雖承租人將該物取去，乃無背情理，故出租人不得提出異議（民法第四四六條）。出租人有提出異議者，得不聲請法院，逕行阻止承租人取去其留置物。如承租人離去租賃之不動產者，並得占有其物，是為出租人之自助權，俾得保全其租賃契約所生之債權。承租人如乘出租人之不知或不顧出租人提出異議，而取去其物者，出租人得終止契約（民法第四四七條）。

⑵承租人提出擔保：承租人得提出擔保，以免出租人行使留置權，並得提出與各個留置物價值相當之擔保，以消滅對於該物之留置權（民法第四四八條），蓋於出租人之利益不影響，應允許承租人為之。

6.押租金之收受返還

押租金者，以擔保承租人履行其義務為目的，於租賃契約成立時，由承租人交付於出租人之金錢或其他代替物，亦稱「押金」、「押租」。押租金為租賃契約外之另一契約，與租賃契約成為聯立關係，但租賃契約不因押租金契約無效而受影響。押租金契約之成立，須以租賃契約存在為前提，故性質上為從契約。押租金契約必須現實交付始生效力，故為要物契約，

又非民法債編所列舉契約之一種，故為無名契約。押租金之數額，原則上得自由約定，但土地租賃、房屋租賃，依土地法第九九、一〇五、一一二條有限額之規定。押租金之交付其目的在擔保租金之支付，故承租人不得主張以押租金抵充租金，但土地、房屋租賃有特別規定者不在此限。租賃關係終了，租金債權受清償時，應返還押租金予承租人，依契約自由原則，亦可約定利息，但依民事特別法不得約定利息者從其規定。如當事人間無利息約定，通常無息返還，但依具體事實以常理判斷，有時應附息返還。

【案例研析】

甲向乙租房屋為期一年，月租五千元，押租金一萬元並已交付，其後乙將房屋出售予丙並辦完所有權移轉登記，丙繼受出租人的地位，乙卻未將押租金轉交予丙，則甲於租期屆滿，應向乙或丙請求返還押租金？

擬答：按押租金為要物契約，以金錢的交付為成立要件，押租金債權的移轉也須交付金錢才發生效力。又押租金契約當事人為甲、乙與買賣契約無涉，故甲應向乙請求，不能向丙請求或主張抵償租金。如甲欠丙房租兩期以上，丙可終止契約，此時甲不得主張同時履行抗辯權拒絕返還房屋。

(二)承租人之權利義務

1.請求地上權之登記

租用基地建築房屋者，承租人於契約成立後，得請求出租人為地上權之登記（民法第四二二條之一）。

2.租賃權之主張

承租人有依約定或物之性質所定之方法使用收益租賃物之權利是為「租賃權」。租賃權性質上僅屬債權，但法律為保護承租人之利益，例外於一定情形，強化租賃權之效力，使租賃權發生物權效力，是所謂「租賃（權）物權化」。詳言之，出租人於租賃物交付後，承租人占有中縱將其所有權讓與第三人，其租賃契約，對於受讓人，仍繼續存在（民法第四二五條）。學

理亦稱為「買賣不破租賃」。受讓人仍須繼續負擔出租人之義務且承租人與受讓人間毋庸另立租賃契約。買賣不破租賃原則，具有債權物權化之效力，在長期或未定期限之租賃契約，其於當事人之權義關係影響甚鉅，宜付公證，以求其權利義務內容合法明確，且可防免實務上常見之弊端，乃增訂第二項：「於未經公證之不動產租賃契約，其期限逾五年或未定期限者，不適用之。」亦即排除買賣不破租賃原則。

土地及房屋為各別之不動產，各得單獨為交易之標的。唯房屋性質上不能與土地分離而存在。故土地及其土地上之房屋同屬一人所有，而僅將土地或僅將房屋所有權讓與他人，或將土地及房屋同時或先後讓與相異之人時，實務上見解（七十三年五月八日七十三年度第五次民事庭會議決議）認為除有特別約定外，應推斷土地受讓人默許房屋受讓人繼續使用土地，但應支付相當代價，其法律關係性質為租賃，爰增訂民法第四二五條之一：「土地及其土地上之房屋同屬一人所有，而僅將土地或僅將房屋所有權讓與他人，或將土地及房屋同時或先後讓與相異之人時，土地受讓人或房屋受讓人與讓與人間或房屋受讓人與土地受讓人間，推定在房屋得使用期限內，有租賃關係。其期限不受第四百四十九條第一項規定之限制。」「前項情形，其租金數額當事人不能協議時，得請求法院定之。」

【案例研析】

㈠甲將其屋租予乙為期二年，月租五千，租賃中，甲將該屋賣予丙，丙買受該屋，可否主張與乙無租賃關係且需自住，請求乙遷出？

擬答：甲將其屋租予乙並交付使用後，於租賃期間出讓予丙，乙與丙無庸另立租賃契約，其原先租賃契約仍繼續存在（民法第四二五條），故丙不得以與乙無租賃關係及收回自住為由，請求乙交還房屋。

㈡甲出售房屋與乙並已交付，乙將房屋出租與丙，嗣甲、乙間解除房屋買賣，丙可否對甲主張就該房屋有租賃權？

擬答：按契約之解除，謂當事人之一方因行使本於法律或契約所定之解除權，

而使契約自始歸於消滅，以回復訂定契約以前之狀態（參照最高法院五十一年臺上字第二八二九號判例，民法第二五九條）。又租賃，雖係特定當事人間所締結之契約，出租人並不以所有人為限（最高法院四十八年臺上字第一二五八號判例）。惟民法第四二五條所定買賣不破租賃之原則，承租人對於租賃物之受讓人固可主張租賃權繼續存在，唯應以所有權移轉業已生效為要件，本件房屋買賣契約解除前，房屋所有權既未辦理移轉登記，買受人雖將已受領交付之房屋出租，在買賣契約解除後，法律既無租賃契約對於出賣人仍繼續存在之明文，承租人對於因回復原狀收回出賣房屋之出賣人，自不得主張租賃權存在（司法院七十二年六月一日廳民一字第三四〇號函復臺高院）。

出租人就租賃物設定物權，致妨礙承租人之使用收益者，準用第四二五條之規定（民法第四二六條）。例如在租賃之不動產上設定地上權，因地上權人於其土地上有建築物或其他工作物之設置，致妨礙承租人之使用收益者，此種物權之設定，與以租賃物之所有權讓與同，故準用第四二五條所有權讓與之規定，使租賃契約，對於權利取得人仍繼續存在，以保護承租人之利益。又租用基地建築房屋，承租人房屋所有權移轉時，其基地租賃契約，對於房屋受讓人，仍繼續存在（民法第四二六條之一）。

3.優先承買權之主張

租用基地建築房屋，出租人出賣基地時，承租人有依同樣條件優先承買之權。承租人出賣房屋時，基地所有人有依同樣條件優先承買之權。出賣人應將出賣條件以書面通知優先承買權人。優先承買權人於通知達到後十日內未以書面表示承買者，視為放棄。出賣人未以書面通知優先承買權人而為所有權之移轉登記者，不得對抗優先承買權人（民法第四二六條之二）。

4.租金之支付

分四點說明：

⑴支付時期：承租人應依約定日期，支付租金。無約定者依習慣，無

約定亦無習慣者，應於租賃期滿時支付之。如租金分期支付者，於每期屆滿時支付之。如租賃物之收益有季節者，於收益季節終了時支付之（民法第四三九條）。

　　(2)租金遲付之效果：承租人租金支付有遲延者，出租人得定相當期限，催告承租人支付租金，如承租人於期限內不為支付，出租人得終止契約（民法第四四〇條第一項）。租賃物為房屋者，遲付租金之總額，非達二個月之租額，不得依前項之規定，終止契約。其租金約定於每期開始時支付者，並應於遲延給付逾二個月時，始得終止契約（同條第二項）。租用建築房屋之基地，遲付租金之總額，達二年之租額時，適用前項之規定（同條第三項）。

　　(3)租金之減免事由：租賃關係存續中，因不可歸責於承租人之事由，致租賃物之一部滅失者，承租人得按滅失之部分，請求減少租金。前項情形，承租人就其存餘部分不能達租賃之目的者，得終止契約（民法第四三五條）。又承租人因第三人就租賃物主張權利，致不能為約定之使用收益者，準用之（民法第四三六條）。承租人因自己之事由，致不能為租賃物全部或一部之使用、收益者，不得免其支付租金之義務（民法第四四一條）。

　　(4)租金增減之事由：租賃物為不動產者，因其價值之昇降，當事人得聲請法院增減其租金。但其租賃定有期限者，不在此限（民法第四四二條）。因不動產之價值，在經濟流通之社會，常多變動，因之租賃之價值，遂亦時有昇降。租賃定有期限者，當事人自有遵守期限之義務，不得於期限內請求增減租金，此屬當然之事。若為不定期租賃，則可隨不動產本身之價值昇降而增減租金，唯為避免當事人爭議並使增減允當，當事人得聲請法院調整租金之訴。

5.租賃物之保管

　　分如下三點說明：

　　(1)保管注意程度：承租人應以善良管理人之注意，保管租賃物。租賃物有生產力者，並應保持其生產力。承租人違反此義務，致租賃物毀損、滅失者，負損害賠償責任。但依約定之方法或依物之性質而定之方法為使

用收益，致其變更或毀損者，不在此限（民法第四三二條）。

　　⑵第三人行為之責任：因承租人之同居人，或因承租人允許為租賃物之使用、收益之第三人，應負責之事由，致租賃物毀損、滅失者，承租人負損害賠償責任（民法第四三三條）。所謂同居人包括承租人之家屬、使用人及客人等。

　　⑶失火責任：租賃物因承租人之重大過失致失火而毀損、滅失者，承租人對於出租人負損害賠償責任（民法第四三四條）。所謂重大過失指顯然欠缺普通人應盡之注意。如欠缺善良管理人注意失火（輕過失），不負責任，亦不負侵權行為責任❹。

【案例研析】

　　㈠①甲之屋出租予乙，乙因吸煙不慎以致發生火災將廚房燒毀。②乙之兒子將玻璃打破，試問乙應負如何之責任？

擬答：①依民法第四三四條：「租賃物因承租人之重大過失致失火而毀損、滅失者，承租人對於出租人負損害賠償責任。」所謂重大過失指顯然欠缺普通人應盡之注意，故如乙吸煙不慎而致火災係出於重大過失時，則對廚房燒毀之損失負賠償之責，反之則不須。

　　②依民法第四三三條：「因承租人之同居人，或因承租人允許為租賃物之使用、收益之第三人，應負責之事由，致租賃物毀損、滅失者，承租人負損害賠償責任。」故乙因其兒子打破玻璃之損害對出租人甲負賠償責任。

　　㈡甲承租乙所有房屋一棟，於租賃契約約定：「甲如因未盡善良管理人之責任失火，致房屋毀損滅失者，應負損害賠償責任。」嗣甲於租賃期間內，

---

❹　承租人應以善良管理人之注意保管租賃物，如違反此項義務，致租賃物毀損滅失者，應負損害賠償責任，固為民法第四三二條所明定。唯租賃物因承租人失火而毀損滅失者，同法第四三四條既已減輕承租人之注意義務，而以承租人有重大過失為其賠償責任發生之要件，出租人即不得仍依承租人應如何保管租賃物之一般規定，向承租人為損害賠償之請求（三十年上字第七二一號判例）。

因未盡善良管理人之輕過失，失火燒毀承租乙之房屋。乙依上開約定，請求承租人賠償因失火燒毀房屋之損害，其請求有無理由？

擬答：民法第四三四條通說認為係民法第四三二條承租人應以善良管理人之注意義務管理租賃物之特別規定，其立法原意係在貫徹保護承租人之本旨，減輕其賠償責任。唯此規定雖為特別規定，但非強制規定，倘當事人間合意約定承租人如未盡善良管理人之注意，致房屋因失火而毀損滅失者，應負損害賠償責任者，乃在加重承租人對火災之注意義務，其約定並未違背強制或禁止規定，應無不可（七十四年五月二十二日（七四）廳民一字第三八七號函復臺高院）。唯學者認為民法第四三四條立法意旨乃保障經濟上處於弱勢之承租人，出租人即使約定承租人如未盡善良管理人之注意，致房屋因失火而毀損者，應負損害賠償之責，仍宜認該約定無效。

6.通知義務

租賃關係存續中，租賃物如有修繕之必要，應由出租人負擔者，或因防止危害有設備之必要，或第三人就租賃物主張權利者，承租人應即通知出租人。但為出租人所已知者，不在此限。承租人怠於為前項通知，致出租人不能及時救濟者，應賠償出租人因此所生之損害（民法第四三七條）。是為承租人之從屬義務。使出租人得速施救濟之方法，如承租人怠於通知致出租人不能及時救濟，而生之損害，承租人自不能免責。

7.依約定方法或物之性質而定之方法使用收益

承租人應依約定方法，為租賃物之使用、收益，無約定方法者，應以依租賃物之性質而定之方法為之。承租人違反前項之規定為租賃物之使用、收益，經出租人阻止而仍繼續為之者，出租人得終止契約（民法第四三八條）。但僅消極的不使用（如原約定經營餐飲而停業），尚非違反約定使用方法。

8.轉租及轉讓之禁止

轉租指承租人不脫離其租賃關係而於自己享有之租賃權範圍內，將租

賃物租與次承租人使用收益。民法第四四三條:「承租人非經出租人承諾,不得將租賃物轉租於他人。但租賃物為房屋者,除有反對之約定外,承租人得將其一部分,轉租於他人。」「承租人違反前項規定,將租賃物轉租於他人者,出租人得終止契約。」因出租人信任承租人才與之訂立租賃契約,若出租人不信任其人,自不能強使其出租,故非經出租人承諾,不得轉租。租賃契約為房屋者,因我國習慣多許轉租,法律乃許為一部轉租,但當事人有不許轉租之約定,不在此限。又承租人未經出租人承諾,竟將不動產之租賃物轉賃於他人,或將契約訂定不得轉租之房屋轉租於他人,或契約雖未為不得轉租之訂定,而以房屋之全部轉租於他人者,出租人有終止租賃契約之權。

轉讓指承租人將其租賃權讓與第三人,而退出租賃關係而言。租賃權得否轉讓,民法無規定,實務及學者均認不得轉讓,乃因租賃契約之成立與存續,基於當事人間之信任,未脫離租賃關係之轉租已為法不許,更何況退出租賃關係之轉讓。

【案例研析】

甲將其屋出租予乙嗣後甲將屋出賣予丁,乙未經承諾全部轉租予丙,問丁如欲取得房屋之交付,應行使何種權利?

擬答:　按出租人於租賃物交付後,承租人占有中,縱將所有權讓與第三人,其租賃契約,對於受讓人,仍繼續存在(民法第四二五條),故甲、乙間之租賃契約對丁仍繼續存在,丁成為出租人。民國八十八年增訂本條第二項:未經公證之不動產租賃契約,其期間逾五年或不定期限者,不適用買賣不破租賃之規定,應予注意。又承租人非經出租人承諾,不得將租賃物轉租於他人,違反者出租人得終止契約(民法第四四三條),乙未經承諾而轉租予丙,丁即得對乙終止契約,契約終止後,丙即為無權占有,丁得依民法第七六七條基於所有權向丙請求返還房屋。丙不得以與乙有租賃關係為由,拒絕返還房屋,僅可向乙請求契約不履行的損害賠償。

五、租賃之消滅

(一)租期屆滿

　　租賃定有期限者，其租賃關係於期限屆滿時消滅（民法第四五○條第一項）。但租賃期限屆滿後，承租人仍為租賃物之使用收益，而出租人不即表示反對之意思者，視為以不定期限繼續契約（民法第四五一條），此時即無租賃消滅。所謂不即表示反對之意思，係指依一般交易觀念所認之相當時期內，可能表示不再出租之意思而未表示者。例如對增減租金協議未一致或租期將行屆滿之際，向承租人預為表示到期不續約，均可認為表示反對❺。

(二)租約終止

1.未定期限租賃

　　未定期限租賃，各當事人得隨時終止契約。但有利於承租人之習慣者，從其習慣。終止契約，應依習慣先期通知。但不動產之租金，以星期、半個月或一個月定其支付之期限者，出租人應以曆定星期、半個月或一個月之末日為契約終止期，並應至少於一星期、半個月或一個月前通知之（民法第四五○條第二、三項），以保護承租人之利益。本條所舉一星期、半個月或一個月係例舉之規定，非謂不動產之租金以一年或半年定其支付之期限，亦得類推適用本條之規定。

　　未定期租賃，各當事人固得隨時終止租約，民法有明文規定，但在房屋、土地租賃，尤其是耕地租賃，土地法第一○○、一○三、一一四條，耕地租賃條例第一九條有相反規定，不適於民法之規定，出租人應特別注

---

❺ 民法第四五一條所謂出租人不即表示反對之意思，係指依一般觀念，出租人於租期屆滿後，相當時期內，能表示反對意思而不表示者而言。本件被上訴人表示反對續租之意思與租期屆滿之日相距僅有十日，在一般觀念上，自難指為非於相當時期內表示反對之意思（四十三年臺上字第三六七號判例）。

意民事特別法之規定，以免權益受損。

2.定期限租賃

定期限租賃原則上不得中途終止契約，但下列情形例外：

(1)承租人死亡者，租賃契約雖定有期限，其繼承人仍得終止契約，但應依第四五〇條第三項之規定，先期通知（民法第四五二條）。

(2)定有期限之租賃契約，如約定當事人之一方於期限屆滿前，得終止契約者，其終止契約，應依第四五〇條第三項之規定，先期通知（民法第四五三條）。

(3)租賃物為房屋或其他供居住之處所者，如有瑕疵危及承租人或同居人之安危或健康時，承租人雖於訂約時已知其瑕疵，或已拋棄其終止契約之權利，仍得終止契約（民法第四二四條）。此時如不許終止，不僅危及生命而且背於公序良俗，為保護承租人之利益，仍許其得終止契約。

(4)其他如民法第四三〇條出租人不履行修繕義務、第四四〇條承租人遲延支付租金、第四四三條第二項承租人違反轉租禁止規定均為終止契約之事由。

其次租約終止後之效果有：

(1)承租人於租賃關係終止後，應返還租賃物。租賃物有生產力者，並應保持其生產狀態，返還出租人（民法第四五五條）❻。

(2)依民法第四五二及四五三條之規定終止契約時，如終止後始到期之租金，出租人已預先受領者，應返還之（民法第四五四條）。

(3)出租人就租賃物所受損害，對於承租人之賠償請求權，因二年間不行使而消滅。此項期間，於出租人自受租賃物返還時起算（民法第四五六條）。

六、權利租賃

關於權利之租賃，事所常見，例如著作權、國營礦業權之出租，有些

---

❻　例如租賃農地種植水稻蔬果、租賃乳牛擠奶，應於返還租賃物時保持能種植水稻蔬果、擠奶之生產狀態。

特別法雖設有規定，雖皆屬行政或訓示規定，對於出租人與承租人間之權利義務並未規範。故增訂民法第四六三條之一：本節規定，於權利之租賃準用之。俾因應經濟發展及實務上之需要。

第六節 借 貸

一、借貸之意義

借貸為借用他人之物之契約。借用他人之物之一方，稱為「借用人」。以物借出之一方稱為「貸與人」。借貸契約依其借用物是否為可代替物及是否移轉借用物之所有權可分為「使用借貸」與「消費借貸」兩種。

二、使用借貸

㈠使用借貸之意義及性質

稱使用借貸者，謂當事人約定，一方以物交付他方，而約定他方於無償使用後返還其物之契約（民法第四六四條）。使用借貸契約之內容為借用物之無償使用，並應於使用完畢後，返還原物，就契約性質而言，使用借貸為單務契約、無償契約。又使用借貸契約，因當事人意思表示合意外，更須交付借用物始能成立，故又為要物契約。

【案例研析】

甲與乙因工作對調關係，乃互換使用對方之房屋，究為何種契約？

擬答：①若甲、乙事先已約定租金，只是為避免租金現實給付麻煩而互相抵銷，則為兩個互為聯立契約之租賃契約。②若為無償使用，則為使用借貸之聯立契約。

㈡使用借貸之效力

1.貸與人之權利義務

⑴撤銷預約約定：預約為約定負擔訂立本約之義務之契約。通常在要式或要物契約始有其存在價值。使用借貸為要物契約，常先有預約之訂立。又借貸契約為無償契約，故於預約成立後，預約貸與人如不欲受預約之拘束，法律應許其撤銷預約，始為合理，乃增訂民法第四六五條之一：「使用借貸預約成立後，預約貸與人得撤銷其約定。但預約借用人已請求履行預約而預約貸與人未即時撤銷者，不在此限。」

⑵容許使用義務：貸與人有容許借用人使用借用物之消極義務。

⑶瑕疵告知義務及擔保責任：貸與人故意不告知借用物之瑕疵，致借用人受損害者，負賠償責任（民法第四六六條）。貸與人既無償於約定期間內以物貸與他方使用，是貸與人所負義務，無可取償，與通常債務人不同，故原則上不負瑕疵擔保責任，以唯公允。但貸與人故意不告知借用物之瑕疵，致借用人受損害者，負賠償之責。借用人賠償請求權自借貸關係終止時起算，因六個月間不行使而消滅（民法第四七三條）。

【案例研析】

㈠甲將其房地概括允許乙使用並交付之，其後甲將該房地出售予丙並移轉登記予丙時，乙得否依民法第四二五條規定拒絕返還之？

擬答：按使用借貸，非如租賃之有民法第四二五條之規定，縱令甲概括允許乙使用，乙要不得以與甲有使用借貸契約而主張對現在之房地所有人有使用該房地之權利。

㈡甲明知其汽車於發動時會向前衝之毛病卻不告知借用人乙，致乙發動汽車時撞傷路人丙，賠償丙醫療費用新臺幣十萬元，乙可否向甲請求損害賠償？甲可否向乙請求汽車之受損修理費用？

擬答：按使用借貸契約係無償契約，原則上不負瑕疵擔保責任，但如借與人故

意不告知借用物之瑕疵者，致借用人受損害者，負賠償責任，民法第四六六條定有明文，甲明知汽車有瑕疵卻不告知乙，故甲應對乙負損害賠償責任。又借用人違反善良管理人之注意義務致借用物毀損者，負損害賠償責任，但依物之性質而定之方法使用借用物致有毀損者，不負責任，民法第四六八條定有明文，乙並未違反善良管理人之注意義務且依一般人通常使用汽車方法使用之，致汽車受損，不負損害賠償責任，甲之請求無理由。

2.借用人之權利義務

(1)使用權：借用人應依約定方法，使用借用物。無約定方法者，應依借用物之性質而定之方法使用之❶。借用人非經貸與人之同意，不得允許第三人使用借用物（民法第四六七條）❷。

(2)借用物之保管義務：借用人應以善良管理人之注意，保管借用物。違反此項義務，致借用物毀損滅失者，負損害賠償責任。但依約定之方法或依物之性質而定之方法使用借用物，致有變更或毀損者，不負責任（民法第四六八條）。借用人此項請求權，自借貸關係終止時起，六個月間不行使而消滅（民法第四七三條）。

(3)負擔保管費用：借用人因使用借用物，所支出之通常保管費用，應自行負擔。借用物為動物者，其飼養費亦同（民法第四六九條第一項）。

(4)返還借用物：借用人應於契約所定期限屆滿時，返還借用物。未定

---

❶ 所謂應依借用物之性質而定之方法使用之，例如借用耕牛，即不得使之整日耕田而未休息。借用書寫用毛筆即不得用來繪畫。

❷ 甲將汽車借予乙使用，乙卻借予丙使用，此時甲可依民法第四六七、四七二條終止契約，並自丙處請求返還汽車（民法第七六七條）。丙不可向乙主張任何負擔。但若丙係向乙處租用時，則甲仍得依第四六七、四七二條終止使用借貸契約，並自丙處請求返還汽車，丙得向乙主張債務不履行或瑕疵擔保責任。甲得否向乙主張不當得利（租金），有學者認為甲無受損，無損益變動關係，故無不當得利。但有學者認為有無損益變動關係必須依照一般社會通念判斷，為此兩者仍有損益變動關係，故甲得向乙主張不當得利。

期限者，應於依借貸之目的使用完畢時返還之❸。但經過相當時期，可推定借用人已使用完畢者，貸與人亦得為返還之請求。借貸未定期限，亦不能依借貸之目的，而定其期限者，貸與人得隨時請求返還借用物（民法第四七〇條）。

　　⑸借用人之連帶責任：數人共借一物者，對於貸與人，連帶負責（民法第四七一條）。

　　⑹有益費用償還請求權及工作物取回權：借用人就借用物支出有益費用，因而增加該物之價值者，準用第四三一條第一項規定（即貸與人知借用人就借用物支出有益費用而增加借用物之價值情事而不為反對之表示，於借貸關係終止時，貸與人應償還其費用，但以其現存之增價額為限）。借用人就借用物所增加之工作物，得取回之，但應回復借用物之原狀（民法第四六九條第二、三項）。此項有益費用償還請求權及工作物取回權，自借貸關係終止時起，因六個月間不行使而消滅（民法第四七三條）。

㈢使用借貸之消滅

　　使用借貸除因期限屆滿、借用物之滅失及借用物返還而消滅外，尚得因貸與人終止而消滅，其情形有四（民法第四七二條）：

　　1.貸與人因不可預知之情事，自己需用借用物者。

　　2.借用人違反約定或依物之性質而定之方法使用借用物，或未經貸與人同意，允許第三人使用者。

　　3.因借用人怠於注意，致借用物毀損或有毀損之虞者❹。

　　4.借用人死亡者。

---

❸　因任職關係獲准配住房屋，於離職時，依借貸之目的，當然應視為使用業已完畢，離職者應交還房屋。

❹　甲向乙借用機車，甲住處有庭院或停車位卻任意放置機車於屋外淋雨或不上鎖，乙得依民法第四七二條第二款終止使用借貸契約。如有損害，並得依民法第四六八條請求損害賠償。

三、消費借貸

(一)消費借貸之意義及性質

　　稱消費借貸者，謂當事人約定，一方移轉金錢或其他代替物之所有權
於他方，而約定他方以種類、品質、數量相同之物返還之契約（民法第四
七四條第一項）。消費借貸之標的物，僅以可借貸之代替物為限❺，不代替
物及非消費物均不得充之。因金錢或其他代替物一經借用，原物即不復存
在，故本條規定一方將其物之所有權移轉於他方，此與使用借貸，移轉使
用權者不同。又借用人係以消費為目的，借貸後原物恆不復存在，借用人
僅以同種類、品質、數量之物返還即可。當事人之一方對他方負金錢或其
他代替物之給付義務而約定以之作為消費借貸之標的者，亦成立消費借貸
（同條第二項），例如積欠工資、價金、工程款等而以之作為消費借貸時，
亦應成立消費借貸契約,否則必令當事人反覆交付而後始能成立消費借貸，
非僅不便，且與社會生活之實情不符。

　　消費借貸為單務契約、不要式契約及要物契約。又消費借貸得因附有
利息負擔而成為有償契約，故與使用借貸純為無償契約者尚有不同。

【案例研析】

　　甲店對乙店有五萬元欠款，甲店一年半後仍不能清償，乙對甲說，從
此以後，五萬元欠款已生利息滾入原本，並約定年付二分之利息，甲表同
意，此約定是否生效？屬何性質？
擬答：此約定有效,因民法第二○七條第一項所謂利息不得滾入原本再生利息,

---

❺ ①以物折價為金錢而借給借用人，仍為金錢消費借貸。②原欲借機車，但給予借
用人金錢以買機車供借用人使用，乃為使用借貸。③甲偷乙之物借予丙，甲丙是
否成立借貸契約？如丙善意，成立借貸契約，如丙惡意，則丙成立收受贓物罪，
依民法第七二條借貸契約無效，又丙有不當得利，但依民法第一八○條第四款規
定甲不得請求丙返還，乙可依民法第七六七條規定向丙請求返還。

係限制債權人一方行為，若經債權人、債務人雙方同意，不得謂無效，但仍受年利不得超過百分之二十之規定，超出者，不得向債務人請求清償。其性質屬債之更改。

㈡消費借貸之效力

1.貸與人撤銷預約約定

消費借貸為要物契約，常有預約之訂立。消費借貸如為有償，預約借用人於預約成立後，成為無支付能力者，為免危及預約貸與人日後之返還請求權，乃賦予預約貸與人撤銷預約之權。如為無償之消費借貸預約者，不應令預約貸與人負過苛之責任，故貸與人預約成立後，預約貸與人得撤銷其約定，不須借用人成為無支付能力方可撤銷。但預約借用人已請求履行預約而預約貸與人未即時撤銷者，不在此限。故增訂民法第四七五條之一：消費借貸之預約，其約定之消費借貸有利息或其他報償，當事人之一方於預約成立後，成為無支付能力者，預約貸與人得撤銷其預約（第一項）。消費借貸之預約，其約定之消費借貸為無報償者，準用民法第四六五條之一之規定（第二項）。

2.貸與人之擔保責任

消費借貸，約定有利息或其他報償者，如借用物有瑕疵時，貸與人應另易以無瑕疵之物。但借用人仍得請求損害賠償。消費借貸為無償者，如借用物有瑕疵時，借用人得照有瑕疵原物之價值，返還貸與人，貸與人如故意不告知其瑕疵者，借用人得請求損害賠償（民法第四七六條）。

3.借用人之義務

⑴支付報償之義務：消費借貸，約定有利息或其他報償者，應於契約所定期限支付之，未定期限者，應於借貸關係終止時支付之，但其借貸期限逾一年者，應於每年終支付之（民法第四七七條）。

⑵返還標的物之義務：在返還期限方面，借用人應於約定期限內，返還與借用物種類、品質、數量相同之物；未訂返還期限者，借用人得隨時

返還，貸與人亦得定一個月以上之相當期限，催告返還（民法第四七八條）。在返還客體方面，借用人不能以種類、品質、數量相同之物返還者，應以其物在返還時，返還地所應有之價值償還之；返還時或返還地未約定者，以其物在訂約時或訂約地之價值償還之（民法第四七九條）。所謂不能係指在約定返還時，其種類物之返還，在社會觀念上已屬不能者而言，如因物價高漲並非此所指「不能」。在金錢借貸方面，金錢借貸之返還，除契約另有訂定外，其返還應依下列之規定：①以通用貨幣為借貸者，如於返還時，已失去通用效力，應以返還時有通用效力之貨幣償還之。②金錢借貸，約定折合通用貨幣計算者，不問借用人所受領貨幣價格之增減，均應以返還時有通用效力之貨幣償還之。③金錢借貸，約定以特種貨幣為計算者，應以該特種貨幣，或按返還時，返還地之市價，以通用貨幣償還之。

4.貨物、有價證券折算金錢之消費借貸

以貨物或有價證券折算金錢而為借貸者，縱有反對之約定，仍應以該貨物或有價證券按照交付時交付地之市價所應有之價值，為其借貸金錢。

第七節　僱　傭

一、僱傭之意義及性質

僱傭者，當事人約定，一方於一定或不定期限內為他方服勞務，他方給付報酬之契約（民法第四八二條）❶。因此僱傭乃為契約之一種，當事人一是僱用人，俗稱僱主，自然人、法人均得充之，二是受僱人，即服勞務之人，以自然人為限。

僱傭契約因當事人合意而成立，不須踐行任何方式，性質上為不要式

---

❶ 甲、乙二人約定，甲替乙服勞務但乙無須給付報酬，此契約是否為僱傭契約？按僱傭契約係雙務契約，一方提供勞務，他方給付報酬。乙不須給付報酬，故非僱傭契約亦非贈與契約，因贈與契約係一方移轉財產權於他方，甲係替乙服勞務，故非贈與契約，故有學者認類推適用贈與與僱傭之規定。

契約。又雙方當事人互負服勞務與給付報酬之義務且兩者有對價關係，故為雙務契約。雙方當事人各因給付而取得對價的利益，故為有償契約。僱傭契約之內容為提供勞務，故為勞務契約，當事人著重信任關係，具有專屬及繼續之特性。

二、僱傭契約與其特別法

僱傭契約原則上當事人自由約定，但國家基於社會政策、保護勞工的理由，常制定特別法規，對於受僱人的工作、工時、待遇、安全及衛生等，有其最低及最高限制，予以保護，是為勞工法，如勞動基準法、勞動契約法、工廠法等。工業愈發達的國家，勞工法就愈進步而受重視。勞動法規在性質上多為強行規定，對勞工不利者不許當事人以契約變更，如有利者則依其約定。否則牴觸部分無效。又為團結各個力量有限的勞工，組成各種勞工團體和資方協商，雙方訂定團體協約，如僱傭契約與團體協約牴觸而不利勞方之約定亦為無效，以保護勞方，故勞動法規及團體協約可謂民法之僱傭契約之特別法。

三、僱傭契約之效力

㈠受僱人之權利義務

1.報酬請求權及賠償請求權

報酬請求權即為僱用人給付報酬之義務，詳容後述。有關受僱人於服勞務，因非可歸責於自己之事由，致受損害者，自宜使其得向僱用人請求賠償，始能充分保護受僱人之權益。

僱用人於賠償受僱人之損害後，對於應負責之人，有求償權（基於造成損害者，應負最後責任之法理）。故增訂民法第四八七條之一規定：受僱人服勞務，因非可歸責於自己之事由，致受損害者，得向僱用人請求賠償（第一項）。前項損害之發生，如別有應負責任之人時，僱用人對於該應負責者，有求償權（第二項）。

2.服勞務之義務

　　僱傭契約既以勞務之提供為目的，故首要義務即服勞務。若曾明示或默示保證其有特種技能者，倘無此技能，可為終止契約之理由（民法第四八五條）❷。又服勞務有專屬性，非經僱用人同意，不得使第三人代服勞務，否則亦為終止契約之理由（民法第四八四條）。如僱用人受領遲延既非受僱人無故不服勞務，自無補服勞務的義務，仍得請求報酬。但受僱人因不服勞務所減省之費用，或轉向他處服勞務所得或故意怠於取得之利益，僱用人得由報酬額內扣除之（民法第四八七條）❸。

3.聽從僱用人指揮義務

　　受僱人應以善良管理人之注意，在僱用人之指揮下服勞務。受僱人既以聽從僱用人指示而作為，倘受僱人確係因服勞務而侵害第三人權利時，僱用人即不可藉口與受僱人有何約定而諉卸與受僱人連帶負責任（民法第一八八條）❹。

4.不為競業及保密義務

　　一般當事人間，往往按商業習慣，約明禁止受僱人為同業競爭或洩漏業務上機密，受僱人有遵守之義務，唯其約定不能違反強行規定、公序良俗及憲法保障工作權之規定。

㈡僱用人之義務

1.給付報酬及保護受僱人之義務

　　此為僱用人之最重要義務，通常報酬之種類、數額、給付時期，契約中均有訂明，如未訂明，但依其情形，非受報酬即不服勞務者，視為允與報酬（民法第四八三條第一項）❺。如未定報酬數額，按照價目表所定給

---

❷　例如應徵電腦文書處理、電腦維修工作，但卻不會文書處理或修理電腦。

❸　甲請乙打工，甲有事未開店致乙未能打工，乙仍得請求報酬。

❹　甲經營海水浴場，僱用乙為救生員，乙怠忽職守未攜帶救生設備入海防護，致泳客丙溺斃。丙之父母可請求甲與乙連帶負責。

❺　非受報酬即不服勞務者，例如專以服勞務為業之卡車、公車司機、港埠裝卸工、

付之，無價目表者，按照習慣給付（同條第二項）。又給付時期未約定者，依習慣，無約定亦無習慣者，報酬係分期計算者，應於每期屆滿時給付之。報酬非分期計算者，應於勞務完畢時給付之（民法第四八六條）。

　　基於社會政策之理由，應訂有使僱用人對於受僱人負保護義務之規定，故增訂民法第四八三條之一規定：受僱人服勞務，其生命、身體、健康有受危害之虞者，僱用人應按其情形為必要之預防。

2. 勞動法規之義務

　　依其他特別法規，僱用人應負擔衛生、安全、教育、保險、福利等義務。

四、僱傭契約之消滅

　　僱傭契約消滅之主要原因如下：

(一)期限屆滿

　　僱傭契約定有期限者，於期限屆滿時消滅（民法第四八八條第一項）。

(二)勞務完成

　　僱傭契約未定有期限者，而依勞務的性質或目的，可於了結勞務時，消滅僱傭契約。

(三)受僱人死亡

　　僱傭契約具有專屬特性，不能由繼承人繼承，所以受僱人死亡時，僱傭契約消滅。

(四)終止契約

　　有下列事由之一時，得終止契約而消滅僱傭關係❻：

　　船員等。

❻　用終止而不用解除或撤銷，乃僱傭契約為繼續性契約，不宜使已發生之關係（如

1. 重大事由之發生

當事人之一方，遇有重大事由，其僱傭契約，縱定有期限，仍得於期限屆滿前終止之。如因當事人一方之過失而發生者，他方得向其請求損害賠償（民法第四八九條）❼。

2. 保證特種技能之欠缺

受僱人明示或默示保證其有特種技能者，如無此種技能時，僱用人得終止契約（民法第四八五條）。

3. 勞務專屬性之違反

僱用人非經受僱人同意，不得將其勞務請求權讓與第三人。受僱人非經僱用人同意，不得使第三人代服勞務，一方違反者，他方得終止契約（民法第四八四條）。

4. 僱傭契約未定期限之終止

僱傭未定期限，亦不能依勞務性質或目的定其期限者，各當事人得隨時終止契約。但有利於受僱人之習慣者，從其習慣（民法第四八八條第二項）。

第八節　承　攬

一、承攬之意義及性質

承攬者，謂當事人之約定，一方為他人完成一定之工作，他方俟工作完成，給付報酬之契約（民法第四九〇條第一項）。完成工作之一方為承攬人，給付報酬之一方為定作人。所謂工作，指施以勞務而完成之結果，勞

已給付勞務）完全否定。另一方面不用解除契約乃避免民法第二五九條回復原狀規定適用在勞務上可能而生問題非該條簡單規定所能克服。

❼　重大事由指該事由發生嚴重影響僱傭之存續，亦即繼續該契約，可能是非常不公平或妨害當事人利益，例如受僱人患病、偷竊、侵占、恐嚇、傷害、殺人行為、僱傭人經營事業失敗而歇業等。

務只是方法，創造完成之成果才是工作。勞務包括物質的、精神的，結果包括有形的、無形的，前者如清潔打蠟、搬家洗車；後者如審查鑑定、算命嚮導。工作在客觀上有無財產價值，在所不問❶。約定由承攬人供給材料者，其材料之價額，推定為報酬之一部（同條第二項）。

　　承攬為雙務契約、有償契約，乃承攬人有完成工作義務，而定作人有給付報酬義務，彼此互負對價性之債務及對價性之給付。又為諾成契約、不要式契約，乃其因雙方當事人意思表示一致即成立生效，無須現實給付或任何方式。

二、承攬之種類

　　承攬可分為一般承攬及特種承攬。一般承攬即前述承攬之意義，一般承攬如須用材料係由定作人供給，而由承攬人完成一定之工作，定作人給付報酬之契約。特種承攬者有次承攬與變體承攬，次承攬如轉包工；變體承攬，係由承攬人提供材料的承攬，須等工作完成，交付予定作人時才歸定作人所有，例如照相。與一般承攬者不同在無論工作物為既成品之加工或新品之製作，其所有權均歸屬於供給材料之承攬人❷。

三、承攬與僱傭

　　承攬與僱傭，雖均為勞務契約，但僱傭係以給付勞務為目的，受僱人服勞務雖未生預期之結果，仍得受領報酬；且受僱人服勞務須聽從僱用人之指揮，具有從屬性。承攬則以完成一定工作為目的，承攬人之提供勞務僅為一種手段，須完成一定之工作，始得請求報酬；承攬人在工作進行中具有獨立性。茲比較兩者之不同，表列如下：

---

❶　理髮、算命為承攬契約，但醫療行為則為委任契約非承攬契約。

❷　甲之建屋工程，由乙提供建材承包，完工後該屋所有權屬乙所有，如甲不支付報酬，乙將之轉讓給丙，並為保存登記，丙即取得所有權，甲之債權人不得主張該屋為甲所有而予以查封。

	僱傭	承攬
目的不同	以給付勞務為目的（在於勞務）	在於勞務之結果，而不在於勞務之本體（在於完成工作）
報酬之給付不同	無論有無結果，均能獲得報酬	若無結果時，不得請求報酬
代服勞務不同	受僱人非僱用人同意，不得使第三人代服勞務	承攬人苟能完成一定工作即可，並非必由承攬人自力提供勞務
應否聽指示之不同	須聽從僱用人之指揮，具有從屬性	無須聽從定作人之指揮，具有獨立性
應否負連帶責任之不同	因執行職務而侵害他人權利者，由僱用人與受僱人負連帶賠償責任（民法第一八八條）	因執行承攬事項，侵害他人權利者，原則上定作人不負責任（民法第一八九條）

四、承攬之效力

㈠承攬人之權利義務

1.完成工作之義務

　　承攬人之主要義務為工作之完成，須依約定日期完成工作，如無約定，應依一般交易觀念認為相當的時期內完成。如因可歸責於承攬人之事由，致工作逾約定期限始完成，或未定期限但經過相當時期始完成者，定作人得請求減少報酬，或請求賠償因遲延而生之損害。如工作係以於特定期限完成或交付為契約之要素者，定作人得解除契約並得請求賠償因不履行而生之損害（民法第五〇二條）。因可歸責於承攬人之事由，遲延工作，顯可預見其不能於期限內完成而其遲延可為工作完成後解除契約之原因者，定作人得依第五〇二條第二項之規定解除契約，並請求損害賠償（民法第五〇三條）。如製作聖誕燈飾之進度，顯然不可能於期限內完成，為減省承攬人無益的勞務，定作人可於屆期前解除契約並請求損害賠償。唯工作遲延後，定作人受領工作時，不為保留者，承攬人對於遲延之結果，不負責任（民法第五〇四條）。

2.交付工作之義務

承攬完成之工作，依工作之性質，有不須交付者，有必須交付者，前者無交付義務可言，後者則須將工作物交付於定作人。

3.瑕疵擔保責任

承攬人完成工作，應使其具備約定之品質，及無減少或滅失價值或不適於通常或約定使用之瑕疵（民法第四九二條），此為承攬人之瑕疵擔保責任。承攬人以特約免除或限制承攬人關於工作之瑕疵擔保義務者，如故意不告知其瑕疵，其特約為無效（民法第五〇一條之一）。工作如有瑕疵時，定作人得有下列權利：

(1)瑕疵修補請求權：工作有瑕疵者，定作人得定相當期限，請求承攬人修補之。承攬人不於期限內修補者，定作人得自行修補，並得向承攬人請求償還修補必要之費用。如修補所需費用過鉅者，承攬人得拒絕修補，前項規定不適用之（民法第四九三條）。所謂修補所需費用過鉅者如建築物樓梯或棟樑移位、木桌加長加高等，修補費用過鉅，承攬人得拒絕修補，以免過重損失，唯雖可拒絕修補，但並不能免責，定作人仍可解除契約或請求減少報酬或損害賠償（後述）。

(2)減少報酬請求權或契約解除權：承攬人不於所定期限內修補瑕疵，或修補費用過鉅而拒絕修補，或瑕疵不能修補者，定作人得解除契約或請求減少報酬；但瑕疵非重要，或所承攬之工作為建築物或其他土地上之工作物者，定作人不得解除契約（民法第四九四條）。

(3)損害賠償請求權：因可歸責於承攬人之事由，致工作發生瑕疵者，定作人除依民法第四九三、四九四條請求修補或解除契約，或請求減少報酬外，並得請求損害賠償（民法第四九五條第一項）。例如承攬水電工程，其工作之完成，但與原約定品質不符及不適於使用等重大瑕疵，承攬人拒絕定作人的催告修補，定作人可依民法第四九四條解除契約，請求返還已交付之酬金及利息，並依民法第四九五條請求因解除契約所生之損害。依第四九四條但書規定，承攬工作為建築物或其他土地上之工作物者，縱因可歸責於承攬人之事由致有瑕疵時，定作人仍不得解除契約。在瑕疵重大

致不能達使用目的時，例如承攬人利用海砂為建材建築房屋，嚴重腐蝕鋼筋，致不能達使用目的時，此項規定對定作人即有失公平，且礙社會公益，為兼顧定作人權益及維護社會公益爰在民法第四九五條中增訂第二項：前項情形，所承攬之工作為建築物或其他土地上之工作物，而其瑕疵重大致不能達使用之目的者，定作人得解除契約。又工作之瑕疵，因定作人所供給材料之性質，或依定作人之指示而生者，定作人即無前三條所規定之權利。但承攬人明知其材料之性質，或指示不適當，而不告知定作人者，不在此限（民法第四九六條）❸，亦即又回復前三種請求權。

⑷瑕疵預防請求權：工作進行中，因承攬人之過失，顯可預見工作有瑕疵，或有其他違反契約之情形者，定作人得定相當期限，請求改善其工作，或依約履行。例如未按圖施工而請求按圖施工是。承攬人如不於期限內，依照改善或履行者，定作人得使第三人改善或繼續其工作，其危險及費用，均由承攬人負擔（民法第四九七條）。

定作人之瑕疵擔保請求權，其主張和行使有一定之期間，即民法第四九八條：「第四百九十三條至第四百九十五條所規定定作人之權利，如其瑕疵自工作交付後經過一年始發見者，不得主張。」「工作依其性質無須交付者，前項一年之期間，自工作完成時起算。」民法第四九九條：「工作為建築物，或其他土地上之工作物，或為此等工作物之重大之修繕者，前條所定之期限延為五年。」民法第五〇〇條：「承攬人故意不告知其工作之瑕疵者，第四百九十八條所定之期限，延為五年，第四百九十九條所定之期限，延為十年。」民法第五〇一條：「第四百九十八條及四百九十九條所定之期限，得以契約加長。但不得減短。」以上期間均指發現瑕疵之期間。

在所定期間內發現瑕疵，應及時行使權利，否則依民法第五一四條：「定作人之瑕疵修補請求權、修補費用償還請求權、減少報酬請求權、損害賠償請求權或契約解除權，均因瑕疵發見後一年間不行使而消滅。」

❸　乙欲建屋，由甲承攬，乙提供之建材品質不佳，造成房屋有瑕疵，乙原則上不得請求甲負瑕疵擔保責任，若該瑕疵係定作人所供材料之性質而生，定作人無瑕疵擔保請求權，但有例外即承攬人明知材料之性質不適當而不告知乙者，不在此限。

4.請求抵押權登記或預為登記

　　承攬之工作為建築物（如建房子）或其他土地上之工作物（如水塔），或為此等工作物之重大修繕者(如修房子)，承攬人就承攬關係所生之債權，對於工作所附之定作人不動產，有抵押權（原民法第五一三條），是為承攬人之「法定抵押權」。依原民法規定，承攬人對於工作所附之定作人之不動產有法定抵押權，由於法定抵押權之發生不以登記為生效要件，實務上易致與定作人有授信往來之債權人，因不明該不動產有法定抵押權之存在而受不測之損害，為確保承攬人之利益並兼顧交易安全，爰修正本條為得由承攬人請求定作人會同為抵押權登記，並兼採預為抵押權登記制度。承攬人於開始工作前亦得為之，如承攬契約已經公證，承攬人得單獨為之。且在修繕報酬所登記之抵押權，於工作物因修繕所增加之價值限度內，優先於成立在先之抵押權。故原民法第五一三條修正為：承攬之工作為建築物或其他土地上之工作物，或為此等工作物之重大修繕者，承攬人得就承攬關係報酬額，對於其工作所附之定作人之不動產，請求定作人為抵押權之登記；或對於將來完成之定作人之不動產，請求預為抵押權之登記（第一項），前項請求，承攬人於開始工作前亦得為之（第二項），前二項之抵押權登記，如承攬契約已經公證者，承攬人得單獨申請之（第三項），第一項及第二項就修繕報酬所登記之抵押權，於工作物因修繕所增加之價值限度內，優先於成立在先之抵押權。

㈡定作人之權利義務

1.支付報酬義務

　　報酬乃承攬工作之對價。①報酬之種類通常是金錢，但可以約定給付其他財產價值之物品。②報酬之數額，其決定方法，與僱傭相同，依民法第四九一條:「如依情形,非受報酬,即不為完成其工作者,視為允與報酬。」例如理髮、擦皮鞋、乾洗衣服。「未定報酬者,按照價目表所定給付之,無價目表者,按照習慣給付。」③報酬之給付時期，依民法第五〇五條:「報酬,應於工作交付時給付之,無須交付者,應於工作完成時給付之。」「工

作係分部交付，而報酬係就各部分定之者，應於每部分交付時，給付該部分之報酬。」故承攬之報酬係採「後付主義」。④實際報酬超過預估概數甚鉅時之處理，依民法第五○六條：「訂立契約時，僅估計報酬之概數者，如其報酬，因非可歸責於定作人之事由，超過概數甚鉅者，定作人得於工作進行中或完成後，解除契約。」「工作物如為建築物，或其他土地上之工作物，或為此等工作物之重大修繕者，定作人僅得請求相當減少報酬，如工作物尚未完成者，定作人得通知承攬人停止工作，並得解除契約。」「定作人依前二項之規定解除契約時，對於承攬人，應賠償相當之損害。」承攬人之此項損害賠償請求權，因其原因發生後，一年間不行使而消滅（民法第五一四條第二項）。

2.工作完成之協助義務

工作需定作人之行為始能完成者，而定作人不為其行為時，承攬人得定相當期限，催告定作人為之。定作人不於前項期限內為其行為者，承攬人得解除契約，並得請求賠償因契約解除而生之損害（民法第五○七條）。此項解除權因其原因發生後，一年間不行使而消滅（民法第五一四條第二項）。例如甲約定由乙替其碾米一千公斤，甲遲遲不交付稻穀，乙遂定半個月期限要求甲送來，逾期甲仍不交付，乙便可在一年內解除契約。

3.工作受領義務

受領工作物原則上係定作人之權利，不是義務，但在承攬之工作，以承攬人個人之技能為要素之契約，如因法定原因致不能完成而終止時，對於其已完成之部分，於定作人為有用者，定作人有受領之義務（民法第五一二條第二項），例如約定由丙作畫三幅，因承攬人丙死亡或被他人撞傷右手折斷，無法復原，契約終止，但丙已完成一幅而對定作人有利時，定作人有向丙或其繼承人給付一幅報酬及受領之義務。

㈢危險負擔

工作毀損滅失之危險，於定作人受領前，由承攬人負擔。如定作人受領遲延者，其危險由定作人負擔（民法第五○八條第一項）。例如甲承建乙

房屋一棟，興建中恰遇地震，屋毀之損失，因乙未受領，故由甲負擔，甲不得向乙請求報酬，此與買賣之危險負擔以「交付」為界限相似。但如定作人所供給之材料，因不可抗力而毀損滅失者，承攬人不負其責（同條第二項），同前例由乙供給建材，由甲承攬，在乙受領前，屋被震毀，則乙損失建材，甲損失勞務，此乃「天災歸物權人負擔」原則。又定作人受領工作前，因其所供給材料之瑕疵，或其指示不適當，致工作毀損滅失，或不能完成者，承攬人如及時將材料之瑕疵，或指示不適當之情事，通知定作人時，得請求其已服勞務之報酬，及墊款之償還。定作人有過失者，並得請求損害賠償（民法第五〇九條）。

五、承攬契約之消滅

(一)承攬契約之終止

承攬契約是一個繼續性契約，為兼顧雙方權益，工作未完成前，定作人得隨時終止契約。但應賠償承攬人因契約終止而生之損害。例如承攬人為完成工作所支出的費用、勞務之代價、預期可得的履行利益等。

(二)履行不能

承攬係以承攬人個人之技能為契約要素，承攬人死亡或非因其過失致不能完成其約定工作（即給付不能）時，契約當然終止。又因其他不可歸責於雙方當事人之事由（如地震毀屋、地基下陷、海水侵入），致一方給付不能，則雙方既免給付義務，而他方亦免對待給付，契約自然消滅。

(三)解除權之行使

定作人有法定解除權者如第四九四、五〇二、五〇三、五〇六條，承攬人有法定解除權者如第五〇七條。當事人亦可約定保留解除權之行使。一行使解除權，承攬契約即消滅。

㈣其他一般契約消滅之原因

如意思表示之撤銷、解除條件之成就等。

第八節之一　旅　遊

一、旅遊營業人之意義

提供旅客旅遊服務為營業而收取旅遊費用之人，稱為旅遊營業人。此所謂旅遊服務，係指安排旅程及提供交通、膳宿、導遊或其他有關服務（民法第五一四條之一）。旅遊營業人所提供之旅遊服務至少應包括二個以上同等重要之給付，其中安排旅程為必要服務，另外尚須具備提供交通、膳宿、導遊或其他有關之服務，始得稱為「旅遊服務」。

二、旅遊相關書面資料之交付

為使旅客知悉旅遊有關事項，因旅客之請求，旅遊營業人應以書面記載旅遊相關資料，交付旅客，唯該書面並非旅遊契約成立要件，應予注意。

旅遊營業人交付書面應記載內容如下：一、旅遊營業人之名稱及地址。二、旅客名單。三、旅遊地區及旅程。四、旅遊營業人提供之交通、膳宿、導遊或其他有關服務及其品質。五、旅遊保險之種類及其金額。六、其他有關事項。七、填發之年月日（民法第五一四條之二）。

三、旅客協力義務

旅遊需旅客之行為始能完成，例如需旅客提供身分證件、照片、護照等資料，始得申辦旅遊有關手續，旅客不為其行為，旅遊即無法完成，為保障旅遊營業人之利益及兼顧旅客之權益，乃規定：旅遊需旅客之行為始能完成，而旅客不為其行為者，旅遊營業人得定相當期限，催告旅客為之。旅客在期限內不為之時，旅遊營業人得終止契約，並得請求賠償因契約終

止而生之損害。旅遊開始後，旅遊營業人終止契約時，旅客得請求旅遊營業人墊付費用將其送回原出發地。旅客到達後應附加利息償還之（民法第五一四條之三）。

四、旅客變更權

旅客於締結旅遊契約後，尚未旅遊開始前，旅客得變更由第三人參加旅遊，此為旅客之變更權。旅遊營業人非有正當理由，如第三人不符法令規定、不適於旅遊等，不得拒絕。

第三人變更成為旅客時，如因而增加費用，旅遊營業人得請求其給付。如減少費用，旅客不得請求退還（民法第五一四條之四）。

五、旅遊內容不得變更及例外、效果

為保障旅客權益，旅遊營業人對其所提供之旅遊內容，不得任意變更，但有不得已之事由時，允許變更。

旅遊營業人有不得已事由變更旅遊內容，其因此所減少之費用，應退還於旅客；所增加之費用，不得向旅客收取。

旅遊營業人有不得已事由變更旅遊內容，旅客不同意者，得終止契約，並得請求旅遊營業人墊付費用將其送回原出發地。唯旅客到達後應附加利息償還之（民法第五一四條之五）。

六、旅遊服務品質、價值之擔保及違反效果

旅遊營業人提供旅遊服務，應使其具備通常之價值及約定之品質（民法第五一四條之六），此為旅遊營業人之瑕疵擔保責任，如服務不具備通常之價值及約定之品質之瑕疵，旅客得請求旅遊營業人改善之。旅遊營業人即有改善之義務。如旅遊營業人不為改善或不能改善時，旅客得請求減少費用。其有難於達預期目的之情形者，並得終止契約。旅遊服務之瑕疵因可歸責於旅遊營業人之事由時，旅客並得請求損害賠償。旅客終止旅遊契約時，旅遊營業人應將旅客送回原出發地。其所生之費用，由旅遊營業人

負擔之（民法第五一四條之七），以免旅客身處異地之困境，而保障旅客之權益。

旅遊時間之浪費，在現代社會重視旅遊休閒活動情況下，當認為是非財產上損害，故明文規定：因可歸責於旅遊營業人之事由，致旅遊未依約定之旅程進行者，旅客就其時間之浪費，得按日請求賠償相當之金額。所謂「按日請求」係以「日」為計算賠償金額之單位，但不以浪費之時間達一日以上者為限。至賠償金額應有最高額之限制，始為公允，即以「不得超過旅遊營業人所收旅遊費用總額每日平均之數額」為最高額限制（民法第五一四條之八）。

七、旅客旅遊終止事由

旅客終止旅遊契約事由，除前述民法第五一四條之五變更旅遊內容、第五一四條之六旅遊服務具有瑕疵之外，旅遊未完成前，旅客無論何時，得隨時終止契約。但應賠償旅遊營業人因契約終止而生之損害，以保障旅遊營業人之利益。為免旅客身處異地之困境，旅客得請求旅遊營業人墊付費用將其送回原出發地。唯旅客於到達後，應附加利息償還之（民法第五一四條之九）。

八、旅遊營業人之必要協助與處理義務

對於非可歸責於旅遊營業人之事由發生，例如天災、地變、或旅客之過失等原因，致旅客在旅遊中發生身體或財產上之事故時，旅遊營業人應為必要之協助及處理，其所生之費用由旅客負擔（民法第五一四條之一○）。至於發生旅客身體或財產上之事故係可歸責於旅遊營業人時，旅遊營業人當然應為必要協助、處理，並依前述旅遊服務不具通常價值及約定之品質負起瑕疵擔保責任（民法第五一四條之七、之八）。

旅遊營業人安排旅客在特定場所購物，其所購物品有瑕疵者，旅客得於受領所購物品後一個月內，請求旅遊營業人協助其處理（民法第五一四條之一一）。

九、各項權利行使之消滅時效

　　鑑於旅遊行為時間較短暫，為期早日確定法律關係，乃規定有關旅遊契約發生之「增加、減少或退還費用請求權」、「損害賠償請求權」、「墊付費用償還請求權」均自旅遊終了或應終了時起，一年間不行使而消滅（民法第五一四條之一二）。

第九節　出　版

一、出版之意義

　　稱出版者，謂當事人約定，一方以文學、科學、藝術或其他之著作，為出版而交付於他方，他方擔任印刷或以其他方法重製及發行之契約（民法第五一五條第一項）❶。投稿於新聞紙或雜誌經刊登者，推定成立出版契約（同條第二項）❷。

二、出版之效力

㈠出版人之權利義務

1.出版權之取得與消滅

　　出版契約須有出版權之授與，出版人始能承擔著作之重製發行，為期

---

❶　原民法第五一條規定：稱出版者，謂當事人約定，一方以文藝、學術或美術之著作物，為出版而交付於他方，他方擔任印刷及發行之契約。以列舉方式限於文藝、學術或美術，唯現代之文化與精神生活方式多樣廣泛並複雜，加以出版事業日新月異，可供出版著作繁多，不宜用列舉，以例示為妥，爰修正為「以文學、科學、藝術或其他之著作」。又出版事業進步，著作除以印刷方式出版外，尚有以其他方法重製者，爰增「或以其他方法重製」之文字。

❷　投稿可能有贈與、買賣、使用借貸、租賃等各種不同性質。如契約內容未約為何種契約，宜推定成立出版契約，唯當事人仍得以反證推翻之，爰增訂第二項規定。

明確並避免疑義，乃增訂民法第五一五條之一：出版權，於出版權授與人依出版契約將著作交付於出版人時，授與出版人（第一項）。依前項規定授與出版人之出版權，於出版契約終了時消滅（第二項）。

2. 重製、廣告、推銷之義務

出版人應以適當之格式重製著作。並應為必要之廣告及用通常之方法推銷出版物（民法第五一九條第二項）。出版物之賣價，由出版人定之。但不得過高，致礙出版物之銷行（同條第二項）。

3. 再版之義務

出版人依約得出數版，或永遠出版者，如於前版之出版物賣完後，有再版之義務（民法第五一八條第二項）。出版人於重製新版前，應予著作人訂正或修正著作之機會（民法第五二○條第二項）。

4. 報酬之給付

出版契約定有報酬者，出版人應依約給付，雖未定有報酬，如依情形，非受報酬，即不為著作之交付者，視為允與報酬（民法第五二三條第一項）。著作交付出版人後，因不可抗力致滅失者，出版人仍負給付報酬義務（民法第五二五條第一項）。

5. 尊重著作人義務

出版人對於著作，不得增減或變更（民法第五一九條第一項）。

㈡出版授與人之義務

1. 權利移轉之義務

著作財產權人之權利，於合法授權實行之必要範圍內，由出版人行使之（民法第五一六條第一項）❸。

---

❸ 原民法第五一六條第一項：「著作人之權利，於契約實行之必要範圍內，移轉於出版人。」唯著作人之權利可分為著作人格權及著作財產權，著作人格權專屬著作人本身，不得讓與或繼承，而著作財產權則得讓與，故將「著作人之權利」修正為「著作財產權人之權利」。又「移轉」一語，易使人誤解著作人於其權利移轉後，無從回復，乃修正為：「於合法授權實行之必要範圍內，由出版人行使之。」

2.瑕疵擔保義務

出版權授與人應擔保其於契約成立時，有出版授與之權利，如著作受法律上之保護者，並應擔保該著作有著作權（民法第五一六條第二項）❹。

3.告知義務

出版權授與人，已將著作之全部或一部，交付第三人出版，或經第三人公開發表，為其所明知者，應於契約成立前，將其情事告知出版人（民法第五一六條第三項）。

4.禁止為不利於出版人處分之義務

出版權授與人，於出版人得重製發行之出版物未賣完時，不得就其著作之全部或一部，為不利於出版人之處分。但契約另有訂定者，不在此限（民法第五一七條）。

5.另交稿本及重作之義務

滅失之著作，如出版權授與人另存有稿本者，有將該稿本交付於出版人之義務，無稿本者，如出版權授與人係著作人，且不多費勞力，即可重作者，應重作之（民法第五二五條第二項）。唯出版權授與人得請求相當之賠償（同條第三項）。

三、出版之消滅

因①約定版數出版完畢，或未約定版數而出一版時。②著作因著作人死亡、喪失能力或非因其過失致不能完成時（民法第五二七條第一項）。

【案例研析】

甲將其文藝著作授與乙公司出版，甲得否於乙公司所印行之出版物未售完前，自行再版出售？乙公司得否自行刪改著作內容？

擬答：①民法第五一七條：出版權授與人，於出版人得重製發行之出版物未賣完時，不得就其著作之全部或一部，為不利於出版人之處分。故甲不得

---

❹　為期與著作權法第三條第一項第一款用語一致，爰將「著作物」修正為「著作」。並將末句之「其」字修正為「該著作」，以期明確。

於乙公司所重製發行之出版物未售完前,自行再版出售。但契約另有訂
定者,不在此限。

②民法第五一九條第一項:出版人對於著作,不得增減或變更。故乙公
司不得自行刪改著作內容。

第十節　委　任

一、委任契約之意義及性質

委任乃當事人約定,一方委託他方處理事務,他方允為處理之契約(民
法第五二八條)。所謂處理事務,指處理吾人日常生活有關一切事項,不論
是法律事務(包括法律行為如買賣、租賃及準法律行為如發函催告)或是
事實生活上之經濟行為(記賬、送信、攜帶物品工具等),但身分行為如訂
婚、結婚、協議離婚等性質上不可委任。違法行為當然不得為委任之內容。

一般委任契約,僅使受任人負擔為委任人處理事務之債務,委任人至
多只有償還必要費用之義務,但委任人對受任人代為服務之辛勞,不須給
付任何對價,故委任契約原則上為單務契約及無償契約。例外情形,於依
特約或習慣或依委任事務之性質(如律師、會計師、醫師之受委任為人訴
訟、會計、醫療)應與報酬時,處理事務的債務與給付報酬的債務,互有
對價關係,故為雙務契約及有償契約。委任契約於當事人就契約必要之點
意思一致,即可成立,不以交付一定之物為要件或踐履一定方式或訂立書
面為必要,故為諾成契約及不要式契約。

二、委任與僱傭、承攬之不同

委任含有信任之意義,介於僱傭與承攬之間,換言之,受僱人一般都
受僱用人的指揮監督,而承攬人不受定作人之指揮監督,但受任人一面受
委任人指示之限制,一面又多少有其獨立決定之權利,即受任人遇有急迫

之情事，並可推定委任人若知有此情事亦允變更指示時，受任人便可變更委任人之指示（民法第五三六條）。

　　僱傭因為勞務之不可代替性，而重視當事人間的主觀關係，所以絕對禁止他人代服勞務或代受勞務（民法第四八四條），承攬則重在完成一定之工作，至於是否為承攬人自己所完成，在所不問，一般允許承攬人使用第三人。委任則介於二者之間，原則上應自己處理委任事務，但經委任人同意或另有習慣，或有不得已的事由時，亦可使第三人代為處理（民法第五三七條）。

　　僱傭重視勞務之給付，縱使受僱人供給之勞務不生預期之結果，僱傭人仍應給付報酬。承攬因重視工作之完成，當於工作完成或交付後，才給予報酬（民法第五〇五條）。委任則介於兩者之間，有時不須事務處理完畢，而仍可就其已處理部分，請求報酬（民法第五四八條）。

三、委任之效力

㈠受任人之權利義務

1.事務處理權

　　受任人有事務處理權，其權限依委任契約之訂定，未訂定者，依其委任事務之性質定之（民法第五三二條前段）。委任事務之處理，須為法律行為，而該法律行為，依法應以文字為之者（如不動產物權之移轉），其處理權之授與，亦應以文字為之。其授與代理權者，代理權之授與亦同（民法第五三一條）。委任人得指定一項或數項事務而為特別委任，或就一切事務，而為概括委任（民法第五三二條後段），所謂特別委任乃指定特種事項而為委任，所謂概括委任乃就一切事項悉行委任，受任人受概括委任，得為委任人為一切行為。但下列行為須有特別之授權：①不動產之出賣或設定負擔；②不動產之租賃其期限逾二年者；③贈與；④和解；⑤起訴；⑥提付仲裁（民法第五三四條），乃因以上各行為對委任人影響重大，故須有特別授權。

2.事務處理義務

受任人處理委任事務，應依委任人之指示，並與處理自己事務為同一之注意；其受有報酬者，應以善良管理人之注意為之（民法第五三五條）❶❷。受任人非有急迫之情事，並可推定委任人若知有此情事亦允許變更其指示者，不得變更委任人之指示（民法第五三六條）。受任人應自己處理委任事務，但經委任人之同意或另有習慣❸，或有不得已之事由者❹，得使第三人代為處理（民法第五三七條），此即所謂「複委任」。受任人如違反上述規定，而使第三人代為處理委任事務者，就該第三人之行為，與就自己之行為負同一責任（民法第五三八條第一項），反之受任人使第三人處理委任事務，係已得委任人同意，或有習慣可以依據，或有不得已之事由者，則受任人僅就第三人之選任，及其對於第三人所為之指示，負其責任（同條第二項）；受任人使第三人代為處理委任事務者，委任人對於該第三人關於委任事務之履行，有直接請求權（民法第五三九條）❺。

3.處理事務上之附隨義務

⑴報告義務：受任人應將委任事務進行之狀況，報告委任人，委任關

---

❶ 甲種活期存款戶與金融機關之關係，為消費寄託與委任之混合契約。第三人盜蓋存款戶在金融機關留存印鑑之印章而偽造支票，向金融機關支領款項，除金融機關明知其為盜蓋印章而仍予付款之情形外，其憑留存印鑑之印文而付款，與委任意旨並無違背，金融機關應不負損害賠償責任。若第三人偽造存款戶該項印章蓋於支票持向金融機關支領款項，金融機關如已盡其善良管理人之注意義務，仍不能辨認蓋於支票上之印章係偽造時，即不能認其處理委任事務有過失，金融機關亦不負損害賠償責任。金融機關執業人員有未盡善良管理人之注意義務，應就個案認定。至金融機關如以定型化契約約定其不負善良管理人注意之義務，免除其抽象的輕過失責任，則應認此項特約違背公共秩序，而解為無效。

❷ 例如委任律師處理某些訴訟事務，習慣上可委由該律師事務所內其他律師為之。

❸ 例如受任人生病行動不便，或奉召出國、服兵役。

❹ 例如甲委任乙代購物品，乙復委任丙代購，後丙以甲之名義購買，其效力及於甲。

❺ 例如甲為乙代收房租或代購書籍，均應交付予委任人乙。代人照顧果園，所收果實，代為放款所收之利息亦同。

係終止時，應明確報告其顛末（民法第五四〇條）。

　　⑵收取物之交付及取得權利之移轉義務：受任人因處理委任事務，所收取之金錢、物品及孳息，應交付於委任人 ❻；受任人以自己之名義為委任人取得之權利，應移轉於委任人（民法第五四一條）。

　　⑶利息支付：受任人為自己之利益，使用應交付於委任人之金錢 ❼，或使用應為委任人利益而使用之金錢者，應自使用之日起，支付利息，如有損害，並應賠償（民法第五四二條）❽。

4.損害賠償責任

　　受任人因處理委任事務有過失或因逾越權限之行為所生之損害，對於委任人應負賠償之責。（民法第五四四條）❾。

㈡委任人之權利義務

1.事務處理請求權

　　委任關係既為專屬之法律關係，故委任人非經受任人之同意，不得將處理委任事務之請求權，讓與第三人（民法第五四三條）。原則上亦不得繼承。

2.費用之預付與償還

---

❻　如甲委任乙代為收取租金十萬元，乙一時急需，遂先予挪用，則以後返還，除租金十萬元外，從挪用日起到清償日止，計算法定利息，一併返還。

❼　同前註例，如依照甲原先計畫，及時取得十萬元，便可買某一古畫，再轉賣予丙，可得利二萬元，但因乙逕自挪用該款項，致甲未能依原定計畫實行，而受有二萬元損害，乙也應一併賠償。

❽　甲委託乙出售古畫一幅，言明售價不得低於十萬元，乙竟逾越權限以八萬元出售予善意之丙，乙應賠償甲所受損害。
　　又原民法第五四四條第二項之規定：委任為無償者，委任人僅就重大過失，負過失責任。有使人誤解為無償之受任人僅就重大過失負責，對於具體輕過失可不負責，顯與第五三五條規定相抵觸，為免疑義，爰將第二項刪除。

❾　甲委任乙購屋，而乙以自己名義負債四百萬元，應由甲代為清償。如未至清償期，乙得請求甲提供人保或物保。

委任人因受任人之請求，應預付處理委任事務之必要費用（民法第五四五條）。對於受任人因處理委任事務，支出之必要費用，委任人應償還之，並付自支出時起之利息（民法第五四六條第一項）。

3.債務之清償或提出擔保

受任人因處理委任事務，負擔必要債務者，得請求委任人代其清償；未至清償期者，得請求委任人提出相當擔保（民法第五四六條第二項）❿。

4.損害賠償請求權及求償權

受任人處理委任事務，因非可歸責於自己之事由，致受損害者，得向委任人請求賠償（民法第五四六條第三項）⓫。前項損害之發生，如別有應負責之人時，委任人對於該應負責者，有求償權（同條第四項）。

5.報酬支付之義務

委任原則上為無償，但如依習慣或依委任事務之性質（如委任律師訴訟、醫生看病），認為報酬縱未約定，亦應給與報酬者，受任人得請求報酬（民法第五四七條）。受任人應受報酬者，除契約另有訂定外，非於委任關係終止及為明確報告顛末後，不得請求給付。如委任關係因非可歸責於受任人之事由，於事務處理未完畢前已終止者，受任人得就其已處理之部分，請求報酬（民法第五四八條）⓬。

四、委任之消滅

㈠委任契約之終止

民法第五四九條：「當事人之任何一方，得隨時終止委任契約。」「當事

---

❿ 甲委任乙前往高雄收取地租，乙途中因火車出軌受傷，可向甲請求賠償。

⓫ 例如醫師受委任人為人作全身健康檢查，檢查至一半，受檢查人無故不願繼續接受檢查，醫師就已檢查部分得請求檢查費用。

⓬ ①甲委託乙前往高雄收租，乙啟程途中，甲終止委任契約，終止契約後，乙勢必自付回程車資之損害，應由甲負賠償之責。②甲委任乙收租，乙突然中風，行動不便，無法處理事務，則甲（或乙）終止契約，均可免損害賠償責任。

人之一方，於不利於他方之時期終止契約者，應負損害賠償責任。但因非可歸責於該當事人之事由，致不得不終止契約者，不在此限。」乃因委任係基於信用，信用既失，自不能強其繼續委任，故各當事人無論何時，均得聲明解約，又除有不得已之事由又非可歸責於解約人者外，當事人之一方聲明解約，若在他方最不利之時，應使解約人賠償其損害，否則不足以保護他方之利益。

㈡當事人死亡、破產或喪失行為能力

民法第五五〇條：「委任關係，因當事人一方死亡、破產或喪失行為能力而消滅。但契約另有訂定，或因委任事務之性質，不能消滅者，不在此限。」乃委任既根據信用，故委任人或受任人死亡、破產、或喪失行為能力（禁治產人）時，除曾表示有他項意思表示或因委任事務之性質生反對之結果外，委任關係，皆應終止，始合於委任之性質。但如委任關係之消滅，有害於委任人利益之虞時，受任人或其繼承人，或其法定代理人，於委任人或其繼承人，或其法定代理人，能接受委任事務前，應繼續處理其事務（民法第五五一條）。又委任關係消滅之事由，係由當事人之一方發生者，於他方知其事由，或可得而知其事由前，委任關係視為存續（民法第五五二條），故保護一方之利益，又不使他方蒙受不利益。

第十一節　經理人及代辦商

第一款　經理人

一、經理人之意義

稱經理人者，謂由商號之授權，為其管理事務及簽名之人。

二、經理權之意義及內容

㈠經理權之意義

經理人原則上有為商號全部管理事務之權限，但亦得限於管理商號事務之一部或商號之一分號或數分號（民法第五五三條第三項）。

㈡經理權之內容

1.管理行為

經理人對於第三人之關係，就商號或其分號，或其事務之一部，視為其有為管理上一切必要行為之權。經理人，除有書面之授權外，對於不動產，不得買賣，或設定負擔。關於不動產買賣之限制，於以買賣不動產為營業之商號經理人，不適用之（民法第五五四條）。

2.訴訟行為

經理人，就所任之事務，視為有代表商號為原告或被告，或其他一切訴訟行為之權（民法第五五五條）。

三、共同經理人

商號得授權於數經理人。但經理人中有二人之簽名者，對於商號，即生效力（民法第五五六條）。

四、經理權之限制

經理權之限制，除第五五三條第三項、第五五四條第二項及第五五六條所規定外，不得以之對抗善意第三人（民法第五五七條）。

第二款 代辦商

一、代辦商之意義

稱代辦商者，謂非經理人，而受商號之委託，於一定處所或一定區域內，以該商號之名義，辦理其事務之全部或一部之人（民法第五五八條第一項）。代辦商辦理委託商號之事務，須以該商號之名義為之，具有代理之性質，故亦稱代理商。

二、代辦商之權限

㈠代辦權

代辦商對於第三人之關係，就其所代辦之事務，視為其有為一切必要行為之權。代辦商除有書面之授權外，不得負擔票據上之義務，或為消費借貸，或為訴訟（民法第五五八條第二、三項）。

㈡報告義務

代辦商，對其代辦之事務，應隨時報告其處所或區域之商業狀況於其商號，並應將其所為之交易，即時報告之（民法第五五九條）。

㈢報酬及費用償還請求權

代辦商得依契約所定，請求報酬，或請求償還其費用。無約定者依習慣，無約定亦無習慣者，依其代辦事務之重要程度及多寡，定其報酬（民法第五六○條）。

三、代辦關係之終止

代辦權未定期限者，當事人之任何一方得隨時終止契約。但應於三個

月內通知他方。當事人之一方，因非可歸責於自己之事由，致不得不終止契約者，得不先期通知而終止之（民法第五六一條）。

四、競業禁止及違反競業禁止之效力

經理人或代辦商，非得其商號之允許，不得為自己或第三人經營與其所辦理之同類事業，亦不得為同類事業公司無限責任之股東（民法第五六二條）。是為競業之禁止。

經理人或代辦商，有違反競業禁止規定之行為時，其商號得請求因其行為所得之利益，作為損害賠償。此項請求權，自商號知有違反行為時起，經過二個月或自行為時起，經過一年不行使而消滅（民法第五六三條）。

第十二節　居　間

一、居間之意義

稱居間者，謂當事人約定，一方為他方報告訂約之機會，或為訂約之媒介，他方給付報酬之契約（民法第五六五條）。

二、居間之效力

㈠居間人之義務

1.據實報告或妥為媒介之義務
居間人關於訂約事項，應就其所知，據實報告於各當事人。對於顯無履行能力之人，或知其無訂約能力之人，不得為其媒介（民法第五六七條第一項）。

2.不告知及介入義務
當事人之一方，指定居間人不得以其姓名或商號告知相對人者，居間人有不告知之義務（民法第五七五條第一項）。居間人不以當事人一方之姓

名或商號告知相對人時，應就該方當事人由契約所生之義務，自己負履行之責，並得為其受領給付（同條第二項）。是當居間人介入義務。

3. 調查義務

以居間為營業者，關於訂約事項及當事人之履行能力或訂立該約之能力，有調查之義務（民法第五六七條第二項）。

(二)居間人之權利

1. 報酬請求權

居間人，以契約因其報告或媒介而成立者為限，得請求報酬。契約附有停止條件者，於該條件成就前，居間人不得請求報酬（民法第五六八條）。如依情形，非受報酬，即不為報告訂約機會或媒介者，視為允與報酬。未定報酬額者，按照價目表所定給付之。無價目表者，按照習慣給付（民法第五六六條）。因婚姻居間而約定報酬者，就其報酬無請求權（民法第五七三條）。

2. 費用償還請求權

居間人支出之費用，非經約定，不得請求償還。於居間人已為報告或媒介而契約不成立者，亦不得請求償還（民法第五六九條）。

3. 報酬酌減請求權

約定之報酬，較居間人所任勞務之價值，為數過鉅失其公平者，法院得因報酬給付義務人之請求酌減之。但報酬已給付者，不得請求返還（民法第五七二條）。

【案例研析】

甲委託乙報告土地買賣訂約機會，並媒介訂約，但約定乙不得將甲之姓名告知相對人，惟乙因收受丙所給予之三萬元，故將甲之姓名告知丙，試問甲、丙間之契約，因乙之媒介而訂定後，乙是否有報酬請求權及費用償還請求權？

擬答：依民法第五七五條第一項：「當事人之一方，指定居間人不得以其姓名或

商號告知相對人者，居間人有不告知之義務。」第五七一條之規定：「居間人違反其對於委託人之義務而為利於委託人之相對人之行為，或違反誠實及信用方法，由相對人收受利益者，不得向委託人請求報酬及償還費用。」故因居間人乙，違反了與委託人甲之間的約定，而將甲之姓名告知相對人丙，縱甲、丙間之契約簽定後，乙仍無報酬請求權及費用償還請求權。

第十三節　行　紀

一、行紀之意義

稱行紀者，謂以自己之名義，為他人之計算，為動產之買賣，或其他商業上之交易，而受報酬之營業（民法第五七六條）。因行紀契約本身具有委任之性質，故民法第五七七條規定：「行紀，除本節有規定者外，適用關於委任之規定。」

二、行紀之效力

(一)行紀人之義務

1.直接履行義務

行紀人為委託人之計算，所為之交易，對於交易之相對人，自得權利並自負義務（民法第五七八條）。行紀人為委託人之計算所訂立之契約，其契約之他方當事人，不履行債務時，對於委託人應由行紀人負直接履行契約之義務，但契約另有訂定，或另有習慣者，不在此限（民法第五七九條）。

2.價額遵照義務

行紀人以低於委託人所指定之價額賣出，或以高於委託人所指定之價額買入者，應補償其差額（民法第五八○條）。

3.委託物保管義務

　　行紀人為委託人之計算，所買入或賣出之物，為其占有時，適用寄託之規定。此項占有物，除委託人另有指示外，行紀人不負保險之義務（民法第五八三條第一、二項）。

4.委託物處置義務

　　委託出賣之物，於達到行紀人時有瑕疵，或依物之性質易於敗壞者，行紀人為保護委託人之利益，應與保護自己之利益為同一之處置（民法第五八四條）。

㈡行紀人之權利

1.報酬及費用償還

　　行紀人得依約定或習慣請求報酬、寄存費、及運費，並得請求償還其為委託人之利益而支出之費用及利息（民法第五八二條）。

2.委託物拍賣取償及提存權

　　委託人拒絕受領行紀人依其指示所買之物時，行紀人得定相當期限，催告委託人受領，逾期不受領者，行紀人得拍賣其物，並得就其對於委託人因委託關係所生債權之數額，於拍賣價金中取償之，如有剩額，並得提存。如為易於敗壞之物，行紀人得不為此項催告（民法第五八五條）。

　　委託行紀人出賣之物，不能賣出，或委託人撤回其出賣之委託者，如委託人不於相當期間，取回或處分其物時，行紀人得依民法第五八五條之規定，行使其權利（民法第五八六條）。

3.介入權

　　行紀人受委託出賣或買入貨幣、股票，或其他市場定有市價之物者，除有反對之約定外，行紀人得自為買受人或出賣人，其價值以依委託人指示而為出賣或買入時，市場之市價定之（民法第五八七條第一項）。故行紀人有介入權，此時行紀人仍得行使報酬及費用償還請求權（同條第二項）。

　　行紀人得自為買受人或出賣人時，如僅將訂立契約之情事通知委託人，要不以他方當事人之姓名告知者，視為自己負擔該方當事人之義務（民法

第五八八條)。是為介入之擬制。

【案例研析】

甲委託乙以新臺幣二萬元出賣其機車，乙以新臺幣一萬八千元將之出賣於丙，試問乙之此項出賣行為對甲是否發生效力？

擬答：依民法第五八○條規定「行紀人以低於委託人所指定之價額賣出……應補償其差額。」故乙須補償二千元的差額予委託人甲。

第十四節　寄　託

一、寄託之意義及性質

稱寄託者，謂當事人一方，以物交付於他方，他方允為保管之契約（民法第五八九條第一項）。交付物之一方，謂之寄託人；允為保管之一方，謂之受寄人。寄託標的物得為動產或不動產。寄託契約既以物之交付為成立要件，故為要物契約，惟不以依一定方式為必要，故為不要式契約。寄託之受託人，或有報酬，或無報酬，故得因其情形為有償、雙務契約或為無償、片務契約。

二、寄託之種類

寄託可分為一般寄託與特別寄託。特別寄託可再分為消費寄託與法定寄託。

三、寄託之效力

㈠受寄人之義務

1.保管注意義務

受寄人保管寄託物，應與處理自己事務為同一之注意。其受有報酬者，應以善良管理人之注意為之（民法第五九〇條）。

2.寄託物禁止使用義務

受寄人應自己保管寄託物。但經寄託人同意，或另有習慣，或有不得已之事由者，得使第三人保管（民法第五九二條）。

3.返還義務

未定返還期限者，受寄人得隨時返還寄託物。定有返還期限者，受寄人非有不得已之事由，不得於期限屆滿前返還寄託物（民法第五九八條）。但寄託物返還之期限，雖經約定，寄託人仍得隨時請求返還（民法第五九七條）。

第三人就寄託物主張權利者，除對於受寄人提起訴訟或為扣押外，受寄人仍有返還寄託物於寄託人之義務（民法第六〇一條之一第一項）。受寄人返還寄託物時，應將該物之孳息，一併返還（民法第五九九條）。

4.危險通知義務

第三人就寄託物提起訴訟或扣押時，受寄人應即通知寄託人（民法第六〇一條之一第二項）。

㈡受寄人之權利

1.報酬請求權

受寄人除契約另有訂定，或依情形，非受報酬，即不為保管者外，不得請求報酬（民法第五八九條第二項）。寄託約定報酬者，應於寄託關係終止時給付之，分期定報酬者，應於每期屆滿時給付之。寄託物之保管，因非可歸責於受寄人之事由而終止者，除契約另有訂定外，受寄人得就其已為保管之部分請求報酬（民法第六〇一條）。

2.費用償還及利息請求權

受寄人因保管寄託物而支出之必要費用，寄託人應償還之，並付自支出時起之利息。但契約另有訂定者，依其訂定（民法第五九五條）。

3.損害賠償請求權

受寄人因寄託物之性質或瑕疵所受之損害，寄託人應負賠償責任。但寄託人於寄託時，非因過失而不知寄託物有發生危險之性質、或瑕疵、或為受寄人所已知者，不在此限（民法第五九六條）。

關於寄託物之報酬請求權、費用償還請求權、或損害賠償請求權，自寄託關係終止時起，一年間不行使而消滅（民法第六〇一條之二）。

四、消費寄託

消費寄託者，乃以代替物為寄託之標的，移轉寄託物之所有權予受寄人，並由受寄人以種類、品質、數量相同之物返還於寄託人之特殊寄託。民法第六〇二條規定：「寄託物為代替物時，如約定寄託物之所有權移轉於受寄人，並由受寄人以種類、品質、數量相同之物返還者，為消費寄託。自受寄人受領該物時起，準用關於消費借貸之規定。」「消費寄託，如寄託物之返還，定有期限者，寄託人非有不得已之事由，不得於期限屆滿前請求返還。」「前項規定，如商業上另有習慣者，不適用之。」

五、金錢寄託

寄託物為金錢時，推定其為消費寄託（民法第六〇三條）。既推定為消費寄託，推定受寄人無返還原物之義務，但須返還同一數額。受寄人僅須返還同一數額者，寄託物之利益及危險，於該物交付時，移轉於受寄人。於此情形，如寄託物之返還，定有期限者，寄託人非有不得已之事由，不得於期限屆滿前請求返還（適用民法第六〇二條第二項）。

六、混藏寄託

寄託物為代替物，如未約定其所有權移轉於受寄人者，受寄人得經寄託人同意，就其所受寄託之物與其自己或他寄託人同一種類、品質之寄託物混合保管，各寄託人依其所寄託之數量與混合保管數量之比例，共有混合保管物。受寄人得以同一種類、品質、數量之混合保管物返還於寄託人（民法第六〇三條之一）。

七、法定寄託

法定寄託者，乃符合法律規定要件而當然成立之寄託關係。此種寄託不必經當事人之約定，乃依法律之規定而當然發生。

㈠場所主人之法定寄託

旅居或其他以供客人住宿為目的之場所主人，對於客人所攜帶物品之毀損、喪失，應負責任。但因不可抗力或因物之性質或因客人自己或其伴侶、隨從或來賓之故意或過失所致者，不在此限（民法第六〇六條）。

㈡飲食店、浴堂主人之法定寄託

飲食店、浴堂或其他相類場所（如理髮店、健身、瘦身房等）之主人，對於客人所攜帶通常物品之毀損、喪失，負其責任（民法第六〇七條）。

不論是旅店、飲食店、浴堂或其他相類場所之主人，有下列情形之一者，即可免責：⑴客人所攜帶物品之毀損、喪失，如係因不可抗力，或因其物之性質，或因客人自己或其伴侶、隨從或來賓之故意或過失所致者（民法第六〇六條但書、第六〇七條但書）。⑵客人之金錢、有價證券、珠寶或其他貴重物品，非經報明其物之性質及數量交付保管者，主人不負責任。主人無正當理由，拒絕為客人保管前項物品者，對於其毀損、喪失，應負責任。其物品因主人或其使用人之故意或過失而致毀損、喪失者，亦同（民法第六〇八條）。⑶客人知其物品毀損、喪失後，應即通知主人。怠於通知者，喪失其損害賠償請求權（民法第六一〇條）。

主人就住宿、飲食、沐浴或其他服務及墊款所生之債權，於未受清償前，對於客人所攜帶之行李及其他物品，有留置權，並準用民法第四四五條至第四四八條之規定（民法第六一二條）。

【案例研析】

甲之機車平日均置於樓下騎樓處上鎖，一日友人乙有事去南部一週，

乃將機車寄存於甲處,甲乃將乙之機車與自己之機車一同置於騎樓並上鎖,翌日發現甲、乙之機車均被竊走,問乙得否請求甲賠償?

擬答: 民法第五九〇條前段規定: 受寄人保管寄託物, 應與處理自己事務為同一之注意。甲無償替乙保管機車, 故甲保管乙機車應與保管自己之機車為同一之注意。依題旨, 甲已盡與處理自己事務為同一之注意, 仍不免機車被竊之損失, 故對乙不負賠償責任。

第十五節　倉　庫

一、倉庫營業人及倉庫契約之意義

稱倉庫營業人者, 謂以受報酬, 而為他人堆藏及保管物品為營業之人(民法第六一三條)。故倉庫契約, 乃當事人約定, 一方(倉庫營業人)為他方(寄託人)堆藏及保管物品而受報酬之契約。故倉庫為要物、雙務及有償契約。倉庫須為人堆藏及保管物品, 如僅供人堆藏而無保管者, 則為租賃或使用借貸契約。

二、倉庫契約之效力

㈠倉庫營業人之義務

1.倉單之填發

倉庫營業人於收受寄託物後, 因寄託人之請求, 應填發倉單(民法第六一五條)。倉單者, 倉庫營業人證明自己與寄託人間有堆藏及保管關係, 就寄託物所填發之一種用以處分或提取寄託物之有價證券。倉單應記載民法第六一六條之事項, 並由倉庫營業人簽名。倉單持有人, 得請求倉庫營業人將寄託物分割為數部分, 並填發各該部分之倉單, 但持有人應將原倉單交還; 此項分割及填發新倉單之費用,由持有人負擔(民法第六一七條)。

倉單所載之貨物，非由寄託人或倉單持有人於倉單背書，並經倉單營業人簽名，不生所有權移轉之效力（民法第六一八條）。

2.堆藏及保管

倉庫營業人於約定保管期間屆滿前，不得請求移去寄託物。未約定保管期間者，自為保管時起經過六個月，倉庫營業人得隨時請求移去寄託物，但應於一個月前通知（民法第六一九條）。故堆藏及保管，乃倉庫營業人之主要義務。

3.檢點寄託物、摘取樣本或為必要保存行為之允許

倉庫營業人，因寄託人或倉單持有人之請求，應許其檢點寄托物、摘取樣本或為必要之保存行為（民法第六二〇條）。

4.補發新倉單

倉單遺失、被盜或滅失者，倉單持有人得於公示催告程序開始後，向倉庫營業人提供相當之擔保，請求補發新倉單（民法第六一八條之一）。

㈡倉庫營業人之權利

1.報酬請求權

此項請求權，係準用關於寄託之規定（民法第六一四條）。

2.寄託物之拍賣權

倉庫契約終止後，寄託人或倉單持有人，拒絕或不能移去寄託物者，倉庫營業人，得定相當期限，請求於期限內移去寄託物，逾期不移去者，倉庫營業人，得拍賣寄託物，由拍賣代價中扣去拍賣費用及保管費用，並應以其餘額交付於應得之人（民法第六二一條）。

第十六節　運送營業

第一款　通　則

一、運送人、運送契約之意義

稱運送人者,謂以運送物品或旅客為營業,而受運費之人(民法第六二二條)。稱運送契約者,謂當事人約定,一方(運送人)為他方(託運人)為物品或旅客的運送,而他方支付運費之契約。此種契約,運送人有完成運送之義務,為承攬契約之一種並為雙務、有償契約。

二、短期時效

關於物品之運送,因喪失、損傷或遲延而生之賠償請求權,自運送終了,或應終了之時起,一年間不行使而消滅(民法第六二三條第一項)。

關於旅客之運送,因傷害或遲到而生之賠償請求權,自運送終了,或應終了之時起,二年間不行使而消滅(同條第二項)。

第二款　物品運送

一、物品運送之意義

物品運送者,乃運送人收受運費,而為託運人運送物品之契約。物品運送契約,為諾成契約、不要式契約,即因當事人合意而生效力,不以具有一定方式為必要。於運送完成後,收受物品之人,稱為受貨人,託運人與受貨人如非一人,則係向第三人為給付之契約(民法第二六九條)。

二、物品運送之效力

(一)託運人之權利義務

1.託運單之填給

託運人因運送人之請求，應填給託運單。託運單僅為一證明物品內容之文件，並非運送契約本身，亦非有價證券。託運單應記載下列事項，並由託運人簽名：⑴託運人之姓名及住址。⑵運送物之種類、品質、數量及其包皮之種類、個數及記號。⑶目的地。⑷受貨人之名號及住址。⑸託運單之填給地，及填給之年月日（民法第六二四條）。

2.物品之交運

託運人應將物品交付於運送人，而使其運送。

3.必要文件之交付及說明義務

託運人對於運送人應交付運送上及關於稅捐警察所必要之文件，並應為必要之說明（民法第六二六條）。

4.託運人之告知義務

運送物依其性質，對於人或財產有致損害之虞者，託運人於訂立契約前，應將其性質告知運送人。怠於告知者，對於因此所致之損害，應負賠償之責（民法第六三一條）。

5.中止運送、返還運送物或為其他處置之請求

運送人未將運送物之達到通知受貨人前，或受貨人於運送物達到後，尚未請求交付運送物前，託運人對於運送人，如已填發提單者，其持有人對於運送人，得請求中止運送、返還運送物或為其他之處置，運送人得按照比例請求運費，並得請求支出費用及相當之損害賠償（民法第六四二條）。

(二)運送人之權利義務

1.提單之填發及補發

運送人於收受運送物後因託運人之請求，應填發提單，並由運送人簽

名（民法第六二五條）。提單 (Bill of Lading, B/L) 在海商法稱為載貨證券。提單為要式證券，應記載民法第六二五條所規定項目。提單之填發，並非物品運送契約之成立要件，提單亦非運送契約，此與託運單並無不同，惟託運單僅為債權證書，而提單則為有價證券。民法第六二七條規定：「提單填發後，運送人與提單持有人間，關於運送事項，依其提單之記載。」故提單為文義證券。又提單除提單上有禁止背書之記載者外，縱為記名式，仍得以背書移轉於他人（民法第六二八條），故提單具有背書性。其交付提單於有受領物品權利之人時，其交付就物品所有權移轉之關係，與物品之交付，有同一之效力（民法第六二九條），是提單為物權證券，故提單具有物權之效力。受貨人請求交付運送物時，應將提單交還（民法第六三〇條），故提單為繳回證券。提單因性質與倉單近似，故於遺失、被盜或滅失時，提單持有人得於公示催告程序開始後，向運送人提供相當之擔保，請求補發新提單（民法第六二九條之一）。

2.物品按時運送

託運物品應於約定期間內運送之。無約定者，依習慣。無約定亦無習慣者，應於相當期間內運送之。此所稱相當期間之決定，應顧及各該運送之特殊情形（民法第六三二條）。運送人非有急迫之情事並可推定託運人若知有此情事亦允許變更其指示者，不得變更託運人之指示（民法第六三三條）。

3.損害賠償責任

運送人對於運送物之喪失、毀損或遲到，應負責任。但運送人能證明其喪失、毀損或遲到，係因不可抗力，或因運送物之性質，或因託運人或受貨人之過失而致者，不在此限（民法第六三四條）。如有第六三三、六五〇、六五一條之情形，或其他情形足以妨礙或遲延運送物之安全者，運送人應為必要之注意及處置。如怠於注意或處置，對於因此所致之損害應負責任（民法第六四一條）。

4.運費及其他費用請求權

運費及其他費用，通常於運送完成時給付之。因此，運送物於運送中，

因不可抗力而喪失者，運送人不得請求運費。其因運送而已受領之數額，應返還之（民法第六四五條）。

5.留置權

運送人為保全其運費及其他費用，得受清償之必要，按其比例，對於運送物，有留置權。運費或其他費用之數額有爭執時，受貨人得將有爭執之數額提存請求運送物之交付（民法第六四七條）。

6.寄存拍賣權

受貨人所在不明，或對運送物受領遲延或有其他交付上之障礙時，運送人應即通知託運人，並請求其指示。如託運人未即為指示，或其指示事實上不能實行，或運送人不能繼續保管運送物時，運送人得以託運人之費用，寄存運送物於倉庫。運送物如有不能寄存於倉庫之情形，或有易於腐壞之性質，或顯見其價值不足抵償運費及其他費用時，運送人得拍賣之。運送人於可能範圍內，應將寄存倉庫及拍賣之事情，通知託運人及受貨人（民法第六五〇條）。

(三)相繼運送人之責任

運送物由數運送人相繼為運送者，除其中有能證明無民法第六三五條所規定之責任者外，對於運送物之喪失、毀損或遲到，應連帶負責（民法第六三七條）。

(四)受貨人之權利義務

運送物達到目的地，並經受貨人請求交付後，受貨人取得託運人因運送契約所生之權利（民法第六四四條）。

第三款　旅客運送

一、旅客運送之意義

　　旅客運送者，運送人收受運費而運送自然人由一地至另一地之運送契約。旅客運送契約，因當事人雙方之意思表示一致而成立。

二、旅客運送之效力

㈠運送人之義務

1.對於旅客之責任

　　旅客運送人對於旅客因運送所受之傷害，及運送之遲到負其責任。但因旅客之過失或其傷害係因不可抗力所致者，不在此限（民法第六五四條第一項）。運送之遲到係因不可抗力所致者，旅客運送人之責任，除另有交易習慣者外，以旅客因遲到而增加支出之必要費用為限（同條第二項）。可知旅客運送人對於因不可抗力所致運送遲延仍應負責，亦即不在免責範圍。唯為免旅客運送人所負責任過重，並期公允，旅客運送人之賠償責任除另有交易習慣（如航空旅客運送人對不可抗力之遲到有提供必要之餐飲或住宿）外，應以旅客因遲到而增加支出之必要費用為限，例如增加之膳宿、交通等費用。

2.對於行李之責任

　　行李及時交付運送人者，應於旅客達到時返還之（民法第六五五條）。運送人對於旅客所交託之行李，縱不另收運費，其權利義務，除旅客運送另有規定外，適用關於物品運送之規定（民法第六五七條）。運送人對於旅客所未交託之行李，如因自己或其受僱人之過失，致有喪失或毀損者，仍應負責（民法第六五八條）。運送人交與旅客之票、收據或其他文件上，有免除或限制運送人責任之記載者，除能證明旅客對於其責任之免除或限制

明示同意外，不生效力（民法第六五九條）。

㈡運送人之權利

旅客於行李到達後一個月內不取回其行李時，運送人得定相當期間催告旅客取回，逾期不取回者，運送人得拍賣之。旅客所在不明者，得不經催告逕予拍賣。行李有易於腐壞之性質者，運送人得於到達後，經過二十四小時，拍賣之。民法第六五二條之規定，於此二項情形，準用之（民法第六五六條）。

第十七節　承攬運送

一、承攬運送之意義

稱承攬運送人者，謂以自己之名義，為他人之計算，使運送人運送物品而受報酬為營業之人。承攬運送，除本節有規定外，準用關於行紀之規定（民法第六六〇條）。

二、承攬運送之效力

㈠承攬運送人之損害賠償責任

承攬運送人，對於託運物品之喪失、毀損或遲到，應負責任。但能證明其於物品之接收保管、運送人之選定、在目的地之交付、及其他與承攬運送有關之事項，未怠於注意者，不在此限（民法第六六一條）。其他責任，原則上準用運送人責任之規定。對於承攬運送人，因運送物之喪失、毀損或遲到所生之損害賠償請求權，自運送物交付或應交付之時起，一年間不行使而消滅（民法第六六六條）。

㈡承攬運送人之權利

1.報酬請求權及留置權

承攬運送人有報酬請求權，因而承攬運送人為保全其報酬及墊款得受清償之必要，按其比例，對於運送物，有留置權（民法第六六二條）。

2.介入權

承攬運送人，除契約另有訂定外，得自行運送物品。如自行運送，其權利義務，與運送人同（民法第六六三條）。屬於形成權之一種，其行使應以意思表示為之。若就運送全部約定價額，或承攬運送人填發提單於委託人者，視為承攬人自己運送，不得另行請求報酬（民法第六六四條）。是為介入權之擬制。

第十八節　合　夥

一、合夥之意義及性質

合夥者，謂二人以上互約出資，以經營共同事業之契約（民法第六六七條第一項）。所謂共同事業，指全體合夥人對於事業之成敗，均有共同之利害關係者而言。至於事業之種類、性質，在法律上別無限制，亦不問其為精神的或經濟的，營利的或公益的，如不違背公序良俗，均可成立合夥。

合夥契約之當事人為合夥人全體，均居於並立地位而非對立關係，權利義務相同，具有團體性，為商業上常見之型態。合夥契約之成立以合夥人平行的意思表示一致為必要，不須踐行一定方式或物之交付，故為不要式契約、諾成契約。又各合夥人之出資及協力經營之給付義務，互有對價之關係，故為雙務契約及有償契約。

二、合夥與商業登記、營利事業登記

經營商業的合夥及其分支機構須依商業登記法，向主管機關登記，發給登記證後，方得開業，但如屬小規模商業如肩挑販沿街流動販賣、家庭農林漁牧業、家庭手工業等，則免申請登記。其他非以營利為目的之合夥

經營之事業不必登記。應登記未登記而營業者，主管機關除命令停業外，處各行為人三千元以上一萬五千元以下罰鍰；拒不遵令停業者，各再處四千元以上二萬元以下罰鍰；仍拒不停業者，則處一年以下有期徒刑、拘役或科或併科五萬元以下罰金。

　　政府為課徵營利事業所得稅，營利事業必須在開始營業後十五日內向當地稅捐稽徵機關申請營利事業登記。即營利事業登記規則第三條規定有下列情形之一者，應於開始營業前，向該管稽徵機關申請營業登記：①新設立者；②因合併而另設立者；③因受讓而設立者；④因變更組織而設立者。又營業登記事項有變更者，應自事實發生之日起十五日內，填具變更登記申請書，檢同有關證件，向原登記機關變更登記。營利事業解散、廢止、轉讓或與其他營利事業合併而消滅者，應自事實發生之日起十五日內，填具註銷登記申請書，向該管稽徵機關申請註銷登記。如營利事業違反規定者，除通知限期補辦外，並依營業稅法規定處罰。

三、合夥之效力

㈠合夥之內部關係

1.合夥人之出資義務

　　合夥人既互約出資，則有出資之義務。出資之種類得為金錢或其他財產權，或以勞務、信用或其他利益代之。金錢以外之出資，應估定價額為其出資額。未經估定者，以他合夥人之平均出資額視為其出資額（民法第六六七條第二、三項）。每一合夥人出資之多寡應依合夥契約所定，因而除有特別訂定外，合夥人無於約定出資之外增加出資之義務，因損失而致資本減少者，無補充之義務（民法第六六九條）。

2.合夥之財產

　　各合夥人之出資，及其他合夥財產，為合夥人全體之公同共有（民法第六六八條）。合夥並非法人，不能獨立作為權利主體，但合夥具有濃厚之團體色彩，合夥財產係獨立存在於合夥人個人財產之外，合夥財產為合夥

債權之擔保，即①合夥人於合夥清算前，不得請求合夥財產之分析。對於合夥負有債務者，不得以其對於任何合夥人之債權與其所負之債務抵銷（民法第六八二條），否則不能達合夥人全體共同之目的。②合夥人非經他合夥人全體之同意，不得將自己之股份轉讓與第三人。但轉讓於他合夥人者，不在此限（民法第六八三條）。乃合夥契約，因合夥人彼此信任而成立，第三人非其他合夥人全體之所信任，自不應許其加入。③合夥人之債權人，於合夥存續期間內，就該合夥人對於合夥之權利，不得代位行使。但利益分配請求權，不在此限（民法第六八四條）。蓋合夥成立乃基於彼此信任，此種合夥關係所生之權利又具專屬性，自不許全體不信任之第三人代位行使。

【案例研析】

㈠甲、乙合夥經營房屋建築買賣，由甲提供資金，乙提供所有土地，各占出資額一半，約定由甲為合夥執行人。乙亦依約將土地交付甲，甲乃僱工在地上建築地上物，花費十萬元，嗣乙因聞甲前有多次詐欺前科，恐遭損失，遂擅自拆毀地上物取回土地，甲依侵權行為法則訴請乙賠償十萬元有無理由？

擬答：甲依侵權仍為法則訴請乙賠償十萬元無理由。蓋各合夥人之出資及其他合夥財產，為合夥人全體之公同共有（民法第六六八條）；各公同共有人之權利，及於公同共有物之全部，並無所謂其應有部分（三十七年上字第六四一九號判例參照），而合夥人於合夥清算前，不得請求合夥財產之分析（民法第六八二條第一項）。故本題乙之強行拆屋取回土地，係侵害合夥之權利，而非侵害甲之權利，甲應以合夥執行人身分用合夥組織名義請求賠償（七十四年五月三十一日（七四）廳民一字第四二五號函復臺高院）。

㈡丁向甲、乙、丙三人合夥經營之 A 商店賒購貨物，共計欠款五萬元，因合夥人甲尚欠丁五萬元，丁可否主張兩者互相抵銷？

擬答：按合夥財產，為達合夥人全體共同之目的而存在，故合夥財產，不可不
　　　與各合夥人之財產分離獨立，否則不能達到共同之目的，故對於合夥負
　　　有債務者，不得以其對於任何合夥人之債權相抵銷，民法第六八二條第
　　　二項訂有明文，故本題丁之主張抵銷不生效力。

3.合夥事務之執行

　　合夥之事務，除契約另有訂定或另有決議外，由合夥人全體共同執行
之。合夥之事務，如約定或決議由合夥人中數人執行者，由該數人共同執
行之。合夥之通常事務，得由有執行權之各合夥人單獨執行之❶。但其他
有執行權之合夥人中任何一人，對於該合夥人之行為有異議時，應停止該
事務之執行（民法第六七一條）。合夥人執行合夥之事務，應與處理自己事
務為同一注意。其受有報酬者，應以善良管理人之注意為之（民法第六七
二條）。又一定之事務，其有表決權之合夥人，無論其出資之多寡，推定每
人僅有一表決權（民法第六七三條）。合夥人中之一人或數人，依約定或決
議執行合夥事務者，非有正當事由不得辭任。執行合夥事務之合夥人，非
經其他合夥人全體之同意，不得將其解任（民法第六七四條）。以保障合夥
事業目的之達成及委任人。

　　執行事務之合夥人與合夥之關係，屬於委任之性質，故民法第五三七
至五四六條關於委任之規定，於合夥人之執行合夥事務準用之（民法第六
八〇條）。合夥人執行合夥事務，除契約另有訂定外，不得請求報酬（民法
第六七八條第二項）。合夥人因合夥事務所支出之費用，得請求償還（民法
第六七八條第一項）。

4.合夥事業之監督

　　無執行合夥事務權利之合夥人，縱契約有反對之訂定，仍得隨時檢查
合夥之事務及其財產狀況，並得查閱賬簿（民法第六七五條）。

5.損益分配

---

❶　例如以物品買賣為目的之合夥，關於日常物品之買入、賣出。以經營工廠為目的
　　之合夥，對於普通之訂貨等事項，不須執行業務的多數合夥人，共同執行。

合夥之決算及分配利益，除契約另有訂定外，應於每屆事務年度終為之。分配損益之成數，應依契約之所定，未經約定者，按照各合夥人出資額之比例定之；而僅就利益或僅就損失所定之分配成數，視為損益共通之分配成數，不過以勞務為出資之合夥人，除契約另有訂定外，不受損失之分配（民法第六七六、六七七條）。

【案例研析】

A、B、C 三人合夥經營文具店，A、B 二人各出資五十萬元，C 則以勞務為出資，年終結算時發現共虧損四十萬元，試問此項虧損如何分配於各合夥人？

擬答：按民法第六七七條第三項規定，以勞務為出資之合夥人，除契約另有訂定外，不受損失之分配。故本題 A、B、C 之合夥契約並無訂定 C 是否分擔損失時，自不受損失四十萬元之分配，應由 A、B 二人分擔之，其分擔數額依其約定分配，如無約定，則按出資額比例定之，即各負擔二十萬元之損失（民法第六七七條第一、二項）。

6.合夥之客觀變更

合夥之決議，應以合夥人全體之同意為之。合夥契約約定得由合夥人全體或一部之過半數決定者，從其約定。但關於合夥契約或其事業種類之變更，非經合夥人全體三分之二以上之同意，不得為之（民法第六七○條），防止少數合夥人，甚或僅合夥人中之一人，得依據契約，任意變更合夥組織，保護合夥人全體之利益。

(二)合夥之外部關係

1.合夥之代表

合夥人依約定或決議執行合夥事務者，於執行合夥事務之範圍內，對於第三人，為他合夥人之代表（民法第六七九條）。故執行業務之合夥人，對外所為營業上之法律行為，其效力直接及於合夥人全體。

2.合夥人之責任

合夥財產不足清償合夥之債務時，各合夥人對於不足之額，連帶負其責任（民法第六八一條）。乃因合夥之債務實為合夥人之公同共有債務，各合夥人應對之負補充責任。已退夥之合夥人，對其退夥前合夥所負之債務，或合夥成立後加入為合夥人者，對其加入前合夥所負之債務，亦均應負補充之連帶責任（民法第六九○、六九一條第二項）。

【案例研析】

甲、乙、丙三人合夥經營「大發機車行」，並以「大發機車行」名義，以五百萬元向丁購買店面一幢，已先付四百萬元，餘款一百萬元遲遲未交付時，丁能否請求甲一人付清餘款一百萬元？

擬答：按民法第六八一條合夥財產不足清償合夥之債務時，各合夥人對於不足之額，連帶負責。故本題丁須在「大發機車行」之財產不足清償餘款一百萬元時，始得向甲請求。

四、合夥人之退夥與入夥

(一)退　夥

退夥者乃在合夥存續中，某合夥人因一定原因退出已成立之合夥，而喪失其合夥人資格之事實。退夥原因有二：

1.聲明退夥

合夥未定有存續期間，或經訂明以合夥人中一人之終身，為其存續期間者，各合夥人得聲明退夥，但應於兩個月前通知他合夥人（民法第六八六條第一項）。退夥不得於退夥有不利於合夥事務之時期為之（同條第二項）。合夥縱定有存續期間，如合夥人有非可歸責於自己之重大事由，仍得聲明退夥，不受前二項規定之限制（同條第三項）。此時即無須先期通知，並得於不利於合夥事務之時期聲明退夥，始足以保護其利益。

2.法定退夥

合夥人之債權人，就該合夥人之股份，得聲請扣押，扣押實施後兩個月內，如該合夥人未對於債權人清償或提供相當之擔保者，自扣押時起，對該合夥人發生退夥之效力（民法第六八五條）。

又不必經該合夥人之聲明，而遇某種事項，即依法發生退夥效力者也。其事項如下：①合夥人死亡者，但契約訂明其繼承人得繼承者，不在此限；②合夥人受破產或禁治產之宣告者；③合夥人經開除者。此項開除須有正當理由，並應以他合夥人全體之同意為之，同時應通知被開除之合夥人（民法第六八七、六八八條）。

退夥之效力如下：①退夥人與他合夥人間合夥關係消滅。②退夥結算。退夥人與合夥人間之結算，應以退夥時合夥財產之狀況為準。退夥之股份，不問其出資之種類，得由合夥人以金錢抵還之。合夥事務，於退夥時尚未了結者，於了結後計算，並分配其損益（民法第六八九條）。③退夥人責任。合夥人退夥後，對於其退夥前合夥所負之債務，仍應負責（民法第六九〇條）。

(二)入　夥

入夥者乃合夥成立後，新加入合夥而為合夥人。合夥成立後，非經合夥人全體之同意，不得允許他人加入為合夥人。加入為合夥人者，對於其加入前合夥所負之債務與他合夥人負同一之責任（民法第六九一條）。

五、合夥之解散及清算

(一)解　散

解散乃終結合夥關係之程序。合夥因下列事由而解散（民法第六九二、六九三條）：

1. 合夥存續期間屆滿。唯期限屆滿後，合夥人仍繼續其事務者，視為以不定期繼續合夥契約。

2.合夥人全體同意解散。

3.合夥之目的事業已完成或不能完成。

㈡清　算

清算乃合夥解散，了結合夥法律關係，以消滅合夥之程序。合夥解散後，其清算由合夥人全體或由其所選任之清算人為之。清算人之選任，以合夥人全體之過半數決之（民法第六九四條）。數人為清算人時，關於清算之決議，應以過半數行之（民法第六九五條）。

清算人之事務有四：

1.了結現務

2.收取債權

3.清償債務

合夥財產，應先清償合夥之債務。其債務未至清償期或在訴訟中者，應將其清償所必需之數額，由合夥財產中劃出保留（民法第六九七條第一項）。清償債務，或劃出必需之數額後，其賸餘財產應返還各合夥人金錢或其他財產權之出資（同條第二項）。金錢以外財產權之出資，應以出資時之價額返還之（同條第三項）。為清償債務及返還合夥人之出資，應於必要限度內，將合夥財產變為金錢（同條第四項）。

4.分配賸餘財產

合夥財產於清償合夥債務及返還各合夥人出資後尚有賸餘者，按各合夥人受分配利益之成數分配之（民法第六九九條）。

第十九節　隱名合夥

一、隱名合夥之意義

稱隱名合夥者，謂當事人約定，一方對於他方所經營之事業出資，而分受其營業所生之利益，及分擔其所生損失之契約（民法第七○○條）。故

隱名合夥人僅出資，而不參與營業。隱名合夥人所負出資及分擔營業損失義務，與出名營業人所負分配營業利益之義務，有對價及交換性質，故為雙務及有償契約。隱名合夥，與合夥相似，除隱名合夥節另有規定外，應準用關於合夥之規定（民法第七○一條）。

二、隱名合夥之效力

㈠隱名合夥之內部關係（隱名合夥人與出名營業人間法律關係）

1.隱名合夥人出資

隱名合夥人之出資，其財產權移屬於出名營業人（民法第七○二條）。合夥之出資則屬合夥人全體之公同共有（民法第六六八條）。

2.出名營業人事務之執行

隱名合夥之事務，專由出名營業人執行之（民法第七○四條第一項）。

3.隱名合夥人監督權

隱名合夥人，縱有反對之約定，仍得於每屆事務年度終，查閱合夥之賬簿，並檢查其事務及財產之狀況。如有重大事由，法院因隱名合夥人之聲請，得許其隨時為此之查閱及檢查（民法第七○六條）。

4.損益之計算及其分配

隱名合夥人，僅於其出資之限度內，負分擔損失之責任（民法第七○三條）。出名營業人，除契約另有訂定外，應於每屆事務年度終，計算營業之損益，並應歸隱名合夥人之利益，應即支付之。應歸隱名合夥人之利益，而未支取者，除另有約定外，不得認為出資之增加（民法第七○七條）。

㈡隱名合夥之外部關係（出名營業人或隱名合夥人對於第三人間法律關係）

隱名合夥人，就出名營業人所為之行為，對於第三人不生權利義務之關係（民法第七○四條第二項）。隱名合夥人如參與合夥事業之執行，或為

參與執行之表示，或知他人表示其參與執行而不否認者，縱有反對之約定，對於第三人，仍應負出名營業人之責任（民法第七〇五條）。是為表見出名營業人之責任。

三、隱名合夥之終止

隱名合夥契約，除依民法第六八六條之規定，得聲明退夥外，因下列事項之一而終止：①存續期限屆滿者。②當事人同意者。③目的事業已完成或不能完成者。④出名營業人死亡，或受禁治產之宣告者。⑤出名營業人，或隱名合夥人受破產之宣告者。⑥營業之廢止或轉讓者（民法第七〇八條）。

隱名合夥契約終止時，出名營業人，應返還隱名合夥人之出資及給與其應得之利益。但出資因損失而減少者，僅返還其餘存額（民法第七〇九條）。

第十九節之一　合　會

一、合會之意義

稱合會者，謂由會首邀集二人以上為會員，互約交付會款及標取合會金之契約。其僅由會首與會員為約定者，亦成立合會（民法第七〇九條之一第一項）。合會既以交付會款及標取合會金為目的之契約，故會首與會員間及會員與會員間須互約交付會款及標取合會金。但習慣上亦有僅由會首與會員為約定而成立合會者。

二、合會金之意義

合會金不同於會款，為避免混淆，乃明定合會金之定義：合會金係指會首及會員應交付之全部會款（民法第七〇九條之一第二項）。

會款係會員約定每期交付之物，通常為金錢，唯亦有給付稻穀或其他

代替物（同條第三項）。

三、會首、會員之資格限制

民法第七〇九條之二：「會首及會員，以自然人為限。」（第一項）「會首不得兼為同一合會之會員。」（第二項）「無行為能力人及限制行為能力人不得為會首，亦不得參加其法定代理人為會首之合會。」（第三項）為防止合會經營企業化，致造成鉅額資金之集中，運用不慎，將有牴觸金融法規之虞，故限制會首及會員資格，非自然人不得為之。

又會首兼同一合會會員，如有後述民法第七〇九條之七第二項後段、第四項規定，「逾期未收取之會款，會首應代為給付，並於給付後有求償權。」之情形，債權債務將集一身，致使法律關係混淆且易增倒會事件發生，故限制會首不得兼為同一合會之會員。

會首在合會中占重要地位，其對會員負有甚多義務，如主持標會、收取會款、代為給付等義務。無行為能力人及限制行為能力人思慮未周、處事能力不足，又通常資力有限，尚難有擔任會首之能力。故限制無行為能力人及限制行為能力人不得為會首。

又為維持合會之穩定，遏止倒會之風，無行為能力人及限制行為能力人亦不得參加其法定代理人為會首之合會。

四、合會會單應記載事項及簽名

民間合會習慣上類多訂立會單，但記載事項多不一致，為期合會正常運作，減少糾紛，及防止冒標、虛設會員，保障入會人權益，實有必要明定會單應記載事項及簽名之規定，故增訂民法第七〇九條之三：「合會應訂立會單，記載左列事項：一、會首之姓名、住址及電話號碼。二、全體會員之姓名、住址及電話號碼。三、每一會份會款之種類及基本數額。四、起會日期。五、標會期日。六、標會方法。七、出標金額有約定其最高額或最低額之限制者，其約定。」（第一項）「前項會單，應由會首及全體會員簽名，記明年月日，由會首保存並製作繕本，簽名後交每一會員各執一份。」

（第二項）

　　會員如事實上已交付首期會款，雖未完成前述訂立會單及簽名等法定方式，為緩和合會要式性過於僵化，乃規定「其合會契約視為成立」（民法第七○九條之三第三項）。

五、標會之主持人及場所

　　合會既係由會首邀集會員而成立之契約，標會為合會之主要事務，應由會首依約定之期日及方法主持。會首因暫時性事故不能主持標會，亦應有補救措施規定。又標會之場所也應有所規定，乃增訂民法第七○九條之四：「標會由會首主持，依約定之期日及方法為之。其場所由會首決定並應先期通知會員。」「會首因故不能主持標會時，由會首指定或到場會員推選之會員主持之。」

六、標會之方法

　　㈠首期合會金：首期合會金不經投標，由會首取得（民法第七○九條之五）。

　　㈡其餘各期合會金：由得標會員取得（民法第七○九條之五），其標會方法如下：每期標會，每一會員僅得出標一次，以出標金額最高者為得標。最高金額相同者，以抽籤定之。但另有約定者，依其約定。例如約定以先開出之人為得標，則以先開出之人為得標人。如無人出標時，除另有約定外，以抽籤定其得標人。每一會份限得標一次（民法第七○九條之六）。所謂另有約定，例如約定以會單上名冊次序前者得標或依擲骰點數高者得標是。

七、會款之交付期限、代墊及毀損喪失效果

　　會員應於每期標會後三日內交付會款。會首應於此期限內，代得標會員收取會款，連同自己之會款，於期滿之翌日前交付得標會員。逾期未收取之會款，會首應代為給付（民法第七○九條之七第一、二項）。以便得標

會員早日取得會款,保障得標會員權益。又因會首享有首期合會金之利益,故會首有收取會款及逾期未收之會款有代為給付會款之義務。但會首代為給付後,得請求未給付之會員附加利息償還之(同條第四項)。

會首收取會款在未交付得標會員前,發生合會金不見、毀損之情形,何人應負責亦應予以規範,故在民法第七○九條之七第三項規定:「會首依前項規定收取會款,在未交付得標會員前,對其喪失、毀損,應負責任。但因可歸責於得標會員之事由致喪失、毀損者,不在此限。」

八、會首、會員權利義務移轉之限制

會首非經會員全體之同意,不得將其權利及義務移轉於他人。

會員非經會首及會員全體之同意,不得退會,亦不得將自己之會份轉讓於他人(民法第七○九條之八)。

前所稱「移轉」、「轉讓」係指依法律行為而移轉或轉讓,不包括繼承在內。故如有會首、會員發生死亡,其權利,依繼承法則規定處理。

九、會首倒會之效果

因會首破產、逃匿或其他事由致合會不能繼續進行時,會首及已得標會員應給付之各期會款,應於每屆標會期日平均交付於未得標之會員。但另有約定者,依其約定(民法第七○九條之九第一項),例如約定已得標會員應交付之各期會款,於未得標會員中以抽籤決定取得人或已得標會員將全部會款一次付出,一次平均分配於未得標會員,依契約自由原則,自應從其約定。如會首破產、逃匿等事由未繼續交付會款,已得標會員對此部分無須分攤給付。未得標之會員得共同推選一人或數人處理相關事宜(同條第四項)。

會首或已得標會員應平均交付於未得標會員之會款遲延給付,其遲付之數額已達兩期之總額時,該未得標會員得請求給付全部會款(同條第三項)。

會首破產、逃匿或有其他事由致合會不能繼續進行時,會首之給付會

款及擔保付款之責任不能減免及為兼顧未得標會員之權益，民法第七〇九條之九第二項規定：「會首就已得標會員依前項規定應給付之各期會款，負連帶責任。」

第二十節　指示證券

一、指示證券之意義及性質

稱指示證券者，謂指示他人將金錢、有價證券、或其他代替物給付第三人之證券。為指示之人，稱為指示人。被指示之他人，稱為被指示人。受給付之第三人，稱為領取人（民法第七一〇條）。指示證券為有價、債權、無因及文義證券。證券與證書之區別在前者係指記載財產之書據，將權利包括於證券之內，如票據是；後者則係證明特定權利關係或法律事實之存在及其內容之文書，非直接左右權利關係，如借據、結婚證書。

二、指示證券之效力

㈠被指示人與領取人之關係

被指示人，向領取人承擔所指示之給付者，有依證券內容，而為給付之義務。被指示人承擔後，僅得以本於指示證券之內容，或其與領取人間之法律關係所得對抗領取人之事由，對抗領取人（民法第七一一條）。是為抗辯之限制，乃指示證券無因性之表現。

㈡指示人與領取人之關係

指示人為清償其對於領取人之債務，而交付指示證券者，其債務於被指示人為給付時消滅。於此情形，債權人既已受領指示證券，則不得請求指示人就原有債務為給付。但於指示證券時所定期限內，其未定期限者，於相當期限內，不能由被指示人領取給付者，不在此限。債權人（受領人）

不願由其債務人（指示人）受領指示證券者，應即時通知債務人（民法第七一二條）。被指示人對於指示證券，拒絕承擔或拒絕給付者，領取人應即通知指示人（民法第七一四條）。

(三)指示人與被指示人之關係

被指示人雖對於指示人負有債務，亦無承擔其所指示給付或為給付之義務，已向領取人為給付者，就其給付之數額，對於指示人，免其債務（民法第七一三條）。

三、指示證券之讓與

領取人得將指示證券讓與第三人。但指示人於指示證券有禁止讓與之記載者，不在此限。指示證券之讓與，應以背書為之。被指示人，對於指示證券之受讓人已為承擔者，不得以自己與領取人間之法律關係所生之事由，與受讓人對抗（民法第七一六條）。如此方足以保護受讓人，並加強指示證券之流通性。

四、指示證券之消滅

(一)指示證券之給付

指示證券一經被指示人向證券持有人，依其內容為給付，則持有人應將證券交還於為給付之人，於是指示證券則歸消滅。

(二)指示證券之撤回

1.任意撤回
指示人於被指示人未向領取人承擔所指示之給付或為給付前，得撤回其指示證券。其撤回應向被指示人以意思表示為之（民法第七一五條第一項）。

2.擬制撤回

指示人於被指示人未承擔或給付前，受破產宣告者，其指示證券，視為撤回（民法第七一五條第二項）。

㈢消滅時效完成

指示證券領取人或受讓人，對於被指示人因承擔所生之請求權，自承擔之時起，三年間不行使而消滅（民法第七一七條）。

㈣宣告無效

指示證券遺失、被盜、或滅失者，法院得因持有人之聲請，依公示催告之程序，宣告無效（民法第七一八條）。

第二十一節　無記名證券

一、無記名證券之意義

稱無記名證券者，謂持有人對於發行人得請求其依所記載之內容為給付之證券（民法第七一九條）。無記名證券與票據法上之無記名本票相當。其與指示證券不同者在於：①前者由發行人自己給付，屬於自付證券，後者係指示他人為給付，屬於委託證券。②前者之標的無限制，可為金錢、有價證券、商品等，後者則以金錢、有價證券及其代替物為限。③前者因交付而轉讓，後者須有背書始能轉讓。

二、無記名證券之發行與流通

㈠無記名證券發行人給付與不得給付之義務

無記名證券發行人，於持有人提示證券時，有為給付之義務，但知持有人就證券無處分之權利或受有遺失、被盜或滅失之通知者，不得為給付。發行人依前述之規定已為給付者，雖持有人就證券無處分之權利，亦免其

債務（民法第七二〇條）。

㈡無記名證券喪失之通知及通知之失效

無記名證券持有人向發行人為遺失、被盜或滅失之通知後，發行人不得為給付，持有人如未進一步依民法第七二五條規定向法院聲請公示催告程序，恐久延時日致損及他人利益，乃增訂民法第七二〇條之一規定：無記名證券持有人向發行人為遺失、被盜或滅失之通知後，未於五日內提出已為聲請公示催告之證明者，其通知失其效力（第一項）。持有人於公示催告程序中，經法院通知有第三人申報債權而未於十日內向發行人提出已為起訴之證明者，亦同（第二項）。

㈢無記名證券發行人之責任

無記名證券發行人，其證券雖因遺失、被盜、或其他非因自己之意思，而流通者，對於善意持有人，仍應負責。無記名證券，不因發行在發行人死亡或喪失能力後，失其效力（民法第七二一條）。以促進證券之流通及保護交易安全。

㈣無記名證券發行人之抗辯權

無記名證券發行人，僅得以本於證券之無效，證券之內容，或其與持有人間之法律關係所得對抗持有人之事由，對抗持有人。但持有人取得證券出於惡意者，發行人並得以對持有人前手間所存抗辯之事由對抗之（民法第七二二條）。

㈤無記名證券之交還義務

無記名證券持有人請求給付時，應將證券交還發行人。發行人依此項規定收回證券時，雖持有人就該證券無處分之權利，仍取得證券之所有權（民法第七二三條）。足見無記名證券係返還證券。

㈥無記名證券之換發

無記名證券，因毀損或變形不適於流通，而其重要內容及識別記號仍可辨認者，持有人得請求發行人，換發新無記名證券。前項換發新無記名證券之費用，應由持有人負擔。但證券為銀行兌換券，或其他金錢兌換券者，其費用應由發行人負擔（民法第七二四條）。

三、無記名證券之消滅

㈠無記名證券之給付

無記名證券一經給付，即歸於消滅（民法第七二〇條）。

㈡無記名證券之喪失

無記名證券遺失、被盜或滅失者，法院得因持有人之聲請，依公示催告之程序，宣告無效。上項情形，發行人對於持有人，應告知關於實施公示催告之必要事項，並供給其證明所必要之材料（民法第七二五條）。無記名證券定有提示期間者，如法院因公示催告聲請人之聲請，對於發行人為禁止給付之命令時，停止其提示期間之進行。前項停止，自聲請發前項命令時起，至公示催告程序終止時止（民法第七二六條）。

【案例研析】

A 在路上拾獲由 B 所發行之應給付新臺幣十萬元之無記名證券，乃持之請求 B 給付十萬元，B 應否對 A 給付？

擬答：按無記名證券發行人，於持有人提示證券時，有為給付之義務，但知持有人就證券無處分之權利或受有遺失、被盜或滅失之通知者，不得為給付（民法第七二〇條第一項），故本題 B 應否對 A 給付，端看 B 是否有但書情形，如無時，則 B 有給付義務，此時，雖 A 就證券無處分之權利，B 亦免其十萬元債務（同條第二項）。

第二十二節 終身定期金

一、終身定期金契約之意義

稱終身定期金契約者，謂當事人約定，一方於自己或他方，或第三人生存期內，定期以金錢給付他方或第三人之契約（民法第七二九條）。

二、終身定期金契約之訂立

終身定期金契約之訂立，應以書面為之（民法第七三〇條）。故為要式契約。未經訂立書面者無效（民法第七三條）。

三、終身定期金契約之效力

(一)終身定期金契約之存續期間

終身定期金契約，或以債權人、或以債務人、或以第三人之生存期間為存續期間（民法第七二九條）。關於期間有疑義者，推定其為債權人生存期內，按期給付（民法第七三一條第一項）。

(二)終身定期金之給付金額

終身定期金契約之給付金額，依契約之內容，或為月額，或為季額，或為年額。契約所定之金額，有疑義時，推定其為每年給付之金額（民法第七三一條第二項），即所謂年金是也。

(三)終身定期金之給付時期

終身定期金，除契約另有訂定外，應按季預行支付。依其生存期間而定終身定期金之人，如在定期金預付後，該期限屆滿前死亡者，定期金債

權人，取得該期金額之全部（民法第七三二條）。

㈣終身定期金權利之移轉

終身定期金之權利，除契約另有訂定外，不得移轉（民法第七三四條）。蓋終身定期金之權利，原則上具有專屬性。

四、終身定期金契約之消滅

終身定期金契約之關係，以其生存期為標準之人死亡而終止。惟如其死亡之事由，應歸責於定期金債務人時，法院因債權人或其繼承人之聲請，得宣告其債權在相當期限內，仍為存續（民法第七三三條）。

【案例研析】

甲與乙約定，由甲每年給付乙十萬元至乙死亡時為止，乙於五十五歲時，甲駕車不慎將乙撞死，試問該定期金契約是否因之消滅？

擬答：按終身定期金契約，為當事人約定，一方於自己或他方或第三人生存期限內，定期以金錢給付他方或第三人之契約（民法第七二九條），故終身定期金契約是以其生存期為標準之人死亡而終止。唯民法第七三三條有特別規定：「因死亡而終止定期金契約者，如其死亡之事由，應歸責於定期金債務人時，法院因債權人或其繼承人之聲請，得宣告其債權在相當期限內仍為存續。」甲駕車不慎將乙撞死，故乙之死亡應歸責於甲（定期金債務人），乙之繼承人可向法院聲請，宣告使其債權在相當期限內仍為存續。

第二十三節　和　解

一、和解之意義及性質

在日常生活裡，人與人發生衝突是難免的，解決衝突之方法大致有二，一是用強制之方法解決，即提起民、刑事訴訟，經由強制執行及刑罰來強制解決，極少數例外容許自力救濟。二是和解，即糾紛之當事人互相容忍、讓步，獲得和平解決，而依和解方式終止爭執或防止爭執發生，依此方式，解決糾紛者占絕大多數，此種方式即為本節所述之和解。

和解者，當事人約定，互相讓步，以終止爭執或防止爭執發生之契約（民法第七三六條）。所謂爭執是指當事人對於一定法律關係之存否或其內容、範圍、效力等，為相反而不能並存的主張。例如甲、乙關於借款數額或侵權行為損害數額等有爭執，互讓於中間某特定數額，作為返還依據，甲、乙即成立和解。

和解之內容，為雙方互相讓步，其目的則在終止或防止爭執，其間互有給付之義務，且互為對價，故為雙務契約及有償契約。又和解因雙方當事人之合意而成立，不以訂立書面為必要，也不限依一定方式，故為諾成契約及不要式契約。

二、和解契約之效力

(一)創設的效力

和解有使當事人所拋棄的權利消滅，及使當事人取得和解契約所訂明權利之效力（民法第七三七條），包括消極的消滅原有權利及積極的創立新的權利。例如甲、乙對其間借貸數額有爭執，乃行和解，合意甲對乙有債權五千元，則不問實際上乙原欠甲多少錢，從此乙就是欠甲五千元。

㈡確定的效力

和解契約合法成立後，兩造當事人即均應受該契約之拘束，縱使一造因而受不利益之結果，亦不得事後反悔，更就和解前之法律關係再行主張，是為和解之確定效力。但當事人若利用和解而為脫法行為時，如賭債和解，其和解仍因違反公序良俗而不生效力。

【案例研析】

甲駕車撞及前行之乙，致乙之機車毀損，當場雙方約定：「⑴甲賠償乙機車修理費××元。⑵乙不得要求甲賠償醫藥費。」嗣於翌日乙因腦震盪發作入院治療花費甚鉅，乙乃再度向甲洽商，經多次折衝，甲同意酌給乙醫藥費，唯其數目如何，迄未達成協議。乙乃依一般侵權行為之法律關係向甲索賠，甲則以前經和解乙不得要求醫療費為辯。問孰有理由？

擬答：和解乃當事人約定互相讓步，以終止爭執或防止爭執發生之契約，且和解有使當事人所拋棄之權利消滅及使當事人取得和解契約所訂明權利之效力（民法第七三七條），本件交通事故發生後，雙方已有約定，似已成立訴訟外之和解，乙不能再依一般侵權行為之法律關係索賠。乙因腦震盪入院治療花費甚鉅，乃再續與甲洽商，幾經折衝，甲同意酌給醫藥費，雙方對於數目雖未達成協議，唯對於重要爭點，似已合致，即在乙所支付醫藥費之範圍內酌給，乙僅得就第二次成立之和解契約請求甲履行（七十三年八月二十八日（七三）廳民一字第〇六七二號函復臺高院）。

㈢和解效力以雙方欲求解決之爭點為限

和解因具創設的效力，故認定和解之範圍，應以當事人相互間欲求解決的爭點為限，至於其他爭點，或尚未發生爭執的法律關係，雖與和解事件有關，如當事人並無欲求一併解決的意思，則不能因其權利人未表示保留其權利，而認該權利已因和解讓步，視為拋棄而消滅。

【案例研析】

甲負債甚多，無力償還。乃邀集債權人開會商談。會議中多數債權人同意以原債權額之半數受償。某乙雖到場開會，但反對該決議，嗣後並訴請某甲清償債務。某甲辯稱依債權人會議決議僅須清償債權額半數即可，抗辯是否有理？

擬答：本題債權人會議所為同意債務人折半清償債權之決議，論其性質係屬民法上之和解，僅能對同意該決議之當事人有拘束力，其既非依破產法所定程序所為之和解，自無破產法第三六條之適用。故債務人某甲對反對該決議之債權人某乙仍應就全部債務負清償之責。某甲之抗辯無理由（七十三年九月八日（七三）廳民一字第七〇五號函復臺高院）。

三、和解與其他相類似概念

㈠和解與協議

協議在民法上常見使用，如共有物分割之協議、法定地上權地租之協議。協議係法律行為之一種，具有契約性質，但不一定為和解。沒有爭執的協議非和解，必有爭執或防止爭執之發生之協議，才構成和解。

㈡和解與仲裁

仲裁制度設置之目的也在解決當事人爭執，但方法不同，不以雙方當事人讓步為必要，而近似裁判，但又不透過司法機關，而是由約定之仲裁人仲裁之，其所作成之判斷書就當事人間與法院的確定判決書有同一效力，但仍須聲請法院為執行裁定後，才可強制執行。

㈢和解與調解

調解有二，即訴訟上調解與訴訟外調解。其目的與和解相同，都在平

息爭端。但調解必須由第三人居中斡旋，而和解非必如此，是其不同之處。訴訟上調解是法院因當事人之聲請或法律上規定，於起訴前就有爭議之民事事件，勸諭杜息爭執，由當事人自行成立合意，以避免訴訟之程序。調解須在法院為之且發生訴訟上之效果。例如因不動產之界線或設置界標，又如離婚、夫妻同居之訴訟等。至於訴訟外之調解主要有二，①鄉鎮調解：鄉鎮調解委員會所做的調解，其調解書經法院核定後，聲請人就該事件不可再行自訴或起訴、告訴，且具有執行名義之效力。②勞資爭議之調解：僱主與工人團體或工人發生爭議時，由勞資爭議調解委員會調解，調解成立時視同爭議當事人間之契約。

㈣其他相類似概念

如民事訴訟法上和解、破產法上和解與調解、耕地三七五減租條例之調處等有些與民法上和解十分相似且彼此有關而容易混淆，有些看似相同，實又不同。唯可覺察出法律希望由當事人互相讓步來解決紛爭，而不輕易進行訴訟，事實上和解較諸訴訟，往往更能符合雙方當事人之意願。

四、和解之無效與消滅

㈠和解之無效

和解既為法律行為之一種，自應適用關於一般法律行為之規定。如和解內容違反強行規定、禁止規定或違反公序良俗者，和解無效（民法第七一、七二條）。

㈡和解之合意解除

和解雖不得片面事後反悔，但如經雙方合意解除自無不可，故當事人兩造皆不願維持和解契約之效力而合意解除，該和解契約即失效，自不能再依已合意解除之契約來主張權義。

㈢和解之撤銷

和解契約之當事人因被詐欺或被脅迫而為和解之約定，在法定除斥期間內撤銷其約定，使和解契約自始喪失效力（民法第九二、九三條）。但和解係出於錯誤而撤銷，民法第七三八條設有特別規定，不適用民法總則第八八、八九條之一般規定。民法第七三八條：「和解不得以錯誤為理由撤銷之。但有左列事項之一者，不在此限：一、和解所依據之文件，事後發見為偽造或變造，而和解當事人若知其為偽造或變造，即不為和解者。二、和解事件，經法院確定判決，而為當事人雙方或一方於和解當時所不知者。三、當事人之一方，對於他方當事人之資格或對於重要之爭點有錯誤，而為和解者。」

由此可知原則上和解不可以錯誤為由而撤銷，以確保和解之效力，例外具有上述三種情形之一者，可以撤銷，以維護真實符合主義，保護當事人之利益。

第二十四節　保　證

一、保證之意義及性質

為擔保債務履行，通常之方式有二，即所謂「物保」與「人保」，物保就是設定擔保物權，例如抵押權、質權，專供為履行債務之擔保，債務不履行時，債權人即可直接處分擔保物，以獲得滿足。人保即找個人，以其財產作擔保，如債務人不履行債務時，由保證人代負履行債務，此即本節所述之保證。

保證者，謂當事人約定，一方（保證人）於他方（債權人）之債務人不履行債務時，由其代負履行責任之契約（民法第七三九條）。保證契約為保證人與債權人間所訂立之契約，而被保證之他方（債權人）之債務人稱主債務人。所謂債務人不履行債務，指主債務人給付遲延，或因可歸責於

主債務人之事由致不能履行之情形。

　　保證契約，因保證人與債權人間意思表示合致而成立，不須書面或踐履一定方式，故為諾成契約、不要式契約❶。保證契約通常僅約定保證人對債權人負保證債務，而債權人一般不負擔何種債務，故為單務契約。又保證人向債權人為給付時，通常並不自債權人處取得對待利益，故為無償契約。保證契約係附隨於主債務契約而發生，以主債務之存在為前提，不能獨立存在，是為從契約。保證人於主債務人不履行時，始負代償之責，乃為補充性契約。保證契約並不因其原因關係（乙、丙間關係）之存否而影響保證之效力，如下圖，甲債權人，丙保證人。甲、丙存有保證契約，乙主債務人，甲、乙存有主債務關係，丙之所以為乙擔保，是因乙、丙間的原因關係，可能出於委任（如乙、丙有親戚朋友關係），可能出於無因管理（如丙送昏迷路人乙就醫並與甲醫院簽保證契約保證乙給付醫療費用），但不論何種原因關係，有效與否，均不影響甲、丙間之保證，故保證是無因契約。

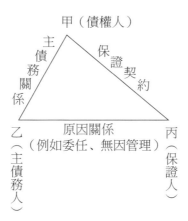

---

❶　保證為信用契約，為免日後糾紛，舉證困難，習慣上多訂立保證書，但不害其為不要式契約之性質。又「對保」乃債權人查證保證人之資格、身分等之程序，與保證之成立與否，並無影響，保證人不得以債權人對保遲延而為免除保證責任之論據。

二、保證之效力

㈠保證人與債權人間之關係

1.保證責任之範圍

保證契約係從契約、從債務，故保證債務之責任範圍應與主債務之範圍相同，除契約另有訂定外，包括主債務之利息、違約金、損害賠償及其他從屬於主債務之負擔（民法第七四○條），保證人之負擔，較主債務人為重者，應縮減至主債務之限度（民法第七四一條）。債權人向主債務人請求履行，及為其他中斷時效之行為，對於保證人亦生效力，此乃「從隨主原則」之表現。

2.保證人權利不得預先拋棄

保證人之權利有一般抗辯權（民法第七四二條）、拒絕清償權、先訴抗辯權等，保證契約雖為從契約，唯目前社會上甚多契約均要求保證人預先拋棄一切權利，對保證人構成過重之責任，有失公平，為避免此種不公平現象，乃增訂民法第七三九條之一規定：「本節所規定保證人之權利，除法律另有規定外，不得預先拋棄。」所謂法律另有規定，如民法第七四六條第一款保證人得拋棄先訴抗辯權。

3.保證人之抗辯與主張抵銷

⑴基於主債務人所有之抗辯權：依民法第七四二條：「主債務人所有之抗辯，保證人得主張之。主債務人拋棄其抗辯者，保證人仍得主張之。」所謂保證人得主張主債務人所有之抗辯，是指主債務人所有與主債務自身之發生、消滅、履行有牽連關係之抗辯❷，因其效力當然及於有從屬性之保證債務，故亦得由保證人主張之。主債務人所有之抗辯，可分為三類：①權利不發生之抗辯，包括主債務之原因行為無效與原因事實未發生。權利

---

❷ 例如：①當事人無行為能力等原因而保證人主張債務無效。②債務因清償或其他原因而消滅，保證人主張債務消滅。③契約互負債務，他方未為對待給付前，得拒絕自己給付等抗辯，保證人亦得加以援用主張。

不發生，自無主債務，則保證債務當然不發生。保證人明知主債務係屬因行為能力之欠缺而為無效之債務，乃猶為之保證，此時仍應視為有效之保證債務，以保護債權人之利益（民法第七四三條）。②權利已消滅之抗辯，如因清償而消滅主債務。③拒絕給付之抗辯，如同時履行抗辯、不安之抗辯等延期性之抗辯及時效消滅抗辯等永久性的抗辯。反之，債權人向主債務人請求履行，及為其他中斷時效之行為，對於保證人亦生效力（民法第七四七條）。

　　主債務人對債權人有債權者，保證人得否以之主張抵銷，學者及實務見解不一，為避免保證人於清償後向主債務人求償困難，增訂民法第七四二條之一：「保證人得以主債務人對於債權人之債權，主張抵銷。」

　　(2)先訴抗辯權：保證人於債權人未就主債務人之財產強制執行而無效果前，對於債權人得拒絕清償（民法第七四五條），此之謂保證人之先訴抗辯權，又稱檢索抗辯權、先索抗辯權。保證人之所以有先訴抗辯權，乃因保證債務為從債務，債權人應先向主債務人請求清償，於未向主債務人請求之前，不得向保證人請求，故其性質屬於延期性之抗辯。先訴抗辯權只在保證契約時存在，非存在於一切契約中，應予注意。又有下列各款情形之一者，保證人不得主張先訴抗辯權，①保證人拋棄前條之權利者；②保證契約成立後，主債務人之住所、營業所或居所有變更，致向其請求清償發生困難者；③主債務人受破產宣告者；④主債務人之財產不足清償其債務者（民法第七四六條），以兼顧債權人之利益。

【案例研析】

　　甲向某銀行貸款，由乙提供房屋設定抵押予銀行，並委託丙為連帶保證人，因甲屆期未償，銀行對丙起訴請求代為清償，丙以銀行應先拍賣抵押物，如有不足始可向其請求，丙之抗辯有無理由？

擬答：無理由。債務人甲向銀行之貸款屆期未償還，債權人（銀行）就甲之財產強制執行而無效果，轉而向保證人請求時，保證人（乙或丙）即不得主張先訴抗辯權。又物上保證人乙與保證人丙之地位，依一般學者通說

認為並無差別，故銀行向保證人請求代為清償，丙以銀行應先就擔保物拍賣，如有不足始可向其請求之抗辯無理由。

(二)保證人與主債務人間之關係

1.保證人之求償權及代位權

保證人履行保證責任後，得依委任或無因管理之規定，向主債務人請求償還，是為保證人之求償權。原則上保證人所能向主債務人求償的範圍，只及於主債務人所受之免責額（即原來主債務的額度），如保證人實際上所為之給付大於主債務人的免責額，則仍以實際代償的數額為限，向主債務人主張返還。保證人向債權人為清償後，債權人對於主債務人之債權，於其清償之限度內，承受債權人對於主債務之債權。但不得有害於債權人之利益（民法第七四九條），是為保證人之代位權。此代位權當然代位，其債權當然移轉（法定移轉），而不須通知債務人，代位後之債權與原來債權完全相同，包括原債權之一切附隨權利及瑕疵一併移轉；反之，主債務人對原債權人之原有的抗辯依然存在。

2.保證責任除去請求權

保證人受主債務人之委任，而為保證者，有下列各款情形之一時，得向主債務人請求除去其保證責任，是為保證人之保證責任除去請求權。

⑴主債務人之財產顯形減少；

⑵保證契約成立後，主債務人之住所、營業所或居所有變更，致向其請求清償發生困難者；

⑶主債務人履行債務遲延者；

⑷債權人依確定判決得令保證人清償者（民法第七五〇條第一項）。

應注意者為保證人之此種權利，僅限於保證人受主債務人委任而為保證時始有之。

另外依民法第七五〇條第二項，主債務人，於債務未屆清償期者，可提出相當的擔保給保證人，以代保證責任之除去。亦應注意者是主債務人

為此行為後，並不使保證人的保證責任消滅，只是在可能遭受的損害，得有擔保而已。

三、保證之消滅

保證債務，除了依一般債務消滅原因，如契約解除、意思表示撤銷及解除條件成就外，尚有下列原因：

㈠主債務消滅

保證係從債務，因主債務之消滅（如清償、免除、抵銷、混同、提存）而當然隨之消滅。

㈡債權人拋棄擔保物權

債權人拋棄為其債權擔保之物權者，保證人就債權人所拋棄權利之限度內，免其責任（民法第七五一條）。

【案例研析】

A 向甲借款，由 B 提供房屋設定抵押，並由 C 為連帶保證人，嗣甲拋棄對房屋之抵押權，向 C 請求代償，C 以保證債務已消滅抗辯，所辯是否有理由？

擬答：　按民法第七五一條：「債權人拋棄為其債權擔保之物權者，保證人就債權人所拋棄權利之限度內，免其責任。」故 C 得主張於甲拋棄對 B 之房屋抵押權之限度內免除保證責任，但不得主張保證責任因甲拋棄抵押權而全部免除。

㈢定期保證怠於請求

約定保證人僅於一定期間內為保證者，如債權人於其期間內，對保證人不為審判上之請求，保證人免其責任（民法第七五二條）。

㈣不定期保證經催告後怠於請求

保證未定期間者，保證人於主債務人清償期屆滿後，得定一個月以上之相當期限，催告債權人於其期限內，向主債務人為審判上之請求。債權人不於此項期限內向主債務人為審判上之請求者，保證人免其責任（民法第七五三條）。

㈤連續債務保證經終止保證契約

就連續發生之債務為保證，而未定有期限者，保證人得隨時通知債權人終止保證契約，於此情形，保證人對於通知到達債權人後所發生之主債務人之債務，不負擔保責任（民法第七五四條）。

㈥債權人未經保證人同意而允許主債務人延期清償

就定有期限之債務為保證者，如債權人允許主債務人延期清償時，保證人除對於其延期已為同意外，不負保證責任（民法第七五五條）。

【案例研析】

租賃定有期限之保證人，於租賃契約已依民法第四五一條之規定視為不定期限，以後就承租人給付租金之義務，是否仍負保證責任？

擬答：就定有期限之債務為保證者，如債權人允許主債務人延期清償時，保證人除對於其延期已為同意外，不負保證責任，乃因租約有期，責任有限，若竟因出租人之不即表示反對承租人繼續使用收益租賃物，而應無期限負擔保證責任，決非保證人之原意，亦非保證契約當事人於訂約時之真意，故除能證明保證人對於已續為不定期限之租約另為同意之保證者外，保證人應不再負保證責任（臺中地院六十五年三月）。

四、特殊保證

㈠共同保證

　　共同保證者乃數保證人就同一債務所為之保證，又稱「保證連帶」。共同保證人之責任，依民法第七四八條：「數人保證同一債務者，除契約另有訂定外，應連帶負保證責任。」可知共同保證係保證人間之連帶，而非保證人與主債務人間之連帶，故各保證人對於債權人仍有先訴抗辯權。

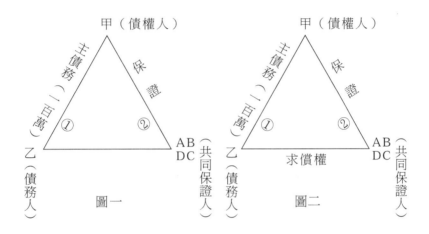

　　圖一所示為A、B、C、D四人，就甲、乙間一百萬元之債務，共同保證，在這種情形，甲應先向乙請求給付（一百萬元），如執行無效果，才可轉向共同保證人，如圖中標示①與②。又A、B、C、D四人間既負連帶責任，原則上依民法第二八〇條應平均分擔債務，每個人應分擔部分為二十五萬元，超過此限度之給付，對他保證人即可求償（民法第二八一條）。

　　圖二乙對甲負債務一百萬元，A、B、C、D四人共同保證。如果屆期乙無法清償，甲轉向保證人請求。A較富有，償還甲一百萬元而消滅了乙的債務，此時A、B、C、D既是共同保證，四人依連帶之債的規定，在無特約的情況下，每人應分擔額是二十五萬元，A可向B、C、D各求償二十五萬元，再向乙求償二十五萬元，A也可以直接向乙求償一百萬元。如果

B、C、D 向 A 各給付二十五萬元後，也可再向乙求償二十五萬元。

㈡連帶保證

連帶保證者乃保證人與債權人約定，與主債務人負連帶責任之保證。連帶保證人既與債務人負連帶責任，因此不待約定放棄先訴抗辯權，即當然沒有先訴抗辯權。但保證人於清償債權人後，對主債務人則有代位權及求償權，其情形與一般保證相同。但不同於一般連帶債務人可相互求償，此只有連帶保證人對於主債務人有求償權。

圖三

圖三所示，丙為乙連帶保證人，甲對乙之債權為一百萬，因丙是連帶保證人，故無先訴抗辯權可言，甲可對乙或丙或同時對乙丙請求一百萬元，故圖三，未如圖一分示①②，理由即在此。而乙、丙間之求償關係也是單向的，如圖所示，僅丙可向乙求償。兩圖比較，可知共同保證人與連帶保證人，在內部與外部之關係上都有不同。換言之，共同保證僅保證人之間連帶，與主債務人乙間尚無連帶關係，仍享有先訴抗辯權。連帶保證乃保證人與主債務人連帶，喪失先訴抗辯權。

【案例研析】

甲、乙、丙三人共同連帶保證丁向銀行之借款債務，因丁屆期不清償，另由甲代為清償完畢，問甲可否向乙、丙求償？

擬答：本題丁之債務由甲代為清償完畢，致乙、丙同時免責，甲自得依民法第二八〇條本文及第二八一條第一項規定，向乙、丙求償其應分擔之部分。

(三)信用委任

信用委任者乃委任他人，以該他人之名義及其計算，供給信用於第三人。例如甲委任乙，以乙之名義及其計算，供給信用於第三人丙，即由乙借款若干於丙是，此種情形，實具有擔保債務性質，故甲對於乙應負保證之責（民法第七五六條）。

第二十四節之一 人事保證

一、增訂本節之目的

人事保證一般又稱職務保證、身元保證。乃當事人約定，一方於他方之受僱人將來因職務上之行為而應對他方為損害賠償時，由其代負賠償責任之契約。人事保證在我國社會上已行之有年。自民國五年大理院上字第一〇三二號判決以來，實務上迭見相關案例，學說亦有論述此種契約，唯現行民法尚無任何規定，為使當事人間權利義務臻於明確，乃增本節規定。

二、人事保證之意義及性質

民法第七五六條之一：「稱人事保證者，謂當事人約定，一方於他方之受僱人將來因職務上之行為而應對他方為損害賠償時，由其代負賠償責任之契約。」人事保證乃係僱傭或其他職務關係中將來可能發生之債務所為，具有繼續性與專屬性，而獨立負擔損害賠償責任之一種無償單務特殊保證

契約，唯仍係就受僱人之行為而代負損害賠償責任。人事保證人責任範圍為他方受僱人將來因職務之行為而應負之損害賠償責任，不及於僱用人對受僱人之求償，亦不及於非損害賠償債務（例如受僱人因故逃匿而代為搜尋）。

　　為示慎重，並減少糾紛，在本條第二項規定：「前項契約，應以書面為之。」故為要式契約之一種。

三、人事保證人之責任限制

　　人事保證為無償單務契約，對保證人至為不利，為減輕保證人責任，增訂第七五六條之二：「人事保證之保證人，以僱用人不能依他項方法受賠償者為限，負其責任。」故如僱用人能依他項方法獲得賠償者，例如僱用人已由受僱人或第三人提供不動產就受僱人職務上行為所致損害為僱用人設定最高限額抵押權或僱用人已就受僱人之不誠實行為參加保證保險是，自應要求僱用人先依各該方法求償，其有不能受償或不足受償，始令保證人負其責任。

四、人事保證之期間及更新

　　人事保證契約係以將來內容不確定之損害賠償債務為保證對象，對於保證人至為不利，乃酌予縮短期間限制及未定期間之效力，增訂第七五六條之三：「人事保證約定之期間，不得逾三年。逾三年者，縮短為三年。」「前項期間，當事人得更新之。」「人事保證未定期間者，自成立之日起有效期間為三年。」

　　人事保證期間有定期間者，最長期間為三年，超過此期間者縮短為三年；未定期間者，其有效期間自成立日起算亦為三年。經過三年有效期間後，其人事保證關係消滅，如當事人重新訂約，自無不可。

五、未定期間之人事保證契約之終止及通知

　　民法第七五六條之四：「人事保證未定期間者，保證人得隨時終止契約。」「前項終止契約，應於三個月前通知僱用人。但當事人約定較短之期

間者，從其約定。」人事保證未定期間者，除前述有三年之法定有效期間外，在此期間內賦予保證人得隨時通知終止契約，唯為僱用人及受僱人有時間另覓保證人或設定擔保等措施，該終止契約，應於三個月前先期通知，但約定較短期間者，從其約定。

六、保證人責任之發生或加重事由之通知

有下列情形之一者，僱用人應即通知保證人（民法第七五六條之五第一項）：

1. 僱用人依法得終止僱傭契約，而其終止事由有發生保證人責任之虞者。例如勞基法第一二條勞工無正當理由繼續曠工三日或一個月內曠工達六日。故意損耗機器、工具、原料、產品或其他雇主所有物品，或故意洩漏僱用人技術上、營業上之祕密，致受有損害者，或違反勞動契約或工作規則，情節重大者……等，又如民法第四八四、四八五條僱用人或受僱人違反勞務專屬性或受僱人未具特種技能之擔保等。

2. 受僱人因職務上之行為而應對僱用人負損害賠償責任，並經僱用人向受僱人行使權利者：例如受僱人因業務上持有僱用人之物品或金錢，侵占為己而向受僱人請求返還或賠償。

3. 僱用人變更受僱人之職務或任職時間、地點，致加重保證人責任或使其難於注意者：如上情形均加重保證人責任之可能，僱用人應即通知保證人，俾能及時處理。

有前述 1. 2. 3. 情形時，保證人對於已發生之賠償責任，固難脫免，惟為免將來繼續發生或加重保證人責任，應許其有終止保證契約之權利，故增訂民法第七五六條之五第二項：「保證人受前項通知者，得終止契約。保證人知有前項各款情形者，亦同。」

七、保證人賠償金額之減輕或免除

僱用人於有民法第七五六條之五第一項各款足使保證人責任發生或加重情事之一時，應即有通知義務，若怠為通知，其對於損害之發生或擴大

既與有過失，自應依其比例自負其責方稱公允，又此「損害」係因僱用人應通知而未通知後所生，或因此而擴大者為限。

另外僱用人對受僱人之監督有疏懈者，亦具有如前述理由，保證人得請求賠償金額之減輕或免除，故增訂民法第七五六條之六：「有左列情形之一者，法院得減輕保證人之賠償金額或免除之：一、有前條第一項各款之情形而僱用人不即通知保證人者。二、僱用人對受僱人之選任或監督有疏懈者。」

八、人事保證關係消滅之事由

人事保證關係有如下事由而消滅（民法第七五六條之七）：

1. 保證期間屆滿。解釋上包括約定保證期間屆滿，及未定期間之保證契約，其法定有效期間已滿三年。

2. 保證人或受僱人死亡、破產或喪失行為能力。人事保證以保證人之信用為基礎，且以受僱人有能力為前提，故保證人或受僱人死亡、破產或喪失行為能力，其人事保證關係亦消滅。

3. 受僱人之僱傭關係消滅。

九、僱用人請求權之消滅時效期間及起算點

僱用人對於人事保證之保證人所得主張之損害賠償請求權，宜設短期時效，俾免保證人負擔之責任持續過長，爰訂民法第七五六條之八：「僱用人對保證人之請求權，因二年間不行使而消滅。」至於請求權消滅時效起算點，依民法第一二八條前段規定，應自請求權可行使起算，即自僱用人受有損害而得請求賠償時起算，又如僱用人尚有其他方法可受賠償時，依民法第七五六條之二規定，應自不能依他項方法受賠償時起算。

十、人事保證準用保證之規定

人事保證之性質與保證相類，除本節有規定者外，準用關於保證之規定（民法第第七五六條之九）。

第三編　物　權

第一章　通　則

第一節　物權之意義、種類及效力

一、物權之意義

　　物權乃直接支配特定物，而享受其利益並具有排他性之權利。物權與債權同屬財產權，但①物權可直接支配標的物，而債權須透過債務人之行為，始能支配標的物，例如房地所有權人得直接使用、收益或處分，但房地之買受人對出賣人之債權，須透過出賣人（債務人）之給付行為（民法第一九九、三四八條），始能支配標的物，故物權係支配權，債權係請求權。②物權採「一物一權」主義，一特定物不容同時存有兩種性質不相同之權利，故具有排他性，債權則無排他性。

二、物權之種類

㈠物權法定主義

　　民法第七五七條：「物權，除本法或其他法律有規定外，不得創設。」依此規定物權之種類及內容除民法或其他法律如漁業法、礦業法、動產擔保交易法等另有規定外，不得自由創設。其目的在①保護交易安全：物權因具有排他性，如相同於債權之種類、內容得任當事人自由創設時，則第三人無從知悉其內容，利益難免遭受意外損失。②維持經濟制度：如物權之種類、內容無齊一相同時，則對經濟之發展有所阻礙，故不容當事人自行約定，其違反者依民法第七一條規定，其約定無效。

㈡物權之種類

　　民法規定之物權，共有八種，即所有權、地上權、永佃權、地役權、抵押權、質權、典權、留置權。「占有」係一種事實狀態，法律為維持社會秩序，亦於物權編中特設規定而加以保護。物權在學理上之分類主要有：

1.完全物權與限定（限制）物權

　　此係以物權支配範圍為準。前者得全面支配標的物之權利，亦即所有權。後者僅某特定範圍內得支配標的物之權利，亦即除所有權以外之物權。如地上權，在他人之土地上僅有建築物或其他工作物或竹木為目的而使用其土地之權（民法第八三二條），故並非全面支配土地之權利。

2.動產物權與不動產物權

　　此係以物權客體為準。前者以動產為標的之物權，例如動產所有權、動產質權、留置權。後者以不動產為標的之物權，例如不動產所有權、地上權、地役權、抵押權、典權。

3.用益物權與擔保物權

　　此係以物權之作用為準。前者以標的物之使用收益為目的之物權，例如地上權、永佃權、地役權、典權；後者以擔保債務之履行為目的之物權，例如抵押權、質權、留置權。

4.登記物權與不登記物權

　　此係以物權之取得應否登記為準。前者權利之取得、變更、喪失須經登記之物。例如不動產物權（土地、土地之定著物）；反之，後者權利之取得、變更、喪失不須經登記，例如動產物權及權利質權。

5.主物權與從物權

　　此係以物權能否獨立存在為準。主物權，能獨立存在之物權，例如所有權、地上權、永佃權、典權；從物權，須依附於其他權利始能存在之物權，例如地役權、抵押權、質權、留置權。

三、物權之效力（特性）

物權之共同效力（特性）如下：

㈠優先性

物權之優先性可分物權與物權、物權與債權比較下，在同一標的物，物權優先成立在後之物權，物權優先債權。前者如先成立之抵押權優先後成立之抵押權（民法第八六五條）。後者如甲將名畫一幅先與乙簽定買賣契約（債權），再與丙簽定買賣契約並交付之，則丙取得名畫之所有權（物權）其效力優先乙之債權（此時乙不得向丙主張其先與甲簽定買賣契約，請求交還名畫，乙僅得向甲請求損害賠償）。

㈡追及性

物權之標的物，不論輾轉入於何人之手，權利人均得追及物之所在，而主張權利。例如甲將其所有之土地設定抵押權予乙後，將該土地賣予第三人丙，並完成移轉登記，則乙之抵押權追及於抵押物（土地）之所在，對丙繼續存在。甲若清償期屆至而不清償，乙即得對丙所有之抵押物（土地）拍賣受償（民法第八六七條）。

㈢排他性

物權之排他性或排他效力者，乃同一標的物上不能同時存在兩個或兩個以上內容相同或相衝突之物權也。以所有權言，物之所有權屬於某甲就不可能同時歸屬於某乙。以限定物權言，在同一不動產之特定範圍內設定地上權予某甲，就不可能同時在該特定範圍之重疊部分設定地上權予某乙。宜注意者，物權之排他性只是同一標的物上不能同時存在兩個或兩個以上「內容相同或相衝突」物權而已，並非指同一物上不得設立兩個或兩個以上「名稱或種類相同」之物權，例如同一供役地上，先後或同時設定數個同一內容之用水地役權，各該地役權，均可成立，而無排他之效力。

第二節 物權變動

一、物權變動之意義

物權之得喪變更者，乃物權之發生、變更與消滅也，與民法第七五八條所謂物權之取得、設定及變更同義。

(一)物權之發生

物權之發生者，物權與特定權利主體相結合，又稱為物權之取得。物權之取得，可分原始取得與繼受取得。原始取得者，非基於他人之權利而原始地取得物權，例如時效取得動產所有權、不動產所有權、無主物先占、遺失物拾得、埋藏物之發見、漂流物或沈沒品之拾得。繼受取得者，基於他人之權利而取得物權。繼受取得可分移轉之繼受取得及創設之繼受取得，前者指物權由原主體原樣移轉予新主體，例如所有權因繼承而移轉；後者指物權主體在物權上為他人創設他種物權，例如所有權人於所有物上為他人設定抵押權是。

(二)物權之變更

物權之變更，有廣義狹義兩說，廣義說包括主體之變更、客體之變更及內容之變更三種。狹義之變更專指內容之變更，物權法上之變更即專指內容之變更而言。因為主體之變更，指物權之主體更換或增減，實為物權之受讓或繼承問題；而客體之變更，指物權之標的物增加或減少，為物權之絕對滅失或相對滅失問題，可分別歸納於物權之取得或喪失中。所謂內容變更，指權利之本質不變而其存在狀態有所變動，例如地上權期間延長或縮短、典權典價之增加或減少均是。

(三)物權之喪失

　　物權之喪失或稱物權之消滅，指物權與其主體分開之現象。物權之喪失可分物權絕對喪失及物權相對喪失兩種。物權絕對喪失者，物權與其主體分離，但並未歸屬於另一主體，例如物之拋棄、物之滅失是。物權相對滅失者，物權與其主體分開後，歸屬於另一權利主體，例如遺產因繼承事實之發生而與被繼承人脫離，但立即歸屬於繼承人，成為繼承人之財產，又如買賣標的物因所有權之移轉而脫離原所有人，歸屬於另一所有權人。一般所謂物權之喪失，指物權之絕對喪失而言。

二、不動產物權之變動

㈠由於法律行為而變動

　　民法第七五八條：「不動產物權，依法律行為而取得設定、喪失及變更者，非經登記，不生效力。」及民法第七六〇條：「不動產物權之移轉或設定，應以書面為之。」故不動產物權因法律行為而變動者，須具備兩個要件：

1.訂立書面契約

　　不動產物權之移轉或設定，應以書面為之（民法第七六〇條）。其契約雖得以口頭或書面方式為之，但以口頭為之者，債務人有與債權人有訂立書面契約，並辦理移轉登記，使債權人取得物權之義務。買賣契約成立，縱令出賣人一方嗣後拒絕履行訂立書面契約及協同辦理移轉登記之義務，買受人亦得提起「給付之訴」，取得協同辦理所有權移轉登記之確定判決，而單獨聲請登記，取得所有權，移轉不動產物權書面之欠缺，即因之補正（五十七年臺上字第一四三六號判例）。

2.辦理登記

　　民法第七五八條規定「不動產物權，依法律行為而取得設定、喪失及變更者，非經登記，不生效力」，民法以登記為不動產變動之生效要件，登記之內容包括將法定事項，登載於地政機關所備簿冊上，俾向社會大眾宣示。登記必須完成其程序，載入登記簿，始生效力，若只聲請登記，而未載入登記簿者，不得認為業已發生登記之效力（三十三年上字第三五七四

號判例），此種登記稱為「設權登記」。不動產物權之移轉，既以登記為要件，而不以交付為要件，因此苟登記已完成，物權之變動即告發生，交付只使權利取得占有人地位而已。

㈡非由於法律行為者

第七五九條：「因繼承、強制執行、公用徵收或法院之判決，於登記前已取得不動產物權者，非經登記，不得處分其物權。」上述四種情形，均屬法律行為以外之原因而生之物權變動，依第七五九條之反面解釋，均不以登記為生效要件；唯未經登記則不得處分其物權。此種登記稱為「宣示登記」或「相對登記」（第七五八條之登記稱為設權登記、絕對登記）。例如甲、乙二人繼承其父之土地一筆，甲、乙在其父死亡時雖已取得該筆土地之所有權（民法第一一四七、一一四八、一一五一條），但在辦理繼承登記以前，不得分割土地（處分行為）。

【案例研析】

㈠試附理由說明下列物之所有權，應屬於何人？①甲將己有房屋出售給乙，乙已付清全部價金，並已遷入居住，倘尚未至地政機關辦理移轉登記，該房屋之所有權。②丙死亡後，遺有土地一百坪，丁為丙之唯一繼承人，尚未辦理繼承登記，該土地之所有權。

擬答：①依民法第七五八條：「不動產物權，依法律行為而取得……者，非經登記，不生效力。」依題旨乙雖已付清價金，並遷入居住，但尚未辦理移轉登記，仍不能取得所有權而僅有使用權，故該房屋之所有權仍屬甲所有。

②依民法第一一四八條：「繼承人自繼承開始時（被繼承人死亡時），……承受被繼承人財產上之一切權利……。」依題旨丙死亡後，丁即取得該筆土地之所有權。至於未辦理繼承登記，僅不得處分其物權（民法第七五九條），並不影響丁對該筆土地所有權之取得。

㈡甲將其所有之 A 屋出賣予乙，唯遲未移轉登記，但已將該屋先交給

乙使用。嗣後丙出高價向甲購買 A 屋，甲同意之，隨即辦妥 A 屋移轉登記。試問丙對乙得為何種主張？（**讀者自答**）

　　㈢有下列事由之一而取得不動產物權者，其效力與登記之關係如何？①買受房屋，②繼承土地。

擬答：①買受房屋：民法第七五八條之規定：「不動產物權，依法律行為而取得設定、喪失及變更者，非經登記，不生效力。」買受房屋，係屬法律行為，自應踐行登記，始生效力，既已登記，該不動產物權即有效移轉。其登記有創設效力、絕對效力。

　　②繼承土地：民法第七五九條規定：「因繼承、強制執行、公用徵收或法院之判決，於登記前已取得不動產物權者，非經登記，不得處分其物權。」因此繼承土地之登記，僅將已成立之物權關係，昭示於人之登記，其登記並無創設之效力，只有相對之效力。

三、動產物權之變動

　　民法第七六一條第一項前段：「動產物權之讓與，非將動產交付，不生效力。」故動產物權之變動，以「交付」為公示方法，不同於不動產物權之變動，以「登記」為公示方法。

　　交付之種類有四：①現實交付②簡易交付③占有改定④指示交付（返還請求權讓與），後三者學說上通稱為觀念交付。茲將四種交付之意義，分述如下：

1.現實交付

　　現實交付者，乃將對物之現實管領力移轉予受讓人，例如甲將出售予乙之照相機交付予乙占有。

2.簡易交付

　　簡易交付者，乃物之受讓人現已占有動產者，於讓與合意時，即生交付之效力。蓋在此情形，受讓人在交付前已經因其他原因，占有受讓之動

產，如必須以現實交付之方法為之，則首先須由動產之受讓人將動產現實交付予讓與人，然後由讓與人再現實交付予受讓人，如此反覆，反滋不便，故予簡化，以讓與合意時，視為已經交付，例如甲將電腦出租予乙，該電腦已在乙之直接占有中，嗣後甲又將該電腦賣予乙，於甲、乙雙方為讓與之合意時，視為已經交付。

3.占有改定

讓與動產物權，而讓與人仍繼續占有動產者，讓與人與受讓人間，得訂立契約，使受讓人因此取得間接占有，以代交付（民法第七六一條第二項）。例如丙將電腦出賣予丁，雙方訂立買賣契約，但丙之子因需要繼續使用該電腦，俾參加程式設計比賽，乃與丁訂立租賃契約，使丁因此取得間接占有，以代交付，丙則可以承租人之地位繼續直接占有該電腦。

4.指示交付（返還請求權讓與）

讓與動產，如其動產由第三人占有時，讓與人得以對於第三人之返還請求權，讓與於受讓人，以代交付。例如戊將出租予己之電腦出賣予庚，須待電腦交付始生所有權移轉之效力，但交付之方法，不以現實交付為限，戊得將其對己之返還請求權，讓與予庚，由庚直接向己請求返還，以代現實交付是。

【案例研析】

㈠買賣房地，言明包括房中電視機，問：房地及電視機，如辦理過戶，其手續是否相同？

擬答：房地及電視機如辦理過戶，其手續不同：

①房地為不動產，依民法第七五八條之規定：「不動產物權，依法律行為而取得……，非經登記，不生效力。」故房地之過戶須經登記之手續。

②電視機係動產，依民法第七六一條之規定，動產物權之讓與，非將動產交付，不生效力。故電視機之過戶，僅將電視機交付即可。此種交付，不論現實交付或觀念交付，均生交付之效力。

㈡甲繼承乙而取得房屋一幢，未向地政機關辦理繼承登記，而將該房屋交付給丙占有，試問丙能否取得房屋所有權？（**讀者自答**）

四、物權變動之兩大原則

㈠公示原則

所謂公示原則，指物權依法律行為而變動之際，必須有一足以在客觀上使人查知物權變動之公示方法，始能發生物權變動之原則。其公示方法因物權標的物為不動產或動產而不同：

1. 不動產——登記

不動產物權，依法律行為而取得設定、喪失、及變更者，非經登記，不生效力（民法第七五八條）。不動產物權之變動係因法律行為而發生者，如未辦妥登記，當事人一方縱將標的物交付他方占有，亦只使他方當事人取得占有人地位，不發生物權變動效力。共有物協議分割，係因法律行為而變動物權，故在未經依法登記前，不生效力（四十九年臺上字第七五〇號判例）。

2. 動產——交付

動產物權之讓與，非將動產交付，不生效力（民法第七六一條），所謂交付包括現實交付、簡易交付、占有改定及指示交付，前已言及。動產物權之變動，須以「交付」為公示方法者，只限於因「法律行為」而變動者，始有其適用，至於因法律行為以外之原因而變動者，例如因繼承、強制執行、先占、添附等，其中有因事實上無法交付，例如繼承；有因無交付之必要，例如先占、添附，因此不適用以交付為公示方法之原則。

㈡公信原則

所謂公信原則，指依公示方法所表彰之物權變動與實際情形不相符合時，對於善意信賴此項公示方法所表彰之物權變動而受讓物權之人，法律

加以保護，使其有效取得該物權之原則。公信原則之內容可分動產物權與不動產物權，茲分述如下：

1.動產物權

動產物權之公示方法是以交付動產之方法使受讓人占有，因此公信原則即是對於善意信賴「占有」外觀而為交易之第三人加以保護。民法第八〇一條規定「動產之受讓人占有動產，而受關於占有規定之保護者，縱讓與人無移轉所有權之權利，受讓人仍取得其所有權」。

2.不動產物權

土地法第四三條規定「依本法所為之登記，有絕對效力」，此一不動產公信原則係為保護信賴登記取得土地權利之第三人而設。申言之，為保護善意第三人，將登記事項賦予絕對真實之公信力，第三人依賴登記而取得土地權利時，不因登記原因之無效或撤銷而被追奪。

五、物權之消滅

㈠混　同

物權之混同係指二個無併存必要之物權，同歸於一人之事實。其情形有二：

1.所有權與他物權混同

民法第七六二條：「同一物之所有權及其他物權，歸屬於一人者，其他物權因混同而消滅。」例如甲將其土地設定抵押權予乙，嗣乙因贈與取得該土地之所有權，則乙就同一土地，既有所有權，又有抵押權，基於弱權利為強權利所吸收之原則，其抵押權即歸於消滅。但其他物權之存續，於所有人或第三人有法律上之利益者，不在此限（同條但書）。前者如上例甲土地為乙設定抵押（第一順位）後，又抵押於丙（第二順位），此時為乙之利益，其抵押權不消滅，否則丙之抵押權必昇進為第一位，於乙不利。後者如於同一土地上，甲有所有權，乙有地上權，乙將地上權設定抵押權予丙，若甲、乙混同，則乙之地上權不消滅，否則對第三人即丙之抵押權失其標

的而不能存在。

2.所有權以外之物權與以該物權為標的物之物權混同

　　民法第七六三條第一項:「所有權以外之物權,及以該物權為標的物之權利,歸屬於一人者,其權利因混同而消滅。」如某甲土地上乙有地上權,乙將地上權抵押予丙,若乙、丙發生混同,則抵押權應歸消滅,此乃原則。若以該物權為標的物之權利之存續,於該物權人或第三人有法律上利益者,則不在此限(民法第七六三條第二項準用第七六二條但書)。前者如甲土地上乙有典權,乙將典權先抵押予丙,再抵押予丁,若乙、丙混同,丙之抵押權不消滅否則對丙不利益;後者如甲土地上乙有地上權,乙將地上權抵押予丙,丙又將其抵押權隨同債權設定質權於丁,若乙、丙混同,則丙之抵押權不消滅,否則對第三人丁不利益。

(二)拋　棄

　　拋棄,乃權利人使其物權消滅之單獨行為。民法第七六四條:「物權,除法律另有規定外,因拋棄而消滅。」拋棄物權,除應為拋棄之意思表示外,在動產尚應放棄占有,在不動產尚應向地政機關辦理塗銷登記,始生消滅物權之效力(民法第七五八條參照)。物權人得自由拋棄其物權,但法律另有規定,不得自由拋棄其權利者,如民法第八三四條地上權定有期限者不得隨時拋棄。

第二章　所有權

第一節　通　則

一、所有權之意義

　　所有權者，乃於法令限制內，得永久地、全面地、彈性地支配標的物之權利。①所有權以永久存續為本質，而無預定之存續期間，與限定物權原則上有存續期間者不同。②所有權人得就標的物為全面地使用、收益、處分，並為其他物權之基礎，與其他限定物權之功能之侷限於一定內容者不同（例如抵押權之功能侷限於擔保，永佃權之功能只限於收益）。③所有權之內容具有彈性，可因被設定限定物權，而使其權能之行使受限制，亦可因該限定物權之除去或消滅，而恢復其圓滿狀態。

二、所有權之權能

　　民法第七六五條規定：「所有人，於法令限制之範圍內，得自由使用、收益、處分其所有物。」是為所有權之積極權能。又規定「並排除他人之干涉。」是為所有權之消極權能。此項所有權之權能，有稱所有權之作用，有稱所有權之內容，茲分述如下：

(一)積極權能

　　民法第七六五條前段規定：「所有人，於法令限制之範圍內，得自由使用、收益、處分其所有物。」此即所有權之積極權能。所謂所有人於法令限制之範圍內，例如民法第七九五、七七三、七七五條等相鄰關係之限制及

民法第一四八條禁止權利濫用之規定。所謂使用，指不毀損或變更物之性質，依通常用法，以供生活之需要，例如機車之駕駛，書籍之閱讀。所謂收益，指收取物之天然孳息或法定孳息，例如刈取果樹之果實，收取房屋之租金是，物之成分及天然孳息，於分離後，除法律另有規定外，乃屬於物之所有人（民法第七六六條），法定孳息之歸屬須依法律或契約之約定定之。所謂處分，包括①事實上之處分：事實上之處分者，變更、改造、毀損、消滅其原物體也，例如拆除圍牆、改建房屋。②法律上之處分：指以法律行為方法移轉、設定、變更或消滅其物之權利，例如移轉不動產所有權、設定用益物權、擔保物權。此外，凡於所有權人有利益者，只要不牴觸法令，如改良、保存等均得為之。

㈡消極權能

民法第七六五條後段：「……並排除他人之干涉。」亦即所有人本於所有權，對於不法之干涉，如干擾、妨害、侵奪、侵占、竊占，得予以排斥除去。其排除之方法依民法第七六七條規定：「所有人對於無權占有或侵奪其所有物者，得請求返還之。對於妨害其所有權者，得請求除去之。有妨害其所有權之虞者，得請求防止之。」是謂所有權之消極權能。凡所有權遭受侵害時，除得依侵權行為之規定，請求損害賠償外，尚得主張基於所有權之物上請求權，詳言之：

1.所有物返還請求權

所有人對於無權占有或侵奪其所有物者，得請求返還之（民法第七六七條前段），謂之所有物返還請求權。所謂無權占有，乃無占有之本權，而仍占有其物也。所謂侵奪者，乃違背所有人之意思，而強行取得其物也。前者如租賃契約或使用借貸契約已終了，承租人或借貸人仍占有租賃物或使用物（無權占有）。後者如所有物被竊盜或被詐欺（侵奪）。所有人即得行使所有物返還請求權❶。

---

❶　①託運物品喪失時，委託人固得對於承攬運送人請求賠償，但本於其物上請求權逕向該託運物品之無權占有人請求返還，亦為法所許可。②甲向乙購買土地並已

2.除去妨害請求權

所有人對於妨害其所有權者，得請求除去之（民法第七六七條中段），謂之除去妨害請求權。所謂妨害，指所有權之權能因他人無權占有或侵奪以外之事實而被破壞。至於他人是否有過失，在所不問。例如甲無故侵入乙住宅，丙樹木倒於丁鄰地，乙得請求甲離去，丁得請求丙移開樹木。此種情形，所有人尚未喪失占有，與前述所有物返還請求權，係所有人已喪失占有者不同。

3.防止妨害請求權

所有人對於有妨害其所有權之虞者，得請求防止之（民法第七六七條後段），謂之防止妨害請求權。所謂有妨害之虞，指妨害尚未發生，但就具體情形，依一般社會觀念判斷有可能發生者而言。例如甲房屋傾斜嚴重，依其情形，有向所有人乙之土地倒塌之危險，此時土地所有人乙得基於所有權主張防止妨害請求權。又如丙擬設置屋簷，有直注於丁屋之虞，丁得請求防止之。

三、所有權之取得時效

㈠取得時效之意義及性質

取得時效者，乃占有他人之物，經過一定期間，符合一定要件，而取得其物所有權之法律事實。取得時效既不以意思表示為必要，因此並非法律行為，取得時效之主體只要有識別能力為已足，不以有行為能力為必要。又取得時效為原始取得，非繼受取得，因此因時效取得所有權者，取得完

付清價款，乙亦將土地交付甲，唯未辦理所有權移轉登記，嗣乙死亡，由其繼承人丙、丁辦妥繼承登記。甲之所有權移轉登記請求權之消滅時效雖已完成，唯其占有之土地，係乙本於買賣之法律關係所交付，具有正當權源，所有人丙、丁（乙之繼承人）自不得認係無權占有而請求返還。何況時效完成後，債務人僅得拒絕給付，其原有之買賣關係則依然存在，基於公平法則，亦不得請求返還土地（六十九年二月二十三日最高法院民事庭會議決議）。

全之所有權，原存於該物上之限定物權，均歸消滅。

(二)取得時效之要件

1.動產所有權之取得時效

民法第七六八條規定：「以所有之意思，五年間和平公然占有他人之動產者，取得其所有權。」是為動產所有權時效取得之規定。其要件為：①占有他人之動產，如占有自己之動產或無主物，不生取得時效問題。②須以所有之意思，即對於占有物，視同自己之物為同樣支配之意思，亦稱自主占有，即使係占有竊盜物亦屬之。③須和平、公然、繼續占有。所謂和平占有，不以強暴脅迫開始或保持其占有。所謂公然占有，非以隱祕之方法占有。上述和平、公然占有，在無反證情形下，無須由占有人舉證，法律設有推定其為和平、公然占有之規定（民法第九四四條第一項）。④須經過五年。動產所有權取得時效一經完成，占有人即原始取得所有權，使動產所有權之歸屬狀態，歸於確定。

【案例研析】

甲有古畫一幅。某夜，乙潛入甲家竊走該畫，並公然掛在家中客廳。事隔六年，甲路過乙家，發現該畫，試問：該古畫之所有權歸屬於何人？

擬答：按民法第七六八條規定：「以所有之意思，五年間和平公然占有他人之動產者，取得其所有權。」在本例中，乙以所有之意思，將甲之畫掛在自家客廳，時經六年始為甲發現。亦即乙和平公然占有該畫，已逾五年。依本條規定，乙取得該畫之所有權。即使乙係以竊盜方式取得該畫，對乙因時效而取得該畫之所有權，並無影響。

2.不動產所有權之取得時效

民法第七六九條：「以所有之意思，二十年間和平繼續占有他人未登記之不動產者，得請求登記為所有人。」第七七〇條：「以所有之意思，十年間和平繼續占有他人未登記之不動產，而其占有之始為善意並無過失者，

得請求登記為所有人。」❷故取得時效之要件為：①占有他人未登記之不動產，已依法登記之不動產，其登記有絕對效力，不因時效而取得。②須以所有之意思。③須和平繼續占有。④須一定期間之經過，即占有之始為善意並無過失為十年，否則為二十年。只要具備民法第七六九或七七○條所定要件，均具有請求登記為所有人之資格，唯在登記未完成前尚未取得所有權。至於請求登記為所有人之方法，由一方單獨聲請地政機關為所有權之登記即可。土地法第五四條規定：「和平繼續占有之土地，依民法第七百六十九條或第七百七十條之規定，得請求登記為所有人者，應於登記期限內，經土地四鄰證明，聲請為土地所有權之登記。」一經登記完成，即原始取得所有權。

【案例研析】

　　占有他人未登記之不動產，具備取得時效之要件，是否即當然取得所有權？

擬答：民法第七七○條規定，以所有之意思，和平繼續占有他人未登記之不動產，而其占有之始為善意並無過失者，得請求登記為所有人，而不規定為「取得其所有權」，故在辦妥登記前，不能認為占有人於取得時效完成時即已取得所有權。況物權編施行法第八條規定：依法得請求登記為所有人者，如登記機關尚未成立，於得請求登記之日，視為所有人，依此

❷　①物上請求權，除已登記之不動產所有人之所有物回復請求權，無民法第一二五條消滅時效規定之適用外（司法院大法官會議第一○七號解釋），仍有民法第一二五條關於消滅時效規定之適用，消滅時效完成後，雖占有人取得時效尚未完成，占有人亦得拒絕返還（司法院院字第一八三三號解釋及二十八年上字第二三○一號判例）。②已登記不動產所有人之回復請求權，無民法第一二五條消滅時效規定之適用（五十四年釋字第一○七號解釋）已登記不動產所有人之除去妨害請求權，不在本院釋字第一○七號解釋範圍之內，但依其性質，亦無民法第一二五條消滅時效規定之適用（六十九年釋字第一六四號解釋）。防止妨害請求權是否有消滅時效之適用，司法院大法官會議並未解釋，但學說上亦認為無民法第一二五條消滅時效之適用。

反面解釋，依法得請求為所有人者，如登記機關已經設立，於得請求登記之日，尚不得視為所有人，故所謂未經登記，當然取得占有不動產所有權之見解，不足採取（嘉義地院五十八年十一月）。

㈢取得時效之中斷

民法第七七一條：「占有人自行中止占有，或變為不以所有之意思而占有，或其占有為他人侵奪者，其所有權之取得時效中斷。但依第九百四十九條或第九百六十二條之規定，回復其占有者，不在此限。」故中斷事由有：①占有人自行中止占有，例如交還物於原主或拋棄占有。②占有人變為不以所有之意思而占有，例如改以借用或承租之意思占有。③占有人之占有為他人侵奪，例如占有物被人竊取，但依第九四九或九六二條之規定，回復其占有者，不在此限。

㈣所有權以外財產權之取得時效

民法第七七二條：「前四條之規定，於所有權以外財產權之取得，準用之。」所有權以外之財產權，其範圍甚廣，有物權、債權、無體財產權，其中性質上有可依時效取得，有不能依時效而取得，故如何準用所有權取得時效之規定，為極難解決之問題。

【案例研析】

某甲承租某乙已登記所有權之土地，建築房屋住用已達二十年以上者，可否主張依時效而取得地上權？試述明之。

擬答：甲得否主張依民法第七七二條規定，於所有權以外財產權之取得，準用第七六九、七七○條規定而取得地上權？依題意旨，某甲承租某乙之土地建築房屋，係以承租土地之意思，而非以行使地上權之意思在某乙之土地上有建築物，故與依時效取得地上權之要件不符。況因地上權取得時效完成者，依民法第七六九、七七二條規定，僅得請求登記為地上權

人而已，並非即取得地上權，故本題某甲不可主張依時效而取得地上權。

第二節　不動產所有權

一、土地所有權之範圍

　　土地所有權之範圍，就平面言，以地政事務所登記簿之面積為準，就立體言，因土地有地上、地面、地下三部分，若土地所有權僅限於地表面部分而不及於地上、地下則土地幾無法利用（例如耕地、建地、林地均須及於地上、地下）。故土地所有權之範圍，必須及於土地之上下。民法第七七三條即規定：「土地所有權，除法令有限制外，於其行使有利益之範圍內，及於土地之上下。如他人之干涉，無礙其所有權之行使者，不得排除之。」雖土地所有權之範圍及於土地之上下，但仍受如下之限制，⑴法令之限制：所謂法令之限制，如土地法第一四至一七條、民法第七七三條以下相鄰關係之規定之限制等。⑵行使有利範圍之限制：所有權之目的既在使用、收益、處分，因此其延伸範圍只以「行使有利之範圍」為限，行使有利之範圍須依現代科學技術、地理環境及一般社會觀念定之。又雖在其所有權效力範圍之內，但他人之干涉無礙其所有權之行使者，亦不得排除之，乃著眼於公益，所有權社會化之表現。他人之干涉，如何情形，始為無礙其所有權之行使，除應依一般社會觀念定之外，尚應慮及是否嚴重損害他人之利益❶。

二、不動產之相鄰關係

　　不動產之相鄰關係乃相鄰之不動產，其權利人相互間，因行使權利，

---

❶　房屋與基地同屬一人所有，先後或同時出賣與二人時，房屋在性質上不能與基地使用權分離而存在，於此情形，應認基地買受人於買受之初，即有默認房屋買受人有權繼續使用基地而成立租賃關係，並得請求辦理地上權登記（六十三年臺上字第七六六號判例）。

所產生之法律關係。此亦為對於所有權之一種限制，分述如下：

(一)鄰地損害之防免

土地所有人經營工業及行使其他之權利，應注意防免鄰地之損害（民法第七七四條）。土地所有人開掘土地或為建築時，不得因此使鄰地之地基動搖或發生危險，或使鄰地之工作物受其損害（民法第七九四條）。就鄰地所有人言，即享有請求所有人為該項防免之權利。建築物或其他工作物之全部或一部，有傾倒之危險，致鄰地有受損害之虞者，鄰地所有人得請求為必要之預防（民法第七九五條）。土地因蓄水、排水、或引水所設之工作物破潰、阻塞，致損害及於他人之土地，或有致損害之虞者，土地所有人應以自己之費用，為必要之修繕，疏通或預防；但其費用之負擔，另有習慣者，從其習慣（民法第七七六條）。土地所有人，不得設置屋簷或其他工作物，使雨水直注於相鄰之不動產（民法第七七七條）。

(二)關於水之相鄰關係

1.自然流水

由高地自然流至之水，低地所有人，不得妨阻。由高地自然流至之水，而為低地所必需者，高地所有人縱因其土地之必要，不得妨堵其全部（民法第七七五條）。水流因事變在低地阻塞，高地所有人得以自己之費用為必要疏通之工事；但其費用之負擔，另有習慣者，從其習慣（民法第七七八條）。

2.排 水

高地所有人，因使浸水之地乾涸，或排泄家用、農工業用之水，以至河渠或溝道，得使其水通過低地；但應擇於低地損害最少之處所及方法為之。上述情形，高地所有人對於低地所受之損害，應支付償金（民法第七七九條）。土地所有人，因使其土地之水通過，得使用高地或低地所有人所設之工作物；但應按其受益之程度，負擔該工作物設置及保存之費用（民法第七八〇條）。

3.用　水

水源地、井、溝渠及其他水流地之所有人，得自由使用其水；但有特別習慣者，不在此限（民法第七八一條）。蓋水為天然資源，屬於國家所有，故有特別習慣時，應許鄉人取用其水。水源地或井之所有人，對於他人因工事杜絕、減少或污穢其水者，得請求損害賠償。如其水為飲用，或利用土地所必要者，並得請求回復原狀；但不能回復原狀者，不在此限（民法第七八二條）。又土地所有人因其家用或利用土地所必要，非以過鉅之費用及勞力不能得水者，得支付償金，對鄰地所有人請求給與有餘之水（民法第七八三條）。

4.水流變更

水流地之所有人，如對岸之土地屬於他人時，不得變更其水流或寬度。兩岸之土地，均屬於水流地所有人者，其所有人得變更其水流或寬度；但應留下游自然之水路。上述情形，如另有習慣者，從其習慣（民法第七八四條）。

5.設堰及用堰

水流地所有人，有設堰之必要者，得使其堰附著於對岸。但對於因此所生之損害，應支付償金。對岸地所有人，如水流地之一部，屬於其所有者，得使用前項之堰。但應按其受益之程度，負擔該堰設置及保存之費用。上述情形，如另有習慣者，從其習慣（民法第七八五條）。

(三)鄰地使用

1.線管安裝

土地所有人，非通過他人之土地，不能安設電線、水管、煤氣管、或其他筒管，或雖能安設而需費過鉅者，得通過他人土地之上下而安設之。但應擇其損害最少之處所及方法為之，並應支付償金。依前項之規定，安設電線、水管、煤氣管或其他筒管後，如情事有變更時，他土地所有人得請求變更其安設。前項變更安裝之費用，由土地所有人負擔。但另有習慣者，從其習慣（民法第七八六條）。

2.必要通行

　　土地因與公路無適宜之聯絡，致不能為通常使用者，土地所有人得通行周圍地以至公路。但對於通行地因此所受之損害，應支付償金。前項情形，有通行權人，應於通行必要之範圍內，擇其周圍地損害最少之處所及方法為之（民法第七八七條）。有通行權人，於必要時，得開設道路。但對於通行地因此所受之損害，應支付償金（民法第七八八條）。因土地一部之讓與或分割，致有不通公路之土地者，不通公路土地之所有人，因至公路，僅得通行受讓人或讓與人或他分割人之所有地。前項情形，有通行權人，無須支付償金（民法第七八九條）。

3.禁止侵入

　　⑴人之侵入：土地所有人得禁止他人侵入其地內。但有下列情形之一者，不在此限：①他人有通行權者。②依地方習慣，任他人入其未設圍障之田地、牧場、山林刈取雜草，採取枯枝枯幹，或採集野生物，或放牧牲畜者（民法第七九〇條）❷。土地所有人，遇他人之物品或動物偶至其地內者，應許該物品或動物之占有人或所有人入其地內，尋查取回。前項情形，土地所有人受有損害者，得請求賠償。於未受賠償前，得留置其物品或動物（民法第七九一條）。

　　⑵氣響之侵入：土地所有人，於他人之土地有煤氣、蒸氣、臭氣、煙氣、熱氣、灰屑、喧囂、振動、及其他與此相類者侵入時，得禁止之。但其侵入輕微，或按土地形狀、地方習慣，認為相當者，不在此限（民法第七九三條）。

4.必要使用

　　土地所有人因鄰地所有人在其疆界或近旁，營造或修繕建築物有使用其土地之必要，應許鄰地所有人使用其土地；但因而受損害者，得請求償

❷　民法第七九〇條第二項所謂圍障，係指牆垣籬笆或其他因禁人侵入所設圍繞土地之物而言。私有之湖蕩，非必盡有圍障，其未設圍障之湖蕩，除依社會觀念，非可視同田地、牧場者外，自得適用同條款關於未設圍障之規定（二十八年院字第一八九二號）。

金（民法第七九二條）。

㈣逾越疆界

1.越界建築

　　土地所有人建築房屋逾越疆界者，鄰地所有人如知其越界而不即提出異議，不得請求移去或變更其建築物；但得請求土地所有人，以相當之價額，購買越界部分之土地；如有損害，並得請求賠償（民法第七九六條）❸。本條係限制土地所有人物上請求權之行使，但所謂越界，必有一部分房屋，建於自己地上始可，若全部房屋建於他人地上，則為無權占有（民法第七六七條），無本條之適用。所謂建築房屋以「正式建築之房屋」為限，若非屬房屋，而為簡陋之廚廁、牆垣、豬欄、狗舍等，無本條之適用。又土地所有人建屋逾越疆界者，如鄰地所有人不知者，雖在建築完成後，仍得請求移去或變更其建築物。

2.竹木枝根越界

　　土地所有人遇鄰地竹木之枝根，有逾越疆界者，得向竹木所有人，請求於相當期間內刈除之；竹木所有人不於上項期間內刈除者，土地所有人得刈取越界之枝根；但越界竹木之枝根，如於土地之利用無妨害者，不適用上述刈除或刈取之規定（民法第七九七條）。

【案例研析】

　　甲、乙兩家相鄰，乙家之庭院樹枝蔓生至甲之庭院，問：甲得否剪除之？

擬答：民法第七九七條第一項規定：「土地所有人，遇鄰地竹木之枝根，有逾越疆界者，得向竹木所有人，請求於相當期間內，刈除之。」又同條第二項

---

❸　土地所有人建築房屋逾越疆界者，鄰地所有人如知其越界而不即提出異議者，不得請求移去或變更其建築物，固為民法第七九六條前段之所明定。唯主張鄰地所有人知其越界而不即提出異議者，應就此項事實負舉證之責任（四十五年臺上字第九三一號判例）。

規定：「竹木所有人，不於前項期間內刈除者，土地所有人，得刈取越界之枝根。」本例中乙家之樹枝蔓生過甲院。依第七九七條第一項規定，甲應先請求竹木所有人乙刈除，如乙未刈除時，依同條第二項規定，甲始得自行剪除。

3.果實自落鄰地

果實自落於鄰地者，視為屬於鄰地（此乃民法第七六六條之特別規定）；但鄰地為公用地者（如道路），則不在此限（民法第七九八條）。

【案例研析】

乙庭院之果樹樹枝蔓生至甲庭院，果實自落甲庭院裡，甲是否擁有果實所有權？乙得否向甲請求返還？又果實係甲搖落於地，其結果是否相同？

擬答：①民法第七六六條規定：「物之成分及其天然孳息，於分離後，除法律另有規定外，仍屬於其物之所有人。」又民法第七九八條前段規定：「果實自落於鄰地者，視為屬於鄰地。」乙果樹所結果實，成熟自落於甲院，依第七九八條規定，視為屬於甲地。故甲有該果實所有權，乙自不得向甲請求返還。

②甲自行搖動乙之果樹，使果實掉落於甲院，係外力所致，並非果實自落，應依第七六六條規定，果實為樹之天然孳息，應屬於乙所有，甲將之搖落，並不合法，乙自得依民法第七六七條向甲請求返還果實。

三、區分所有

區分所有者乃數人區分一建築物，而各有其一部分。區分所有與分別共有不同在於分別共有之各人應有部分，係抽象的存在於共有物上，共有物每一微小之點，均有應有部分之存在。故各共有人，按其應有部分，對於共有物之全部，有使用收益之權（民法第八一八條），非限於共有物之某一特定部分。在區分所有，數人對於一建築物，分層、分室（間）所有，

各人僅能對於自己所有之特定一層或一室（間），行使權利，不能及於全部建築物。區分所有之部分，則單獨所有權，與他人無涉。但該建築物及其附屬物之共同部分，如走道、樓梯、屋頂、共用間隔、牆壁、大門等❹，推定為各區分所有人之共有（實係互有），性質上不許分割，與區分所有同其命運，與一般共有得隨時請求分割者不同。因之該等共同部分（互有部分）之修繕費及其他負擔，由各所有人按其所有部分之價值分擔之（民法第七九九條）。目前社會上公寓式、大廈式建築物大多為區分所有。

區分所有物，其一部分之所有人，有使用他人正中宅門之必要者，得使用之；但另有特約或另有習慣者，從其特約或習慣。因正門之使用，致所有人受損害者，應支付償金（民法第八〇〇條）。例如婚喪喜慶有使用他人正中宅門之必要時，得使用之。但致所有人有受損害者，應支付償金。

【案例研析】

　　一棟非屬區分所有之建物，得否變更為區分所有？

擬答：　由民法第七九九條前段規定以觀，似為否定。唯為促進不動產交易之敏
　　　　捷與不動產資金化之活潑，宜認為可允該所有人於申辦建物所有權第一
　　　　次登記時為區分所有之登記。

第三節　動產所有權

本節所述者，為關於動產所有權之取得問題，分述如下：

---

❹　民法第七九九條所謂共同部分，係指大門、屋頂、地基、走廊、階梯、隔壁等，性質上不許分割而獨立為區分所有客體之部分而言。係爭地下層之面積達二七一・六五平方公尺，為該大廈之一層（連地上七層共八層），其建造須挖土做成擋土牆，建造成本較之地上層有過而無不及，倘非專為規劃投資施工闢建，不可能形成，依一般社會交易觀念，性質上當非不得獨立為區分所有之客體（七十一年臺上字第一一九三號判例）。

一、善意受讓

㈠善意受讓之意義

　　以動產物權之移轉為目的，而善意受讓該動產之占有者，縱讓與人無移轉之權利，受讓人仍取得該動產物權（民法第八○一、九四八條），又稱善意取得、即時取得。本來動產之讓與人，如具有動產所有權讓與之處分權，其讓與之處分行為，自始有效。反之，如讓與人並無讓與處分權，則其讓與行為，為無權處分，依民法第一一八條規定無權利人就權利標的物所為之處分，經有權利人之承認始生效力，換言之，其效力未定，如此必有害交易之安全，對於交易之善意第三人之利益保護不周，為促進交易迅速及保護交易安全，民法乃於第八○一條規定善意受讓之規定。

㈡善意受讓之要件

　　民法第八○一條：「動產之受讓人占有動產，而受關於占有規定之保護者，縱讓與人無移轉所有權之權利，受讓人仍取得其所有權。」故善意受讓之要件如下：

1.讓與人與受讓人有移轉動產所有權之合意並交付動產於受讓人

　　即動產所有權之讓與，已依第七六一條之規定，發生讓與之效力。如未完成動產交付之物權行為，縱受讓人與讓與人間就該動產存在有債權債務之請求關係，受讓人只享有請求權，具有債權人地位而已，而不適用「善意受讓」制度之保護。

2.讓與人須無權處分

　　讓與人無移轉動產所有權之權限是。讓與人讓與行為如為有權處分，處分行為自始有效，受讓人即時取得所有權，自無須受「善意受讓」制度之保護。唯有在讓與人之讓與行為係無權處分時，使原為「效力未定」之法律行為，為保護交易安全而即時取得所有權，方有建立「善意受讓」制度之必要。

3.因交付而取得之占有須受關於占有規定之保護

完成動產交付固然是動產善意取得之要件，因交付而取得之占有，尚須受到民法「關於占有規定之保護」，換言之，依民法第九四八至九五一條之規定，占有可免於被請求返還或有條件地拒絕請求返還而言。

4.受讓人須善意

善意受讓之基礎在於占有之公信力，故必須受讓人信賴讓與人占有動產即為動產之所有人，而善意之受讓，始受法律之保護。如何情形，始可謂善意？指受讓人明知或因重大過失而不知動產不屬於讓與人之所有者，即為非善意，不具此者為善意。

【案例研析】

甲出國旅遊，將自己所有鑽戒乙只，託友人 A 保管，A 竟據為己有，出售於不知情之丙，問：甲請求丙返還鑽戒有無理由？

擬答：依民法第八○一條之規定，動產之受讓人占有動產，而受關於占有規定之保護者，縱讓與人無移轉所有權之權利，受讓人仍取得其所有權。又依同法第九四八條之規定，以動產所有權之移轉為目的，而善意受讓該動產之占有者，縱其讓與人無讓與之權利，其占有仍受法律之保護。基此，因丙不知情，故丙為善意，取得鑽戒之所有權，甲之所有權消滅，因而甲不得請求丙返還鑽戒。

二、先　占

無主物之先占亦為動產所有權取得原因之一。即民法第八○二條：「以所有之意思，占有無主之動產者，取得其所有權。」無主物之先占係事實行為，基於先占之事實，法律賦予之效果，占有人不須具有效果意思，故有無行為能力在所不問，只要具有意思能力即有先占規定之適用❶。

---

❶　例如以所有之意思，獵得野生之鳥獸、捕獲海中之魚蝦、他人拋棄之物等，唯應注意者係法令另有規定時則不適用之，如野生動物保育法第五條、文化資產保存

【案例研析】

①甲在街旁之垃圾堆發現一張他人棄置舊沙發，乃帶回家。②乙於路旁拾獲一皮夾，內有現金若干，試問甲、乙是否各取得該物之所有權？

擬答：①民法第八〇二條之規定：「以所有之意思，占有無主之動產者，取得其所有權。」本題中，在垃圾堆中之沙發，應可認為原主所拋棄之物，現為無主之狀態，得為先占之標的。故甲以所有之意思，占有該無主之沙發，依本條規定，甲取得其所有權。

②乙拾獲之皮夾，內有現金，一般而言，當非無主物，而屬遺失物。遺失物，依民法第八〇三條規定：「拾得遺失物者，應通知其所有人。不知所有人，或所有人所在不明者，應為招領之揭示，或報告警署或自治機關，……」故乙並不因拾得他人遺失皮夾，而當然取得皮夾所有權。但可依一定之程序而取得皮夾之所有權（民法第八〇七條參照）。

三、遺失物之拾得

㈠意　義

遺失物之拾得乃發見他人遺失之動產，而占有之一種法律事實。所謂遺失物，乃非基於占有人之意思，而喪失占有之動產，現非他人占有，且未成為無主物。占有人之占有，是否喪失，應依客觀情形定之（民法第九六四條），如占有人占有之動物，因偶至他人處所，僅暫時不得行使其事實上管領力，不得謂喪失占有。拾得遺失物為無因管理之一種，屬於事實行為。

㈡拾得人義務

1.通知揭示及報告

法第五三條。

　　拾得遺失物者，應通知其所有人；不知所有人或所有人所在不明者，應為招領之揭示，或報告警署或自治機關，報告時，並應將其物一併交存（民法第八〇三條）。如不踐行此等法定程序者，非但不得享有第八〇七條所定之權利，且可能構成侵占遺失物罪（刑法第三三七條）。拾得物有易於腐壞之性質或其保管需費過鉅者，警署或自治機關得拍賣之，而提存其價金（民法第八〇六條）。

2.返　還

　　遺失物拾得後六個月內，所有人認領者，拾得人或警署或自治機關，於揭示及保管費受償還後，應將其物返還之（民法第八〇五條第一項）。

㈢拾得人權利

1.費用償還請求權

　　拾得人或警署或自治機關對於揭示或保管遺失物之費用，得向認領人請求償還（民法第八〇五條第一項）。

2.報酬請求權

　　拾得人對於所有人，得請求其物價值十分之三之報酬（民法第八〇五條第二項）。

3.所有權之取得

　　遺失物拾得後六個月內所有人未認領者，警署或自治機關，應將其物或其拍賣所得之價金，交與拾得人，歸其所有（民法第八〇七條）。此時，拾得人即取得其所有權。故遺失物並非無主物，拾得時不得逕行據為己有，必也履行一定程序，而所有人未為領取時，始取得所有權。

四、漂流物、沈沒品之拾得

　　拾得漂流物或沈沒品者，適用關於拾得遺失物之規定（民法第八一〇條）。

五、埋藏物之發見

埋藏物之發見，指發見埋藏物而占有之一種法律事實，此亦為動產所有權取得原因之一。所謂埋藏物指被埋藏於土地或其他物品之中，而不易辨別其屬於何人之動產。發見並非法律行為，因而發見人有無行為能力，在所不問。唯發見後必須占有，否則仍不能取得其所有權。故民法第八〇八條：「發見埋藏物而占有者，取得其所有權。但埋藏物係在他人所有之動產或不動產中發見者，該動產或不動產之所有人與發見人，各取得埋藏物之半。」如埋藏物足以提供學術、藝術、考古、歷史之資料者，其所有權之歸屬，依特別法之規定（民法第八〇九條）。所謂特別法，例如文化資產保存法。該法第一七、三二條規定，埋藏地下、沈沒水中或由地下暴露地面之無主古物或無主古蹟，概歸國家所有。前項古物之發見人，應即報告當地警察機關轉報或逐報地方政府指定保管機構採掘收存；對發見人獎勵辦法，由教育部定之。古蹟之發見人，應即報告當地警察機關轉報或逐報地方政府層報內政部處理，並由該部酌予獎勵。

【案例研析】

試附理由說明甲替乙整修房屋，挖基地時，在乙之土地內，挖出不知為何人所埋藏之元寶一粒，該元寶之所有權之歸屬？

擬答：依民法第八〇八條：「發見埋藏物而占有者，取得其所有權。但埋藏物係在他人所有之動產或不動產中發見者，該動產或不動產之所有人與發見人，各取得埋藏物之半。」甲在乙之土地內發現無主之元寶，故該元寶之所有權由甲乙二人共有。但該元寶如為古物，則須依文化資產保存法之規定。

六、添　附

添附乃因附合、混合或加工，致物之質量擴張之法律事實。亦為動產

所有權取得之原因。

(一)附　合

不同所有人之二物以上，結合成為在交易上所認為一物者，稱為附合。有 1.動產與不動產之附合 2.動產與動產之附合。

1.動產與不動產之附合

動產因附合而為不動產之重要成分者，不動產所有人，取得動產所有權（民法第八一一條），例如取他人油漆粉刷於自己牆壁上，植樹苗於他人之土地上，取他人木材建築自己之木屋，成為房屋之棟樑（重要成分）是。若尚未附合成為不動產之重要成分者，如取他人壁扇、美術燈安置自己屋內，非附合。附合原因不論出於人為或自然變動；出於所有人行為或第三人行為；出於善意或惡意，不動產所有人均取得動產所有權。唯因附合結果喪失權利而受損之動產所有權人，得依不當得利規定，請求償金（民法第八一六條）或向行為人請求侵權行為損害賠償（民法第一八四條）。

2.動產與動產之附合

動產與他人之動產附合，非毀損不能分離或分離需費過鉅者，各動產所有人，按其動產附合時之價值，共有合成物；附合之動產，有可視為主物者，該主物所有人，取得合成物之所有權（民法第八一二條）。例如甲取乙之襯裡布附合於自己所有之大衣料，製成西裝（洋裝），丙取丁之紙裱於自己所有之名畫，前者屬於非毀損不能分離，後者屬於分離需費過鉅。又後者名畫可視為主物，故丙取得合成物之所有權。但主物、非主物之關係，無一定標準，僅能依一般交易觀念，就具體合成物決定之，例如同為鑲寶石之金戒指，如寶石為名貴鑽石，鑽石為主物，反之，寶石為普通人造寶石，則金戒指為主物。

(二)混　合

不同所有人之動產，互相混合成為一物，不能識別，或識別需費過鉅者，稱為混合。動產包括固體、液體、氣體，例如金與銅熔合，油漆與油

漆混合,氧與氫混合是。民法第八一三條:「動產與他人之動產混合,不能識別,或識別需費過鉅者,準用前條之規定。」即原則上共有混合物,如有可視為主物者,則由主物之所有人取得混合物之所有權,而他人之所有權消滅。

(三)加　工

　　加工作於他人之動產,成為一新物,稱為加工。如何始成為一「新物」?應依一般交易觀念定之。例如加工於他人之布料,製成新衣;雕刻他人之木料,成為雕像等,加工後與材料各為一物或異其名稱,一般交易觀念認為係為一新物而言。又如擦亮他人皮鞋、縫補他人破衣,均非加工而成一新物,故非本所指「加工」。依民法第八一四條:「加工於他人之動產者,其加工物之所有權,屬於材料所有人。但因加工所增之價值顯逾材料之價值者,其加工物之所有權屬於加工人。」例如甲以乙之寶石,刻成印章,由乙取得印章所有權。丙取丁之宣紙,繪成名畫,由丙取得畫之所有權。惡意之加工人,如構成侵權行為,依侵權行為之規定解決。又惡意加工人,加工結果,非但不增加經濟價值,反而使材料失其原有效用者,如擅取他人之昂貴木料,隨意雕刻圖案,即無適用加工之規定,應單純適用關於侵權行為之規定。

(四)添附之效果

　　除①不動產所有人取得動產所有權(民法第八一一條),②各動產所有人按值共有合成物或混合物(民法第八一二條第一項、第八一三條),③主物所有人取得合成物或混合物之所有權(民法第八一二條第二項、第八一三條),④加工物之所有權,屬於材料所有人或屬於加工逾材料價值之加工人(民法第八一四條)之外,尚有⑤依民法第八一一至八一四條規定,致動產之所有權消滅者,該動產上之其他權利,亦同消滅(民法第八一五條)。所謂該動產上之其他權利,如存在於該動產上之質權、留置權等等。反之,各動產所有人按值共有合成物或混合物,則存在於各該動產上之質權、留

置權不因之而消滅。⑥因民法第八一一至八一五條規定，喪失權利而受損害者，得依關於不當得利之規定，請求償金（民法第八一六條），以維法律公平。

【案例研析】

㈠債務人所有尚未建築完成之房屋（牆壁屋樑已完成，尚未蓋屋瓦）。此時，究為動產或土地重要成分？

擬答：所謂定著物，係指非土地之構成部分，繼續的附著於土地而可達經濟上使用之目的者而言。例如房屋、燈塔、橋樑皆是，未建築完成之房屋，如不足以遮避風雨，而達經濟上使用之目的，則既不能認為房屋，亦不能稱為房屋以外之定著物。動產因附合於不動產而歸不動產所有人取得其所有權者，以動產因附合而成為不動產之重要成分為要件，若附合後仍獨立於不動產之外者，不動產所有人尚不能取得動產之所有權，此觀民法第八一一條之規定自明。尚未建築完成之房屋固非不動產，而建築房屋原即在土地之外，另創獨立之不動產標的物，故定著物在未完成以前亦非土地之重要成分，依民法第六七條之規定，仍應認為動產（最高法院七十五年臺上字第一一六號判決參照）。

㈡下列房屋屬於何人所有？試依法律規定說明之：①甲於乙所有之土地上建造之房屋。②丙竊取丁之磚瓦建造之房屋。

擬答：①房屋屬於甲所有——依民法第六六條第一項：「稱不動產者，謂土地及其定著物。」故房屋與土地為各別之不動產，各得單獨為交易之標的，房屋與土地不發生民法第八一一條附合問題，甲在乙土地上建造房屋，不發生附合之問題。甲係房屋之建造人，非由於法律行為取得不動產物權，不以登記為生效要件，故取得該房屋之所有權。至於甲築屋在乙地上，是基於契約關係，則依契約內容，決定甲、乙之間之權利義務。如甲擅自竊占乙地築屋，乙得訴請法院判令甲拆屋還地及損害賠償。

②房屋為丙所有——丙竊取丁之磚瓦建造房屋，丁之磚瓦（動產）因附

合而為房屋（不動產）之重要成分，依民法第八一一條規定，由房屋所有人丙取得所有權。至於丁因喪失磚瓦之所有權而受損害，得依關於不當得利之規定，請求償金（民法第八一六條）。

第四節　共　有

一、共有之意義及種類

共有者，數人共同享有一個所有權之狀態。共有乃別於單獨所有，在一般情形多為單獨所有，即一人一物一權，而共有為數人一物一權。發生共有之原因，有因當事人意思，如數人一同買受土地一筆是。有出於法律規定者，如民法第六六八、八〇八、八一二、一一五二條。共有之種類，依民法所規定者，有分別共有與公同共有兩種，茲分述如下。

二、分別共有

㈠分別共有之意義

分別共有乃數人按其應有部分，共同享有一物之所有權。數權利主體稱為共有人（民法第八一七條第一項）。又因各共有人如何使用、收益或支配共有物有競合、衝突時，為免衝突，將一個所有權為抽象的劃分，而分屬於各共有人，基此劃分而生之各共有人對於共有物所有權之成數(比率)，稱為應有部分，換言之，應有部分即一個所有權幾分之幾之意。但與一所有物幾分之幾之觀念完全不同，亦即應有部分，為各共有人對於共有物所有權之成數，為抽象而非具體，此與共有物為具體的劃分使用部分之情形有別，應予注意。例如共有之土地，本年輪甲使用，次年輪乙使用，甲、乙之應有部分為二分之一。如共有之土地，右半屬甲使用，左半屬乙使用，則非本所指應有部分二分之一。

各共有人應有部分之比率，除依當事人之約定外，應依法律之規定，如有不明時，推定其為均等（民法第八一七條第二項）。

㈡分別共有之權利

1.共有物之使用收益權

各共有人，按其應有部分，對於共有物之全部，有使用收益權（民法第八一八條），例如甲、乙共有汽車一部，應有部分各為二分之一，則甲、乙得約定隔日、隔週、隔月輪流使用。各共有人按其應有部分，對於共有物之全部雖有使用收益之權。惟共有人對共有物之特定部分使用收益，仍須徵得他共有人全體之同意，非謂共有人得對共有物之全部或任何一部有自由使用收益之權利。如共有人不顧他共有人之利益，而就共有物之全部或一部任意使用收益，即屬侵害他共有人之權利（六十二年臺上字第一八〇三號判例）。

2.應有部分之處分權

各共有人，得自由處分其應有部分（民法第八一九條第一項）。共有人不須經他共有人同意將其應有部分，讓與第三人，由受讓應有部分之第三人加入為共有人，原屬應有部分讓與人所享有之權能，轉由應有部分受讓人享有，於其他共有人不生影響。又法既允許自由處分（高度行為），則設定負擔（低度行為）自亦為法所准許，因之，如與具體之共有物無涉且不害及他共有人之利益者，得自由設定負擔行為。例如甲、乙共有土地，各應有部分為二分之一，甲、乙得就其應有部分設定抵押權是。

3.共有物之處分權

共有物之處分、變更及設定負擔，應得共有人全體之同意（同條第二項）。蓋此等行為，非就自己應有部分為之，而係就共有物為之，如不須經共有人全體同意，無異承認無權利人得處分他人之權利。例如甲、乙、丙共有建地一筆，應有部分各三分之一（抽象的），丙私將土地三分之一（具體的），讓與丁建築房屋，非應有部分之處分，而係共有物之處分。關於共有物之處分等行為，應經共有人全體之同意，有時極難辦到，有礙國民經

濟發展，故土地法第三四條之一規定：「共有土地或建築改良物，其處分、變更及設定地上權、永佃權、地役權或典權，應以共有人過半數及其應有部分合計過半數之同意行之。但其應有部分合計逾三分之二者，其人數不予計算。」故即便未經全體同意亦可有效處分或設定。實務上並承認若干變通辦法❶。

【案例研析】

㈠甲與乙、丙共有土地一筆，訂有分管契約，甲將其分管之特定部分出售與丁，應否得乙、丙之同意？

擬答：　分管契約不過共有人協議各分別管理共有物一部之契約，不及處分行為，依民法第八一九條第二項之規定，甲出售共有土地之特定部分，仍應得共有人全體之同意，否則無異承認無權利人得處分他人之權利也。

㈡甲、乙、丙共有房屋一棟，其應有部分各為三分之一，問處分共有房屋及各共有人應有部分，其方法有何不同？

擬答：①民法第八一九條第二項規定：「共有物之處分……，應得共有人全體之同意。」申言之，共有房屋之處分，原則上應得共有人全體同意，唯土地法第三四條之一第一項規定：「共有土地或建築改良物，其處分……應以共有人過半數及其應有部分合計過半數之同意行之。但其應有部分合計逾三分之二者，其人數不予計算。」土地法為民法之特別法，依特別法優於普通法原則，應優先適用土地法。故本題中，甲、乙、丙三人處分共

---

❶　①處分共有物固應得全體共有人之同意，但因共有人眾多，苟願開會議依多數人之議決，經各共有人均舉有代表到場預議者，自應遵從議決，不得事後翻異（十九年上字第二二〇八號判例）。②公同共有人未得共有人全體同意，雖無擅自處分共有物之權，然一共有人若係他共有人之家長，事實上確係以家長資格代表共有人全體所為之法律行為，則不能概謂為無效（十八年上字第一九六號判例）。③族人處分祭田，以共有物之常規言之，固當以得族人全體之同意為有效，惟依族中特定之規約，各房房長可以代理該房以為處分者，自亦應認為有效（十九年上字第一八八五號判例）。

有房屋，只其中二人同意即符合土地法規定；但該二人應以書面通知第三人，如不能通知時，應公告之，且應對該第三人加以補償，該第三人並有優先承購權（土地法第三四條之一第二、三、四項）。

②民法第八一九條第一項規定：「各共有人，得自由處分其應有部分。」應有部分既為各分別共有人所得自由處分。因此，本題中，甲、乙、丙三人各處分其應有部分，毋需其他共有人之同意。

　㈢土地共有人，有下列情形之一者，其行為效力如何？試舉民法及其他有關法律之規定以對。①共有人，未獲其他共有人全體之同意，將其應有部分設定抵押權予第三人。②共有人，未獲其他全體共有人之同意，將共有土地設定地上權予第三人。

擬答：①民法第八一九條第一項：「各共有人，得自由處分其應有部分。」自許各共有人自由處分其應有部分。又設定抵押權與處分行為相比較，乃係低度行為，各共有人就其應有部分亦得自由為之。故共有人將其應有部分設定抵押權予第三人，係屬有效，不須得其他共有人全體之同意。

②同條第二項：「共有物之處分、變更及設定負擔，應得共有人全體之同意」，故共有人未獲其他全體共有人之同意，將共有土地設定地上權予第三人，不生效力。惟土地法第三四條之一第一項：「共有土地……設定地上權……，應以共有人過半數及其應有部分合計過半數之同意行之。但其應有部分合計逾三分之二者，其人數不予計算。」此乃民法之特別法，應優先適用，故本題之情形，雖未得其他全體共有人之同意，但該共有人如符合土地法第三四條之一所規定者，其設定地上權予第三人為有效。

4.共有物之管理權

　共有物，除契約另有訂定外，由共有人共同管理之。共有物之簡易修繕，及其他保存行為，得由各共有人單獨為之。共有物之改良，非經共有人過半數，並其應有部分合計已過半數者之同意，不得為之（民法第八二〇條）❷，蓋保存共有物，為必要之事且費用無幾，改良共有物，雖屬有

益,並非必要,且費用過鉅,應予區別,但改良共有物於經濟上甚有裨益,務使其容易實行,故僅以過半數決之,不必待各共有人全數同意。例如將共有房屋改鋪地板、改裝設隔音、隔熱設備是。

5.共有人對第三人之權利

　　各共有人對於第三人,得就共有物之全部,為本於所有權之請求。但回復共有物之請求,僅得為共有人全體之利益為之(民法第八二一條),蓋各共有人既為所有人,即應與所有人受同一之保護,故共有人對於第三人得為一切行為,與單獨所有人同,故各共有人均得行使民法第七六七條所規定之物權請求權。然關於請求回復其共有物,非為共有人全體而為之,恐害及共有人利益,故不能僅請求向自己返還共有物(各共有人並無特定部分)。例如甲、乙、丙共有之土地為丁侵占建屋,甲得單獨以自己名義為原告,行使民法第七六七條物權請求權向法院起訴,唯應請求法院判令被告丁向共有人全體返還共有土地,不得請求法院判令被告向原告甲返還共有土地是(甲並無該土地特定部分)❸。

---

❷　此係爭房屋之屋頂平臺,依民法第七九九條規定,固應推定為第一至四層各所有人之共有,唯茲被上訴人在該屋頂搭建架覆蓋石綿瓦、架高中間約二‧五公尺,邊緣為二公尺,設有日光燈,但無牆壁等情,業經第一審勘驗屬實,按其性質即屬保存行為,依民法第八二〇條第二項規定,自得由被上訴人單獨為之(六十九年臺上字第五五〇號判例)。

❸　①各共有人對於第三人,得就共有物之全部為本於所有權之請求,但回復共有物之請求,僅得為共有人全體之利益為之,民法第八二一條定有明文。倘共有人中之一人起訴時,在聲明中請求應將共有物返還於共有人全體,即係為共有人全體利益請求,無須表明全體共有人之姓名(八十四年臺上字第三三九號判例)。②未經共有人協議分管之共有物,共有人對共有物之特定部分占用收益,須徵得他共有人全體之同意。如未經他共有人同意而就共有物之全部或一部任意占用收益,他共有人得本於所有權請求除去其妨害或請求向全體共有人返還占用部分。但不得將各共有人之應有部分固定於共有物之特定部分,並進而主張他共有人超過其應有部分之占用部分為無權占有而請求返還而已(七十四年二月五日最高法院民事庭會議決議)。

【案例研析】

　　某筆土地為甲、乙、丙三人共有，甲未經其他共有人之同意，就其中特定部分建屋使用，乙、丙訴請甲拆屋並將該土地交還共有人全體，是否有理？

擬答：按未經共有人協議分管之共有物，共有人對共有物之特定部分占用收益，須徵得他共有人全體之同意。如未經他共有人同意而就共有物之全部或一部任意占用收益，他共有人得本於所有權請求除去妨害或請求向全體共有人返還占用部分（最高法院七十四年度第二次民事庭會議決議）。本件甲未經共有人乙、丙之同意，在共有土地特定部分建屋使用，無論是否逾越其應有部分，乙、丙均得本於所有權訴請甲拆除全部房屋，將土地返還與共有人全體。

(三)分別共有之義務

　　共有物之管理費，及其他負擔，除契約另有訂定外，應由各共有人，按其應有部分分擔之。共有人中之一人，就共有物之負擔為支付，而逾其所應分擔之部分者，對於其他共有人，得按其各應分擔之部分，請求償還（民法第八二二條）。例如甲、乙、丙共有之房屋，應有部分各三分之一，每年房屋稅、地價稅、修繕費用等，按其約定分擔之，未約定者，按其應有部分三分之一分擔之。如甲已支付費用，得向乙、丙請求償還三分之一費用。

(四)分別共有物之分割

1.共有物之分割請求

　　共有狀態繼續存在，對共有物之改良、融通均有阻礙，共有人存有諸多不便且妨礙經濟發展，故法律允許各共有人，得隨時請求分割共有物。但因物之使用目的不能分割如界牆、界標或契約訂有不分割之期限者，不在此限。契約所定不分割之期限，不得逾五年。逾五年者，縮短為五年（民

法第八二三條)。

共有物之分割,係各共有人就存在於共有物全部之應有部分,互相移轉,使各共有人取得自分得部分之單獨所有物(權利移轉主義),性質上屬於處分行為,如共有人中有人死亡,於其繼承人辦理繼承登記前,不得分割共有物。共有物分割請求權為分割物之權利,非請求他共有人同為分割行為之權利,雖名為「請求權」,但性質上為形成權之一種,民法第一二五條所謂請求權,自不包括共有物分割請求權在內(二十九年上字第一五二九號) ❹。

2.分割方法

(1)協議分割:共有物之分割原則上應依共有人協議之方法行之(民法第八二四條第一項)。協議分割,既係以法律行為變更物權方法,依民法第七五八條之規定,非經登記,不生效力。

(2)裁判分割:分割之方法,不能協議決定者,法院得因任何共有人之聲請,命為下列之分配:①以原物分配於各共有人,此時如共有人中,有不能按其應有部分受分配者,得以金錢補償之❺。②變賣共有物,以價金分配於各共有人(民法第八二四條第二、三項)。

---

❹ 各共有人得隨時請求分割共有物,為民法第八二三條第一項前段所明定,此項規定,旨在消滅物之共有狀態,以利融通與增進經濟效益。不動產共有人協議分割後,其辦理分割登記請求權之消滅時效完成,共有人中有為消滅時效完成之抗辯而拒絕給付者,該協議分割契約既無從請求履行,協議分割之目的無由達成,於此情形,若不許裁判分割,則該不動產共有之狀態將永無消滅之可能,揆諸分割共有物之立法精神,自應認為得請求裁判分割(八十一年臺上字第二六八八號判例)。

❺ 共有物之原物分割,依民法第八二五條規定觀之,係各共有人就存在於共有物全部之應有部分互相移轉,使各共有人取得各自分得部分之單獨所有權。故原物分割而應以金錢為補償者,倘分得價值較高及分得價值較低之共有人均為多數時,該每一分得價值較高之共有人即應就其補償金額對於分得價值較低之共有人全體為補償,並依各該短少部分之比例,定其給付金額,方符共有物原物分割為共有物應有部分互相移轉之本旨(八十五年臺上字第二六七六號判例)。

3.共有物分割之效果

　　⑴單獨所有權之取得：各共有人自分割完畢時起取得單獨所有權。

　　⑵瑕疵擔保責任之負擔：各共有人對於他共有人因分割而得之物，按其應有部分，負與出賣人同一之擔保責任（民法第八二五條）。

　　⑶證書之保存及使用：共有物分割後，各分割人應保存其所得物之證書。關於共有物之證書，歸取得最大部分之人保存之。無取得最大部分者，由分割人協議定之。不能協議決定者，得聲請法院指定之。各分割人得請求使用他分割人所保存之證書（民法第八二六條）。

三、公同共有

㈠公同共有之意義

　　數人基於公同關係而共有一物者，謂之公同共有；該數權利主體稱為公同共有人（民法第八二七條第一項）。公同共有關係之成立原因，不外基於當事人之意思與基於法律之規定兩者，前者如基於合夥契約（民法第六六八條），後者如共同繼承，在分割遺產前為公同共有（民法第一一五一條）。公同共有人之權利及於公同共有物之全部（民法第八二七條第二項），各該共有人並無應有部分。

㈡公同共有人之權利義務

　　公同共有人之權利義務，依其公同關係所由規定之法律或契約定之❻。除前項之法律或契約另有規定外，公同共有物之處分，及其他之權利行使，應得公同共有人全體之同意（民法第八二八條）。所謂「其他之權利」，凡公同共有物之使用、收益、變更、設定負擔、管理、對第三人為本於所有權之請求，均包括在內，均應得公同共有人全體同意之規定，實例上亦承認若干變通辦法❼。又公同共有，係數人對於一物公同享有一所有權，公

---

❻　例如由合夥而發生公同共有關係，公同共有人之權義，依合夥契約所訂定，合夥契約未訂定者，依民法關於合夥之規定。

同共有人非公同一致不能行使其權利，故各公同共有人之權利，及於公同共有物之全部（民法第八二七條第二項），此與分別共有，各共有人係按其應有部分，對於共有人之全部有使用收益權不同。

(三)公同共有之分割

公同關係存續中，各公同共有人，不得請求分割其公同共有物（民法第八二九條），此與分別共有之共有人可以隨時請求分割者不同。但公同關係終止後，自得隨時請求分割。公同共有物分割之方法，除法律另有規定外，應依關於共有物分割之規定（民法第八三○條第二項）。法律另有規定者如遺產之分割，依繼承編之規定（民法第一一六四至一一七三條）。

(四)公同共有之消滅

公同共有之關係，自公同關係終止，或因公同共有物之讓與而消滅（民法第八三○條第一項），例如合夥解散、夫妻共同財產制之終止、公同共有物之出售等原因而消滅。

四、準共有

民法第八三一條：「本節規定，於所有權以外之財產權，由數人共有或公同共有者準用之。」學說上稱準共有，以別於以所有權為標的物之共有。所謂所有權以外之財產權，如地上權、永佃權、抵押權、債權、漁業權、著作權、專利商標權等均屬之。

---

❼　①依族中習慣，得由族長及各房房長代理或代表行之者，視為全體同意（十九年上字第一八八五號判例）。②公同共有人未得共有人全體同意，雖無擅自處分共有物之權，然一共有人若係他共有人之家長，事實上確係以家長資格代表共有人全體所為之法律行為，則不能概謂為無效（十八年上字第一九六號判例）。

第三章　地上權

一、地上權之意義

稱地上權者，謂以在他人土地上有建築物，或其他工作物，或竹木為目的而使用其土地之權（民法第八三二條）。地上權之內容，為土地之使用。地上權之作用，旨在調劑土地之「所有」與土地之「使用」。因社會進步，經濟發達，土地之價格亦逐漸昂貴，建築物或其他工作物，或竹木之所有人，有時可能無法同時享有土地之所有權，故設地上權，以濟其需。

二、地上權之效力

㈠地上權人之權利

1.土地之使用收益權

地上權係以在他人土地上有建築物，或其他工作物，或竹木為目的，而使用其土地之權（民法第八三二條）。故土地之使用收益，為地上權人之主要權利。

2.權利讓與、抵押

地上權人，得將其權利讓與他人。但契約另有訂定，或另有習慣者，不在此限（民法第八三八條）。又地上權人亦得以其地上權，為他人設定抵押權（民法第八八二條）。按地上權既可讓與、抵押，依「舉重以明輕」之法理，地上權人自得以地上權為出租。

3.取回權

地上權消滅時，地上權人得取回其工作物及竹木，但應回復土地之原狀。於此情形，土地所有人以時價購買其工作物，或竹木者，地上權人不

得拒絕（民法第八三九條），以期能物盡其用。

4.建築物補償請求權

地上權人之工作物為建築物者，如地上權因存續期間屆滿而消滅，土地所有人，應按建築物之時價為補償，但契約另有訂定者，從其訂定。土地所有人，於地上權存續期間屆滿前，得請求地上權人，於建築物可得使用之期限內，延長地上權之期間。地上權人拒絕延長者，不得請求前項之補償（民法第八四〇條）。

5.相鄰權

民法第七七四至七九八條之規定，於地上權人間，或地上權人與土地所有人間，準用之（民法第八三三條）。

(二)地上權人之義務

1.地租之支付義務

地上權人，縱因不可抗力，妨礙其土地之使用，不得請求免除或減少租金（民法第八三七條）。

2.土地之回復原狀及返還義務

地上權消滅時，地上權人有回復土地原狀及返還土地於土地所有人之義務（民法第八三九條參照）。

三、地上權之消滅

(一)地上權之拋棄

地上權未定有期限者，地上權人得隨時拋棄其權利。但另有習慣者，不在此限。此項地上權之拋棄，應向土地所有人，以意思表示為之（民法第八三四條）。地上權若有支付地租之訂定者，其地上權人拋棄權利時，應於一年前通知土地所有人，或支付未到支付期之一年分地租（民法第八三五條）。

㈡地上權之撤銷

地上權人積欠地租達二年之總額者，除另有習慣外，土地所有人，得撤銷其地上權。此項地上權之撤銷之行使，應向地上權人以意思表示為之（民法第八三六條）。

㈢存續期間之屆滿

地上權定有存續期間者，於期間屆滿時，地上權歸於消滅。

四、地上權之永續性

地上權之標的物為土地，而非工作物或竹木，故地上權不因工作物或竹木之滅失而消滅（民法第八四一條）。

第四章　永佃權

一、永佃權之意義

　　稱永佃權者，謂支付佃租永久在他人土地上為耕作或牧畜之權（民法第八四二條第一項）。永佃權之成立，以支付佃租為要件，又永佃權以永久使用該永佃權之土地為內容，故不得設有期限，倘若設有期限，則視為租賃，並適用關於租賃之規定（民法第八四二條）。永佃權在早期農業社會中相當盛行，但於民國四十二年頒行「實施耕者有其田條例」後，農民大多有田自耕，佃農逐漸減少，故永佃權已漸失其作用。

二、永佃權之效力

(一)永佃權人之權利

1.使用收益權
　　永佃權人得就設定永佃權之土地，依其設定目的為使用收益。

2.處分權
　　永佃權人，得將其權利讓與他人（民法第八四三條）。永佃權人亦得以永佃權為抵押權之標的，設定抵押權予第三人（民法第八八二條）。唯永佃權人不得將土地出租於他人（民法第八四五條）。

3.取回權
　　永佃權消滅時，永佃權人得取回其工作物，但應回復土地之原狀。土地所有人以時價購買其工作物者，永佃權人不得拒絕（民法第八四八條準用第八三九條）。

㈡永佃權人之義務

1.佃租之支付

永佃權人有支付佃租之義務。唯其數額受耕地三七五減租條例第二條及土地法第一一〇條之限制。如永佃權人因不可抗力，致其收益減少或全無者，得請求減少或免除佃租（民法第八四四條）。

2.土地之回復原狀及返還

永佃權消滅時,永佃權人有回復原狀及返還該土地於其所有人之義務。

三、永佃權之消滅

永佃權固具有永久之性質，不因存續期間之屆滿而消滅，但仍有下列之消滅原因:

㈠因將土地出租而撤佃

永佃權人不得將土地出租於他人。永佃權人違反此一規定者，土地所有人得撤佃（民法第八四五條）。

㈡因積欠佃租而撤佃

永佃權人，積欠地租達二年之總額者，除另有習慣外，土地所有人得撤佃（民法第八四六條）。

第五章　地役權

一、地役權之意義

稱地役權者，謂以他人土地供自己土地便宜之用之權（民法第八五一條）。地役權之成立，須有二筆土地存在，即地役權人使用他人之土地，必須自己先有土地，稱為「需役地」，而他人之土地則稱為「供役地」。

二、地役權之種類

地役權以設定之目的為區別標準，主要可分為：

㈠通行地役權

設定目的，係以他人之土地供通行之用。

㈡眺望地役權

設定目的，係以他人之土地供眺望或觀光之用。

㈢引水地役權

設定目的，係以他人之土地埋設水管開鑿溝渠，以引導水流之用。

三、地役權之特性

㈠從屬性

地役權不得由需役地分離而為讓與，或為其他權利之標的物（民法第八五三條）。故地役權乃從屬於需役地之物權。

㈡不可分性

此可分下列兩點說明之：

1.需役地經分割

需役地經分割者，其地役權，為各部分之利益，仍為存續。但地役權之行使，依其性質，只關於需役地之一部分者，僅就該部分仍為存續（民法第八五六條）。

2.供役地經分割

供役地經分割者，地役權就其各部分，仍為存續。但地役權之行使，依其性質，只關於供役地之一部分者，僅對於該部分，仍為存續（民法第八五七條）。

四、地役權之效力

㈠地役權人之權利義務

1.供役土地之使用

地役權人，對供役地，得依設定地役權之內容，使用供役地。

2.得為必要行為

地役權人，因行使或維持其權利得為必要之行為，但應擇於供役地損害最少之處所及方法為之（民法第八五四條）。

3.物上請求權

民法第七六七條之規定，於地役權準用之（民法第八五八條）。

4.設置之維持及使用

地役權人，因行使權利而為設置者，有維持其設置之義務。供役地所有人，得使用前項之設置，但有礙地役權之行使者，不在此限。前項情形，供役地所有人，應按其受益之程度，分擔維持其設置之費用（民法第八五五條）。

㈡供役地人之權利義務

1.租金收取

地役權之設定，有約定租金者，供役地之所有人有收取租金之權利。

2.容忍義務

供役地人消極地容忍他人使用供役地之不作為義務，並無積極地作為義務。惟其使用地役權人所設之設置時，應按其受益之程度，分擔維持其設置之費用（民法第八五五條）。

五、地役權之消滅

地役權無存續之必要時，法院因供役地所有人之聲請，得宣告地役權消滅（民法第八五九條）。

第六章　抵押權

一、抵押權之意義

　　稱抵押權者，謂債權人對於債務人或第三人不移轉占有而供擔保之不動產，得就其賣得之價金有優先受償之權（民法第八六〇條）。抵押權以擔保債務清償為目的，故為一種擔保物權。抵押權的標的物限於不動產，但該不動產可由債務人自己提供，亦可由第三人提供（稱為物上保證人），無論何者提供均無須移轉標的物之占有，只辦理抵押權設定登記即為已足，故提供者對該不動產得以繼續占有使用及收益，債權人亦可省卻保管標的物之麻煩、費用，可謂兩蒙其利。抵押權之作用，在乎就其標的物賣得之價金，優先受償，換言之，債權附有抵押權之債權人，得排除無抵押權之債權人而優先受償；次序在先之抵押權人，得較次序在後之抵押權人優先受償。是以滿足債權之最強力之擔保，對於抵押人仍可利用抵押物而不影響其使用收益，故抵押權制度使抵押之不動產變為充實工商資金之融通，有助社會繁榮進步。

二、抵押權之分類

㈠法定抵押權

　　抵押權因法律之規定而成立者，無須經當事人設定之抵押權。例如國民住宅條例第一七條：「政府出售國民住宅及其基地，於買賣契約簽訂後，應即將所有權移轉與承購人。其因貸款所生之債權，自契約簽訂之日起，債權人對該住宅及其基地，享有第一順位之法定抵押權，優先受償。」法定抵押權與意定抵押權不同在於後者乃因當事人意思表示而設定，須訂立書

面，並到地政事務所辦妥抵押權設定登記，才成立生效❶。意定抵押權又稱普通抵押權，社會上絕大多數之抵押權為意定抵押權。

㈡權利抵押權

以所有權以外之不動產物權或準物權為標的之抵押權。依民法第八八二條規定：「地上權、永佃權及典權，均得為抵押權之標的物。」又漁業權、礦業權為準物權亦得為抵押權之標的物。因其準用抵押權之規定，故又稱

---

❶ 甲有 A 屋為擔保其對銀行之借款債權，故設定抵押權擔保之，唯嗣後 A 屋遭天災侵襲，由乙為之修繕，然甲並未支付費用，乙與銀行之抵押權孰先孰後？

(1)法定抵押權優先說：此說認為確保法定抵押權人之利益，避免定作人於法定抵押權成立後，設定普通抵押權致承攬人之權益落空，自應使法定抵押權優先於普通抵押權，況抵押物價值減少，承攬人為之重大修繕，使抵押物價值增加或回復，其權益尤有保護之必要。

(2)意定抵押權優先說：認為法定抵押權未登記，無公示作用，為保護交易之安全，應認其次序在一般抵押權之後。

(3)兩者同一次序說：認為意定抵押權與法定抵押權之位次，法律未設規定者，應平均分配之。

(4)依成立之先後定其次序說：認為不論法定抵押權或意定抵押權，本諸第八六五條所定抵押權次序依登記（即抵押權生效）之先後定之之法意，均應以成立時間之先後，決定其次序，即成立在前者，其次序為優先，蓋次序之先後乃決定權利次序先後之一般原則故也。至法定抵押權於其擔保之債權發生時，即同時成立生效（六十三年臺上字第一二四〇號，本判例於九十一年八月二十日經最高法院九十一年度第九次民事庭會議決議不再援用。不再援用理由：本則判例與現行民法第五一三條規定之意旨不符。）。

(5)法定抵押權在修繕所增加之價值限定內優先於成立在先之抵押權：由於原民法第五一三條規定，承攬人對於其工作所附之定作人之不動產有法定抵押權。法定抵押權之發生不以登記為生效要件，實務上易致與定作人有授信往來之債權人，因不明該不動產有法定抵押權之存在而受不測之損害，並有法定抵押權與意定抵押權孰先之爭議如上四說。為確保承攬人之利益並兼顧交易安全，爰將本條增訂（88.4.21 增修正）第四項：「第一項及第二項就修繕報酬所登記之抵押權，於工作物因修繕所增加之價值限度內，優先於成立在先之抵押權。」

準抵押權。

(三)動產抵押

以動產為標的之一種抵押。例如動產擔保交易法第二章第一五至二五條設有動產抵押之規定。另外於海商法之船舶抵押、民用航空法之航空器抵押之規定，均為動產抵押。

(四)財團抵押

以財團為抵押權標的之抵押權。所謂財團乃由企業經營之物的設備及其各種權利，如土地、廠房、機器、專利權、商標權等，所組成之一種集合財產。就此集合財產所設定的抵押權，即為財團抵押。

(五)共同抵押

為同一債權之擔保，而就數個不動產上所設定之抵押權。民法第八七五條：「為同一債權之擔保，於數不動產上設定抵押權，而未限定各個不動產所負擔之金額者，抵押權人得就各個不動產賣得之價金，受債權全部或一部之清償。」故亦稱總括抵押。

【案例研析】

甲向銀行借款二百萬元，以其所有 A、B 兩棟房屋共同設定抵押權，嗣甲將該兩棟房屋分別出賣與乙、丙二人，逾期甲未清償借款，試附理由解答下列試題：①銀行僅聲請拍賣 A 棟房屋，乙抗辯應將 B 棟房屋併予拍賣，其抗辯有無理由？②銀行將甲所有另處之 C 棟房屋，請求查封拍賣，甲抗辯應拍賣 A、B 兩棟房屋，其抗辯有無理由？

擬答：①民法第八七五條為同一債權之擔保，於數不動產上設定抵押權，而未限定各個不動產所負擔之金額者，抵押權人得就各個不動產賣得之價金，受債權全部或一部之清償。A、B 兩棟房屋共同擔保銀行之二百萬元借款債權，乃同一債權之擔保，於數不動產上設定抵押權（共同抵押），而當

事人間並未限定各棟房屋所負擔之金額，則銀行自得就各棟房屋賣得之價金，受債權全部或一部之清償（民法第八七五條）。亦即銀行是否需要拍賣 A、B 兩棟房屋，或僅拍賣其中一棟，均得自由選擇。故銀行僅聲請拍賣 A 棟房屋，並無不可，乙抗辯應將 B 棟房屋併予拍賣，沒有理由。②債務人之全部財產，為債權人之總擔保。拍賣抵押物為債權人之權利而非義務。故銀行不聲請拍賣抵押物（A、B 兩棟房屋），而將甲所有另處之 C 棟房屋請求查封拍賣，並無不可。

㈥最高限額抵押

債務人或第三人與債權人得約定提供自己之不動產，對於債務人一定範圍內之不特定債權，在一定金額限度內為擔保之一種抵押權。故最高限額抵押乃為將來債權擔保之一種抵押權。

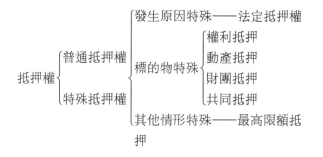

三、抵押權之特性

㈠從屬性

抵押權為債權（主權利）之擔保，係從屬於主債權之權利，因而具有從屬性。換言之，抵押權之成立，以主債權之發生或存在為前提，是為成立上之從屬。抵押權不得由債權分離而為讓與或為其他債權之擔保，是為處分上之從屬。抵押權所擔保之債權，如因清償、提存、抵銷、免除等原

因而全部消滅時，則抵押權亦當然隨之消滅，是為消滅上之從屬。

(二)不可分性

　　抵押物之全部，擔保債權之每一部分，抵押物之每一部分，擔保債權之全部，謂之抵押權之不可分性。換言之，抵押之不動產如經分割或讓與其一部❷，或擔保一債權之數不動產而以其一讓與他人者❸，其抵押權不因此而受影響（民法第八六八條）。又以抵押權擔保之債權，如經分割或讓與其一部者❹，其抵押權不因此而受影響。前項規定，於債務分割時適用之（民法第八六九條）❺。

(三)代位性

　　抵押權之標的物滅失時，抵押權仍存於抵押物之代位物，是為代位性亦稱物上代位性。民法第八八一條：「抵押權，因抵押物滅失而消滅。但因滅失得受之賠償金，應按各抵押權人之次序分配之。」例如抵押物為房屋，由於第三人之過失燒燬，所受之賠償，應充作清償抵押權債務，按其低押權順位分配之。

【案例研析】

　　民法第八八一條及第八九九條所稱之賠償金是否包括保險金在內？

---

❷　例如甲、乙共有之房地，抵押後分割為單獨所有，或乙將其應有部分讓與丙，其抵押權不受影響，仍存在於房地每一部分之上。

❸　甲以 A、B 兩房地設定抵押權予乙後，將 A 房地讓與丙，乙之抵押權不受影響，仍存在於 A、B 兩房地上，丙不得主張抵押權不存在 B 房地上或部分存在 B 房地上。

❹　A、B 二人對 C 有一百萬元債權，C 將其房地設定抵押權予 A、B 二人，嗣後一百萬債權分割為 A、B 各五十萬元，或 B 將其債權讓與 D，抵押權不因此而受影響，抵押權仍存在於房地之上，抵押權人仍得就抵押物全部行使抵押權。

❺　A、B 對 C 負有一百萬元債務，嗣後分割為 A、B 各負擔五十萬元，縱令 A 已清償五十萬元，C 仍得就抵押物全部行使其抵押權。

擬答：民法第八八一條及第八九九條所稱之賠償金是否包括保險金？學說上雖
　　　有肯定與否定說兩種，但通說認為保險金既為賠償金之一種，而民法第
　　　八八一條及第八九九條所稱之賠償金，又未設任何限制，無論其係依法
　　　律規定取得，或依契約約定取得，均不失其為賠償金之性質（七十四年
　　　五月二十二日（七四）廳民一字第三八六號函復臺高院）。唯保險學者通
　　　說認為不包括保險金。亦有學者採折衷說，認為「以抵押物所有人為被
　　　保險人時應包括保險金，以抵押權人為被保險人時，則不包括保險金」。

四、抵押權之取得

　　抵押權之取得，基於下列兩種原因：

㈠設　定

　　抵押權通常係基於設定行為而取得，設定行為多以訂定契約為主，此
種訂立契約為物權契約，且為要式契約，須作成書面（民法第七六〇條），
並須登記始生效力（民法第七五八條）。抵押權一經設立登記完成時，即取
得抵押權，不須交付抵押標的物。抵押權設定契約之當事人之一方為抵押
權人（債權人），他方為抵押人（即設定人，可能為債務人，因其提供自有
之不動產，可能為第三人，因由第三人提供不動產）。此外抵押權為財產權，
自得連同其債權而讓與，故抵押權亦可因讓與而取得。

㈡法　定

　　係基於法律規定而取得抵押權，例如民法第五一三條規定，承攬人之
抵押權，又如國民住宅條例第一七條規定，債權人對該住宅及其基地，享
有第一順位之法定抵押權。又被繼承人死亡時，其債權以及擔保該債權之
抵押權，一併移轉予繼承人，不待登記，即生效力（民法第一一四八條）。

五、抵押權之效力

抵押權之效力，可分㈠抵押權效力之範圍，㈡抵押權對抵押人之效力，㈢抵押權對抵押權人之效力。

㈠抵押權效力之範圍

1.所擔保債權之範圍

抵押權所擔保者為原債權、利息、遲延利息及實行抵押權之費用，但契約另有訂定者，不在此限（民法第八六一條）。

2.標的物之範圍

抵押權之效力除及於抵押物本身外，尚及於①從物及從權利，②扣押後由抵押物所分離或取得之天然孳息或法定孳息，③抵押物滅失後所得之賠償。茲分述如下：

⑴從物及從權利：抵押權之效力，及於抵押物之從物及從權利，但第三人於抵押權設定前，就從物取得之權利，不受前項規定之影響（民法第八六二條）。例如房屋、土地設定抵押權之效力及於門窗、住宅內之車庫、需役地上之地役權。又如以工廠中之機器生財，如與工廠同屬一人，自為工廠之從物。若以工廠設定抵押權，除有特別約定外，其效力及於機器生財，聲請登記時，雖未一併註明，與抵押權之效力，不生影響（二十五年院字第一五一四號解釋），但該工廠設定抵押權之前，機器生財已由第三人取得所有權，此時已非同屬一人，故非工廠之從物，且為保護與所有人交易之第三人之利益，故抵押權之效力，不能及之。

【案例研析】

A 將工廠設定抵押予 B，試問：① A 可否就同一工廠再設定抵押權予 C？②若法院查封工廠，A 可否主張工廠內之機器並未設定抵押而不得拍賣？③若其後工廠失火全毀，A 領得保險金，B 可否就保險金主張權利？
擬答：①依民法第八六五條規定：「不動產所有人，因擔保數債權，就同一不動

產，設定數抵押權者，其次序依登記之先後定之。」同一不動產可設定多數抵押權，故 A 可再將工廠設定給 C。

②民法第八六二條第一項規定：「抵押權之效力，及於抵押物之從物與從權利。」所謂「從物」，依民法第六八條乃指非主物之成分，常助主物之效用，而同屬於一人之物；而工廠內之機器如同屬於 A 所有，應認其為工廠之從物，而為抵押權效力所及。本題工廠內之機器屬於工廠之從物，依第八六二條第一項規定，抵押權的效力及於機器，故 A 工廠內之機器雖未為抵押權之設定，但仍為工廠抵押權所及之，A 主張工廠內之機器不得拍賣為無理由。

③民法第八八一條規定：「抵押權，因抵押物滅失而消滅。但因滅失得受之賠償金，應按各抵押權人之次序分配之。」A 領取之保險金，係因工廠失火所受之賠償，解釋上屬於本條之賠償金，故 B 仍得對保險金主張之（詳參前【案例研析】）。

(2)**抵押物扣押後由抵押物分離之天然孳息或取得之法定孳息**：抵押權之效力，及於抵押物扣押後由抵押物分離之天然孳息（民法第八六三條），唯扣押前已與抵押物分離之天然孳息，抵押權之效力，不能及之。又抵押權之效力，及於抵押物扣押後抵押人就抵押物得收取之法定孳息（民法第八六四條）；但抵押權人，非以扣押抵押物之事情，通知應清償法定孳息之義務人，不得與之對抗（同條但書），以保障清償法定孳息義務人之利益❻。

(3)**抵押物滅失後所得之賠償**：抵押權因抵押物滅失而消滅，但因滅失得受之賠償金，應按各抵押權人之次序分配之（民法第八八一條）。所謂賠償金，不限於金錢，動產、不動產、其他財產權均有可能成為賠償之標的物。

---

❻ 甲向乙借款一百萬元並將房屋設定抵押予乙後，甲將其屋出租予丙，一百萬元清償期屆至，甲遲未清償，乙不得已扣押甲房屋，如乙未向丙通知房屋已扣押，租金不得給付予甲，致承租人仍給付租金予甲時，乙不得向丙請求給付租金。

㈡抵押權對抵押人之效力

1.使用收益抵押物

抵押權設定後，仍得就抵押物為使用收益，但扣押後之天然孳息及法定孳息為抵押權效力所及，不得收取。

2.再設定抵押權、地上權及其他權利

不動產所有人，因擔保數債權，得就同一不動產設定數抵押權，其抵押權之優先次序依登記之先後定之（民法第八六五條）。不動產所有人，設定抵押權後，於同一不動產上，得設定地上權及其他權利，但其抵押權不因此而受影響（民法第八六六條）。所謂其他權利，有地役權、永佃權、典權等以使用收益為目的之物權（大法官會議釋字第一一九號解釋），出租亦得為之。

3.抵押物讓與第三人

抵押物所有人於設定抵押權後，得將該抵押物讓與第三人，其抵押權不因此而受影響（民法第八六七條）。唯抵押權所擔保之債務，並不當然隨同移轉於不動產之現所有人，仍由原有債務人負擔❼。

4.抵押人為第三人之代位權

為債務人設定抵押權之第三人，代為清償債務，或因抵押權人實行抵押權致失抵押物之所有權時，依關於保證之規定，對於債務人有求償權（民法第八七九條）。修正草案將第八七九條增列第二項：「前項應分擔之部分，依保證人應負之履行責任及抵押物擔保債權額之比例定之❽。」

---

❼　同❸例，甲之債務不隨同 A 房地移轉予丙而隨同移轉，仍應由甲負擔對乙之債務。乙不得請求丙清償甲之債務。

❽　例如對新臺幣 1,000 萬元之債務，甲保證債務 1,000 萬元，乙亦保證債務 1,000 萬元，丙以土地擔保 500 萬元，丁以土地擔保 300 萬元，則甲、乙各應負履行責任之比例為 1,000/2,800，丙為 500/2,800，丁為 300/2,800；應分擔之部分甲、乙各為 357 萬元（即 1,000 萬元×1,000/2,800），丙為 178 萬元（即 1,000 萬元×500/2,800），丁為 107 萬元（即 1,000 萬元×300/2,800）。丙之土地賣價 500 萬元時，丙逾其分擔額支出部分為 322 萬元，則其依比例應向甲、乙各求償 140 萬元，向

㈢抵押權對抵押權人之效力

1.抵押權之保全

⑴防止抵押物價值減少請求權：抵押人之行為，足使抵押物之價值減少者，抵押權人得請求停止其行為，如急迫之情事，抵押權人得自為必要之保全處分。因前項請求或處分所生之費用，由抵押人負擔（民法第八七一條）。

⑵回復抵押物價值請求權：抵押物價值減少時，抵押權人得請求抵押人回復抵押物之原狀，或提出與減少價額相當之擔保。抵押物之價值，因非可歸責於抵押人之事由，致減少者，抵押權人，僅於抵押人得受損害賠償之限度內，請求提出擔保（民法第八七二條）。

2.抵押權之處分

抵押權乃財產權之一種，不具有專屬之特性，故可自由處分，換言之，①抵押權人得將抵押權與其所擔保之債權一併讓與。②抵押權亦得隨同其所擔保之債權設定權利質權而供其他債權之擔保（民法第八七〇條反面解釋）。③因抵押權具有優先效力，抵押權人得讓與或拋棄其優先次序權（民法第八六五條參照）。

3.抵押權之實行

乃債權已屆清償期，而未受清償時，抵押權人得就抵押物取償。實行方法如下：

⑴拍賣：抵押權人於債權已屆清償期而未受清償者，得聲請法院拍賣抵押物，就其賣得價金而受清償（民法第八七三條第一項）。抵押物賣得之價金，按各抵押權人之次序分配之，其次序同者，平均分配之（民法第八七四條），次序孰先孰後，依登記之先後所定之順位（民法第八六五條）。土地所有人，於設定抵押權後，在抵押之土地上營造建築物者，抵押權人於必要時，得將其建築物與土地併付拍賣，但對於建築物之價金，無優先受清償之權（民法第八七七條），所以允許一併拍賣，乃免減損土地之價值

丁求償 42 萬元。

而保抵押權人之利益，又建築物非抵押權之標的物，故抵押權人對於建築物之價金，不得行使優先權，以免妨害一般債權人之利益。又土地及其土地上之建築物，同屬於一人所有，而僅以土地或僅以建築物為抵押者，於抵押物拍賣時，視為已有地上權之設定，其地租由當事人協議定之，協議不諧時，得聲請法院定之。土地及其土地上之建築物，同屬於一人所有，而以土地及建築物為抵押者，如經拍賣，其土地與建築物之拍定人各異時，適用前項之規定（民法第八七六條）。此為法定地上權，以免建築物因欠缺占有之權源而遭拆除，以保障拍定人利益並免社會經濟之損害❾。

【案例研析】

㈠某甲向某乙借款，以自有之土地，原定第一次序之抵押權於乙，復向丙借款，以同一土地，再設定第二次序之抵押權於丙。問：①乙在何種情形下，得聲請法院拍賣抵押物？②丙得否先於乙聲請拍賣之？③乙之債權屆清償期，甲將借款全數送上，乙不能受領時，甲得如何處置，以消滅其債務？④前項情形，甲之債務消滅時，乙之抵押權亦同時消滅否？

擬答：①民法第八七三條第一項抵押權人於債權已屆清償期而未受清償者，得聲請法院拍賣抵押物，就其賣得價金而受清償。故乙於其債權已屆清償期而未受清償時，即得聲請法院拍賣抵押物。

　　　②依第八七三條第一項丙於其債權已屆清償期而未受清償時，如乙尚未

---

❾ ①民法第八七六條第一項之法定地上權，須以該建築物於土地設定抵押權時業已存在，並具相當之經濟價值為要件。係爭甲部分房屋，既足認係建築於設定抵押權之後，於抵押權設定當時尚未存在；係爭乙部分豬舍雖建於設定抵押權之前，但其價值無幾，雖予拆除，於社會經濟亦無甚影響，均不能視為上開法條中，可成立法定地上權之建築物（五十七年臺上字第一三〇三號判例）。②民法第八七六條第一項規定之法定地上權，係為維護土地上建築物之存在而設，則於該建築物滅失時，其法定地上權即應隨之消滅，此與民法第八三二條所定之地上權，得以約定其存續期限，於約定之地上權存續期限未屆至前，縱地上之工作物或竹木滅失，依同法第八四一條規定其地上權仍不因而消滅者不同（八十五年臺上字第四四七號判例）。

或未能聲請法院拍賣時，丙得先於乙聲請拍賣之；蓋法律並未規定順位在後之抵押權人，不得先於順位在前之抵押權人，向法院聲請拍賣抵押物。

③民法第二三四條債權人對於已提出之給付，拒絕受領或不能受領者，自提出時起，負遲延責任。乙之債權屆清償期，甲將借款全數送上，乙不能受領時，乙應自甲送上款時起，負遲延責任。此時，甲得將該款項為乙提存之，以消滅其債務（民法第三二六條）。

④民法第三○七條債之關係消滅者，其債權之擔保及其他從屬之權利，亦同時消滅。故甲之債務消滅時，乙之抵押權亦同時消滅。

　　㈡甲有建地一塊，先向臺灣銀行抵押借款一百萬元，繼向華南銀行抵押借款一百萬元。不久甲出國，將此建地贈與其弟乙。問：①乙應否負清償責任？②設此建地現值一百五十萬元，臺灣銀行與華南銀行各應分得若干？

擬答：①民法第八六七條規定不動產所有人設定抵押權後，得將不動產讓與他人。但其抵押權不因此而受影響。今甲贈與建地予其弟乙，建地上已存有之抵押權不因此而受影響，故乙對抵押權人之責任僅限於以該土地供擔保債權之責任（乙此時為物上保證人），但不因此而負債務清償責任（乙非債務人）。

②民法第八六五條規定不動產所有人，因擔保數債權，就同一不動產，設定數抵押權者，其次序依登記之先後定之。民法第八七四條抵押物賣得之價金，按各抵押權人之次序分配之，其次序同者，平均分配之。甲先向臺灣銀行設定抵押，故應優先受償一百萬元，餘額五十萬元由華南銀行分得，不足五十萬元則成為普通債權，由甲之其他財產取償。

　　⑵拍賣以外之方法：抵押權人於債權清償期屆滿後，為受清償，得訂立契約，取得抵押物之所有權，或用拍賣以外之方法，處分抵押物，但有害於其他抵押權人之利益者，不在此限（民法第八七七條）。應注意者係訂

立契約必須在清償期屆滿後訂立，始為有效。如於設定抵押權契約時，預先約定於將來債權已屆清償期而未為清償時，抵押物之所有權移屬於抵押權人者，其約定為無效（民法第八七三條第二項），此即所謂「流質契約之禁止」。

六、抵押權之消滅

抵押權消滅原因如下：

㈠主債權消滅

主債權因清償、提存、抵銷、混同、免除等原因而消滅，抵押權亦隨之消滅，乃因抵押權係從權利，隨主債權之消滅而消滅（民法第三○七條）。

㈡除斥期間屆滿

主債權罹於消滅時效，抵押權雖不隨之消滅（民法第一四五條第一項），如抵押權人於消滅時效完成後，五年間不實行其抵押權者，其抵押權消滅（民法第八八○條）。

㈢抵押權之實行

抵押權一經實行，即歸消滅。

㈣抵押物滅失

抵押權因抵押物之滅失而消滅，但因滅失得受之賠償金，應按各抵押權人之次序分配之（民法第八八一條）❿。

---

❿　某子將其所有木造房屋設定抵押向某丑借款，並登記完畢後，將該木屋拆毀，在原地重建磚造房屋，按此情形，某子既將供抵押之木造房屋拆毀，某丑之抵押權即因抵押物之滅失而消滅（五十七年三月十二日最高法院民庭決議）。

第七章　質　權

質權為擔保物權之一種。以動產為標的物之擔保物權，稱為動產質權；以權利為標的物之擔保物權，稱為權利質權。民法物權編關於質權之規定，於當鋪或其他以受質為營業者，不適用之（民法物權編施行法第一四條）。

第一節　動產質權

一、動產質權之意義

稱動產質權者，謂因擔保債權，占有由債務人或第三人移交之動產，得就其賣得價金，受清償之權（民法第八八四條）。以動產設定質權之人，謂之出質人，出質人為第三人時，該第三人稱為物上保證人；享有質權之人，稱為質權人，亦即為債權人。動產質權，以擔保債權之清償為目的，須有受其擔保之債權存在，始能成立，故係從權利。

二、動產質權之效力

㈠效力之範圍

1.質權所擔保債權之範圍

質權所擔保者，為原債權、利息、遲延利息、實行質權之費用、及因質物隱有瑕疵而生之損害賠償。但契約另有訂定者，不在此限（民法第八八七條）。

2.質權標的物之範圍

為增強質權之功效，質權標的物之範圍，除質物本身外，尚及於其從

物（以已交付者為限）及孳息（民法第八八九條參照）。

㈡對質權人之效力

1.質權人之權利

⑴**占有質物之權利**：質權之成立以占有質物為要件，質權人於其債權受清償前，得繼續占有質物（民法第八八四條參照）。

⑵**孳息收取權**：質權人，得收取質物所生之孳息。但契約另有訂定者，不在此限（民法第八八九條）。

⑶**質物之轉質**：質權人於質權存續中，得以自己之責任，將質物轉質於第三人。其因轉質所受不可抗力之損失，亦應負責（民法第八九一條）。

⑷**質物之變賣**：因質物有敗壞之虞，或其價值顯有減少，足以害及質權人之權利者，質權人得拍賣質物，以其賣得價金，代充質物（民法第八九二條），以保全雙方利益。但除不能通知外，質權人應於拍賣前，通知出質人（民法第八九四條）。

⑸**質權之實行**：質權人於債權已屆清償期，而未受清償者，得拍賣質物，就其賣得價金而受清償。約定於債權已屆清償期而未為清償時，質物之所有權移屬於質權人者，其約定無效（民法第八九三條），是為流質契約之禁止。

2.質權人之義務

⑴**保管質物義務**：質權人應以善良管理人之注意，保管質物（民法第八八八條）。

⑵**返還質物義務**：動產質權，所擔保之債權消滅時，質權人應將質物返還於有受領權之人（民法第八九六條）。

㈢對出質人之效力

出質人於出質後，雖將質物之占有移轉於質權人而不直接占有質物，但仍保有質物之所有權，故仍得就質物為買賣、贈與等行為，只是在清償債務前，不得請求返還質物，回復直接占有而已。

三、動產質權之消滅

㈠債權之消滅

質權係屬從權利，以主權利之存在為前提。故主權利消滅時，則質權亦隨之而消滅。

㈡質物之返還

動產質權，因質權人返還質物於出質人而消滅。返還質物時，為質權繼續存在之保留者，其保留無效（民法第八九七條）。

㈢占有之喪失

質權以占有質物為成立要件，故質權人喪失其質物之占有，不能請求返還者，其動產質權消滅（民法第八九八條）。

㈣質物之滅失

動產質權，因質物滅失而消滅。如因滅失得受賠償金者，質權人得就賠償金取償（民法第八九九條）。

第二節　權利質權

一、權利質權之意義

權利質權者，謂以可讓與之債權及其他權利為標的物之質權（民法第九〇〇條）。權利質權與動產質權不同者，主要為其標的物上之差異，除此之外，其餘在本質上並無大異。故權利質權，除本節有規定外，準用關於動產質權之規定（民法第九〇一條）。

二、權利質權之設定

權利質權之設定，除本節有規定外，應依關於權利讓與之規定為之（民法第九○二條）。例如以債權設定質權者，應依債權讓與之規定為之（民法第二九四條以下）。所謂除本節有規定外，係指下列之情形：

(一)一般債權質之設定

以債權為標的物之質權，其設定應以書面為之。如債權有證書者，並應交付其證書於債權人（民法第九○四條）。

(二)證券債權質之設定

質權以無記名證券為標的物者，因交付其證券於質權人，而生設定質權之效力。以其他有價證券為標的物者，並應依背書方法為之（民法第九○八條）。

三、權利質權之效力

(一)對質權人之效力

1.一般債權質權之實行

可分兩種情形：

(1)提存給付物：為質權標的物之債權，其清償期先於其所擔保債權之清償期者，質權人得請求債務人，提存其為清償之給付物（民法第九○五條）。

(2)直接請求給付：為質權標的物之債權，其清償期後於其所擔保債權之清償期者，質權人於其清償期屆滿時，得直接向債務人請求給付。如係金錢債權，僅得就自己對於出質人之債權額，為給付之請求（民法第九○六條）。

2.有價證券質權之實行

質權以無記名證券、票據或其他依背書而讓與之證券為標的物者，其所擔保之債權，縱未屆清償期，質權人仍得收取證券上應受之給付。如有預行通知證券債務人之必要並有為通知之權利，債務人亦僅得向質權人為給付（民法第九○九條）。

(二)對出質人之效力

為質權標的物之權利，非經質權人之同意，出質人不得以法律行為，使其消滅或變更（民法第九○三條）。

(三)對第三債務人之效力

為質權標的物之債權，其債務人受質權設定之通知者，如向出質人或質權人一方為清償時，應得他方之同意。他方不同意時，債務人應提存其為清償之給付物（民法第九○七條）。若為有價證券質時，則該證券之債務人僅得向質權人為給付（民法第九○九條後段）。

第八章 典 權

一、典權之意義

稱典權者，謂支付典價，占有他人之不動產，而為使用及收益之權（民法第九一一條）。

二、典權之期限

典權約定期限不得逾三十年，逾三十年者縮短為三十年（民法第九一二條）。

三、典權之效力

(一)典權人之權利義務

1.典權人之權利

(1)典物之使用收益：典權人可依典權之內容，而使用收益典物（民法第九一一條）。又典權人既係占有典物，故民法第七七四至八〇〇條相鄰關係之規定，於典權人間或典權人與土地所有人間準用之(民法第九一四條)。

(2)典物之轉典或出租：典權存續中，典權人得將典物轉典或出租於他人。但契約另有約定，或另有習慣者，依其訂定或習慣。典權定有期限者，其轉典或租賃之期限，不得逾原典權之期限，未定期限者，其轉典或租賃，不得定有期限。轉典之典價，不得超過原典價（民法第九一五條）。典權人對於典物因轉典或出租所受之損害，負賠償責任（民法第九一六條）。

(3)典權之讓與：典權人得將典權讓與他人。前項受讓人對於出典人，取得與典權人同一之權利（民法第九一七條）。

(4)**典權人之留買權**：出典人將典物之所有權讓與他人時，如典權人聲明提出同一之價額留買者，出典人非有正當理由，不得拒絕（民法第九一九條）。

(5)**典權人之重建修繕權**：典權存續中，典物因不可抗力致全部或一部滅失者，典權人，除經出典人同意外，僅得於滅失時滅失部分之價值限度內為重建或修繕（民法第九二一條）。

(6)**有益費用之求償權**：典權人因支付有益費用，使典物價值增加，或依第九二一條之規定，重建或修繕者，於典物回贖時，得於現存利益之限度內，請求償還（民法第九二七條）。

2.**典權人之義務**

典權存續中，因典權人之過失，致典物全部或一部滅失者，典權人於典價額限度內，負其責任。但因故意或重大過失，致滅失者，除將典價抵償損害外，如有不足，仍應賠償（民法第九二二條）。典權人有繳納地價稅、土地增值稅及土地改良物稅之義務（土地法第一七二、一八三、一八六條）。

⒟出典人之權利義務

1.**出典人之權利**

(1)**典物之讓與**：出典人於典權設定後，得將典物之所有權，讓與他人。典權人對於前項受讓人，仍有同一之權利（民法第九一八條）。

(2)**典物之回贖**：典權定有期限者，於期限屆滿後，出典人得以原典價回贖典物（民法第九二三條第一項）。典權未定期限者，出典人得隨時以原典價回贖典物。但自出典後經過三十年不回贖者，典權人即取得典物所有權（民法第九二四條）。

2.**出典人之義務**

(1)**瑕疵擔保**：典權設定為有償契約，故出典人應負瑕疵擔保責任（民法第三四七條）。

(2)**費用之償還**：典權人因支付有益費用，使典物價值增加，或依民法第九二一條之規定，重建或修繕者，於典物回贖時，得於現存利益之限度

內，請求償還（民法第九二七條）。

四、典權之消滅

㈠回贖或逾期不回贖

回贖係出典人向典權人提出原典價，以消滅典權之單獨行為。於定期限之典權，出典人於典期屆滿後，經過二年，不以原典價回贖者，典權人即取得典物所有權（民法第九二三條第二項）。典權未定期限者，自出典後經過三十年不回贖者，典權人即取得典物所有權（民法第九二四條但書）。

㈡找　貼

出典人於典權存續中，表示讓與其典物之所有權於典權人者，典權人得按時價找貼，取得典物所有權（民法第九二六條第一項）。

第九章　留置權

一、留置權之意義

留置權者，債權人因法定原因而占有屬於債務人之動產，於債權未受清償前，得予留置之法定擔保物權（民法第九二八條）。留置權因具備法定要件而成立，與質權、抵押權等通常因當事人以法律行為設定者不同。

二、留置權之成立要件

㈠積極要件

1. 須占有屬於債務人之動產（民法第九二八條本文）。

2. 須債權已屆清償期或債務人無支付能力，債權已至清償期而未受清償，始得留置其物。但債務人已無支付能力時，債權人縱於其債權未屆清償期前，也有留置權（民法第九二八條第一款、第九三一條第一項）。

3. 須債權之發生，與該動產有牽連之關係者（民法第九二八條第二款）。例如交修汽車，修畢如未付修理費，修車行得留置該車，因修理費債務之發生與該車有牽連關係。又商人之間，交易繁雜，因營業關係而占有之動產，及其因營業關係所生之債權，有無牽連關係，實難一一證明，為保護債權人利益，均視為牽連關係。

㈡消極要件

1. 須其動產非因侵權行為而占有者（民法第九二八條第三款）。

2. 動產之留置，不違反公共秩序或善良風俗（民法第九三〇條前段）。

3. 動產之留置，須不與債權人所承擔之義務，或與債務人於交付動產

前，或交付時所為之指示相牴觸（民法第九三〇條後段）。例如運送人留置未運送的物品與其運送義務牴觸是。但債務人於動產交付後，成為無支付能力，或其無支付能力，於交付後始為債權人所知者，其動產之留置，縱有民法第九三〇條所定之牴觸情形，債權人仍得行使留置權（民法第九三一條第二項）。

三、留置權之效力

㈠對於留置權人之效力

1.標的物之留置

　　債權人於其債權未受全部清償前，得就留置物之全部，行使其留置權（民法第九三二條）。是為留置權之不可分性。

2.留置物之保管義務

　　債權人應以善良管理人之注意，保管留置物（民法第九三三條）。

3.必要費用償還請求權

　　債權人因保管留置物所支出之必要費用，得向其物之所有人，請求償還（民法第九三四條）。

4.孳息之收取權

　　債權人得收取留置物所生之孳息，以抵償其債權（民法第九三五條）。

5.留置權之實行

　　留置權之行使方法如下：

　　⑴定期通知：債權人於其債權已屆清償期而未受清償者，得定六個月以上之相當期限，通知債務人，聲明如不於其期限內為清償時，即就其留置物取償。於不能通知時，於債權清償期屆滿後，經過二年仍未受清償時，亦得就留置物取償（民法第九三六條第一、三項）。

　　⑵拍賣取償：債務人不於上述期限內為清償者，債權人得依關於實行質權之規定，拍賣留置物，或取得其所有權（民法第九三六條第二項）。

㈡對於留置物所有人之效力

動產被債權人依法取得留置權後，所有人即喪失其使用收益權，惟仍保有其所有權。換言之，所有人仍得將該被留置物，讓與第三人，惟留置權並不受其影響。

四、留置權之消滅

㈠留置權之實行

留置權一經實行，無論債權人之債權是否能全部受償，其留置權即消滅。

㈡提出相當擔保

債務人為債務之清償，已提出相當之擔保者，債權人之留置權消滅（民法第九三七條）。

㈢喪失占有

留置權因占有之喪失而消滅（民法第九三八條）。

第十章 占 有

一、占有之意義

占有，乃對於物有事實上之管領力之狀態。對於物有事實上管領力者，為占有人（民法第九四〇條）。若占有之標的為「權利」時，則稱為準占有。占有係事實而非權利，惟具有法律所賦予之效力（如權利之推定、即時取得、占有人之物上請求權等）。法律上保護占有之主要目的，乃在維持社會之秩序，並確保交易之安全。

二、占有之種類

占有以不同之區分標準，可作如下之分類：

(一)有權占有與無權占有

占有以其是否有占有之本權存在，可分為有權占有與無權占有。前者係指基於某種權利而占有，例如本於所有權、租賃權而占有；後者係指因違法原因而取得占有，例如竊盜而占有贓物。

(二)直接占有與間接占有

占有人對物是否有直接管領力，可分為直接占有與間接占有。質權人、承租人、受寄人、或基於其他類似之法律關係，對於他人之物為占有者，該他人為間接占有人（民法第九四一條）。而對於物有直接管領力者，如質權、承租人、受寄人等占有，稱為直接占有。又受僱人、學徒、或基於其他類似之關係，受他人之指示，而對於物有管領之力者，僅該他人為占有人（民法第九四二條，民國八十四年一月十六日修正公布）。因該等人員，

只是占有人之輔助機關，猶如占有人之手腳而已。

㈢自主占有與他主占有

占有人以其是否以所有之意思而占有，可分為自主占有與他主占有。以所有之意思而占有者，謂之自主占有，例如所有人之占有或竊賊對贓物之占有；否則謂之他主占有，例如借用人之占有。

㈣善意占有與惡意占有

占有人是否知悉其無占有之權利，可分為善意占有與惡意占有人。占有人不自知其為無權占有者，為善意占有；明知其為無權占有者，為惡意占有。

三、占有之效力

㈠權利之推定

占有人於占有物上，行使之權利，推定其適法有此權利（民法第九四三條）。例如占有人於占有物上行使留置權時，則推定其有留置權。

㈡事實之推定

占有人，推定其為以所有之意思，善意、和平及公然占有者（民法第九四四條第一項）。

㈢善意受讓（即時取得）

善意受讓又稱即時取得。係指以動產所有權或其他物權之移轉或設定為目的，而善意受讓該動產之占有者，縱其讓與人無讓與之權利（即無權處分），其占有仍受法律之保護（民法第九四八條）。此係為保護交易之安全而設，但亦有下列之例外，即占有物如係盜贓或遺失物，其被害人或遺失人，自被盜或遺失之時起，二年以內，得向占有人，要求回復其物（民

法第九四九條)。蓋盜贓或遺失物,均非基於權利人之本意而喪失占有,故法律對於其被害人或遺失人,特予保護。

唯盜贓或遺失物,如占有人由拍賣或公共市場,或由販賣與其物同種之物之商人,以善意買得者,非償還其支出之價金,不得回復其物(民法第九五〇條)。盜贓或遺失物,如係金錢或無記名證券,不得向其善意占有人,請求回復(民法第九五一條),以免有礙於流通。

四、占有之保護

(一)占有人之物上請求權

占有人,其占有被侵奪者,得請求返還其占有物。占有被妨害者,得請求除去其妨害。占有有被妨害之虞者,得請求防止其妨害(民法第九六二條)。此稱占有人之物上請求權。此請求權,自侵奪或妨害占有,或危險發生後,一年間不行使而消滅(民法第九六三條)。

(二)占有人之自力救濟權

1.自力防禦權

占有人對於侵奪或妨害其占有之行為,得以己力防禦之(民法第九六一條第一項)。

2.自力取回權

占有物被侵奪者,如係不動產,占有人得於侵奪後,即時排除加害人而取回之。如係動產者,占有人得就地或追蹤向加害人取回之(民法第九六〇條第二項)。占有人自力救濟權,旨在保護其占有,故不僅直接占有人得行使之,即使如受僱人、學徒、或基於其他類似之關係,受他人之指示,而對於物有管領力之占有輔助人,亦得行使占有人之自力救濟權(民法第九六一條)。

第四編　親　屬

第一章　通　則

一、親屬法之特質

　　親屬法乃規定親屬間之身分及其權利義務關係之法。親屬法以風俗習慣為基礎，具有濃厚之地域色彩，強烈之倫理性與民族性，因此各國親屬法有其差異。親屬法具有下列之特質：⑴一身專屬性：身分行為不許附條件或期限，原則上亦不許代理。⑵強制性：親屬法事涉人倫秩序，法律效果不許當事人以其意思變更或任意排除。⑶繼續性及要式性：身分行為具有持續性，不因履行一次即告消滅，如夫妻同居義務、子女教養義務。又某些身分行為注重要式，例如結婚、兩願離婚、收養均須具法定方式。

二、親屬之意義

　　親屬乃基於血統或婚姻關係所發生一定身分之人，其相互間之關係。

三、親屬之種類

　　親屬種類，法無明文，通說認為可分下列三種：

㈠配　偶

　　因結婚而締結婚姻關係之男女，相互間稱配偶。配偶是否為親屬，法無明文，但通說認配偶為人倫之始，為最基本之親屬。

㈡血　親

　　血親乃有血統關係之親屬，可分為自然血親與法定血親兩種。

1.自然血親

出於同一祖先而有天然血統連繫之血親。例如祖父母、外祖父母、父母、子女、兄弟、堂兄弟、叔姪、舅甥……等均是。包括半血緣之兄弟姊妹（同母異父、同父異母）在內。

2.法定血親

無天然的血統聯繫而由法律所擬制之血親，又稱擬制血親。例如養父母子女之間。

(三)姻　親

因婚姻關係所生之親屬。主要為男女結婚而與對方親屬間所產生之親屬關係及血親結婚而與血親之配偶所產生之親屬關係。依第九六九條規定，有下列三種：

1.血親之配偶

如兄弟之妻、姊妹之夫、兒媳、女婿、伯母嬸母、姑父姨父是。

2.配偶之血親

如夫之父母（翁姑）、妻之父母（岳父母）、妻之前夫之子女、夫之前妻之子女是。

3.配偶之血親之配偶

如妯娌之間或連襟之間或自己與妻（或夫）之繼父母之間。

至於血親之配偶之血親，如子婦之父母或女婿之父母（兒女親家），民法未列入親屬之範圍，乃因範圍太廣，唯與禮俗及倫常觀念不符。

四、親　系

親系乃親屬間彼此連繫之系別，亦即除配偶外，皆有世系之連絡。親系可分為血親之親系及姻親之親系。

(一)血親之親系

血親之親系又可分為：

1.直系血親

乃己身之所出（自己與父母、祖父母）及從己身所出（自己與子女、孫子女）。前者稱直系血親尊親屬，後者稱直系血親卑親屬❶。

2.旁系血親

乃非直系血親，而與己身出於同源之血親，例如兄弟姊妹、伯叔、舅父姨母與己身出於同一父母或祖父母。

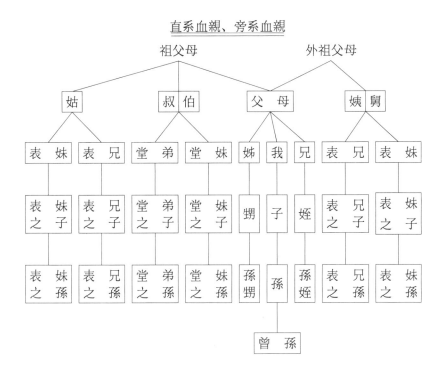

直系血親、旁系血親

㈡姻親之親系

姻親之親系依民法第九七〇條規定如下：

1.血親之配偶，從其配偶之親系

如己身與兄弟之妻即為旁系姻親，因己身與兄弟為旁系血親，與兄弟之妻（即血親之配偶）為姻親，故己身與兄弟之妻為旁系姻親。又己身與

---

❶ 父所娶之後妻為父之配偶，而非己身所從出之血親，故在舊律雖稱為繼母，而在民法上則為直系姻親而非直系血親（二十八年上字第二四〇〇號判例）。

子之妻或女之夫為直系姻親。

2.配偶之血親，從其與配偶之親系

　　如己身與妻之父母即為直系姻親，因妻與其父母間係直系血親，故己身與妻之父母為直系姻親。已身與妻之兄弟姊妹為旁系姻親。

【案例研析】

　　甲女與乙男結婚，甲女與乙男前妻所生之子女丙、丁具有何種親屬關係?

擬答: 甲女與丙、丁非己身所從出之血親，故在民法上為直系姻親（配偶之血親）。

3.配偶之血親之配偶，從其與配偶之親系

　　如妻之兄弟之妻為旁系姻親，因妻之兄弟之妻之間為妻之旁系姻親，故亦夫之旁系姻親。

直系姻親

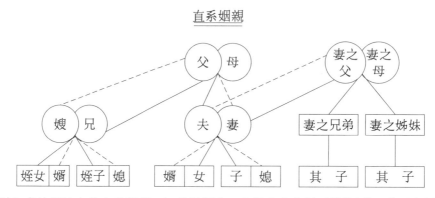

〔註〕虛線相連者為直系姻親，如父母與妻，夫與妻之父母（岳父母），父母與兄之嫂，父母與孫媳、孫女婿。

五、親　等

　　親等乃表示親屬關係親疏遠近之尺度，其計算法有兩種，即羅馬計算

法與教會計算法，我民法採羅馬計算法，茲述之於下：

㈠血親親等之計算

　　民法第九六八條規定：「血親親等之計算，直系血親，從己身上下數，以一世為一親等，旁系血親，從己身數至同源之直系血親，再由同源之直系血親，數至與之計算親等之血親，以其總世數為親等之數。」故 1.直系血親親等之計算，係從己身上下數，以一世為一親等，如己身與父母為一親等，與祖父母為二親等。 2.旁系血親親等之計算，係先計算己身數至同源之直系血親，再由同源之直系血親數至與之計算親等之血親，以其兩者之總世數為親等之數。例如己身與兄弟為二親等，即己身數至同源之父（一世），再由父數至兄弟（一世），共計二世，即二親等。

㈡姻親親等之計算

　　依民法第九七〇條規定，其計算方法如下： 1.血親之配偶，從其配偶之親等，例如女婿為一親等直系姻親。2.配偶之血親，從其與配偶之親等。例如夫之父母為妻之一親等直系姻親。 3.配偶之血親之配偶，從其與配偶之親等。例如妻之姊之夫，為夫之二親等旁系姻親。

六、親屬關係之發生與消滅

㈠血親之發生與消滅

　　1.自然血親之發生以出生為主要原因，非婚生子女與生父之間血親之發生尚須經生父之認領或與生母結婚（即所謂準正）。（註：非婚生子女與生母之血親發生關係乃由於出生之原因，依第一〇六五條第二項規定：非婚生子女與其生母之關係視為婚生子女，無須認領。）自然血親因死亡為消滅其親屬關係唯一原因。故父登報宣告與孽子脫離父子關係，並不因此消滅血親關係❷。

---

❷　血親關係原非當事人間所能以同意使其消滅，縱有脫離父子關係之協議，亦不生

2.法定血親因收養而發生，因死亡或終止、撤銷收養而消滅。

㈡姻親之發生與消滅

1.姻親之發生係因結婚。

2.姻親之消滅係因離婚或撤銷婚姻（民法第九七一條）。

【案例研析】

甲夫乙妻，甲死亡乙再嫁，問乙與甲之父母是否仍有親屬關係（直系姻親）？

擬答：依舊民法第九七一條規定，夫死妻再婚，姻親關係消滅。因現行民法不採以祖產為中心之家族主義，故新民法第九七一條後段「夫死妻再婚或妻死贅夫再婚，姻親關係消滅。」加以刪除，故依新法第九七一條之規定，再婚不為姻親關係消滅之原因，因此乙與甲之父母仍存有親屬關係即仍是一親等直系姻親。

法律上之效力（四十一年臺上字第一一五一號判例）。

第二章　婚　姻

第一節　婚　約

一、婚約之意義

　　婚約乃男女雙方約定將來締結婚姻之契約，亦稱訂婚。但結婚不以訂婚為必要，男女不經訂婚而逕行結婚，不影響結婚效力。又婚約之訂定以男女當事人意思表示為已足，不以訂立訂婚契約書或交換聘禮、戒指為必要。

二、婚約之成立

㈠應由當事人自行訂定

　　婚約因男女當事人相互之意思表示一致而成立，不須有任何方式（不要式行為），又婚約應由男女當事人自行訂定（民法第九七二條），不許父母親或他人代訂婚約，否則由他人代訂之婚約為無效（一身專屬性）。

【案例研析】

　　父母兄長等代訂婚約的效力為何？

擬答：於中國傳統習俗上，往往有父母兄長代為訂定婚約，此乃本於父母有主婚之權利。可是於現今婚姻自由之制度下，此根本不能成立，故此種婚約的訂定無效。若是男女雙方也彼此合意，則可認為是雙方訂定的婚約，而經父母同意，由父母出面為之，此時父母只是雙方當事人的代言人罷了，此項婚約則仍可發生效力。

㈡應達法定年齡

男未滿十七歲，女未滿十五歲，心智尚未發達，防止早婚之弊，故民法第九七三條規定禁止訂婚。違反本條者，通說認無效（三十二年上字第一○九八號判例），縱經法定代理人之同意，亦非有效。

㈢未成年人訂婚須得法定代理人之同意

未成年人訂定婚約應得法定代理人之同意（民法第九七四條），以補其智慮之不足。未成年人縱男年滿十七歲，女年滿十五歲，亦須得法定代理人之同意，始得訂立婚約。未成年人未經法定代理人之同意而訂立婚約者，法定代理人得撤銷該婚約❶。

三、婚約之效力

婚約之效力如下:

㈠不得請求強迫履行

蓋婚姻為終身大事，男女結合須以愛情為基礎，苟情感不合，實不宜勉強，且婚後尚許離婚，故婚約不得請求強迫履行（民法第九七五條），以免婚姻悲劇❷。

---

❶ ①未成年訂定婚約，應得法定代理人之同意在民法第九百七十四條有明文規定，故當事人於訂定婚約時未成年者，縱已達於同法第九百七十三條所定年齡，亦須得法定代理人之同意始生效力（二十三年上字第三一八七號判例）。②上訴人與被上訴人訂定婚約時，上訴人雖尚未成年，但訂定婚約之日，上訴人之母既經到場而無異議，不得謂未得其母之同意（二十七年滬上字第三八號判例）。

❷ ①婚約不得請求強迫履行，民法第九七五條定有明文，故婚約當事人之一方違反婚約，雖無民法第九七六條之理由，他方亦僅得依民法第九七八條之規定，請求賠償因此所受之損害，不得提起履行婚約之訴（二十七年上字第六九五號判例）。②婚約當事人之一方再與他人訂定婚約或結婚者，民法僅許他方解除婚約並請求賠償損害，並未認其有請求阻止結婚之權，此觀民法關於婚約及結婚各條之規定

(二)違反婚約之損害賠償

婚約雖依第九七五條不得請求強迫履行，但非毫無拘束力，故除有民法第九七六條所定事由外而無故違反婚約，對於他方因訂婚而受損害，應負賠償責任（財產上之損害）（民法第九七八條）。如甲男無民法第九七六條所定事由，無故不與乙女結婚，致乙女方所購妝奩、宴客酒席之財產上損害。又非財產上之損害，受害人亦得請求賠償，但受害人以無過失為限（民法第九七九條第一項）。不過此種非財產上損害賠償，具有人格上專屬性，故不得為讓與或繼承之標的物，但如他方已依契約承諾或受害人已經起訴，因已轉變為普通債權，得為讓與或繼承之標的物（同條第二項）。又前開之請求權，因二年間不行使而消滅（民法第九七九條之二）。

四、婚約之解除

(一)合意解除

婚約既因當事人雙方合意成立，自可合意解除，婚約經合意解除，即歸於消滅。

(二)一方解除

婚約當事人之一方，有下列情形之一者，他方得解除婚約：1.婚約訂定後，再與他人訂定婚約或結婚者。2.故違結婚期約者。3.生死不明已滿一年者。4.有重大不治之病者。5.有花柳病或其他惡疾者❸。6.婚約訂定後成為殘廢者❹。7.婚約訂定後與人通姦者。8.婚約訂定後受徒刑之宣告

自明，故與出征軍人訂有婚約之女子，在該軍人出征期間再與他人訂定婚約並定期結婚者，該軍人或其親屬訴請阻止結婚，在現行法上自無從認為有理由（三十年上字第六四九號判例）。

❸ 癩瘋病為惡性之傳染病，決非短時期內所能治癒，自屬民法第九七六條第一項第五款之重大惡疾（二十三年上字第四○五一號判例）。

者。 9.有其他重大事由者。

【案例研析】

㈠甲男與乙女訂立婚約，尚未結婚，未料不久後，甲男又與丙女再行訂定婚約，此時乙女是否可以撤銷甲男與丙女之訂定婚約？

擬答：按甲男與乙女先行訂婚在先，而後與丙女再行訂婚，乙女得以此為理由，依民法第九七六條第一項第一款之規定，請求與甲男解除婚約。但是乙女並無權利撤銷甲男與丙女的婚約，因為婚約聽憑當事人的自由意志決定，並不能對他方強迫履行，故乙女對丙女與甲男間的婚約並不得撤銷（最高法院三十年院字第二一九一號判例）。

㈡甲男與乙女訂定婚約，尚未結婚，該婚約當事人的一方甲男，又與丙女訂立婚約，繼而與丙結婚，而與乙女的婚約並未解除，不久之後，甲男又與乙女結婚，問甲男與乙女及丙女的婚姻究竟何者有效？

擬答：甲男與丙女先行結婚，其婚姻有效成立，乙女得以此理由，請求解除婚約。乙女竟與甲男結婚，甲男乙女之婚姻為重婚，依民法第九八八條規定其婚姻無效。

㈢甲男與乙女訂有婚約，後因乙女家中母喪之故，乙女認為於守喪期間不宜嫁娶，延緩結婚時期，問甲此時是否得主張乙女故違結婚期約，而依民法第九七六條第一項第二款之規定請求解除婚約？

擬答：按家有喪事，延緩婚期，此乃自古以來常有的習俗，而且乙女並非故意延緩婚期，是因為慟哀守喪期間於情理上，不適合論及婚嫁，這是自古以來良好的孝道精神，現乙女並非想違反其結婚的約定，只是因為情勢而暫緩，故甲男不得主張第九七六條第一項第二款請求解除婚約（二十二年上字第三六七四號判例），若是甲男擅自解除婚約，則乙女得請求損害賠償。

---

❹ 婚約當事人之一方，喪失右臂一部機能，久為他方所明知，而仍願定親成婚，自不許於成婚以後，為離異之理由（十九年上字第一七三五號判例）。

㈣甲男乙女結婚後，甲男可否以乙女訂婚後結婚前曾與人通姦為由，請求離婚？

擬答：民法第一千零五十二條第二款所謂他方與人通姦，係指結婚後他方與人通姦者而言，至結婚前與人通姦，如在婚約訂定之後，僅得於結婚前解除婚約，不得於結婚後據以請求離婚（三十三年上字第二九四號判例）。

㈢解除方法

婚約之解除，應向他方以意思表示為之（民法第二五八條）。如事實上不能向他方為解除之意思表示時，無須為意思表示，自得為解除時起，不受婚約之拘束（民法第九七六條第二項）。

㈣解除之效果

婚約如依雙方合意解除，除婚約喪失效力外，其財產上損害及非財產上損害如何賠償，依雙方之約定。但婚約因法定事由而解除者，其賠償之決定如下：

1.財產上之損害賠償

婚約解除時，無過失之一方，得向有過失之他方，請求賠償其因此所受之損害（民法第九七七條第一項）。

2.非財產上之損害賠償

婚約解除時，無過失之一方（受害人），對有過失之他方，非財產上之損失亦得請求賠償相當之金額（民法第九七七條第二項）。

3.訂婚贈與物之返還

因訂定婚約而為贈與者，婚約無效、解除或撤銷時，當事人之一方，得請求他方返還贈與物（民法第九七九條之一）。負返還之一方，有無過失在所不問。

前 1. 2. 3.之請求權，均因二年間不行使而消滅（民法第九七九條之二）。

【案例研析】

　　甲男與乙女訂定婚約後，乙方故違結婚期約，甲男乃表示解除婚約，並因訂婚時交付乙女之父聘金一萬元，乃訴請乙女之父返還聘金，應否准許？

擬答：七十四年民法親屬編修正前，因訂婚而交付之聘金，於婚約解除時，應如何返還聘金交付人，法無明文。七十四年民法親屬編增訂第九七九條之一：「因訂定婚約而為贈與者，婚約無效，解除或撤銷時，當事人之一方，得請求他方返還贈與物。」因此本題甲男自得依民法第九七九條之一之規定，請求乙女之父返還聘金。但如發生在七十四年民法親屬編修正之前，實務上認為，因訂婚而交付聘金乃預想將來婚約之履行而以婚約解除或違反作為解除條件之贈與（四十七年臺上字第九一七號判例），或係負有負擔之贈與（四十七年臺上字第一四六九號判例），以後婚約既經解除或違反、贈與即失其效力，收受聘金者應依不當得利之規定，將聘金返還贈與人。

第二節　結　婚

一、結婚之意義

　　結婚乃男女雙方當事人以締結婚姻關係為目的之要式契約行為。男女一經結婚則發生夫妻之身分，而此身分，除離婚或撤銷婚姻外，終身存續。

二、結婚之要件

㈠形式要件

　　結婚除男女雙方有相互締結婚姻之意思外，尚須履行法定之方式，即應有公開儀式及二人以上之證人（民法第九八二條），故結婚為要式行為。

茲所謂公開儀式，指結婚當事人所行儀式公然而為一般不特定之人均可共見，認識其為結婚而言。所謂二人以上證人指二人以上有行為能力之人，在場親見而願證明者，不限於署名於結婚證書上之人❶。至於當事人是否書立結婚證書在所不問。又當事人如有第三人事後主張其未曾舉行公開儀式，結婚當事人因事過境遷，舉證殊有困難，故第九八二條第二項規定：經依戶籍法為結婚登記者，推定其已結婚。所以結婚當事人只以經辦理結婚登記者，無須就其結婚之成立生效負舉證責任。但應注意者是「結婚登記」並非結婚之成立生效要件。如未具備本條第一項之方式，或雖有結婚登記但第三人舉證其未行第一項之方式時，其結婚為無效（民法第九八八條第一款）。

㈡實質要件

1.須達法定年齡

　　民法第九八〇條規定男未滿十八歲，女未滿十六歲者，不得結婚。本規定係為兼顧當事人心智成熟至了解結婚之意義及效果能力及促進民族之

---

❶　①男女二人，約證婚人二人，及親友數人，在旅館之一房間內，舉行結婚儀式，其結婚既係在旅館之一房間內，自須有足使一般不特定之人，均可知悉之表徵而得共見者，始得認為公開。②男女二人，約證婚人二人，及親友數人，在旅館之宴會廳，置酒一席，如其情狀無從認為舉行結婚儀式，雖其主觀以為舉行婚禮，仍不得謂有公開之儀式。③男女二人，在某一官署內舉行婚禮，如無足使一般不特定之人均可知悉之表徵而得共見者，縱有該署之長官及證婚人二人在場，仍不得謂有公開之儀式。④結婚時之證人，無論是否簽名於結婚證書之人，均以曾經到場者為限。若未親到，雖委託他人在結婚證書內代表簽名蓋章，仍不得認為證人。⑤結婚證書列名之證人二人，僅有一人到場者，某未到場之一人，不得認為證人。⑥前開未到場之一人，雖於事後自稱曾經到場證婚，並不得認為證人（二十六年院字第一七〇一號）。

民法第九八二條所謂公開儀式，只須結婚當事人舉行定式之禮儀，使不特定人得以共見共聞，認識其為結婚為已足。至於當時曾否穿禮服、及有無特殊布置，在所不問（六十九年臺上字第二〇〇一號判例）。

健康。故須達法定年齡方有結婚能力。

【案例研析】

甲男六歲與乙女五歲，父母雙方代訂婚約，甲男與乙女均欣然同意，父母代其舉行婚禮，並約定成年後再行圓房，婚姻有無效力？

擬答： 此種婚姻不能成立，未滿七歲的小孩無為意思表示的能力，而結婚為一種身分行為，「身分行為不能代理」，所以縱使父母代訂，也是無濟於事。甲男、乙女成年後，如互相屬意，則可互相合意，再行婚禮，始發生真正結婚的效力。如於結婚前因不知以前結婚無效而生下的小孩，等結婚後，經「準正」而成為婚生子女。

2.未成年人應得法定代理人之同意

民法第九八一條未成年人結婚，應得法定代理人之同意。如法定代理人故意為難，該未成年人執意結婚，其法定代理人得向法院請求撤銷婚姻，唯仍有例外情形而不得行使，詳後述。

3.無近親結婚之限制

為求人倫以別禽獸及優生因素，依民法第九八三條舊規定，與下列親屬不得結婚： 一、直系血親及直系姻親。二、旁系血親❷及旁系姻親之輩分不相同者。但旁系血親在八親等之外，旁系姻親在五親等之外者，不在此限。三、旁系血親之輩分相同，而在八親等以內者。但六親等及八親等之表兄弟姊妹，不在此限（第一項），本項各款措詞繁冗，茲整理如下之親屬不得結婚： ①直系親，②旁系血親在八親等以內者，但六親等以外之表

---

❷ ①某甲收養某丙同時以女妻之，此種將女抱男習慣，其相互間原無生理上之血統關係，自不受民法第九八三條之限制（四十一年釋字第一二號）。②本院釋字第一二號解釋所謂將女抱男之習慣，係指於收養同時以女妻之，而其間又無血統關係者而言，此項習慣實屬招贅行為，並非民法上之所謂收養。至被收養為子女後，而另行與養父母之婚生子結婚者，自應先行終止收養關係（四十三年釋字第三二號）。

兄弟姊妹不在此限；③旁系姻親在五親等以內，其輩分不相同者。前項姻親結婚之限制，於姻親關係消滅後，亦適用之（第二項）。第一項直系血親及直系姻親結婚之限制，於因收養而成立之直系親屬間，在收養關係終止後，亦適用之（第三項）。

依本條第一項規定，在直系親，不問其為血親或姻親，絕對禁止結婚。在旁系血親，父系六親等與八親等之堂兄弟姊妹不得結婚，母系六親等與八親等之表兄弟姊妹可以結婚，如此以堂、表為禁止結婚之標準，殊為不妥，宜以親等為禁婚標準。又旁系血親八親等之堂兄弟姊妹不得結婚，其禁婚範圍失之過廣，又以之無效婚，亦不甚妥當。再者，通說認為收養而擬制的法定血親，近親禁婚之血統理由（優生因素）已不存在，只有倫常名分之顧慮，故除輩分不相當者應予禁止結婚外，輩分相同者，應允許其結婚，故立法院於民國八十七年五月二十八日三讀通過修正本項為：與下列親屬，不得結婚：一、直系血親及直系姻親。二、旁系血親在六親等以內者。但收養而成立之四親等及六親等旁系血親，輩分相同者，不在此限。三、旁系姻親在五親等以內，輩分不相同者。

依本條原第二項規定：「前項姻親結婚之限制，於姻親關係消滅後，亦適用之。」對於旁系姻親於姻親關係消滅後仍不許其結婚，失之嚴格，故修正本條第二項為：「前項直系姻親結婚之限制於姻親關係消滅後，亦適用之。」例如夫妻離婚後，妻與夫之父間直系姻親關係即告消滅，但彼此仍不得結婚。本條第三項亦為維持固有倫常觀念所設，例如養父母子女終止收養關係後，其間之直系血親關係消滅，但養子女仍不得與前養母或養父結婚是。

【案例研析】

甲男乙女結婚，甲男與前妻所生之子丙，乙女與前夫所生之女丁，丙、丁是否可結婚？

擬答：按丙、丁之關係為血親之配偶之血親，在法律上並無親屬關係，故丙、丁可結婚。

4.無監護關係

為免損及受監護人對婚姻之獨立自由，故第九八四條規定監護人與受監護人，於監護關係存續中，不得結婚，但經受監護人父母之同意者，不在此限。因既經受監護人父母之同意者已無上開顧慮，故得結婚。

5.須非重婚

為維護一夫一妻主義，故第九八五條第一項有配偶，不得重婚。又第二項一人不得同時與二人以上結婚。因亦違反一夫一妻主義，故在禁止之列❸。本條之規定與刑法第二三七條重婚罪之規定同。例如有婦之夫甲男又與乙女結婚，甲乙婚姻關係無效外，甲男之行為尚構成刑事上重婚犯罪行為（如乙女知甲男係有婦之夫仍與之結婚，亦同）。

6.須非與相姦者結婚（民國八十七年六月十七日公布：刪除本條規定）

原第九八六條：因姦經判決離婚，或受刑之宣告者，不得與相姦者結婚。本條有道德制裁之意味，且無實益，淪為報復他人，故立法院於民國八十七年五月二十八日廢除相姦限制結婚之規定，總統於同年六月十七日公布刪除本條規定。

7.女子須逾待婚期間（民國八十七年六月十七日公布：刪除本條規定）

為免將來所生子女之血統混亂而難以決定究為前夫或後夫所生，故原第九八七條：女子自婚姻關係消滅後，非逾六個月不得再行結婚❹。但於

---

❸ 中華民國七十四年六月三日修正公布前之民法親屬編，其第九八五條規定：「有配偶者，不得重婚」；第九九二條規定：「結婚違反第九百八十五條之規定者，利害關係人得向法院請求撤銷之。但在前婚姻關係消滅後，不得請求撤銷」，乃維持一夫一妻婚姻制度之社會秩序所必要，與憲法並無牴觸。唯國家遭遇重大變故，在夫妻隔離，相聚無期之情況下所發生之重婚事件，與一般重婚事件有不同，對於此種有長期實際共同生活事實之後婚姻關係，仍得適用上開第九九三條之規定予以撤銷，嚴重影響其家庭生活及人倫關係，反足妨害社會秩序，就此而言，自與憲法第二二條保障人民自由及權利之規定有所牴觸（七十八年釋字第二四二號）。

❹ 妻既與夫協議離婚，其離婚後是否改嫁及嫁與何人，即非前夫所能過問（十八年上字第一五四七號判例）。

六個月內已分娩者，不在此限。唯現醫學技術發達，以 DNA 進行血緣鑑定並不困難，並無血統混淆之虞，即使馬上結婚，懷孕致所生子女受前後雙重之婚生推定，亦可提起確定其父之訴，加以救濟，故刪除本條規定。

8.須非被詐欺或脅迫

結婚為契約係法律行為之一種，必須出於男女當事人雙方之真意，故若因被詐欺或脅迫而結婚者，其婚姻雖非無效，但有瑕疵，在發見詐欺或脅迫終止後，六個月內得撤銷婚姻契約❺。

9.須非在無意識或精神錯亂中

因結婚時陷於無意識或精神錯亂中，缺乏對結婚效果之認識，其婚姻雖非無效（嚴格來說，依民法總則之規定，此婚姻應為無效），但有瑕疵，故得於常態回復後六個月內向法院請求撤銷之。

10.須非不能人道

為維持婚姻生活之幸福，如男女當事人之一方於結婚時不能人道而不能治者，其婚姻雖非無效，但有瑕疵，仍得於知悉其不能治之時起三年內請求撤銷婚姻契約。所謂不能人道，指不能為性行為而言，例如一方為石女、天閹。應注意者係行使撤銷要件除須三年內，且不能人道係不能治又結婚時即存在，如婚後才不能人道則不與焉。

三、結婚之無效

㈠意　義

結婚無效乃對於結婚行為中違反結婚要件，使其結婚行為自始、確定、當然、絕對不能發生婚姻關係之效力。

---

❺　身心健康為一般人選擇配偶之重要條件，倘配偶之一方患有精神病，時癒時發，必然影響婚姻生活，故在一般社會觀念上，應認有告知他方之義務，如果被上訴人將此項婚姻成立前已存在之痼疾隱瞞，致上訴人誤信被上訴人精神正常，而與之結婚，即難謂上訴人非因被詐欺而為結婚（七十年臺上字第八八〇號判例）。

(二)原　因

結婚無效原因如下：

1.不具備形式要件

結婚不具備民法第九八二條第一項方式,因欠缺公示作用之形式要件,法律特規定其結婚無效。

2.違反近親禁止結婚之限制

為維護人倫及符合優生精神,民法第九八三條有禁止近親結婚之規定,如有違反者，其結婚亦為無效。

3.違反重婚禁止規定

為符合一夫一妻主義之婚姻制度，民法第九八八條第二款後段有違反重婚禁止規定者無效 ❻。

---

❻　①大法官會議釋字第三六二號解釋：民法第九八八條第二款關於重婚無效之規定，乃所以維持一夫一妻婚姻制度之社會秩序，就一般情形而言，與憲法尚無牴觸。唯如前婚姻關係已因確定判決而消滅，第三人本於善意且無過失，信賴該判決而與前婚姻之一方相婚者，雖該判決嗣後又經變更，致後婚姻成為重婚；究與一般重婚之情形有異，依信賴保護原則，該後婚姻之效力，仍應予以維持。首開規定未兼顧類此之特殊情況，與憲法保障人民結婚自由權利之意旨未盡相符，應予檢討修正。在修正前，上開規定對於前述因信賴確定判決而締結之婚姻部分，應停止適用。如因而致前後婚姻關係同時存在，則重婚之他方，自得依法請求離婚，併予指明。

②甲男乙女婚後感情不睦，乙女乃攜子女前往美國，甲男以乙女惡意離棄為由訴請法院判決離婚確定在案，丙女信賴甲男乙女已無婚姻關係乃與甲男結婚，其後乙女以甲男所取得之離婚判決有再審原因，乃提起再審之訴，獲得再審勝訴確定判決後（即甲男乙女之離婚判決被廢棄，甲男乙女之婚姻仍存在），此時，甲男丙女之婚姻，依本條第二款規定，因重婚而無效，勢必對丙女（善意而無過失）之結婚自由遭受不測之損害，與憲法保障人民權利意旨不合，故本款應予修正，在未修正前，對於善意且無過失之丙女，應予停止適用，其結果是甲男乙女、甲男丙女之婚姻關係同時存在，丙女自得依民法第一〇五二條第一項第一款或第二項規定，向法院訴請與甲男離婚。

【案例研析】

　　甲男與乙女結婚，婚後生活極為不睦，後甲男對乙女厭惡之至，又與另一丙女結婚，丙女並不知甲男已與乙女結婚，婚後不久，丙得知此情形，欲請求離婚，是否可以？

擬答：於民國七十四年六月三日公布修正民法親屬編第九八八、九九二條之前，重婚效力為得撤銷而非無效，故本題如發生在修正之前，甲犯重婚，乙女可據之請求離婚，或撤銷甲與丙之婚姻。丙得請求撤銷自己與甲的婚姻。如發生在修正之後，則甲、丙之婚姻無效（民法第九八五條第二款）。

四、結婚之撤銷

(一)意　　義

　　結婚之撤銷乃對於違反結婚要件，由有撤銷權人訴請法院撤銷結婚行為，使結婚不再向將來持續發生效力。

(二)原　　因

　　結婚撤銷之原因如下：

1.未達法定結婚年齡

　　結婚違反第九八〇條之規定者（男未滿十八歲，女未滿十六歲），當事人或其法定代理人，得向法院請求撤銷之。但當事人已達該條所定年齡或已懷胎者，不得請求撤銷（民法第九八九條）。

【案例研析】

　　甲男與乙女未達法定年齡結婚，後來乙女已受孕，甲男之父知甲男結婚之事，乃向法院提起撤銷婚姻之訴，結果遭敗訴判決，此理由何在？

擬答：甲男與乙女結婚，甲男之父本有撤銷權，但乙女已懷孕，撤銷權因之喪失（民法第九八九條但書），法律所以如此規定的原因，無非在求得人倫

秩序的安定。

2.未得法定代理人同意

結婚違反第九八一條之規定者（未成年人結婚應得法定代理人之同意），法定代理人得向法院請求撤銷之。但自知悉其事實之日起，已逾六個月，或結婚後已逾一年，或已懷胎者，不得請求撤銷（民法第九九○條）。

3.違反禁止監護人與受監護人結婚之規定

結婚違反第九八四條之規定者（禁止監護人與受監護人結婚），受監護人或其最近親屬，得向法院請求撤銷之。但結婚已逾一年者，不得請求撤銷（民法第九九一條）。

4.與相姦人結婚（民國八十七年六月十七日公布：刪除本條規定）

結婚違反第九八六條之規定者（禁止與相姦人結婚），前配偶得向法院請求撤銷之。但結婚已逾一年者，不得請求撤銷（民法第九九三條）。

5.女子違反待婚期間規定者（民國八十七年六月十七日公布：刪除本條規定）

結婚違反第九八七條之規定者（女子待婚期間之限制），前夫或其直系血親得向法院請求撤銷之。但自前婚姻關係消滅後，已滿六個月，或已在再婚後懷胎者，不得請求撤銷（民法第九九四條）。依本條但書規定，一旦懷孕即不得撤銷其婚姻，能撤銷其婚姻者必係再婚六個月內又未懷孕者，既未懷孕當無血統混淆之虞，其婚姻遭撤銷，顯失公平。且醫學發達，以DNA進行血緣鑑定並不困難，並無血統混淆之虞，乃刪除本條之規定。

6.結婚時不能人道而不能治者

當事人之一方於結婚時，不能人道而不能治者，他方得向法院請求撤銷之，但自知悉其不能治之時起已逾三年者，不得撤銷（民法第九九五條）。

7.結婚時係在無意識或精神錯亂中

當事人之一方於結婚時係在無意識或精神錯亂中者，得於常態回復後六個月內向法院請求撤銷之（民法第九九六條）。

8.被詐欺或被脅迫而結婚者

　　因被詐欺或被脅迫而結婚者，得於發見詐欺或脅迫終止後，六個月內向法院請求撤銷之（民法第九九七條）。

五、結婚無效或撤銷之效力

　　結婚無效或撤銷之效力如下：

1.無效之效力

　　自始、確定、當然、絕對不發生婚姻關係。

2.撤銷之效力

　　結婚撤銷之效力不溯及既往（民法第九九八條）。即自撤銷後向將來失效。此與一般法律行為撤銷之效力，係採溯及既往之原則不同。蓋結婚後即發生身分關係，為保護當事人及子女利益，並維持生活秩序，故結婚撤銷後使已成立之婚姻向將來失其效力。

3.損害賠償

　　當事人之一方因結婚無效或被撤銷而受有損害者，得向他方請求賠償；但他方無過失者，不在此限。前項情形，不得讓與或繼承；但已依契約承諾，或已起訴者，不在此限（民法第九九九條）。又民法第一〇五五條（判決離婚子女之監護）、民法第一〇五七條（贍養費之給付）及民法第一〇五八條（離婚財產之取回）之規定，於結婚無效或經撤銷時準用之（民法第九九九條之一）❼。父母對於未成年子女之扶養義務，不因結婚經撤銷或離婚而受影響（新增訂民法第一一一六條之二）。

---

❼　民國八十五年九月六日立法院三讀通過修正第九九九條之一：第一〇五七條及第一〇五八條之規定，於結婚無效時準用之（第一項）。第一〇五五條、第一〇五五條之一、第一〇五五條之二、第一〇五七條及第一〇五八條之規定，於結婚經撤銷時準用之（第二項），本條第一項係對有關判決離婚贍養費給付及離婚時夫妻財產取回之規定於結婚無效時準用之。本條第二項係對夫妻離婚，對子女權利義務行使或負擔之規定於結婚經撤銷時準用之。

第三節　婚姻之普通效力

一、夫妻之冠姓

原民法第一○○○條規定：妻以其本姓冠以夫姓，贅夫以其本姓冠以妻姓。但當事人另有訂定者，不在此限。民國八十七年五月二十八日立法院三讀通過修正本條為：夫妻各保有其本姓。但得書面約定以其本姓冠以配偶之姓，並向戶政機關登記（第一項）。冠姓之一方得隨時回復其本姓。但於同一婚姻關係存續中以一次為限（第二項）。修正本條之立法意旨在於婚姻係夫妻二人共營生活，冠姓與否，對婚姻本身不生影響，依本條之原有規定，女子結婚後應冠夫姓，男子入贅後應冠妻姓，但如得夫之同意或贅夫之妻同意，則不須冠姓。不但有違男女平等原則，且現代社會職業婦女日增，妻冠夫姓，在戶籍登記及使用資格證件、印章等均徒增麻煩，故修訂夫妻以不冠姓為原則，如約定以其本姓冠以配偶之姓，須用書面且應向戶政機關登記，冠姓之一方得隨時回復其本姓，但於同一婚姻關係存續中以一次為限。再者，婚姻是兩人為共同生活，彼此扶持而設之制度，無庸有嫁娶或招贅婚之分，贅夫婚姻制度之存在，徒有男女平等之假象，故廢除贅夫婚姻制度。

二、夫妻之同居義務

民法第一○○一條規定：夫妻互負同居之義務。但有不能同居之正當理由者，不在此限。所謂有不能同居之正當理由如工作、服役、不堪他方虐待、疾病等。又夫妻之一方訴請法院命他方履行同居之判決確定後，仍無故不同居，一方僅得依民法第一○五二條第五款訴請離婚，不得請求強制執行（強制執行法第一二八條第二項）❶。

---

❶ ①妻因不堪姑之虐待回母家居住，而其與夫同居必將受姑虐待之情狀現尚存在者，不得謂非有不能同居之正當理由（二十九年上字第二五四號判例）。②夫妻

三、夫妻之住所

原民法第一○○二條規定：「妻以夫之住所為住所。贅夫以妻之住所為住所；但約定以妻之住所為住所，妻以贅夫之住所為住所者，從其約定。」本條但書規定，雖賦予夫妻雙方約定住所之機會，唯如夫或贅夫之妻拒絕約定，或雙方協議不成時，即須以其一方設定之住所為住所。本條未能兼顧他方選擇住所及具體個案之特殊情況，與憲法上平等及比例原則尚有未符，司法院大法官會議作成釋字第四五二號解釋，本條為違憲條文，自解釋公布之日 (87.4.10) 起，至遲於屆滿一年時失其效力。立法院乃於民國八十七年五月二十八日修正本條為：夫妻之住所，由雙方共同協議，未為協議或協議不成時，得聲請法院定之（第一項）。法院為前項裁定前，以夫妻共同戶籍地推定為其住所（第二項）。

又夫妻住所之設定與夫妻應履行同居義務尚有不同，住所乃決定各項法律效力之中心點，非民法所定履行同居義務之唯一處所，夫妻縱未設定住所，仍應以永久生活為目的，而互負履行同居之義務。又贅夫婚姻制度，徒有男女平等之假象，廢除贅夫婚姻制度，自無贅夫住所規定之必要，故予以廢除。

四、夫妻日常家務之代理

民法第一○○三條規定：「夫妻於日常家務，互為代理人。夫妻之一方濫用前項代理權時，他方得限制之。但不得對抗善意第三人。」夫妻於日常家務互為代理人以利共同之生活。所謂日常家務，指一般家庭日常處理事務，大凡家庭生活支出必要行為均屬之。

之一方於同居之判決確定或在訴訟上和解成立後，仍不履行同居義務，在此繼續狀態存在中，而又無不能同居之正當理由者，即與民法第一○五二條第五款所定之離婚要件相當，所謂夫婦互負同居之義務，乃指永久同居而言，要非妻偶爾一二日或十數日住居夫之住所，即屬已盡同居之義務（四十九年臺上字第九九○號判例）。

五、夫妻家庭生活費用之分擔

　　按家庭生活費用乃維持婚姻共同生活基本需求，不因夫妻婚後採行何種夫妻財產制而有所不同，爰增訂民法第一〇〇三條之一：「家庭生活費用，除法律或契約另有約定外，由夫妻各依其經濟能力、家事勞動或其他情事分擔之。因前項費用所生之債務，由夫妻負連帶責任。」俾各種夫妻財產得一體適用❷。

　　家庭生活費用，在共同財產制由共同財產負擔，如同夫妻共同負擔；在分別財產制或勞力所得分配財產制，因以財產分離為架構，家庭生活費用自應由夫妻共同負擔為當，但夫妻之資力、財產或有不同或因其他情事致負擔能力不一，如夫妻對他人有扶養義務、或有債務，不能負擔家庭生活費用者，則依其能力負擔，以兼顧夫妻婚姻生活本質之和諧。夫妻一方家事勞動或對他方營業或職業之協助，實際上常因而減少家庭費用之支出，此消極的減少支出，應與積極的負擔等價肯定家事勞動或職業協助之價值。故家庭生活費用，除法律或契約另有約定外，由夫妻各依其經濟能力、家事勞動或其他情事分擔之。

　　因家庭生活費用所衍生的各項費用應由夫妻共負連帶責任，以保護交易相對人之權利，維護交易安全。

六、夫妻之扶養義務

　　民法第一一一六條之一前段：夫妻互負扶養之義務。配偶為終身共同生活之親屬，較一般家長家屬間之關係密切，自應互負扶養義務。

七、夫妻之貞操義務

　　夫妻是否互負貞操義務，民法無明文規定，不過重婚與通姦構成裁判離婚之事由，夫妻應互負貞操義務，應無問題。

---

❷　原民法第一〇二六條、第一〇三七條、第一〇四八條有關法定財產制、共同財產制、分別財產制之家庭生活費用分擔之規定均配合刪除之。

八、夫妻之財產制度

夫妻結婚後，財產上之主要效力為夫妻財產制問題，詳如第四節。

第四節　夫妻財產制

第一款　通　則

一、夫妻財產制之意義

夫妻財產制，乃婚姻關係存續中，夫妻相互間之財產，應如何規律之制度，詳言之，夫妻於結婚時，其各自所有財產及結婚存續中所取得財產之所有權、管理權、使用收益權、處分權應如何歸屬，夫或妻對外所負之債務應如何清償，夫妻財產制消滅時應如何分割夫妻財產等問題，均為夫妻財產制規律之對象。

二、夫妻財產制之種類及選定

夫妻財產制，依其由法律規定或由當事人選定，可分為法定財產制與約定財產制兩種。約定財產制又分共同財產制與分別財產制。夫妻得於結婚前或結婚後，以契約就本法所定之約定財產制中，選擇其一，為其夫妻財產制（民法第一○○四條）。夫妻未以契約訂立夫妻財產制者，除本法另有規定外，以法定財產制為其夫妻財產制（民法第一○○五條），蓋法定財產制乃眾多立法專家，以其卓越之立法技術，集思廣益所制定，對夫妻來說，應該是最客觀公平，而又能信賴可行的制度。

三、夫妻財產制之訂立、變更及廢止

夫妻財產制之訂立,在結婚前或結婚後均可為之(民法第一○○四條),

夫妻於婚姻關係存續中，亦得以契約廢止其財產契約，或改用他種約定財產制（民法第一〇一二條）。夫妻財產制契約之訂立、變更、或廢止，應以書面為之（民法第一〇〇七條），故為要式行為。夫妻財產制契約之訂立、變更、或廢止，非經登記，不得以之對抗第三人（民法第一〇〇八條第一項）。

夫妻財產制契約之登記，不影響依其他法律所為財產權登記之效力（民法第一〇〇八條第二項）❶。夫妻財產權之登記雖有一定之公信效力，然若與其他財產權登記例如不動產登記簿上之內容不一致時，其效力如何，同時為貫徹物權法定主義及保護交易安全，避免夫妻藉登記夫妻財產制之方式，逃避其債權人之強制執行，故明定其他財產權登記之效力不因與夫妻財產契約登記不一致而受影響。

四、特別法定財產制

所謂特別法定財產制，乃夫妻採用通常法定財產制或約定財產制中之共同財產制，因特定情事之發生，而依法當然或得請求宣告改用分別財產制，此即夫妻財產制之轉換。依民法之規定有二：

㈠當然改用

夫妻之一方受破產宣告時，其夫妻財產制當然成為分別財產制（民法

---

❶ 原民法第一〇〇六條規定：「夫妻財產制契約之訂立、變更、或廢止，當事人如為未成年人，或為禁治產人時，應得其法定代理人之同意。」於民國九十一年六月四日立法院三讀刪除本條。其原因是未成年人已結婚，依民法第一三條第三項規定，已具有完全之行為能力，此時訂立夫妻財產制契約，即無須取得法定代理人之同意。另禁治產人，民法第一五條規定為無行為能力人，如禁治產宣告未經撤銷，縱已回復常態，依民法第七六條規定，亦應由法定代理人代其訂立夫妻財產制契約。惟如禁治產宣告業經撤銷，則其結婚與訂立夫妻財產制契約均可自行為之。現行規定未成年人與禁治產人訂立、變更或廢止夫妻財產制契約時，應得其法定代理人之同意，與上開民法總則規定不符。為避免實務適用上之困擾，並期體例一貫，爰刪除本條規定。

第一〇〇九條），是為依法律規定之轉換。不待當事人之聲請當然改用分別財產制。

㈡宣告改用

即法院因聲請人之請求而宣告改用分別財產制，其情形有二：

1.因夫妻一方之聲請

第一〇一〇條：「夫妻之一方有左列各款情形之一時，法院因他方之請求，得宣告改用分別財產制：

一、依法應給付家庭生活費用而不給付時。

二、夫或妻之財產不足清償其債務時。

三、依法應得他方同意所為之財產處分，他方無正當理由拒絕同意時。

四、有管理權之一方對於共同財產之管理顯有不當，經他方請求改善而不改善時。

五、因不當減少其婚後財產，而對他方剩餘財產分配請求權有侵害之虞時 ❷。

六、有其他重大事由時。

夫妻之總財產不足清償總債務或夫妻難於維持共同生活，不同居已達六個月以上時，前項規定於夫妻均適用之 ❸。」

2.因債權人之聲請

民法第一〇一一條：「債權人對於夫妻一方之財產已為扣押，而未得受清償時，法院因債權人之聲請，得宣告改用分別財產制。」以利債權人之受償。

---

❷　夫妻之一方若有刻意減少財產、損及他方之剩餘財產分配請求權之虞時，應允許他方向法院聲請改用分別財產制，以便即時行使剩餘財產分配請求權。

❸　夫妻難以維持其共同生活而不同居已達六個月以上時，其間已無相互信賴，亦無夫妻婚姻生活本質之和諧、協力之實，故應准許任何一方向法院請求宣告改用分別財產制，以保障夫妻各自之財產權。

五、夫妻之特有財產

特有財產，乃夫妻財產中，未納入夫妻財產而屬於夫或妻獨有之財產。夫妻財產制，本應以夫妻之一切財產為對象，但為使夫或妻個人有完全支配的財產起見，法律乃設特有財產，以一定範圍之財產，為各人之特有財產。夫妻之特有財產於九十一年六月修法後僅存於共同財產制中。

原第一○一三條:「左列財產為特有財產: 1.專供夫或妻個人使用之物。 2.夫或妻職業上必需之物。 3.夫或妻所受之贈物，經贈與人聲明為其特有財產者。」於民國九十一年六月四日立法院三讀刪除本條。其原因是修正後之法定財產制，係將夫或妻之財產區分為婚前財產與婚後財產，特有財產僅於約定之共同財產制有其存在實益，故刪除本條。

原第一○一四條:「夫妻得以契約訂定以一定之財產為特有財產。」於民國九十一年六月四日立法院三讀刪除本條。其原因是修正後之法定財產制，已無特有財產，僅約定之共同財產制仍訂有特有財產。為保護交易安全，避免約定特有財產認定不易而影響第三人之權益，亦免夫妻任意約定特有財產致影響共同財產之範圍，爰刪除本條規定。

第二款　法定財產制

一、法定財產制之意義及成立

法定財產制有廣義及狹義之別。廣義之法定財產制包括通常法定財產制及特別法定財產制。狹義之法定財產制指通常法定財產制。通常法定財產制之成立，係夫妻未約定採用何種夫妻財產制，法律即以民法第一○一七條至第一○三○條之四所規定，為其夫妻財產制（即民法第一○○五條:夫妻未以契約訂立夫妻財產制者，除本法另有規定外，以法定財產制，為其夫妻財產制）。所謂「特別法定財產制」係指 1.夫妻之一方受破產宣告時，其夫妻財產制，當然成為分別財產制（民法第一○○九條: 當然改用分別

財產制）。2.夫妻之一方有下列各款情形之一時，法院因他方之請求，得宣告改用分別財產制：一、依法應給付家庭生活費用而不給付時。二、夫或妻之財產不足清償其債務時。三、依法應得他方同意所為之財產處分，他方無正當理由拒絕同意時。四、有管理權之一方對於共同財產之管理顯有不當，經他方請求改善而不改善時。五、因不當減少其婚後財產，而對他方剩餘財產分配請求權有侵害之虞時。六、有其他重大事由時。夫妻之總財產不足清償總債務或夫妻難於維持共同生活，不同居已達六個月以上時，前項規定於夫妻均適用之（民法第一〇一〇條：宣告改用分別財產制）。3.債權人對於夫妻一方之財產已為扣押，而未得受清償時，法院因債權人之聲請，得宣告改用分別財產制（民法第一〇一一條：宣告改用分別財產制）。

　　現今多數夫妻於結婚時，因未約定採用何種夫妻財產制，故通常法定財產制成為多數夫妻所適用之財產制。

二、法定財產制之修正

　　民法夫妻法定財產制之規定，曾於民國七十四年六月三日修正第一〇一〇、一〇一三、一〇一六～一〇一九、一〇二一、一〇二四條；增訂第一〇〇八條之一、一〇三〇條之一；刪除第一〇四二、一〇四三條。雖以貫徹男女平等原則為目的，擴大妻「原有財產」之範圍及改正妻名下財產所有權歸屬與物權變動公示原則不一致之舊弊。但在聯合財產管理、使用、收益、家庭生活費用分擔及剩餘財產分配的修訂上，仍存有如下列不平等之處。

　　1.聯合財產，由夫管理。但約定由妻管理時，從其約定。其管理費用由有管理權之一方負擔。原第一〇一八條雖修正為「聯合財產得約定由妻管理」，表面上看來聯合財產亦可約定由妻管理，似乎夫妻平等，但夫不同意妻管理財產，妻並無取得管理權之可能。

　　2.夫對於妻之原有財產，有使用、收益之權，但收取之孳息，於支付家庭生活費用及聯合財產管理費用後，如有剩餘，其所有權仍歸屬於妻（原民法第一〇一九條）。妻雖保有原有財產之所有權卻無原有財產之使用、收

益權；又家庭生活費用及聯合財產管理費用，由妻之原有財產收取之孳息
支付之，與原民法第一〇一八條由有管理權人負擔之規定不一致。換言之，
妻如欲取得原有財產之孳息，須先負擔家庭生活費用及聯合財產管理費用，
此又與原第一〇二六條規定家庭生活費用，夫無支付能力時，由妻就其財
產之全部負擔之互相矛盾。

　　3.夫對於妻之原有財產為處分時，應得妻之同意。但為管理上所必要
之處分，不在此限（原民法第一〇二〇條）。夫因管理妻原有財產上之必要
時，得不須經妻同意，處分妻之原有財產，包括妻因勞力所得之報酬，「為
管理之必要」，語義不清，未能保障妻之原有財產。

　　4.原第一〇三〇條之一：「聯合財產關係消滅時，夫或妻於婚姻關係存
續中所取得而現存之財產，扣除婚姻關係存續中所負債務後，如有剩餘，
其雙方剩餘財產之差額，應平均分配。」規定過於簡略，欠缺對一方惡意脫
產行為之追加計算以及撤銷處分之規定，使剩餘財產分配請求權落空。

　　夫妻財產制係規範婚姻共同生活中，夫妻彼此間之財產關係。我國夫
妻財產制制定之初，囿於固有社會「妻以夫為天」「夫權獨大」之傳統思想，
妻之人格為夫所吸收，雖經民國七十四年六月三日之修正，以及八十五年
九月二十五日增訂施行法第六條之一，惟仍有上述之弊。為㈠貫徹男女平
等原則㈡維護婚姻生活和諧㈢肯定家事勞動價值㈣保障財產交易安全，立
法院於民國九十一年六月四日三讀通過，總統於同年六月二十六日公布增
訂民法親屬編第一〇〇三條之一、第一〇一八條之一、第一〇二〇條之一、
第一〇二〇條之二、第一〇三〇條之二至第一〇三〇條之四及第一〇三一
條之一條文；刪除第一〇〇六條、第一〇一三條至第一〇一六條、第一〇
一九條至第一〇二一條、第一〇二四條至第一〇三〇條、第一〇三五條至
第一〇三七條、第一〇四五條、第一〇四七條及第一〇四八條條文；並修
正第一〇〇七條、第一〇〇八條、第一〇〇八條之一、第一〇一〇條、第
一〇一七條、第一〇一八條、第一〇二二條、第一〇二三條、第一〇三〇
條之一、第一〇三一條至第一〇三四條、第一〇三八條、第一〇四〇條、
第一〇四一條、第一〇四四條、第一〇四六條及第一〇五八條條文。增訂

民法親屬編施行法第六條之二條文。

三、法定財產制之效力

㈠財產範圍及所有權歸屬

　　原第一〇一六條:「結婚時屬於夫妻之財產,及婚姻關係存續中夫妻所取得之財產,為其聯合財產。但特有財產,不在其內。」聯合財產制係繼受歐陸法制之「管理共同制」,此制存有夫妻不平等之處已如上所述,為符合時代潮流及憲法保障男女平等原則,乃廢除聯合財產制,故刪除本條規定。

　　民法第一〇一七條第一項:「夫或妻之財產分為婚前財產與婚後財產,由夫妻各自所有。不能證明為婚前或婚後財產者,推定為婚後財產;不能證明為夫或妻所有之財產,推定為夫妻共有。」故法定財產制之財產種類區分為婚前財產(即夫妻結婚時所有之財產)與婚後財產(即夫妻婚姻關係存續中取得之財產)。適用法定財產制之夫妻,應確認婚前財產與婚後財產之範圍,例如房地產可以房地產登記簿所載之時點認定,動產則以取得時間認定,如不能證明為婚前財產或婚後財產時,法律先推定為婚後財產;不能證明為夫所有或妻所有時,法律先推定為夫妻共有。例如音響、電視機、冰箱等沒有發票或任何支出證明由何人何時購買所有時,法律先推定為夫妻共有之婚後財產,如有反證證明為夫或妻所有,則可推翻夫妻共有婚後財產之推定。婚前財產與婚後財產之區別實益在婚後財產於法定財產制關係消滅時,應為剩餘財產之分配,由夫妻各得二分之一,但如平分結果對配偶之一方不利時,得請求法院調整或免除。例如夫妻之一方好吃懶做,靠另一方努力辛苦養家,因對家庭無貢獻,所以其剩餘財產分配請求權法院可以調整或免除,以維公平。

　　夫或妻婚前財產所生之孳息究應列為婚前財產或婚後財產,易滋疑義。為保障他方之協力及日後剩餘財產之分配,於民法第一〇一七條第二項明文規定夫或妻婚前財產,於婚姻關係存續中所生之孳息,視為婚後財產。例如婚前擁有之股票於婚後產生之紅利,納入婚後財產範圍。

民法第一〇一七條第三項:「夫妻以契約訂立夫妻財產制後,於婚姻關係存續中改用法定財產制者,其改用前之財產視為婚前財產。」原以契約約定共同財產制或分別財產制之夫妻,於婚姻關係存續中,得廢止該約定財產制,而適用法定財產制。於法定財產制消滅時,其適用法定財產制既非始自結婚之時,自不宜再以「結婚時所有之財產」與「夫妻婚姻關係存續中取得之財產」作為區分「婚前財產」與「婚後財產」之唯一依據,且剩餘財產分配之對象僅及「婚後財產」,故將改用前之財產視為婚前財產,不列入分配,以杜爭議。例如某甲乙夫妻結婚時以契約約定採用分別財產制,婚後改用法定財產制,改用前之財產視為婚前財產。

民國九十一年民法親屬編修正前適用聯合財產制之夫妻,其特有財產或結婚時之原有財產,於修正施行後視為夫或妻之婚前財產;婚姻關係存續中取得之原有財產,於修正施行後視為夫或妻之婚後財產(立法院九十一年六月四日三讀通過總統於九十一年六月二十六日公布之民法親屬編施行法第六條之二)。

㈡夫妻財產之管理、使用、收益及處分

原民法第一〇一八條:「聯合財產,由夫管理。但約定由妻管理時,從其約定。其管理費用由有管理權之一方負擔。」原第一〇一九條:「夫對於妻之原有財產,有使用、收益之權。但收取之孳息,於支付家庭生活費用及聯合財產管理費用後,如有剩餘,其所有權仍歸屬於妻。」原民法第一〇二〇條:「夫對於妻之原有財產為處分時,應得妻之同意。但為管理上所必要之處分,不在此限。」原法定財產制(聯合財產制)對於夫妻之聯合財產,規定得約定由夫妻之一方管理;無約定時,則由夫管理。有管理權之一方對於聯合財產有使用、收益權,收取之孳息於支付家庭生活費用與管理費用後,始歸未任管理權之他方所有;對於管理上必要之處分,則可不經他方之同意。此等規定於夫妻未為約定或未能達成約定時,夫妻財產之管理權一律歸夫,無異架空妻之財產所有權,不重視妻之權益及未能貫徹男女平等原則。為確保夫妻權益之平等,並保障交易安全,爰將民法第一〇一

八條修正為：「夫或妻各自管理、使用、收益及處分其財產。」❹並刪除民法第一〇一九條、第一〇二〇條。

(三)協議自由處分一定數額之金錢

過去夫對妻支配服從關係，有違憲法男女平等原則，亦不符世界潮流，基於婚姻生活和諧及協力關係，夫妻之一方如從事家事勞動或對他方之職業予以協助，致他方之財產增加或支出減少，而自己之財產卻未增加，甚或無自己可自由處分之金錢，實無經濟獨立與人格尊嚴保障可言。故本於夫妻類似合夥關係之精神，家務有價之觀念，保障夫妻經濟自主及婚姻和諧，賦予夫妻於家庭生活費外，得協議一定數額之金錢，供其自由處分，爰增訂第一〇一八條之一：「夫妻於家庭生活費用外，得協議一定數額之金錢，供夫或妻自由處分。」協議不成時，可由法院視實際情況酌定。

(四)不當減少婚後財產行為之撤銷

民國九十一年六月四日立法院三讀新增第一〇二〇條之一：「夫或妻於婚姻關係存續中就其婚後財產所為之無償行為，有害及法定財產制關係消滅後他方之剩餘財產分配請求權者，他方得聲請法院撤銷之。但為履行道德上義務所為之相當贈與，不在此限。夫或妻於婚姻關係存續中就其婚後財產所為之有償行為，於行為時明知有損於法定財產制關係消滅後他方之剩餘財產分配請求權者，以受益人受益時亦知其情事者為限，他方得聲請法院撤銷之。」

❹　原民法第一〇一九條：「夫對於妻之原有財產，有使用、收益之權。但收取之孳息，於支付家庭生活費用及聯合財產管理費用後，如有剩餘，其所有權仍歸屬於妻。」原第一〇二〇條：「夫對於妻之原有財產為處分時，應得妻之同意。但為管理上所必要之處分，不在此限。前項同意之欠缺，不得對抗第三人，但第三人已知，或可得而知其欠缺，或依情形可認為該財產屬於妻者，不在此限。」修正後之法定財產制，以夫妻財產各自所有、管理、使用、收益及處分為原則，非經他方授權，對於他方財產原則上已無管理及收益權利，故現行規定已無存在之必要，爰予刪除。

　　夫或妻之一方於婚姻關係存續中,就其所有之婚後財產為惡意脫產而為無償行為,致有害及法定財產制消滅後他方之剩餘財產分配,如無防範之道,婚後剩餘財產差額分配請求權極易落空,故為確保修正後法定財產制第一〇三〇條之一賦予夫或妻於法定財產制關係消滅時,對雙方婚後剩餘財產之差額,有請求平均分配之權,乃增訂本條第一項明定夫或妻之一方未經他方同意,就其婚後財產所為無償行為有害及剩餘財產分配請求權者,他方得聲請法院撤銷之,俾使他方對惡意脫產得有救濟之道。惟該無償行為如係履行道德上義務所為之相當贈與,究與一般之詐害行為有所不同,故予以明文排除。至於是否「相當」,可由法官依具體個案裁量。

　　第二項明定夫或妻於婚姻關係存續中未經他方同意,就其婚後財產所為之有償行為,於行為時明知有損於法定財產制關係消滅後他方之剩餘財產分配請求權者,以受益人受益時亦知其情事者為限,他方得聲請法院撤銷之,俾該他人及受益人之利益均受保護。

　　撤銷權之行使如無時間限制,將使既存之權利狀態,長期處於不確定狀態,危及利害關係人權益及影響交易安全,故明定撤銷權,自夫或妻之一方知有撤銷原因時起,六個月間不行使,或自行為時起經過一年而消滅(民法第一〇二〇條之二)。

(五)互負報告義務

　　民國九十一年六月四日立法院修正後之法定財產制規定夫或妻各自所有、管理、使用、收益及處分其財產,為促使夫妻雙方經濟地位平等、重視夫妻生活之和諧及肯定家事勞動價值之目的,並避免將來剩餘財產分配請求權落空,對於雙方財產狀況之了解仍有必要,於第一〇二二條規定:「夫妻就其婚後財產,互負報告之義務。」

(六)夫妻債務清償及償還責任

　　原法定財產制(聯合財產制)夫妻對第三人所負債務之責任,依財產種類之不同而區分責任之歸屬,其內容複雜且不易分辨❺,為貫徹男女平

等原則及保護交易安全，爰於第一○二三條第一項明定：「夫妻各自對自己之債務負清償之責任。」修正後之法定財產制，由夫妻各自所有、管理、使用、收益及處分自己之財產，故夫妻之一方如以自己之財產清償他方之債務時，自應允其得於婚姻關係存續中請求他方清償之，爰增訂第一○二三條第二項：「夫妻之一方以自己財產清償他方之債務時，雖於婚姻關係存續中，亦得請求償還。」之規定❻。

四、法定財產制消滅原因及婚後財產清算

　　法定財產制消滅原因有，夫或妻之一方死亡、離婚、改用其他財產制及婚姻撤銷等。

　　法定財產制消滅，婚後財產清算依民法第一○三○條之一：法定財產制關係消滅時，夫或妻現存之婚後財產，扣除婚姻關係存續中所負債務後，如有剩餘，其雙方剩餘財產之差額，應平均分配。但下列財產不在此限：一、因繼承或其他無償取得之財產。二、慰撫金。平均分配顯失公平者，法院得酌減其分配額（第一、二項）。

---

❺　原第一○二三條規定：下列債務由夫負清償之責：一、夫於結婚前所負之債務。二、夫於婚姻關係存續中所負之債務。三、妻因第一○○三條所定代理行為而生之債務。原第一○二四條：下列債務，由妻負清償之責：一、妻於結婚前所負之債務。二、妻於婚姻關係存續中所負之債務。原第一○二五條：下列債務，由妻僅就其特有財產負清償之責：一、妻就其特有財產設定之債務。二、妻逾越第一○○三條代理權限之行為所生之債務。

❻　原第一○二七條：「妻之原有財產所負債務，而以夫之財產清償，或夫之債務，而以妻之原有財產清償者，夫或妻有補償請求權。但在聯合財產關係消滅前，不得請求補償。妻之特有財產所負債務，而以聯合財產清償，或聯合財產所負債務，而以妻之特有財產清償者，雖於婚姻關係存續中，亦得為補償之請求。」本條係原聯合財產制有關妻原有財產與夫之財產，及妻之特有財產與聯合財產間，相互補償關係之規定。修正後之法定財產制，將夫或妻之財產只區分為婚前及婚後財產，已無原有財產、特有財產及聯合財產等觀念，其間之補償關係已不存在，爰刪除本條之規定。

按因繼承或其他無償取得之財產，其取得與婚姻貢獻及協力無關；慰撫金乃非財產上之損害賠償，具一身專屬性質，其取得與婚姻貢獻及協力無關，縱為婚後取得，亦非屬剩餘財產分配之對象。

為因應具體個案之需要，如夫妻之一方對婚姻完全未提供協力或貢獻，且經法院審酌後雖予酌減亦難符合公平時，應予法院得免除其分配額之權利。

剩餘財產分配請求權，不得讓與或繼承。但已依契約承諾，或已起訴者，不在此限（第三項）。因剩餘財產分配請求權係因夫妻身分關係而產生，具一身專屬性質，其取得與夫妻婚姻之協力有密切關係，故夫妻之任何一方不得讓與，夫妻離婚時，任何一方之債權人不得代位行使，或夫妻之一方死亡時，其繼承人不得繼承。但若已取得他方之承諾或已經向法院提起訴訟請求者，則應允其讓與及繼承，以示公允。

剩餘財產差額之分配請求權，自請求權人知有剩餘財產之差額時起，二年間不行使而消滅。自法定財產制關係消滅時起，逾五年者亦同（第四項）。

法定財產制關係消滅時，依第一○三○條之一規定，應進行現存婚後財產之清算。而婚後財產範圍之確定是計算之準據，依修正後之法定財產制，夫妻婚前財產及債務與婚姻共同生活及婚姻貢獻無關，故於民法第一○三○條之二明文規定：「夫或妻之一方以其婚後財產清償其婚前所負債務，或以其婚前財產清償婚姻關係存續中所負債務，除已補償者外，於法定財產制關係消滅時，應分別納入現存之婚後財產或婚姻關係存續中所負債務計算。」（第一項）。因繼承、其他無償取得之財產及慰撫金等不列入剩餘財產分配之財產，與婚姻共同生活或婚姻貢獻無關，故夫或妻若以該等財產清償婚姻關係存續中所負債務，除已先行補償者外，於法定財產制關係消滅時，應列入婚姻關係存續中所負債務計算，以示公平（第二項）。

法定財產制之基本精神，在使法定財產制關係消滅時，婚姻關係存續中所增加與婚姻共同生活或貢獻有關之財產，得以平均分配，肯定家務勞動之價值。故為避免夫妻之一方以減少他方對剩餘財產之分配為目的，而

任意處分其婚後財產，致生不公平，惟該處分如係履行道德上義務所為之相當贈與，因與故意減少他方獲分配可能之情形不同，故排除之。爰於民法第一○三○條之三規定：「夫或妻為減少他方對於剩餘財產之分配，而於法定財產制關係消滅前五年內處分其婚後財產者，應將該財產追加計算，視為現存之婚後財產。但為履行道德上義務所為之相當贈與，不在此限。」（第一項）。分配權利人於義務人不足清償其應得之分配額時，得就其不足額，對受領之第三人於其所受利益內請求返還。但受領為有償者，以顯不相當對價取得者為限（第二項）。對第三人之請求權，於知悉其分配權利受侵害時起二年間不行使而消滅。自法定財產制關係消滅時起，逾五年者，亦同（第三項）。為使請求權之法律關係早日確定，維護交易之安定，敦促當事人及時行使權利。

計算財產價值之時點，影響夫妻剩餘財產之分配，故明定夫妻現存之婚後財產，其價值計算以法定財產制關係消滅時為準，夫妻因判決而離婚者，以起訴時為準。夫或妻為減少他方對於剩餘財產之分配，而於法定財產制關係消滅前五年內處分其婚後財產者，應將該財產追加計算，視為現存之婚後財產，追加計算之婚後財產，其價值計算以處分時為準（民法第一○三○條之四）。

第三款　約定財產制

一、約定財產制

民法所規定之約定財產制有二，一是共同財產制，二是分別財產制。夫妻雖得任意以契約訂立其夫妻財產制，但僅就上述二種之中選擇其一，而不得創設。

二、共同財產制

㈠共同財產制之意義

夫妻之財產及所得，除特有財產外，合併為共同財產，屬於夫妻公同共有之夫妻財產制（民法第一○三一條第一項）。共同財產制，將夫妻特有財產以外之財產合併成為統籌支配之單一財團，而屬於夫妻公同共有；此與法定財產制夫妻之婚前財產各自保有，各自管理使用、收益及處分其財產不同。

㈡財產之範圍及所有權之歸屬

夫妻之財產及所得，除特有財產外，合併為共同財產，屬於夫妻公同共有（民法第一○三一條）❼。

特有財產指1.專供夫或妻個人使用之物。 2.夫或妻職業上必需之物。3.夫或妻所受之贈物，經贈與人以書面聲明為其特有財產者。特有財產，適用關於分別財產制之規定（民法第一○三一條之一）。按特有財產非屬共同財產，應適用分別財產制之規定以符實際。

㈢管理權之歸屬

共同財產，由夫妻共同管理。但約定由一方管理者，從其約定。共同財產之管理費用，由共同財產負擔（民法第一○三二條）。原第一○三二條規定：「共同財產由夫管理。其管理費用，由共同財產負擔。」共同財產由夫管理，未能貫徹男女平等原則，爰依公同共有之法理，修正為以夫妻共同管理為原則，但夫妻得約定由一方管理，以符需要。

---

❼ 在現行之共同財產制下，共同財產屬於夫妻公同共有。而公同共有依民法第八二七條第一項規定，各共有人並無應有部分，故刪除第一○三一條第二項：「共同財產，夫妻之一方不得處分其應有部分」，以符實際。

(四)處分權之歸屬

夫妻之一方，對於共同財產為處分時，應得他方之同意。同意之欠缺，不得對抗第三人。但第三人已知或可得而知其欠缺，或依情形，可認為該財產屬於共同財產者，不在此限（民法第一〇三三條）❽。

(五)債務清償及補償責任

原民法第一〇三四條至第一〇三六條規定❾共同財產制下，夫或妻所負之債務應如何清償，區分夫之債務，由夫個人並就共同財產，負清償之責；妻之債務由妻個人並就共同財產，負清償之責；某些債務由妻僅就其特有財產負清償之責。分別規定負清償責任之人，不僅複雜且與共同財產之法理未盡相符，爰合併為民法第一〇三四條：「夫或妻結婚前或婚姻關係

---

❽ 原民法第一〇三三條第一項但書規定：「管理權人為管理上之必要，得不經他方同意，處分共同財產。」惟為貫徹憲法保障之男女平等原則，共同財產之管理既已修正為由夫妻共同管理為原則，例外得約定一方管理，為強化共同財產制夫妻公同共有之精神，並避免「管理上所必要之處分」一詞，在解釋上可能滋生之疑義，爰刪除本條第一項但書規定。

❾ 原第一〇三四條：「左列債務，由夫個人並就共同財產，負清償之責：一、夫於結婚前所負之債務。二、夫於婚姻關係存續中所負之債務。三、妻因第一〇〇三條所定代理行為而生之債務。四、除前款規定外，妻於婚姻關係存續中，以共同財產為負擔之債務。」原第一〇三五條：「左列債務，由妻個人並就共同財產，負清償之責：一、妻於結婚前所負之債務。二、妻因職務或營業所生之債務。三、妻因繼承財產所負之債務。四、妻因侵權行為所生之債務。」原第一〇三六條：「左列債務，由妻僅就其特有財產負清償之責：一、妻就其特有財產設定之債務。二、妻逾越第一〇〇三條代理權限之行為所生之債務。」

原第一〇三七條規定：家庭生活費用，於共同財產不足負擔時，妻個人亦應負責。本條配合第一〇〇三條之一之增訂，爰予刪除。故採共同財產制之夫妻家庭生活費用之負擔依第一〇〇三條之一：家庭生活費用，除法律或契約另有約定外，由夫妻各依其經濟能力、家事勞動或其他情事分擔之。家庭生活費用所生之債務，由夫妻負連帶責任。

存續中所負之債務，應由共同財產，並各就其特有財產負清償責任。」俾夫或妻之債權人得自由選擇先就共同財產或為債務人之夫或妻一方之特有財產請求清償，以保障其權益，並求簡化明確。

有關夫妻因共同財產所負之債務，而以共同財產清償者，在婚姻關係存續中是否有補償請求權？共同財產之債務，而以特有財產清償，或特有財產之債務，而以共同財產清償者，是否有補償請求權？未免爭議，爰於第一〇三八條明定：共同財產所負之債務，而以共同財產清償者，不生補償請求權。共同財產之債務，而以特有財產清償，或特有財產之債務，而以共同財產清償者，有補償請求權，雖於婚姻關係存續中，亦得請求。

㈥共同財產制之消滅原因與財產清算

共同財產制之消滅原因有夫妻之一方死亡及其他原因（民法第一〇〇九、一〇一〇、一〇一一、一〇一二條、離婚、婚姻撤銷）消滅共同財產制。

共同財產制因消滅原因不同而有不同財產清算，茲分述如下：

1.夫妻之一方死亡

夫妻之一方死亡時，共同財產之半數，歸屬於死亡者之繼承人，其他半數，歸屬於生存之他方。前項財產之分割，其數額另有約定者，從其約定。第一項情形，如該生存之他方，依法不得為繼承人時，其對於共同財產得請求之數額，不得超過於離婚時所應得之數額（民法第一〇三九條）。

2.其他原因消滅共同財產制

共同財產之組成包括共同財產制契約訂定時之財產及共同財產制存續中增加之財產，原民法第一〇四〇條❿不作區分，與第一〇五八條第一項規定未能配合，爰修正為：共同財產制關係消滅時，除法律另有規定外（如夫妻一方死亡，於第一〇三九條另有規定），夫妻各取回其訂立共同財產制契約時之財產。共同財產制關係存續中取得之共同財產，由夫妻各得其半

---

❿　原民法第一〇四〇條規定：「共同財產關係消滅時，除法律另有規定或契約另有訂定外，夫妻各得共同財產之半數。」

數。但另有約定者，從其約定（民法第一○四○條），以資明確。

(七)勞力所得共同財產制

1.意　義

夫妻得以契約訂定僅以勞力所得為限為共同財產（民法第一○四一條第一項）。

2.勞力所得意義

勞力所得，指夫或妻於婚姻關係存續中取得之薪資、工資、紅利、獎金及其他與勞力所得有關之財產收入。勞力所得之孳息及代替利益，亦同。不能證明為勞力所得或勞力所得以外財產者，推定為勞力所得（民法第一○四一條第二、三項）。例如以勞力所得購買樂透彩券獲得之中獎彩金是為勞力所得之代替利益。又夫或妻之財產究屬勞力所得或非勞力所得，如生爭議，在有反證之前均先推定為勞力所得，以保證婚姻弱勢一方之權益。

3.勞力所得共同財產制內容

勞力所得為共同財產制；夫或妻勞力所得以外之財產，適用關於分別財產制之規定。

夫妻債務清償責任準用民法第一○三四條規定；夫妻補償關係準用第一○三八條規定；共同財產清算準用第一○四○條之規定。

三、分別財產制

(一)分別財產制的意義

分別財產，夫妻各保有其財產之所有權，各自管理、使用、收益及處分（民法第一○四四條）❶。故夫或妻無論婚前之財產及婚後財產，各保有財產所有權、管理權❷、使用收益權及處分權。

---

❶　原民法第一○四四條規定：「分別財產，夫妻各保有其財產之所有權、管理權及使用收益權。」僅規定分別財產制之所有權、管理權及使用收益權，對於處分權，漏未規定，爰於本條增加「處分權」使臻明確。

㈡債務清償責任

原民法第一〇四六條：下列債務，由夫負清償之責：一、夫於結婚前所負之債務。二、夫於婚姻關係存續中所負之債務。三、妻因第一〇〇三條所定代理行為而生之債務。原第一〇四七條：下列債務，由妻負清償之責：一、妻於結婚前所負之債務。二、妻於婚姻關係存續中所負之債務。夫妻因家庭生活費用所負之債務，如夫無支付能力時，由妻負擔。

對於分別財產制下夫或妻之債務負擔，分別於第一〇四六條及第一〇四七條規定，其內容不僅複雜，且與分別財產之法理不符，爰修正合併為第一〇四六條：「分別財產制有關夫妻債務之清償，適用第一千零二十三條之規定。」

明定夫妻外部責任與內部之求償關係，均適用第一〇二三條之規定，即與法定財產制者相同，夫妻各自對其債務負清償之責。夫妻之一方以自己財產清償他方之債務時，雖於婚姻關係存續中，亦得請求償還。

第五節　離　婚

一、離婚之意義

離婚乃結婚之男女，由雙方協議或經法院判決而向將來消滅其夫妻身分關係之行為。離婚與撤銷婚姻不同，離婚之原因發生於婚姻之後，撤銷之原因發生於婚姻之前；離婚限當事人間主張，撤銷婚姻不僅當事人，當事人以外一定之人亦得主張。離婚之方式有二，一是經雙方協議，稱「協

---

❷　原民法第一〇四五條：妻以其財產之管理權付與於夫者，推定夫有以該財產之收益供家庭生活費用之權。本條規定因夫妻之一方有事實上或法律上之事由不能或不願管理財產時，本得依民法代理之規定授權他方為之；又有關家庭生活費用之負擔，推定夫有以該財產之收益供家庭生活費用之權，未能貫徹男女平等原則；家庭生活費用負擔應適用民法第一〇〇三條之一規定，爰刪除本條規定。

議離婚」或「兩願離婚」；二是法院判決，稱「判決離婚」。

二、兩願離婚

㈠兩願離婚之意義

夫妻雙方協議消滅其婚姻關係之行為，不須一定原因，只須雙方同意，故亦稱「協議離婚」。此制發揮婚姻自由之優點，唯容易形成高離婚率及造成串謀詐偽之缺點。

㈡兩願離婚之要件

1.實質要件

民法第一〇四九條：「夫妻兩願離婚者，得自行離婚。但未成年人，應得法定代理人之同意。」故兩願離婚之實質要件為⑴當事人離婚之合意。⑵須當事人自行為之，不許他人代理。若離婚之意思自行決定，而以他人為表示之機關，仍為法之所許（二十九年上字第一六〇六號判例）。⑶未成年人須得法定代理人之同意。未成年人已結婚在財產法上雖有行為能力（民法第一三條第二項），但於離婚之身分行為，仍須得法定代理人同意。

【案例研析】

夫妻雙方協議離婚，離婚條件為賠償財禮一百萬元予女方或支票兌現始辦理離婚手續，試問附條件之離婚是否違反公序良俗？

擬答：①有認為身分行為不得附條件，否則其行為即有背於公序良俗，故附條件之離婚無離婚之效力，夫妻婚姻關係仍未消滅（五十九年臺上字第一二八四號判決）。

②有認為不違反公序良俗，即如其離婚條件確載明男方須賠償財禮一百萬元予女方收領始能離異，自應於其條件成就後發生離婚效力。

③有認為民法親屬編修正後，就兩願離婚既採登記要件主義，則縱有附條件，然離婚既已登記者，應解為其效力仍完全發生，只其所附條件，

應依情形，或以之為無效（例如不再婚條件、解除條件歸於無效），或承認其效力（例如得請求抵債支票之兌現、得請求賠償財禮）。

2.形式要件

民法第一〇五〇條：「兩願離婚，應以書面為之，有二人以上證人之簽名並應向戶政機關為離婚之登記。」故兩願離婚之形式要件為(1)須以書面為之。(2)應有二人以上證人之簽名。證人應於離婚當事人所為離婚之意思合致時在場耳聞目睹，確實知悉雙方當事人有離婚之真意，方得為證人❶。至於證人是否認識離婚之兩造或為兩造之親戚好友，在所不問。(3)向戶政機關為離婚之登記。實務上認為當事人兩願離婚，只訂立離婚書面及有二人以上證人之簽名，如一方拒不向戶政機關辦理離婚之登記，其離婚契約尚未有效成立，他方不得據以提起離婚戶籍登記之訴（七十五年五月二十日最高法院民事庭會議決議）。

【案例研析】

甲男與乙女結婚，具備民法第九八二條所定之要件，唯未向戶政機關辦理結婚登記，二個月後雙方因意見不合，協議離婚，立有書面及有二人以上之證人簽名，是否應向戶政機關為離婚之登記，其離婚始生效力？

擬答：兩願離婚應以書面為之，有二人以上證人之簽名並應向戶政機關為離婚之登記，為修正民法第一〇五〇條所明定，是結婚雖不以向戶政機關為

❶ ①協議離婚事件，先由配偶一方持「協議離婚書」，分別向證人二人請求簽名證明，再自行簽名，徵得配偶同意離婚並簽名，因證人於簽名時，他方配偶是否同意離婚尚未可知，是證人之簽名，仍不能謂已具備法定要件而生離婚之效力（最高法院六十九年第十次民事庭決議）。②民法第一〇五〇條所謂二人以上證人之簽名，固不限於作成離婚證書時為之，亦不限於協議離婚時在場之人，始得為證人，然究難謂非親見或親聞雙方當事人確有離婚真意之人，亦得為證人。本件證人某甲、某乙係依憑上訴人片面之詞，而簽名於離婚證明書，未曾親聞被上訴人確有離婚之真意，既為原審所確定之事實，自難認兩造間之協議離婚，已具備法定要件（六十八年臺上字第三七九二號判例）。

結婚之登記為成立要件，但兩願離婚，須向戶政機關為離婚之登記為成立要件，故兩願離婚仍應向戶政機關為離婚之登記始成立。其辦理方法，應依戶籍法第二五條規定，先補辦結婚之登記後，再辦理離婚之登記（七十六年四月八日（七六）廳民一字第一九九八號函復臺高院）。

三、判決離婚

(一)判決離婚之意義

夫妻一方基於法定原因訴請法院以判決消滅其婚姻關係之行為。判決離婚使事實上已難繼續維持婚姻生活之夫妻，在不能協議離婚之情形下，有獲得消滅婚姻關係之機會。又有鑑於舊法對離婚事由採取嚴格列舉主義，致甚多怨偶，無法勞燕分飛，而過同床異夢之生活，民國七十四年修法乃改採例示之概括主義，將民法第一〇五二條所列十款離婚原因，全部保留，改列為第一項，增加第二項概括規定，茲分述如下。

(二)判決離婚之原因

民法第一〇五二條第一項：「夫妻之一方，有左列情形之一者，他方得向法院請求離婚。」

1.重　婚

重婚指前婚未解消以前，只要再舉行公開儀式及二人以上證人之婚禮，或依戶籍法另為結婚之登記，均為重婚，而適用本款之規定。本有離婚請求權之人，苟對其配偶之重婚，事前予以同意者，不發生離婚請求權；而事後予以宥恕者，其離婚請求權消滅；自知悉重婚後已逾六個月，或自重婚成立（後婚舉行婚禮之日）後已逾二年者，亦同（民法第一〇五三條）。上述六個月及二年之期間，皆為除斥期間。

2.與人通姦

通姦指與配偶以外之異性有性交之謂不論納妾、嫖妓、與第三人私通，均屬之。通姦所以成為離婚原因，蓋其違背夫妻之貞操義務。本有離婚請

求權之人，對其配偶之通姦，事前予以同意（縱容）者，不發生離婚請求權；事後予以宥恕者，其離婚請求權消滅；自知悉通姦（最後通姦之日）後已逾六個月，或自通姦（最後通姦之日）後已逾二年者，亦同（民法第一〇五三條）。

3. 夫妻之一方受他方不堪同居之虐待者

「不堪同居之虐待」指「與以身體上或精神上不可忍受之痛苦，致不堪繼續同居者」而言，身體上之虐待，例如傷害、暴行行為等是；精神上之虐待，即重大侮辱是❷。

4. 夫妻之一方對於他方之直系尊親屬為虐待，或受他方之直系尊親屬之虐待，致不堪為共同生活者

此款所指之尊親屬，則限於同居之直系尊親屬始可適用；而請求離婚之人，仍限於夫或妻，其直系尊親屬不得越俎代庖。所謂直系尊親屬，似應限於夫或妻之直系血親尊親屬，不包括直系姻親尊親屬，但判例乃謂包括直系姻親（繼父母）。

---

❷ 具體實例如：

⑴身體上虐待：

①慣行毆打（三十二年上字第五二三八號判例）。

②非慣行毆打則視其受傷程度，倘係重傷，亦成為離婚原因，而輕傷則否，但有以下情況則屬之。

A.致對方多處受傷（二十九年上字第九五五號判例）。B.傷及耳輪、手膀，而耳輪成缺口（三十一年上字第二七三七號判例）。C.毆打後，用木枷鎖禁在房（三十三年上字第四二九三號判例）。

⑵精神上虐待：

①誣指他方

A.誣指與人通姦（四十五年臺上字第一二一七號判例）。B.誣稱謀害本夫（五十年臺上字第一九五一號判例）。C.誣稱妻非處女（五十七年臺上字第八二六號判例）。D.誣稱妻竊盜。

②夫姦親生女（六十三年臺上字第一四四四號判例）。

③以滿紙污詞，不堪入目文字或漫畫公然侮辱（四十一年臺上字第一〇七六號判例）。

學者批評本款之規定，仍脫離不了大家庭制度及為親而結婚之思想，實有違現代婚姻之觀念，婚姻為夫妻以永久共同生活為目的而為之結合關係，其離異也必以夫妻間之虐待而不堪共同生活時始可，與他人（縱為對方之直系尊親屬），不堪共同生活時，仍可以分居改善環境，豈可以准許一方提出離婚，謀求解決，實錯解結婚之真諦。故應予修正。

5.夫妻之一方以惡意遺棄他方在繼續狀態中者

其成立要件在主觀上有惡意之存在，在客觀上有遺棄之事實，且在繼續狀態中。夫妻之一方於同居之訴判決確定或訴訟上和解成立後，仍不履行同居義務，且在此繼續狀態中，又無不能同居之正當理由者，即構成惡意遺棄（四十九年臺上字第一二三三號判例、釋字第一八號）。

6.夫妻之一方意圖殺害他方者

夫妻之一方意圖殺害他方者，為離婚請求原因，殺害之意圖，包括殺人未遂與預備（刑法第二七一條）。殺害之意圖，自離婚請求權人知悉此情事後已逾一年，或自其情事發生後逾五年，便不得請求離婚（民法第一〇五四條）。關於宥恕，民法並無提及，但猶如虐待，若對有殺害意圖之配偶已宥恕之者，宜解為離婚請求權已經消滅。

7.有不治之惡疾者

「不治」係指醫學可預見之期間內，不能期待其治療為已足。「惡疾」係影響種族衛生之疾病（痲瘋病、花柳病）或婚姻生活中，令一般夫妻厭惡之疾病❸。

---

❸　不能人道是否為本款之事由？實務與學者見解不同，(1)否定說：二十九年上字第一九一三號、三十七年上字第七八三二號判例，不能人道，不為離婚原因之惡疾。(2)肯定說：學者認為①本款及次款之原因，其旨趣在於夫妻共同生活若因身體或健康有障礙，不宜令其繼續共同生活時，許其請求離婚。故應斟酌夫妻之年齡、身體需要或其他情事，自婚姻生活之立場不能期待其忍受者，亦應認為惡疾。②退一步言，即使認為不能人道非本款所謂之惡疾，亦可認為係民法第一〇五二條第二項之難以維持婚姻之重大事由而訴請離婚。

【案例研析】

夫甲妻乙，結婚多年未有生育，經醫師診斷乙患有不妊症。又乙之父母即甲之岳父母與甲、乙雖不同居一處，但時常前來乙女家，向甲需索金錢，不給則惡言相加，甚至動手打甲，甲痛苦不堪，乃向法院起訴，以上述兩事由，請求與乙離婚，問甲之請求是否有理？

擬答：①不妊症（即不能生育）：民法第一〇五二條並未設此為離婚原因，雖於第七款設有「有不治之惡疾者」得為離婚之原因，但不妊症並非惡疾，故甲以此為理由訴請法院判決離婚，顯無理由。

②岳父母之虐待：民法第一〇五二條第四款係限於同居之直系尊親屬，今甲與岳父母並不同居，故甲以此理由訴請法院判決離婚，顯無理由。

8.有重大不治之精神病

夫妻之一方有精神病時，足以破壞夫妻精神上之共同生活。精神病之可為離婚原因，須達重大不治之程度。精神病不問其由遺傳或後天得之；又不問發病在結婚之前或在結婚之後。

9.生死不明已逾三年者

夫妻之一方生死不明，歸還無期，倘仍令他方長守空閨，實違背婚姻本來之目的；此時他方固可聲請死亡宣告，俟死亡宣告後始再婚。但普通失蹤須經過七年（民法第八條第一項），為期未免太長，恐誤再婚之佳期；特別失蹤雖僅一年（同條第三項），但死亡宣告有被撤銷之可能（民訴法第六三五條），因而舊婚可能復原。反之，裁判離婚則根本消滅婚姻關係，民法特設本款之離婚原因，職此之故。

10.被處三年以上徒刑或因犯不名譽之罪被處徒刑者

所謂不名譽之罪，係指依社會上一般觀念皆認為不名譽之罪而言。至所謂「社會上一般觀念皆認為不名譽」非以犯罪種類為唯一論據，尚應斟酌當事人之身分、地位、教育程度等主觀情事及其犯罪環境實況，依社會上一般觀念而為體察❹。離婚謂請求權人須自知悉處刑之事實時起一年內，

---

❹ 民法第一〇五二條第一〇款所謂不名譽之罪，係指社會上一般觀念皆認為不名譽

或自處刑事實發生後五年內行使之（民法第一〇五四條）。又重婚或通姦等，既為獨立之離婚原因，雖其行為同時為犯罪行為而被處三年以上之徒刑，或相當於不名譽犯罪而被處徒刑，亦不適用本款規定。

　　有前項以外之重大事由，難以維持婚姻者，夫妻之一方得請求離婚。但其事由應由夫妻之一方負責者，僅他方得請求離婚（民法第一〇五二條第二項）。現行法增加第二項之概括規定，使法官得靈活運用此一抽象條款，期使離婚較富彈性。

【案例研析】

　　甲、乙兩人係屬夫妻，甲、乙惡性倒會，共犯詐欺罪，各被法院判處徒刑七月確定，執行完畢後，夫甲以妻乙犯不名譽之罪被處徒刑確定，請求法院判決離婚，問甲之訴有無理由？

擬答：按夫甲既與妻乙共犯惡性倒會之詐欺罪，民法第一〇五二條第一〇款後段規定夫妻之「一方」犯不名譽之罪被處徒刑確定，他方得請求判決離婚，如夫妻「雙方」共犯有不名譽之罪者，不在該款所稱「一方」之範圍內，故本件甲既與乙共犯不名譽之詐欺罪，應認甲之訴為無理由。

四、離婚之效力

㈠夫妻關係之消滅

1.再婚自由

　　男婚女嫁各聽其自由。舊法規定：與他人通姦而經裁判離婚或受刑之宣告者，不得與相姦人結婚（原民法第九八六、九九三條）；妻之再婚，受再婚禁止期間之限制（原民法第九八七、九九四條）。對再婚有所限制，唯

之犯罪而言，例如竊盜、詐欺、侵占及姦淫等罪是，被上訴人所犯者為收買汽油之罪，雖兩度被判刑三月、二月不等，然其價購汽油既係用以代人洗滌衣物，維持生活，顯難與犯不名譽之罪同視（四十六年臺上字第一七〇一號判例）。

前者有道德制裁之意味，易淪為報復之手段，後者因醫學技術發達，血緣鑑定並不困難，無血統混淆之虞，故於民國八十七年修法刪除再婚之限制。

2.復　姓

妻冠以夫姓者去夫姓，又去夫家籍；夫冠以妻姓者去妻姓，又去妻家籍（民法第一〇〇〇、一〇〇二條）。

3.同居義務消滅（民法第一〇〇一條）

4.日常家務代理權消滅（民法第一〇〇三條）

5.互為遺產繼承人之地位消滅（民法第一一四四條）

(二)姻親關係之消滅

由婚姻所發生之姻親關係，亦因離婚而消滅（民法第九七一條）。但姻親之禁婚，仍保持其效力（民法第九八三條第二項）。

(三)對未成年子女權利義務之行使或負擔

1.扶養義務不受影響

父母子女之關係本於天然血統，故父母對於子女之關係，並不因離婚而受影響。在婚姻關係存續中，原則上應由父母共同行使未成年子女之親權。但在父母離婚之情形，父母不再共同生活時，依新增訂民法第一一一六條之二規定父母對於未成年子女之扶養義務，不因離婚而受影響。

2.對於未成年子女權利義務行使或負擔之人

夫妻離婚者，對於未成年子女權利義務之行使或負擔，依協議由一方或雙方共同任之。未為協議或協議不成者，法院得依夫妻之一方、主管機關、社會福利機構或其他利害關係人之請求或依職權酌定之（民法第一〇五五條第一項）。

3.對於未成年子女權利義務行使或負擔之人之改定

協議不利子女者，法院得依主管機關、社會福利機構或其他利害關係人之請求或依職權為子女之利益改定之（民法第一〇五五條第二項）。

行使、負擔權利義務之一方未盡保護教養之義務或對未成年子女有不

利之情事者，他方、未成年子女、主管機關、社會福利機構或其他利害關係人得為子女之利益，請求法院改定之（同條第三項）。

4. 權利義務行使負擔之內容及方法

夫妻離婚者，對於未成年子女權利義務之行使或負擔之內容及方法，依協議由一方或雙方共同任之。未為協議、協議不成或對子女不利者，法院得依請求或依職權，為子女之利益酌定權利義務行使負擔之內容及方法（民法第一〇五五條第四項）。

法院得依請求或依職權，為未行使或負擔權利義務之一方酌定其與未成年子女會面交往之方式及期間。但其會面交往有妨害子女之利益者，法院得依請求或依職權變更之（同條第五項）。

5. 法院裁判應注意事項

法院為第一〇五五條裁判時，應依子女之最佳利益，審酌一切情狀，參考社工人員之訪視報告，尤應注意下列事項：一、子女之年齡、性別、人數及健康情形。二、子女之意願及人格發展之需要。三、父母之年齡、職業、品行、健康情形、經濟能力及生活狀況。四、父母保護教養子女之意願及態度。五、父母子女間或未成年子女與其他共同生活之人間之感情狀況（民法第一〇五五條之一）。

6. 父母均不適合行使權利時

父母均不適合行使權利時，法院應依子女之最佳利益並審酌第一〇五五條之一各款事項，選定適當之人為子女之監護人，並指定監護之方法、命其父母負擔扶養費用及其方式（民法第一〇五五條之二）。

㈣財產上之效力

1. 夫妻財產之分割

原民法第一〇五八條規定：「夫妻離婚時，無論其原用何種夫妻財產制，各取回其固有財產，如有短少，由有管理權之一方負擔。但其短少係由非可歸責於有管理權之一方之事由而生者，不在此限。」夫妻離婚時，無論其原用何種夫妻財產制，各取回其「固有財產」用語之規定，與各種夫妻財

產制之用語不符，導致「固有財產」涵義不明，滋生疑義。又夫妻財產制中之分別財產制，其夫妻財產自始即完全分離，並無取回問題，應無本條之適用。民國九十一年六月四日立法院三讀通過夫妻財產制之修正，使夫妻自始採用一種夫妻財產制或嗣後改用其他財產制者，均有本條之適用，爰修正為：「夫妻離婚時，除採用分別財產制者外，各自取回其結婚或變更夫妻財產制時之財產。如有剩餘，各依其夫妻財產制之規定分配之」（民法第一○五八條）。

2.損害賠償

夫妻之一方，因判決離婚而受有損害者，得向有過失之他方，請求賠償。前項情形，雖非財產上之損害，受害人亦得請求賠償相當之金額，但以受害人無過失者為限。前項請求權，不得讓與或繼承，但已依契約承諾或已起訴者，不在此限（民法第一○五六條）。例如①虐待或殺害之意圖，係對生命權、身體權、人格權之侵害。②重婚、通姦或惡意之遺棄等，乃違反貞操義務、同居義務或扶養義務，實侵害其配偶之權利，自可本於侵權行為而請求損害賠償。③夫妻之一方，受他方之直系親屬之虐待時，他方有阻止之義務而不予阻止，致使離婚者，均可謂為有違法性，而使他方喪失其為配偶之權利，故亦可請求損害賠償。④至於因純粹目的主義務之離婚原因（不治惡疾中之痲瘋及不能人道，重大不治之精神病，三年以上之生死不明）而離婚者，因依民法第一○五六條第一項，損害賠償請求權之要件，須夫妻之一方有過失始可；而在此情形，其為離婚原因，不必論其有無過失，故不發生損害賠償請求權。

3.贍養費

夫妻無過失之一方，因判決離婚而陷於生活困難者，他方縱無過失，亦應給與相當之贍養費（民法第一○五七條）。贍養費請求權之要件(1)請求之一方須無過失，他方有無過失在所不論。(2)因裁判離婚而陷於生活困難即可。又請求之數額，法院須斟酌雙方之身分、年齡、生活能力、生活程度及給付人之能力定之。此外，尚須斟酌婚姻關係繼續期間之長短及給付人有無過失。

第三章　父母子女

一、父母子女之意義

父母子女乃父母與子女之法律關係。通常指父母與受其監護、教養之未成年子女之關係，即父母對未成年子女行使親權，屬狹義之親屬關係。至於父母與已成年子女關係，乃屬於廣義之親屬關係，在民法扶養、親屬會議及繼承關係發生效果，與父母行使親權無關。

二、父母子女之種類

父母子女關係之種類可分為自然血親與法定血親。自然血親，乃出於同一祖先而有天然血統連繫之親屬，可分為婚生子女、準婚生子女、非婚生子女。法定血親（擬制血親）即因收養而法律擬制其有血親關係。

三、自然血親

(一)婚生子女

1.意　義

婚生子女者，由婚姻關係受胎而生之子女（民法第一○六一條）。因此判定是否婚生子女，不在於子女出生時，生父與生母有無婚姻關係，而是子女受胎時，生父及生母有無婚姻關係。

2.受胎期間之推定

受胎期間之計算，依民法第一○六二條第一項：「從子女出生日回溯第一百八十一日起至第三百零二日止為受胎期間。」乃以經驗判斷胎兒在母體最短與最長時間，即胎兒在母體內至少發育六個月，始有活胎生育之可能，

如少於該期間，必夭折而死。又胎兒留在母體最長期間不超過十個月。因此，子女出生後，回溯其出生日第一百八十一日起至第三百零二日止之一百二十二日之期間，推定為受胎期間，但能證明受胎回溯在第三百零二日以前者，以其期間為受胎期間（民法第一〇六二條第二項）。

3. 婚生子女之推定

生父與生母在前述推定受胎期間內有一日存有合法婚姻關係時，即先推定該子女為婚生子女。換言之，妻之卵與第三人之精子受胎時，仍先推定為夫之婚生子女❶，但夫妻之一方，能證明妻非自夫受胎者，得提起否認之訴，唯須於知悉子女出生之日起，一年內為之（民法第一〇六三條）。第三人或子女之生父無提起否認之訴之權利，以保障婚姻之安定性。

甲男乙女結婚，生丙子，丙出生之日回溯一百八十一日那天結婚，丙即受婚生子女之推定。

丙雖在父母結婚前受胎，然婚姻關係乃開始於出生日回溯一百八十一日之前，即在受胎推定期間，所以丙推定為婚生子女。

---

❶ 妻之受胎係在婚姻關係存續中者，夫縱在受胎期間內未與其妻同居，妻所生子女依民法第一〇六三條第一項規定，亦推定為夫之婚生子女，在夫妻之一方依同條第二項規定提起否認之訴，得有勝訴之確定判決以前，無論何人皆不得為反對之主張，自無許與妻通姦之男子出而認領之餘地（七十五年臺上字第二〇七一號判例）。

(3)

甲乙在丙出生前即已離婚，而且是在丙出生日回溯三百零二日以前離婚，所以丙不受婚生推定。

(4)

甲乙雖在丙出生以前即離婚，然而卻是在丙出生日回溯三百零二日以內離婚，仍在婚生推定期間內，所以丙應受婚生推定。

(5)

甲乙雖於丙未出生前補行婚禮，但因係在子女出生日回溯不到一百八十一日才發生婚姻關係，所以丙不受婚生之推定。丙因準正而為「準婚生子女」。

【案例研析】

甲男乙女結婚後，不久，甲男出國求學。乙女不安於室，與丙男同居，生一子丁，甲學成歸來，見丁可愛，遂亦不否認其為己出。丙擬認領丁為其子，問依我民法之規定，丙可以為此認領否？

擬答：　本題丁為乙女與丙男同居而生，唯乙女之受胎，係在與甲男婚姻關係存續中，依第一〇六三條第一項規定，丁仍被推定甲乙之婚生子女。又依同條第二項：「前項推定，如夫妻之一方能證明妻非自夫受胎者，得提起否認之訴」，茲甲男不否認丁為其己出，但乙女則得於知悉丁出生之日起

一年內提起否認之訴。在乙女未提起否認之訴，得有勝訴之確定判決以前，丙尚不得主張丁為其非婚生子女，進而認領（七十五年臺上字第二〇七一號判例參照）。

㈡非婚生子女與準婚生子女

1.非婚生子女之意義及種類

非婚生子女乃指⑴不受婚生推定之子女，即生母未結婚所生之子女或生父、生母之婚姻無效（具有民法第九八八條所規定之情形）所生之子女。⑵妻於婚姻存續中與第三人通姦所生子女，經夫或妻於知悉子女出生後一年內提起否認之訴而判決勝訴者。

2.準婚生子女之意義及種類

準婚生子女，謂非婚生子女而法律上承認其身分關係。其種類有三，⑴非婚生子女對其生母之關係：其間存有出生之事實，即發生母子關係，視為婚生子女，無須認領，與婚生子女有同一之權利義務（民法第一〇六五條第一項）。⑵非婚生子女被準正者。⑶非婚生子女經生父認領者。茲就後二者分述如下。

3.準正

非婚生子女，其生父與生母結婚者，視為婚生子女（民法第一〇六四條）。此種情形，學說上謂之「準正」。此之非婚生子女，包括生父生母結婚前所生之子女及結婚前受胎而於結婚後所生之子女。

準正子女被視為婚生子女，在法律上，受與婚生子女同一之待遇，但民法仍稱之為「準婚生子女」。

4.認領

非婚生子女身分之確定，以認領為主。所謂認領乃生父承認非婚生子女為其所生子女之單獨行為。認領可分為任意認領（自動認領）與強制認領（訴訟認領）。茲分述如下：

⑴任意認領：非婚生子女經生父認領者，視為婚生子女，其經生父撫

育者，視為認領（民法第一○六五條）。故任意認領之方法可分明示之意思表示與默示之撫育事實，前者以生父主觀的意思表示而發生效力之單獨行為。由於認領須以有血統連繫為前提，故認領人如有冒領或誤領時，有違血統真實，允許非婚生子女或生母提出認領之否認（民法第一○六六條），但對於非冒領或非誤領之生父，生母或非婚生子女不得提出認領之否認或撤銷其認領（民法第一○七○條）。後者以生父之撫養事實擬制為認領行為，所謂「撫育」，指生父負擔生活費用，但不限於養育或監護，且不問生父是否與生母同居，只要撫育之事實，因默認而成立父子身分關係。

【案例研析】

　　甲男乙女同居，生一子丙，甲男曾以親筆信函，寫明給付乙女若干金錢，為養育丙之用，請問甲、丙之間可否成立父子關係？

擬答：依民法規定，生父對子女有撫育之事實者，視同對其子已有認領。甲曾預付金錢給乙，用作撫育丙之用，應視作預付對子女的撫育費用，顯已有撫育事實，所以甲對丙之間，應認作已為認領，而發生父子關係（四十四年臺上字第一一六七號判例）。

　　⑵強制認領：生父對於非婚生子女不願認領，將對子女造成不利，故法律乃於生父應認領而不認領時，權利人（非婚生子女、生母，或其他法定代理人）得向法院請求其生父認領之（確認其父子關係存在之訴訟），所謂生父應認領指有下列情形之一者而言，①受胎期間生父與生母有同居之事實者❷。②由生父所作之文書可證明其為生父者。③生母為生父強姦或略誘成姦者❸。④生母因生父濫用權勢成姦者❹（民法第一○七條第一項）。本條文第一項第三、四款於中華民國八十八年三月三十日修正，總統

---

❷　本款所謂「同居」者，指男女同床而言，無須同住一處。

❸　所謂「略誘成姦」，乃男子施詐術，誘女子成姦之謂。

❹　濫用權勢，例如長官與屬員，監獄官與女囚，店東與女店員，有命令服從關係，利用其地位之謂。

於同年四月二十一日公布，第三款修正為『生母為生父強制性交或略誘性交者』。第四款修正為『生母因生父濫用權勢性交者』。確認其父子關係愈早愈好，以免法律關係愈趨複雜，故如由非婚生子女之生母或其法定代理人提出時，自子女出生後七年為限；如由非婚生子女自己提出時，自其成年後二年間仍可行使（同條第二項）❺。

唯生父即使有前述強制認領之事由，生母於受胎期間，曾與他人通姦或為放蕩之生活者，則非婚生子女或其他法定代理人，不得為自己或為非婚生子女請求認領（民法第一〇六八條），此即所謂「不貞之抗辯」。唯此規定，學者頗批評，故建議為貫徹事實主義，宜增加如可證明非婚生子女與其生父在血緣上有父子女關係者，不適用「不貞之抗辯」❻。

⑶認領之效力：①準婚生子女身分之取得，即非婚生子女經生父認領者，視為婚生子女（民法第一〇六五條），取得與婚生子女同一身分，故關於未成年子女權利義務之行使或負擔，準用第一〇五五條、第一〇五五條之一及第一〇五五條之二之規定（新增訂民法第一〇六九條之一）。②認領溯及效力，即溯及出生時已為準婚生子女。但第三人已得之權利，不因此而受影響（民法第一〇六九條）。③認領不得撤銷，即生父認領非婚生子女後，不得撤銷其認領（民法第一〇七〇條）。

---

❺ 被視為歧視婦女條文之一的民法認領非婚生子女的「不貞抗辯」規定（即民法第一〇六八條），法務部民法親屬編研修專案小組決議刪除；另外，有關強制認領非婚生子女的列舉規定及請求權時效（即民法第一〇六七條），也決議一併刪除，進一步保障非婚生子女權益。依外國立法例，子女之認領，已趨向客觀事實主義，只要有事實上父子關係之存在，即可請求生父認領，而實際有無生父子女關係，可由法院發現事實，因此強制認領之列舉主義，可改為概括主義，以免有所遺漏。

❻ 被稱為「不貞抗辯」的民法第一〇六八條規定，生母於受胎期間內，曾與他人通姦或為放蕩之生活者，不適用前條之規定。因今日科學發達，以血型檢驗及人類學、遺傳生物學等檢驗方法，即可認定真實生父，不貞抗辯已無存在必要，決議刪除此條規定。依專案小組所得修法結論，民法親屬編修正後，非婚生子女、生母或其他法定代理人，可隨時請求生父認領非婚生子女。

四、法定血親

(一)收養之意義

收養人收養他人之子女擬制為自己之子女，而法律上視同自己的婚生子女，此關係稱為法定血親。收養人為養父或養母，被收養人為養子或養女（民法第一○七二條）。

(二)收養之要件

收養既為雙方當事人（即養父母與養子女）以取得身分為目的所為之契約，事關重大，故收養之成立，必須具備一定之法定要件，以免流弊，其要件如下：

1.實質要件

(1)雙方當事人之合意：收養既以發生婚生子女關係為目的之身分契約，故須雙方當事人之意思一致且須自行為之。被收養人為未滿七歲之未成年人時，由法定代理人代為意思表示並代受意思表示，如滿七歲之未成年人時，應得法定代理人之同意，但無法定代理人者，不在此限（民法第一○七九條第二、三項）。

(2)雙方當事人須相差二十歲：為使養子女得良好生活照顧或尊卑有序，民法第一○七三條規定收養者之年齡，應長於被收養者二十歲以上。故由此亦可知收養人最低年齡必須年滿二十歲以上。

(3)收養親屬須輩分相當：為避免倫常名分之不當，民法第一○七三條之一乃規定一定之親屬不得收養，即①直系血親，②直系姻親，但夫妻之一方收養他方子女者，不在此限❼，③旁系血親及旁系姻親輩分不相當之人，但旁系血親在八親等之外，旁系姻親在五親等之外者，不在此限❽。

---

❼　直系姻親不得收養，但夫妻之一方收養他方之子女者，為法之所許。此規定在避免夫妻成為兄妹或姊弟，有違倫常觀念；至於一方收養他方子女，不但無該顧慮，而且顧及婚姻及家庭生活之美滿，值得鼓勵。

【案例研析】

甲男娶孀婦乙女為妻，並收養乙女與其前夫所生之子丙為養子，請問現在甲、丙間關係如何？乙、丙間關係如何？

擬答：甲、丙之間之收養關係，因收養要件具備而成立。乙、丙之間則原本即屬親生母子間之關係，無庸另行成立養母子的關係（最高法院二十六年渝上字第六○八號判例）。

(4)**夫妻共同收養：** 為使養子女入養家得保持家庭之和諧及身分健全發展，民法第一○七四條規定有配偶之人收養子女時，應與其配偶共同為之，但夫妻之一方收養他方之子女不受限制。

(5)**同時為二人之養子女之禁止：** 為避免養子女一家轉至另一家有如物品及防止人口販賣，民法第一○七五條規定一人只許為一夫妻或一人之養子女。

(6)**有配偶者被收養時須得配偶之同意：** 為維持夫妻和諧，有配偶者被收養時，須得其配偶之同意。

(7)**須無監護關係：** 因顧慮受監護人在監護人之下而被左右意思，宜準用民法第九八四條規定，監護人非得受監護人父母之同意，不得收養。

【案例研析】

監護人在監護關係存續中，可否收養受監護人為養子女？

擬答：因顧慮受監護人常為監護人之意思所左右，宜準用民法第九八四條規定，

---

❽　(1)旁系血親及旁系姻親之輩分不相當者不得收養，但旁系血親在八親等之外，旁系姻親在五親等之外者不受限制。依此規定，祖輩親屬不得收養孫輩，卑輩不得收養尊輩，平輩不得互為養親子。

(2)可否收養他人為養孫？①肯定說：因舊律或舊習慣有此規定或事實，主張不妨承認養孫。②否定說：養孫一旦承認，養孫之保護教養責任必遭遇困難，養孫無法在正常之家庭受到教養，故不宜承認為是。

監護人非得受監護人父母之同意，不得收養。

2.形式要件

　　⑴以書面為之：為昭慎重，收養子女除當事人意思表示一致之外，應
以書面為之，但被收養者未滿七歲而無法定代理人時，不在此限（民法第
一〇七九條第一項）。由法院直接認可。

　　⑵須經法院認可：當事人雖有書面收養契約之合意，但該收養尚未擬
制為親子關係，須雙方向法院提出聲請，一經法院認可後，始生收養之效
力❾。但為使法院認可有相當之依據，民法第一〇七九條第五項列舉不予

---

❾　兒童及少年福利法（民國九十二年五月二十八日公布）第一四條規定：法院認可
　　兒童及少年收養事件，應基於兒童及少年之最佳利益，斟酌收養人之人格、經濟
　　能力、家庭狀況及以往照顧或監護其他兒童及少年之紀錄決定之。滿七歲之兒童
　　及少年被收養時，兒童及少年之意願應受尊重。兒童及少年不同意時，非確信認
　　可被收養，乃符合其最佳利益，法院應不予認可。法院認可兒童及少年之收養前，
　　得准收養人與兒童及少年先行共同生活一段期間，供法院決定認可之參考；共同
　　生活期間，對於兒童及少年權利義務之行使或負擔，由收養人為之。法院認可兒
　　童及少年之收養前，應命主管機關或兒童及少年福利機構進行訪視，提出調查報
　　告及建議。收養人或收養事件之利害關係人亦得提出相關資料或證據，供法院斟
　　酌。前項主管機關或兒童及少年福利機構進行前項訪視，應調查出養之必要性，
　　並給予必要之協助。其無出養之必要者，應建議法院不為收養之認可。法院對被
　　遺棄兒童及少年為收養認可前，應命主管機關調查其身分資料。父母對於兒童及
　　少年出養之意見不一致，或一方所在不明時，父母之一方仍可向法院聲請認可。
　　經法院調查認為收養乃符合兒童及少年之最佳利益時，應予認可。法院認可或駁
　　回兒童及少年收養之聲請時，應以書面通知主管機關，主管機關應為必要之訪視
　　或其他處置，並作成報告。
　　第一五條規定：收養兒童及少年經法院認可者，收養關係溯及於收養書面契約成
　　立時發生效力；無書面契約者，以向法院聲請時為收養關係成立之時；有試行收
　　養之情形者，收養關係溯及於開始共同生活時發生效力。聲請認可收養後，法院
　　裁定前，兒童及少年死亡者，聲請程序終結。收養人死亡者，法院應命主管機關
　　或其委託機構為調查，並提出報告及建議，法院認收養於兒童及少年有利益時，
　　仍得為認可收養之裁定，其效力依前項之規定。

認可之事由，(1)收養有無效或得撤銷之原因者。(2)有事實足認收養於養子女不利者❿。(3)成年人被收養時，依其情形，足認收養於其本生父母不利者⓫。

【案例研析】

　　㈠甲男與乙女結婚，擬收養丙，唯乙女尚未滿二十歲，請問該收養是否有效？

擬答：　民法規定，夫妻一方若收養子女，必須與其配偶共同為之。收養人又須長於被收養人二十歲。今乙女未滿二十歲，不得成立收養關係，某甲又因乙不得成立收養關係，而無法與配偶共同收養。法院應依民法第一〇七九條第五項第一款規定不予認可。

　　㈡甲男乙女為夫妻，有子女二人。乙女死亡後，甲男與無子女之丙女結婚，丙女欲收養大陸地區之丁女為養女，甲亦同意，三人訂有收養契約，並共同向法院為收養認可之聲請,若其收養均符合大陸地區收養法之規定，又無我國民法規定無效或得撤銷之原因，法院應否予以認可。如僅由丙、丁向法院聲請認可，有無不同？

擬答：　依臺灣地區與大陸地區人民關係條例第六五條第一款之規定，已有子女或養子女之臺灣地區人民收養大陸地區人民為養子女者，法院應不予認可。甲與其前妻乙既生有子女，則其再收養大陸地區之丁女為養女，法院自應不予認可。又依我國民法第一〇七四條第一項規定，有配偶者收養子女時，應與配偶共同為之。即有配偶者，不能單獨為收養之行為。丙女與甲結婚，而為有配偶之人，則其收養大陸地區之丁女為養女，法院亦應不予認可（八十三年十月六日（八三）廳民四字第一八二九三號

❿　法院於認可前，宜費心調查養父母與本生父母雙方的家庭狀況，尤其經濟及收養之動機，期能判斷收養有無符合養子女之利益。

⓫　成年人被收養如其目的違法詐害他人，因為不認可之對象，即該收養對本生父母有不利之情形，例如被收養而期逃避奉養年老父母之責任；又如被收養而故意不傳本生父之香火，法院亦應不予認可。

函復臺高院）。

違反收養要件所產生之法律效果如下：

1.收養無效

依民法第一○七九條之一規定，收養違反第一○七三條、第一○七三條之一及第一○七五條之規定者，無效。詳言之，即(1)收養違反收養人與被收養人年齡之間隔（民法第一○七三條）。(2)收養違反近親及輩分不當（民法第一○七三條之一）。(3)收養違反一人不得同時為二人之養子女（民法第一○七五條）。

2.收養撤銷

依民法第一○七九條之二規定，收養撤銷原因及撤銷權行使期間如下，(1)收養人未與配偶共同收養，即違反民法第一○七四條之收養，收養者之配偶得請求法院撤銷之。(2)有配偶之被收養時，未得配偶之同意，即違反民法第一○七六條之收養。(3)滿七歲之未成年人被收養，而未得法定代理人之同意，即違反民法第一○七九條第三項之收養，被收養者之配偶或法定代理人得請求法院撤銷之。

收養撤銷之期間及效力，自有撤銷權人知悉被收養之事實起六個月內，或自法院認可之日起一年之內為之。收養關係一經法院判決撤銷時，無過失之一方因而陷於生活困難時，得請求給與相當之金額。養子女自收養撤銷之日起，回復其本姓，並回復其與本生父母之關係，但第三人已取得之權利，不因此而受影響（民法第一○七九條之二第一、二、三項）。

(三)收養之效力

1.婚生子女身分之取得

養子女與養父母之關係，除法律另有規定外，與婚生子女同（民法第一○七七條）。即養子女為養父母擬制之直系血親卑親屬，並由此基本親子關係而發生①稱姓：民法第一○七八條規定，「養子女從收養者之姓。有配偶者收養子女時，養子女之姓適用第一千零五十九條之規定」❷。②親權：

收養未成年人子女，收養人與被收養人建立親子關係，故應由養父母行使親權，本生父母停止親權。故民法第一〇八四至一〇九〇條之親權規定亦適用之。③繼承權：養子女與養父母有相互繼承權，與本生父母之間則無繼承權。④扶養：養子女為養父母之直系血親卑親屬，故自有互負扶養之義務，但養子女與本生父母之扶養義務停止。

2.親屬關係之發生與停止

養子女與養父母之親屬發生親屬關係，而在出養期間，與本生父母之血統關係仍存在，但其相互間之權利義務被停止。

㈣收養之終止

1.意　義

收養終止乃收養效力發生後，因遭遇一定事由，無法繼續維持親子關係，而使該關係向將來加以消滅。

2.終止事由

⑴合意終止：養父母與養子女之關係，得由雙方同意終止之，終止收養須以書面為之。養子女未滿七歲者，其終止收養關係之意思表示，由收養終止後為其法定代理人之人代為之；養子女為滿七歲以上之未成年人者，其終止收養關係，應得收養終止後為其法定代理人之同意；又養父母死亡後，養子女不能維持生活而無謀生能力者，得聲請法院許可，終止收養關係，唯養子女若為未成年人者，應視該養子女為未滿七歲或七歲以上而分由其收養終止後之法定代理人代理為之或同意為之（民法第一〇八〇條第一至五項）⓭。

⓬　養子女之直系血親卑親屬如已成年，其與養子女之父母屬於廣義之親屬關係，不受親權規定之適用，該直系血親卑親屬是否隨同其父母入籍養家，且是否改姓，宜有自己決定之意思。

⓭　查民法第一〇八〇條，終止收養關係須雙方同意，並應以書面為之者，原係以昭鄭重，如養女既經養親主持與其婚生子正式結婚，則收養關係人之雙方同意變更身分，已具同條第一項終止收養關係之實質要件。縱其養親未踐行同條第二項之

【案例研析】

未成年人經收養後，養父死亡。嗣養母與其合意終止收養關係後，該未成年人可否以不能維持生活而無謀生能力為由，依民法第一〇八〇條第五項規定，聲請法院許可終止與已死亡養父間之收養關係？

擬答：按民法第一〇八〇條第五項係新增之規定，俾保障未成年之養子女於養父死亡後，聲請終止收養關係。依題意養子女既已與生存之養母合法終止收養關係發生不能維持生活而無謀生能力之情形，自應准按該條增列之第五項規定，許可終止其與已死亡養父間之收養關係（七十七年八月二十四日（七七）廳民一字第一〇五〇號函復臺高院）。

　(2)裁判終止：養父母養子女之一方，有下列各款情形之一者，法院因他方之請求得宣告終止其收養關係：

　　①對於他方為虐待或重大侮辱時。

　　②惡意遺棄他方時。

　　③養子女被處二年以上之徒刑時。

　　④養子女有浪費財產之情事時。

　　⑤養子女生死不明已逾三年時。

　　⑥有其他重大事由時。 ❹

3.終止之效力

　　終止收養之效力向將來發生，養子女自收養關係終止時起，回復其本姓，並回復其與本生父母之關係，但第三人已取得之權利，不因此而受影響（民法第一〇八三條）；又收養關係經判決終止時，無過失之一方，因而陷於生活困難者，得請求他方給與相當之金額（民法第一〇八二條）。

形式要件，旋即死亡，以致踐行該項程式陷於不能，則該養女之一方，自得依同法第一〇八一條第六款聲請法院為終止收養關係之裁定，以資救濟（四十五年釋字第五八號）。

❹ 請參閱兒童及少年福利法（民國九十二年五月二十八日公布）第一六條之規定。

五、父母子女之權利義務

㈠子女稱姓

子女稱姓因父母子女關係成立原因不同而不同，茲分述如下：

1.嫁娶婚

依民法第一〇五九條第一項規定，子女從父姓，但母無兄弟，約定其子女從母姓者，從其約定❶。母無兄弟之認定，在於母有無能傳其父之同輩兄弟而言，即使母有其他男系卑親屬，亦宜解釋母無兄弟。從而①母之同姓兄弟均死亡或受死亡宣告，②母之同姓兄弟均出養或被招贅，③母之兄弟均從其母姓，均應認為母無兄弟。又約定子女稱姓之時期，子女之稱姓在母無兄弟時可約定從母姓，但何時約定，法律無明文，宜解釋最遲以子女出生為準。

2.贅夫婚

贅夫之子女，原則上從母姓，但另有約定者，從其約定（民法第一〇五九條第二項）。

3.非婚生子女

⑴非婚生子女乃生父與生母無婚姻關係受胎而所生之子女，此時生父與子女無親子關係，但生母因有分娩之事實，視為婚生子女（民法第一〇六五條第二項），故該子女從母姓。

⑵非婚生子女一經生父認領時（民法第一〇六五條第一項、第一〇六七條），發生父子關係，故子女改從父姓。

4.養子女之稱姓

---

❶　民國八十四年初，法務部民法親屬編研修專案小組對子女姓氏問題作成原則決議，決議改變子女原則從父姓的傳統規定，對於子女從父姓或母姓，改採由父母協議定之。即①子女從父姓或母姓，父母協議定之。②父母之一方不能協議，由他方決定之。③未為協議或協議未成，可聲請由法院指定父母之一方定之；而法院為前項指定時，應聽取父母的意見，此外，也要考慮子女利益或其他情事。

養子女從收養之姓（民法第一〇七八條）。

(二)父母之親權

親權可大別為二，一為子女身分上之權利義務，一為子女財產上之權利義務。民法第一〇八四條第二項所定之保護及教養之權利義務為親權之本質，且為概括之規定，無論身分上或財產上之權利義務均為實現未成年子女保護與教養之具體內容。

1.保護及教養之權利義務

父母對於未成年之子女，有保護及教養之權利義務（民法第一〇八四條）。保護者，所以使子女身心安全；教養者，包含教育與扶養，以精神財力，盡其義務，實亦兼具權利，所以得排除他人之干涉。

【案例研析】

父母對未成年子女之親權，可否拋棄？

擬答：父母對於未成年子女有保護教養之權利，同時並負此義務，民法第一〇八四條規定甚明，此項因身分關係所生與義務併存之權利，實含有禁止拋棄之性質，自不得謂因拋棄而消滅（三十八年臺上字第一七一號判例）。

2.子女身分上之權利義務

(1)子女應孝敬父母（民法第一〇八四條第一項）

(2)居住所指定權（民法第一〇六〇條）：未成年之子女，以其父母之住所為住所（民法第一〇六〇條），乃因父母須保護教養未成年子女而設。此種居住所指定權，實為保護教養之權利義務內容之一。

(3)懲戒權（民法第一〇八五條）：父母對子女有保護及教養之權利義務，唯難免有子女不守庭訓，此際如不能課以一定之制裁，則保護及教養難有效果。故民法給與父母以懲戒子女之權（民法第一〇八五條）。關於懲戒之方法，吾國民法無明文規定，告誡、鞭責、禁足等方法，均可以施用，不過須止於必要之範圍內。超出此範圍，則為親權之濫用（民法第一〇九〇

條）。

⑷身分行為之同意權（民法第九七四、九八一、一○四九條、第一○七九條第四項、第一○八○條第四項）：父母對於未成年子女有身分行為之同意權，此立法意旨在於顧慮未成年子女思慮欠周密，法律為保護其人而設。因此未成年人之婚約、兩願離婚、收養、終止收養以及夫妻財產制契約之訂立、變更或廢止均需要法定代理人之同意。

⑸身分行為之法定代理權（民法第一○七六條第二項、第一○八○條第三項、第一○六七條）：未成年人為未滿七歲之無意思能力人時，有關該子女出養時，須由法定代理人之父或母代為意思表示；於終止收養時，須代受意思表示（民法第一○七六條第二項、第一○八○條第三項）。於強制認領時，非婚生子女未滿七歲時，由生母為婚生子女提出訴訟（民法第一○六七條）。

3.財產上之權利義務

⑴財產法上之法定代理權與同意權：視未成年子女之年齡，父母對於子女有財產行為之法定代理權與同意權。父母代理子女之行為，原則上限於財產上之法律行為，而不及身分行為。

⑵未成年子女夫妻財產制約定之同意（民法第一○○六條）。

⑶未成年子女特有財產之管理、使用、收益及處分（民法第一○八七、一○八八條）。

①特有財產，係未成年子女因繼承、贈與或其他無償取得之財產（民法第一○八七條）。贈與包括由第三人之贈與、父母之贈與在內。其他無償取得之財產有遺贈、時效取得之財產、埋藏物之發現等。特有財產之管理，由父母共同管理之（民法第一○八八條第一項）。父母對於未成年子女之特有財產有使用、收益之權（同條第二項），該財產之收益權先充作財產之管理費用，次充子女生活費及教育費，如有剩餘，始全部由父母平均所有。父母對於子女之特有財產，非為子女之利益不得處分（同條但書）。

②非特有財產，依現行民法，乃將「子女因勞力或其他有償取得之財產」，稱之為「子女一般財產」，故暫且稱為「非特有財產」。非特有財產之

管理、使用、收益、處分，由子女自己管理、使用、收益及處分。

【案例研析】

未成年人之非特有財產（未成年子女以自己勞力或其他有償所取得之財產）所有權之歸屬？

擬答：①有認為歸屬於父母：因勞力或有償取得之財產，應歸屬於父母，藉以維持其一家之共同生活。

②有認為歸屬於子女：A.除父母家用不敷，應以充家庭生活費用外，應解釋為子女所私有，然仍受父母之監督。B.依論理解釋，繼承及無償取得之財產，未成年子女尚能保有所有權，則勞力或其他有償取得之財產，更應屬於未成年子女。

(三)親權行使方法

1.原民法第一〇八九條親權行使方法

對於未成年子女之權利義務，除法律另有規定外，由父母共同行使或負擔之。父母對於權利之行使意思不一致時，由父行使之❶。父母之一方不能行使權利時，由他方行使之。父母不能共同負擔義務時，由有能力者負擔之。

2.新民法第一〇八九條親權行使方法

對於未成年子女之權利義務，除法律另有規定外，由父母共同行使或負擔之。父母之一方不能行使權利時，由他方行使之。父母不能共同負擔義務時，由有能力者負擔之（第一項）。父母對於未成年子女重大事項權利

---

❶ 民法第一〇八九條，關於父母對於未成年子女權利之行使意思不一致時，由父行使之規定部分，與憲法第七條人民無分男女在法律上一律平等，及憲法增修條文第九條第五項消除性別歧視之意旨不符，應予檢討修正，並應自本解釋公布之日起，至遲於屆滿二年時，失其效力（釋字第三六五號解釋）。本條文已於民國八十五年九月六日立法院三讀修正通過，總統於民國八十五年九月二十五日公布。

之行使意思不一致時，得請求法院依子女之最佳利益酌定之（第二項）。法院為前項裁判前，應聽取未成年子女、主管機關或社會福利機構之意見（第三項）。

3.非婚生子女之親權行使

⑴未認領之非婚生子女，由母親任親權人，單獨行使親權。

⑵認領之非婚生子女，學者有如下不同見解：

①共同行使親權說，應由父母共同行使親權。

②共同生活基準說，生父與生母同居，當可共同行使親權，如子與生父同居，則由父行使，如子與生母同居，則由母行使，如子未與生父及生母同居，則宜置監護人行使親權。

③以生父任監護人為原則。

④以生母任監護人為原則，以子女利益為依歸、從精神醫學之觀點，認為以母任監督。

4.準正之非婚生子女

依婚生子女行使其親權。

㈣親權行使之糾正與停止

親子法應注重保護子女之利益，而應排除為家長或父母之利益，親子關係不僅為一家之私事，同時又為國家社會所關切之事。故父母若有濫用親權，國家應依聲請加以糾正或停止，或依職權加以監督。

1.親權之糾正

糾正者，指摘父母行為之錯誤，使其改易或終止濫用之謂。唯如父母不從時，最近尊親屬或親屬會議，亦不能決議停止親權，僅得向法院請求宣告停止親權而已。

2.親權之停止

父母對子女濫用其親權時，子女之最近尊親屬或子女之親屬會議，得先加以糾正；待糾正無效果，始向法院請求宣告停止親權之全部或其一部（民法第一〇九〇條）。但先行糾正，並非聲請宣告親權停止之前提要件，

故得不經糾正，而逕向法院聲請宣告親權之停止。

親權停止之效力，僅向將來發生效力，且僅停止其親權行使，非消滅其父母子女關係。又親權停止之原因消滅者，可由親權停止之請求權人，向法院請求撤銷親權停止之宣告。

第四章　監　護

監護者，乃法律規定對於未成年人及禁治產人，以保護其身體及財產為目的，使一定之人任監督保護職務，並管理其財產及代理其財產上之行為。

第一節　未成年人之監護

一、監護人之設置

未成年人無父母，或父母均不能行使、負擔對於未成年子女之權利義務時，應置監護人。但未成年人已結婚者，不在此限（民法第一○九一條）。所謂「無父母」例如棄嬰或自幼父母雙亡。所謂「父母均不能行使負擔對於未成年子女之權利義務」，例如父母均受禁治產宣告、受親權停止宣告、生死不明、長期徒刑之執行、重病是❶，但行使有困難，例如父母上班工作無暇管教、子女尚幼須僱請傭人照顧等則非謂均不能行使。又未成年人已結婚，已有行為能力，故不須監護人之設置。

二、監護人之分類

(一)委託監護人

父母對於未成年子女，得因特定事項，於一定期限內，委託他人行使

---

❶　①夫死亡後再婚，與其子女之關係本不因此消滅，如其對於未成年子女之權利義務並無不能行使、負擔之情事，自不應為其未成年子女置監護人（二十二年上字第一一二三號判例）。②父死亡而母再婚者，與母死亡而父再婚者無異，母再婚時對於未成年子女權利、義務，並非當然不能行使、負擔（二十三年抗字第一七一一號判例）。

監護之職務（民法第一〇九二條）。例如父母遠居國外，而將尚在國內讀書的子女，請好友代為監護照顧是。不過此時父母親仍保有最原始且部分之親權，如對未成年子女結婚的同意權，仍保留在父母手中，該好友不得逾權代為同意。

㈡指定監護人

後死之父或母得以遺囑指定監護人（民法第一〇九三條）。故指定監護人僅適用於未成年人父母雙亡之情形，如先死者於遺囑中不指定尚生存之配偶為監護人而指定他人為監護人，其指定不合法❷。又後死者於遺囑中指定，不論是指定親屬中的人或其他第三人均可，其他親屬不得干涉。指定監護人必須積極的指定，消極的指定如除某人之外均可為監護人，此種指定方式太含混，不合法。

㈢法定監護人

父母均不能行使、負擔對於未成年子女之權利義務，或父母死亡而無遺囑指定監護人時，依下列順序定其監護人（舊民法第一〇九四條）：

　　1.與未成年人同居之祖父母（包括外祖父母）。

　　2.家長（只要同住一家之中，不問其間有無親屬關係）。

　　3.不與未成年人同居之祖父母（包括外祖父母）。

　　4.伯父或叔父（不包括母系方面之舅父，若與舅父同住，則適用第二款規定）。

　　5.由親屬會議選定之人。

民國八十八年九月二十一日臺灣中部地區發生大地震，造成未成年子女之父母雙亡，親屬間為了領取該未成年人（孤兒）的災民救濟金發生爭議，為此立法院於民國八十八年十二月三十日三讀，總統於八十九年一月

❷ 民法第一〇九三條規定後死之父或母，得以遺囑指定監護人，是父母二人中，唯其後死之一人，得以遺囑指定監護人，若先死之父不欲其未成年之子女由母監護，而以遺囑另指定一監護人，自非法之所許（二十三年上字第一七〇三號判例）。

十九日公布新民法第一〇九四條條文，規定有關未成年人之監護人產生方法。其內容如下：

父母均不能行使、負擔對於未成年子女之權利義務，或父母死亡而無遺囑指定監護人時，依下列順序定其監護人：一、與未成年人同居之祖父母。二、與未成年人同居之兄姊。三、不與未成年人同居之祖父母。

未能依前項之順序定其監護人，或為未成年子女之最佳利益，法院得依未成年子女、檢察官、當地社會福利主管機關或其他利害關係人之聲請，就其三親等內旁系血親尊親屬、社會福利主管機關、社會福利機構或其他適當之人選定或改定為監護人，並得指定監護之方法。

法院為前項選定或改定前，應命主管機關或其他社會福利機構進行訪視，提出調查報告及建議。聲請人或利害關係人亦得提出相關資料或證據，供法院斟酌。

依第二項選定或改定之監護人，不適用第一一〇六條之規定。

未成年人無第一項之監護人，於法院依第二項為其選定確定前，由當地社會福利主管機關為其監護人。

新民法第一〇九四條規定之特色：

1.設置監護人以未成年子女之最佳利益為優先考量，必要時尚可排除法定順序之監護人，而以適當之第三人擔任。

2.簡化法定順序之監護人，僅有三款順序。

3.法院直接介入選定監護人，命主管機關或其他社會福利機構進行訪視，提出調查報告及建議，而聲請人或利害關係人亦得提出相關資料或證據，供法院斟酌。法院並得指定監護之方法。

4.可擔任監護人之範圍較舊條文所規定為廣，除法條之三款順序外，尚有三親等內旁系血親尊親屬、社會福利主管機關、社會福利機構或其他適當之人選，只要為子女之利益，均能提前成為未成年子女之監護人。

5.兄姊並列為法定監護人，兼顧男女平等之原則，而舊法僅列父系之伯叔，不並列母系之舅舅，則有違男女平等原則。

【案例研析】

甲為乙男、丁女之養子。乙、丁於甲未成年前亡故，甲之生父丙聲請法院指定其為甲之監護人，應否予以准許？

擬答：如甲無其他法定監護人時，其生父丙為之聲請指定監護人，於法固無不合，唯是否指定其本人為監護人則應由受理法院裁量。

三、監護人之資格、人數

民法無積極資格之規定，但限制未成年人及禁治產人，不得為監護人（民法第一〇九六條）。

監護人之人數，法無明文規定，應解為一人為原則，如有特殊需要，為受監護人利益，自得增設二人以上共同執行。

四、監護人之權利義務

(一)保護、教養、懲戒

除另有規定外，監護人於保護、增進受監護人利益之範圍內，行使、負擔父母對於未成年子女之權利義務。但由父母暫時委託者，以委託之職務為限（民法第一〇九七條）。

(二)代理權

監護人為受監護人之法定代理人（民法第一〇九八條）。

(三)關於財產上之職務

1.開具財產清冊

監護開始時，監護人對於受監護人之財產，應會同親屬會議所指定之人，開具財產清冊（民法第一〇九九條）。

2.管理權及注意義務

受監護人之財產，由監護人管理。其管理費用由受監護人之財產負擔。監護人管理受監護人之財產，應與處理自己事務為同一之注意（民法第一一○○條）。

3.使用及處分之限制

監護人對於受監護人之財產，非為受監護人之利益不得使用或處分。為不動產之處分時，並應得親屬會議之允許（民法第一一○一條）。

4.報告財產狀況

監護人應將受監護人之財產狀況，向親屬會議每年至少詳細報告一次（民法第一一○三條）。

5.財產清算及移交

監護人於監護關係終止時，應即向親屬會議指定之人，為財產之清算，並將財產移交於新監護人。如受監護人已成年時，交還於受監護人。如因受監護人死亡時，交還於其繼承人。親屬會議對於上項清算之結果未為承認前，監護人不得免責（民法第一一○七條）。

6.清算義務人繼承

監護人死亡時，前條清算由其繼承人為之（民法第一一○八條）。

7.不為財產之受讓

監護人不得受讓受監護人之財產（民法第一一○二條）以防流弊。

8.例外規定

上述關於開具清冊、使用、處分、報告財產狀況、不為財產之受讓等之規定，於未成年人同居之祖父母為監護人時不適用之（民法第一一○五條）❸。

---

❸ 父母對於子女之特有財產，非為子女之利益不得處分之，民法第一○八八條第二項但書有明文，同居之祖父母為未成年之監護人，而處分其不動產時，雖依同法第一一○五條，不適用第一一○一條之規定，但同法第一○九七條既規定監護人於保護增進受監護人利益之範圍內，行使、負擔父母對於未成年子女之權利、義務，則處分未成年孫男女之財產，仍應與父母受同一之限制，非為孫男女之利益

㈣報酬之請求

監護人得請求報酬，其數額由親屬會議按其勞力及受監護人財產收益之狀況酌定之（民法第一一〇四條）。唯於與未成年人同居之祖父母為監護人時，不適用之（民法第一一〇五條）。

㈤損害賠償責任

監護人對於受監護人之財產管理因欠缺與處理自己事務為同一之注意，致受監護人受損害時，應負賠償責任。其賠償請求權，自親屬會議對於清理結果拒絕時起，二年間不行使而消滅（民法第一一〇九條）。

五、監護關係之終止

㈠終止原因

終止原因有絕對終止及相對終止，前者如受監護人死亡、已達成年或已結婚❹、被收養、被認領或停止親權原因已消滅，後者如監護人死亡、終止收養關係而由次監護人、生父母繼續監護。茲就監護人之辭職、撤退說明如下：

1.辭　職
　⑴法定監護人及親屬會議選定之監護人：非有正當理由不得辭其職務（民法第一〇九五條）。
　⑵委託監護人、指定監護人：其辭職，法律無限制規定。委託監護人不就任時，不難另行委託。指定監護人不就任時，尚有法定監護人可以補

不得為之（三十三年上字第四一〇七號判例）。
❹　對於未成年人之監護關係，因受監護人已達成年或已結婚而終了，監護關係一旦終了，監護人應將所管理之財產交出（參照民法第一一〇七條），親屬會議就受監護人之財產管理方法所為決議，亦無再拘束已成年人之效力（五十八年臺上字第一〇七號判例）。

充。

2.撤　退

(1)**意義：** 監護人有下列情形之一時，親屬會議得撤退之（民法第一一〇六條）。

(2)**原因：** ①違反法定義務時。②無支付能力時。③由親屬會議選定之監護人，違反親屬會議之指示時。

㈡終止之效果

1.財產之清算與移交

監護人於監護關係終止時，應即會同親屬會議所指定之人，為財產之清算，並將財產移交於新監護人。如受監護人已成年時，交還於受監護人。如受監護人死亡時，交還於其繼承人。親屬會議對於前項清算之結果未為承認前，監護人不得免其責任（民法第一一〇七條）。

2.監護人死亡時之清算

監護人死亡時，前條清算由其繼承人為之（民法第一一〇八條）。

3.監護人賠償責任之短期時效

監護人對於受監護人財產所致之損害，其賠償請求權，自親屬會議對於清算結果拒絕承認之時起，二年間不行使而消滅（民法第一一〇九條）。

第二節　禁治產人之監護

一、監護人之設置

禁治產人無行為能力（民法第一四、一五條），故應置監護人（民法第一一一〇條）。

二、監護人之分類

㈠法定監護人

禁治產人之監護人，依下列順序定之（民法第一一一一條）：

1.配偶❶。

2.父母。

3.與禁治產人同居之祖父母。

4.家長。

5.後死之父或母以遺囑指定之人。

㈡選定監護人

不能依前述規定順序定其監護人時，由法院徵求親屬會議之意見選定之（民法第一一一一條第二項）。

三、監護人之職務

監護人為受監護人之利益，應按受監護人之財產狀況，護養療治其身體。監護人如將受監護人送入精神病醫院，或監禁於私宅者，應得親屬會議之同意。但父母或禁治產人同居之祖父母為監護人時，不在此限（民法第一一一二條）。禁治產人之監護，除本節有規定外，準用關於未成年人監護之規定（民法第一一一三條）。

---

❶ 配偶雖為禁治產人之第一順序監護人，但利害相反時，應以次監護人為其法定代理人（二十二年院字第九六○號）。

第五章　扶　養

一、扶養意義

扶養，乃特定親屬間，一方對於他方不能自謀生活，依法律規定強制負擔其生活費用之義務。此與過去傳統社會，在家長統攝家政之下，共同生產、共同消費及共同蓄產，家屬全體生活，均仰賴於家長之扶養，即使不同居之宗親或外親，基於親屬一體之原則，以倫常友愛之義理，互助扶持不同。

二、扶養義務之種類

㈠生活保持義務

生活保持義務，為父母子女、夫妻間之扶養義務。此義務為父母子女或夫妻身分關係之本質的要素之一，若無此義務，則不可稱為父母子女或夫妻。

㈡生活扶助義務

生活扶助義務，例如兄弟姊妹間之扶養義務是。此義務為偶然的例外的現象，為親屬關係之補助的要素之一，須因一方有特殊情形不能維持生活時，他方始負擔扶助之義務。

三、扶養義務人之範圍

依民法第一一一四及一一一六條之一規定，扶養義務人之範圍如下，超出下列範圍之親屬，在扶養法上，則無法律上之義務。

1. 直系血親相互間

不以親等為限。

2. 夫妻之一方與他方之父母同居者，其相互間

如女婿與岳父母、子婦與翁姑，以同居者為限。

3. 兄弟姊妹相互間

包括同父異母或同母異父之兄弟姊妹（二十一年院字第七三五一號解釋）及因收養而成立之兄弟姊妹關係。唯四親等以上之堂、表兄弟姊妹不包括在內❶。

4. 家長家屬間

家屬者，謂以永久共同生活為目的而同居之親屬團體，不問有無親屬關係，至於家屬相互間無扶養義務❷。

5. 配偶相互間

夫妻互負扶養義務。

四、扶養之順序

㈠扶養義務人之順序

扶養義務人有數人，究應由何人先負扶養之義務，此即扶養義務人順序之問題，依民法第一一一五、一一一六條之一規定，分述如下：

1. 順　序

⑴直系血親卑親屬，配偶。

⑵直系血親尊親屬。

---

❶ 兄弟姊妹相互間應負扶養之義務，民法第一一一四條第三款固定有明文，而兄弟之妻與夫之姊妹相互間則除有家長家屬之關係外，不在同條所定應負扶養義務之列（二十九年上字第四三七號判例）。

❷ 與家長無親屬關係之家屬由家分離後，其家屬之身分既不存在，則其基於民法第一一一四條第四款請求家長扶養之權利，自亦隨之消滅（三十二年上字第一七二五號判例）。

⑶家長。

⑷兄弟姊妹。

⑸家屬。

⑹子婦、女婿。

⑺夫妻之父母。

2.順序之適用

⑴順序在前者，如無獨立扶養能力時，其不足部分，由順序在後者負擔之。若全部不能負擔時，則全部由順序在後者負擔之。

⑵同係直系尊親屬或卑親屬者，以親等近者為先。

⑶負扶養義務者有數人，而其親等同一時，應各依其經濟能力，分擔義務（民法第一一一五條第二項）。

㈡扶養權利人之順序

扶養權利人有數人，而義務人之經濟能力又無法負擔全部權利人之扶養時，究竟何人受扶養之順序優先，此即扶養權利人之順序問題。依民法第一一一六條、第一一一六條之一規定，分述如下：

1.順　序

⑴直系血親尊親屬，配偶。

⑵直系血親卑親屬。

⑶家屬。

⑷兄弟姊妹。

⑸家長。

⑹夫妻之父母。

⑺子婦、女婿。

2.順序之適用

⑴順序在前者，先於順序在後者。

⑵同係直系尊親屬或直系卑親屬者，以親等近者為先。

⑶受扶養權利者有數人，而其親等同一時，應按其需要之狀況，酌為

扶養。

五、扶養義務之發生

扶養義務之發生，須具備下列之要件：

㈠權利人有受扶養之必要

1.原則上受扶養權利人，以不能維持生活而無謀生能力者為限（民法第一一一七條第一項）。

2.例外則受扶養權利者，為直系血親尊親屬時，前項無謀生能力之限制不適用之（民法第一一一七條第二項）❸。

㈡義務人有扶養能力

1.因負擔扶養義務而不能維持自己生活者，原則上免除其義務（民法第一一八六條前段）。

2.例外則權利人為直系血親尊親屬或配偶時，只能減輕（民法第一一八六條但書）。

六、扶養之程度及方法

㈠程　度

應按受扶養權利者之需要，與負扶養義務者之經濟能力及身分定之（民法第一一一九條）。所謂受扶養權利者之需要，應包括食、衣、住、行、育、樂等一切必需費用。其以身分並列者，乃求雙方客觀的相對均衡的決定。

---

❸　民法第一一一七條第一項規定，受扶養權利者，以不能維持生活而無謀生能力者為限。而同條第二項僅規定，前項無謀生能力之限制，於直系血親尊親屬不適用之。是直系血親尊親屬，如能以自己財產維持生活者，自無受扶養之權利；易言之，直系血親尊親屬受扶養之權利，仍應受「不能維持生活」之限制（六十二年七月十六日民事庭決議）。

㈡方　法

應由當事人協議定之，不能協議時，由親屬會議定之（民法第一一二〇條）。

㈢程度及方法之變更

扶養之程度及方法，當事人得因情事之變更，請求變更之（民法第一一二一條）。

第五編　繼　承

第一章　遺產繼承人

一、繼承之意義

　　繼承乃被繼承人死亡，由繼承人（法律規定由其一定親屬之人）當然的、概括的承受其財產上一切權利義務之法律事實。現行繼承法繼承之標的，只限財產繼承，已廢除舊有之宗祧繼承制度（身分繼承），採男女平等制及財產均分制。繼承為取得財產之方法，取得之財產，謂之遺產，遺產應依法繳納遺產稅。

二、繼承之種類

　　繼承可分為單獨繼承與共同繼承；限定繼承、拋棄繼承、無人承認繼承與一般繼承。所謂單獨繼承指一繼承人繼承全部遺產，共同繼承指數繼承人共同繼承全部遺產。限定繼承乃繼承人限定以繼承所得之遺產，償還被繼承人之債務，繼承人如有數人，其中一人主張限定繼承時，其他繼承人視同為限定繼承。拋棄繼承乃繼承人於繼承開始後，拋棄其繼承權而不繼承。無人承認繼承指繼承開始後，繼承人有無不明之情形。若確有繼承人而不知其去向或確無繼承人均非此所稱無人承認繼承。一般繼承指前述一、繼承之意義，茲不贅言。

三、遺產繼承人之範圍及順序

　　民法第一一三八條：「遺產繼承人，除配偶外，依左列順序定之：一、直系血親卑親屬。二、父母。三、兄弟姊妹。四、祖父母。」民法第一一三九條：「前條所定第一順序之繼承人，以親等近者為先。」民法第一一四〇條：「第一千一百三十八條所定第一順序之繼承人，有於繼承開始前死亡或

喪失繼承權者，由其直系血親卑親屬代位繼承其應繼分。」故繼承人之範圍為配偶、直系血親卑親屬、父母、兄弟姊妹、祖父母。應注意者並非被繼承人之遺產均由上述親屬共同繼承，其間有優先順序，即先順序排除後順序之繼承人，直系血親卑親屬亦有不同之親等，親等近之子女排除親等遠之孫或曾孫。如被繼承人無上述親屬時，國庫以原始取得之方法，承受全部遺產。茲就繼承人之範圍、順序述之如下：

(一)直系血親卑親屬

直系血親卑親屬，為第一順序之繼承人，包括子女、孫子女、外孫子女，唯以親等近者為先（民法第一一三九條），例如子女先於孫子女為繼承人，如子輩都沒有，始由孫輩繼承，如數子輩中，有一人已死或喪失繼承權，則由該房之孫輩「代位繼承」，而與其他子輩一同繼承。如為非婚生子女則無繼承權，須經準正、認領或撫育事實，始有繼承權。女子不論是否出嫁，均有繼承權，以貫徹男女平等原則。養子女亦是直系血親卑親屬，與婚生子女之繼承權相同，並無差別（民法第一○七七條）❶。繼父繼母與繼子女之間，因為只是直系姻親關係，所以繼子女不得繼承繼父或繼母之財產。

(二)父　母

父母為第二順序之繼承人，須全無第一順序之繼承人或全部喪失繼承權時，始得繼承。父母無論是親生父母或養父母，均可繼承子女的財產，

❶　民國七十四年六月三日總統公布刪除民法第一一四二條：「養子女之繼承順序，與婚生子女同。」「養子女之應繼分，為婚生子女之二分之一。但養父母無直系血親卑親屬為繼承人時，其應繼分與婚生子女同。」刪除本條之立法理由在於舊親屬編規定養子女在身分上既與婚生子女同為一親等之直系血親卑親屬，自不發生繼承順序之疑問，且基於平等原則，在繼承法上其應繼分亦不應與婚生子女有所軒輊，況養子女一旦為人收養後，其與本生父母關係，已告停止，喪失其互相繼承之權利，若於養親間之繼承關係中，復遭不平等之待遇，顯失法律之公平，爰將本條予以刪除，使養子女之繼承順序及應繼分，均與婚生子女適用同一法則。

即令對已出嫁之女兒之財產，父母也可繼承。繼父母不能繼承繼子女之財產，因其間只有姻親關係。親生父母亦不能繼承已出養給他人之子女之財產，因為他人收養後，其與本生父母關係，已告停止，喪失相互繼承之權利。又父母之再婚對於子女之繼承權不發生影響。

(三)兄弟姊妹

兄弟姊妹為第三順序之繼承人，包括半血緣（同父異母、同母異父）之兄弟姊妹，因收養關係而成立之兄弟姊妹亦包括之。至於四親等之堂或表兄弟姊妹則不得繼承。應注意者是兄弟姊妹須至全無第一、二順序之繼承人或全部喪失繼承權時，始得繼承。

(四)祖父母

祖父母為第四順序繼承人，包括外祖父母及養父母之父母在內。

至於配偶有相互繼承遺產之權（民法第一一四四條），如其配偶尚有其他繼承人，得與之共同繼承，如無其他繼承人，則單獨繼承全部遺產。又繼承開始時，已離婚或婚姻撤銷而無配偶身分時，不能對其前夫或前妻再有繼承權。但若繼承後再婚，並不影響其原先之繼承。

【案例研析】

甲與乙結婚，生女 A、B 二人，收養一子 C，甲有與前妻所生子女 D，乙有與前夫所生女 E 已出嫁，甲之父母丙、丁均健在。一日，甲、乙開車外出發生車禍同時死亡，問甲與乙之財產由何人繼承？

擬答： ①甲之父母丙、丁雖為第二順序之繼承人，但甲、乙已有直系血親卑親屬（第一順序繼承人），故甲之父母丙、丁不能繼承其子女之財產。②甲與 E，乙與 D 之間如無收養關係僅為直系姻親關係，故無繼承權。③甲、乙與 C 有收養關係，C 之繼承權與婚生子女 A、B 相同。④E 即令已出嫁，不影響其繼承權。⑤故甲之財產由 A、B、C、D 繼承，乙之財產由 A、B、C、E 繼承，甲、乙之間雖為配偶，但同時死亡，不互相繼承。

四、代位繼承

(一)代位繼承之意義

代位繼承者乃被繼承人之直系血親卑親屬，於繼承開始前死亡或喪失繼承權者，由其直系血親卑親屬代位繼承其應繼分（民法第一一四〇條），例如甲有三子乙、丙、丁，乙先甲而死亡或有民法第一一四五條喪失繼承權之事由時，原本屬乙的應繼分因代位繼承權而由乙之子戊（即甲之孫輩）取得。

(二)代位繼承之要件

民法第一一四〇條：「第一千一百三十八條所定第一順序之繼承人，有於繼承開始前死亡或喪失繼承權者，由其直系血親卑親屬代位繼承其應繼分。」故代位繼承之發生必須具備下列三個要件：

1.被代位繼承人須於繼承開始前死亡或喪失繼承權

死亡包括自然死亡及死亡宣告，死亡必須在繼承開始或同時，若於繼承開始後死亡，則為再轉繼承，即由繼承人之繼承人繼承。喪失繼承權者，則指被代位繼承人有第一一四五條規定之事由，但不包括被代位繼承人之拋棄繼承。

2.代位繼承人及被代位繼承人均須為被繼承人之直系血親卑親屬

代位繼承僅於直系血親卑親屬間得以為之，配偶或其他順序之繼承人，並無代位繼承權❷。

3.須第一順序之繼承人仍有他人存在時

若繼承人僅有一人，而於繼承開始前死亡或喪失繼承權者，其直系血親卑親屬之繼承，為固有繼承，非代位繼承（民法第一一三九條）❸。

---

❷ 甲有子乙，乙與丙結婚，生子丁，乙比甲先死，甲之遺產由丁繼承，丁係代位繼承，丙不得代位繼承。

(三)代位繼承之效力

代位繼承人繼承被代位人之應繼分，而與其他繼承人共同繼承。代位繼承人有數人者，共同取得該應繼分❹。

五、應繼分

應繼分係指繼承人有二人以上時，各人應得遺產數量之比例。如繼承人僅一人時，遺產全由其獨得，不發生遺產應繼分問題。應繼分可分為法定應繼分、指定應繼分及代位應繼分。大陸地區人民繼承臺灣地區人民之遺產之相關規定，請參閱「臺灣地區與大陸地區人民關係條例」宜注意其特別規定之內容。

(一)法定應繼分

被繼承人並未以遺囑就遺產為分配時，法律即規定各繼承人得繼承遺產之比例。

1.同一順序繼承人之應繼分

民法第一一四一條：「同一順序之繼承人有數人時，按人數平均繼承。但法律另有規定者，不在此限。」所謂法律另有規定，即下述配偶之應繼分。養子女之應繼分依舊法第一一四二條規定為親生子女二分之一，但新法鑑於此規定違反平等原則，將其刪除，因此養子女之應繼分與婚生子女完全相同。

2.配偶之應繼分

---

❸ 甲有獨子乙，乙有子丙、丁二人，乙先甲而死，甲死亡，丙、丁二人取得繼承權是根據什麼？此時因乙係獨子，所以其死後，同輩即無一人，丙、丁二人取得的繼承權是因繼承第一順位而取得，並非因代位繼承權而取得。

❹ 甲與乙結婚生子丙、丁，丙有子戊、己，丙先甲而死，甲之遺產三百萬元，由乙、丁、戊、己繼承，戊、己係代位繼承，繼承被代位人丙之應繼分（即遺產之三分之一），故戊、己各繼承遺產五十萬元。

　　配偶之應繼分，依下列各款定之（民法第一一四四條），①與第一一三八條所定第一順序之繼承人同為繼承時，其應繼分與他繼承人平均❺。②與第一一三八條所定第二順序或第三順序之繼承人（即父母、兄弟姊妹）同為繼承時，其應繼分為遺產二分之一❻。③與第一一三八條所定第四順序之繼承人（內外祖父母），同為繼承人時，其應繼分為遺產三分之二❼。④無第一一三八條所定第一順序至第四順序之繼承人時，其應繼分為遺產之全部❽。

(二)指定應繼分

　　法定繼承人有二人以上時，被繼承人得以遺囑指定應繼分，而排除法定應繼分之適用。唯指定應繼分不得侵害其他繼承人之特留分，如有侵害時，被侵害之繼承人得行使扣減權。有關遺囑指定應繼分侵害特留分問題及何謂特留分，各繼承人之特留分有多少，於本編第三章第六節敘述。

【案例研析】

　　甲與後妻乙結婚，與前妻生三不肖子女丙、丁、戊，甲立遺囑將遺產一千八百萬元全給配偶乙。甲死後經查尚有六百萬元債務，三不肖子女主

---

❺　甲與乙結婚，生子女丙、丁二人，甲死亡其遺產有三百萬元，由乙、丙、丁三人繼承，其應繼分為遺產三分之一，即各取得一百萬元。

❻　甲與乙結婚，尚無子女（包括養子女）即告死亡，遺產有四百萬元，如甲之父母丙、丁健在，則由乙、丙、丁三人共同繼承，乙配偶之應繼分為遺產二分之一，即二百萬元，丙、丁各得遺產四分之一，即一百萬元。又如甲無父母而有兄弟姊妹 A、B、C、D 時，乙配偶之應繼分為遺產二分之一即二百萬元，A、B、C、D 各得遺產八分之一即五十萬元。

❼　甲與乙結婚，甲僅有祖父母丙、丁在，甲死亡留下六百萬元，由乙、丙、丁共同繼承，乙配偶之應繼分為遺產三分之二即四百萬元，丙、丁各得遺產六分之一即一百萬元。

❽　甲與乙結婚，甲無直系血親卑親屬、父母、兄弟姊妹、祖父母，甲死亡時之遺產一千萬元，均由乙繼承。

張繼母乙侵害其特留分，其主張是否有理？乙究得繼承多少遺產？

擬答：按甲之遺產清償債務後尚餘一千二百萬元，應由乙、丙、丁、戊四人共同繼承，其應繼分各為四分之一，丙、丁、戊之特留分（所謂特留分係繼承開始時，被繼承人不得以遺囑處分，而必須保留給繼承人之一部遺產）依民法第一二二三條第一款為應繼分之二分之一即一百五十萬元，故丙、丁、戊之特留分遭受侵害，而各得向乙請求返還一百五十萬元。乙實得七百五十萬元。

(三)代位應繼分

代位繼承人繼承被代位繼承人之應繼分，故代位繼承人有數人時，共同按人數平均繼承被代位人之應繼分。

六、繼承權

(一)繼承權之意義及性質

繼承權者乃得為他人之繼承人之權利。論其性質有三，①就繼承開始前繼承人之地位言，繼承權是得為繼承人之權利，為一種期待權。繼承開始以前之財產，屬於被繼承人所有，繼承人對之不能主張何種權利，亦不負財產上所生之義務。②繼承開始後繼承人之地位言，繼承權係因繼承而取得之權利，為繼承人之權利，其性質為既得權。③繼承權乃以繼承人之特定身分為前提之權利，不能與特定之身分分離獨立而取得財產，乃繼承權之結果，故繼承權為身分權非財產權。

(二)繼承權取得原因及要件

繼承權取得之原因有三，①由於婚姻關係者，如配偶。②由於血統關係者，如自然直系血親卑親屬、父母、祖父母。③由於收養關係，例如養子女與養父母間。至於被繼承人之意思者，如指定繼承人，本質上係遺囑

收養，指定繼承人即遺囑養子女，民法已刪除第一一四三條指定繼承之規定，故現行法不存有因被繼承人指定而取得繼承權。

繼承權取得之要件有三，①須被繼承人死亡（包括自然死亡與死亡宣告）。②須與被繼承人具有一定之身分關係。③須繼承人於繼承時生存（即同時存在原則），若被繼承人與繼承人同時死亡，互不繼承。胎兒以將來非死產者為限，關於個人利益之保護，視為既已出生（民法第七條），故胎兒亦為繼承人，非保留其應繼分，其他繼承人不得分割遺產（民法第一一六六條）。

㈢繼承權喪失原因及效力

繼承權喪失，乃有繼承權之人因法定事由而當然喪失其繼承人之地位。其原因，依民法第一一四五條第一項之規定如下：

1.故意致被繼承人或應繼承人於死或雖未致死因而受刑之宣告者❾。

2.以詐欺或脅迫使被繼承人為關於繼承之遺囑，或使其撤回或變更之者❿。

3.以詐欺或脅迫妨害被繼承人為關於繼承之遺囑，或妨害其撤回或變更之者⓫。

4.偽造、變造、隱匿或湮滅被繼承人關於繼承之遺囑者⓬。

5.對於被繼承人有重大之虐待或侮辱情事，經被繼承人表示其不得繼

---

❾ 例如甲有二子乙、丙，乙圖謀不軌，獲得遺產，乃加害於甲或丙致死，此時乙之繼承權亦當然喪失。或者甲或丙雖未致死，但乙因殺人未遂而被判刑，亦同。乙之繼承權不因甲之宥恕而回復。

❿ 例如甲有二子乙、丙，乙強迫甲立遺囑，將大部分的遺產指名留給乙，或者用詐騙方法，讓甲誤信而排斥丙，撤回已立遺囑或變更之。乙之繼承權喪失，但經甲之宥恕而回復。

⓫ 例如甲有二子乙、丙，乙知甲將立遺囑遺贈大批財產給他人，乃用暴力不許甲立遺囑。乙之繼承權喪失，但經甲之宥恕而回復。

⓬ 例如甲有二子乙、丙，乙偽造一份對自己有利之遺囑，或將真正的遺囑加以塗改、藏匿、燒燬等行為。乙之繼承權喪失，但經甲之宥恕而回復。

承者❸。

有上開五種情形之一者，則繼承權喪失，唯第二至四種情形，如經被繼承人宥恕者，其繼承權不喪失（民法第一一四五條第二項），又第五種情形之情節相較前四種輕微，故依當然解釋，被繼承人雖表示剝奪繼承權，但仍得宥恕而恢復繼承權。第一種情形情節極為嚴重，事由一旦發生，立即剝奪繼承人之繼承權，不因被繼承人事後的宥恕而回復其繼承權，係絕對喪失繼承權原因。

繼承權喪失之效力，民法無明文規定，依法理分下列四點敘述之：

1.對於繼承人身分上之效力

依民法第一一四五條之規定，喪失繼承權，即喪失其為繼承人之地位。

2.對於繼承人財產上之效力

其因繼承取得之遺產連同孳息，應行返還，將其歸屬於其他同為繼承之人或其他同一順序之繼承人或代位繼承人。

3.對於第三人之效力

為保護善意第三人，應解為不得以其無效對抗善意第三人。但若就繼承無效，當然無效之效果，則又應認為不問第三人是否善意，概歸無效。

4.對其子女之效力

繼承權喪失之效力僅限於失權人之一身，對於其直系血親卑親屬不生影響，反而因繼承人繼承權之喪失，而得代位繼承或以第一順位之固有地位繼承❹。

㈣繼承權回復

1.繼承回復請求權之意義

---

❸　例如甲有二子乙、丙，乙虐待甲，經甲於遺囑中或向他人表示不許乙繼承其遺產時，乙喪失繼承權，但經甲宥恕而回復繼承權。唯所謂虐待之程度須依客觀標準判斷之。

❹　甲有子乙、丙，乙虐待甲，甲明白表示不許乙繼承其遺產，但乙有子丁，即甲之孫，此時乙雖喪失繼承權，但丁可代位繼承甲之遺產。

　　繼承回復請求權，乃繼承權被他人侵害時，被害人（即真正繼承人）
或其法定代理人得請求回復之權利（民法第一一四六條第一項）。所謂繼承
權被侵害，乃指應繼承而未繼承或他人冒混為繼承人致應繼分減少。繼承
回復請求權之性質，具有人的請求權及物的請求權之混合性質，即對於相
對人請求確認其繼承資格，為人的請求權；對於相對人請求回復其繼承標
的，為物的請求權。

2.繼承回復請求權之行使

　　繼承權被侵害者，被害人或其法定代理人得請求回復之，唯此請求權，
如自知悉被侵害之時起，二年間不行使而消滅。自繼承開始時起逾十年者，
亦同。例如未結婚之未成年人之繼承權被侵害，為其法定代理人所知悉者，
繼承回復請求權之二年消滅時效，應自法定代理人知悉時進行❶。

---

❶　甲男與乙女同居生一子丙，甲曾以文書認領丙為親生子，但甲之家人不知此事，
　　嗣甲死，因甲無其他親屬，其財產為其兄丁繼承，①丙長大後，依甲作成之文書
　　向丁請求返還甲之遺產，丁得以甲死去已超過十年抗辯，拒絕返還。如丁不抗辯
　　而返還遺產，日後不得以不知時效之抗辯為由，主張丙不當得利，對丙請求返還
　　該標的物。②如甲死去三年後方為乙女所知，因丙尚未成年，所以乙以丙之法定
　　代理人身分，要求丁返還甲之遺產，但如乙女知悉後二年內不行使請求權，該請
　　求權即消滅。

第二章　遺產之繼承

第一節　效　力

一、繼承之開始及標的

　　民法第一一四七條：「繼承，因被繼承人死亡而開始。」故繼承自被繼承人死亡時開始，無須經繼承人之意思表示或請求，即發生當然的繼承。

　　民法第一一四八條：「繼承人自繼承開始時，除本法另有規定外，承受被繼承人財產上之一切權利義務。但權利義務專屬於被繼承人本身者，不在此限。」故可知被繼承人之權利義務，可分為得為繼承之標的與不得為繼承之標的，民法就此採概括規定。前者重要種類如：①非一身專屬之權利：物權、無體財產權（如專利權、商標權）、債權等。②非一身專屬之債務：不問私法上（銀行貸款）或公法上（稅捐、罰鍰），也不問其為作為或不作為債務均為繼承之標的，除非繼承人拋棄繼承或限定繼承，即使繼承財產不足繼承債務，繼承人因繼承債務而負無限責任。後者重要種類如：①一身專屬之權利：夫權、親權、扶養請求權、慰撫金、因特別信任關係為前提之權利。②一身專屬之債務：債務之履行與被繼承人之身分或人格相結合，如歌星之唱歌、信用保證、身分保證、扶養義務等。

二、遺產之酌給

　　民法第一一四九條：「被繼承人生前，繼續扶養之人，應由親屬會議，依其所受扶養之程度，及其他關係，酌給遺產。」以免其因被繼承人死亡而陷於困境。唯受酌給權人須具備如下之要件：

1.須被繼承人生前繼續扶養之人

所謂生前繼續扶養之人，不限法定扶養權利人，以實際受扶養之人即已足，例如妾、非婚生子女。

2.須受酌給權人不能維持生活而無謀生能力

所謂不能維持生活，即無資力足以維持生活，如從被繼承人受有相當遺贈，不得再解釋為不能維持生活。又無謀生能力係指因疾病、年老、殘廢而不能憑自己勞力維持生活。

三、繼承費用之支付

民法第一一五〇條：「關於遺產管理、分割及執行遺囑之費用，由遺產中支付之。但因繼承人之過失而支付者，不在此限。」故遺產管理、分割及執行遺囑之費用，由遺產中支付，此種費用因與繼承人及其他債權人之共同利益有關。但繼承人怠於注意致支付非必要費用時，由該繼承人個人財產支付。

四、共同繼承之意義及效力

共同繼承者，乃繼承人有數人時，共同繼承被繼承人之遺產。

共同繼承因繼承人為多數，故產生如下之效力：

㈠遺產之公同共有

民法第一一五一條：「繼承人有數人時，在分割遺產前，各繼承人對於遺產全部為公同共有。」公同共有之性質有別於分別共有，故遺產分割前，由共有人共同管理為原則（民法第八二七條），但顧及我國現實生活需要，得由繼承人互推一人管理（民法第一一五二條），各繼承人非經全體繼承人同意不得自由處分其應繼分或單獨處分遺產，遺產之收益，應屬於共同繼承人全體。

㈡債務之連帶責任

民法第一一五三條第一項：「繼承人對於被繼承人之債務，負連帶責任。」為保護被繼承人之債權人，且共同繼承為公同共有關係，關於繼承債務對外不採分割主義，而採連帶主義。債權人可依民法第二七三至二七九條規定向共同繼承人任何一人請求全部債務之清償。至於債務繼承之內部關係，除另有約定外，按其應繼分之比例負擔（民法第一一五三條第二項）❶。

第二節　限定繼承

一、限定繼承之意義、立法理由及期限

限定繼承係繼承人限定以因繼承所得之遺產，償還被繼承人之債務（民法第一一五四條第一項）。其立法理由，在使繼承人不因當然繼承，而負被繼承人無限的債務，但被繼承人之財產，於清償債務後仍有剩餘時，可繼承該財產。因此限定繼承對繼承人相當有利。

繼承人是否為限定繼承，影響被繼承人之債權人利益甚大，故民法對限定繼承之期限規定有二：①民法第一一五六條規定：「為限定之繼承者，應於繼承開始時起，三個月內，開具遺產清冊呈報法院。」「前項三個月期限，法院因繼承人之聲請，認為必要時，得延展之。」②民法第一一七六條第七項：「因他人拋棄繼承而應為繼承之人，為限定繼承或拋棄繼承時，應於知悉其得繼承之日起二個月內為之。」故其期間與起算點均與前者不同。

二、限定繼承之方式

限定繼承對於被繼承人之債權人之利益影響甚大，故法律要求嚴格之

---

❶ 甲有三子 A、B、C，甲生前欠乙三百萬元，而乙又欠 A 三百萬元，因民法第一一四八、一一五三條規定 A、B、C 三人對於甲欠乙之三百萬元債務有連帶責任，故雙方之債務如符合民法第三三四條以下抵銷之規定時，乙得主張抵銷。因抵銷結果 B、C 之繼承債務即清償，A 得向 B、C 求償。

要式行為如下：

1.開具遺產清冊

即為繼承財產之目錄，繼承人不得為虛偽的記載，期使法院及債權人明瞭遺產情形而加以監督，如有虛偽，將喪失限定繼承利益。

2.呈報法院

繼承人為限定繼承，須將其意思表示呈報法院，如形式要件有欠缺，法院可令其補正，但不得拒絕受理。

三、限定繼承之效力

限定繼承因法院受理而生限定承認之效力如下：

1.繼承人負有限責任

限定繼承人唯以因繼承所得之遺產，償還被繼承人之債務，即限定繼承人對於被繼承人之債務僅負有限責任。縱以因繼承所得之遺產償還被繼承人之債務，尚有不足，繼承人亦不負責任。債權人亦不得就繼承人之固有財產為清償債務之請求。

2.遺產與繼承人固有財產分離

為限定之繼承者，其對於被繼承人之權利義務，不因繼承而消滅（民法第一一五四條第三項）。此為權利義務因混同而消滅之例外（民法第三四四條）。故繼承人對於被繼承人享有權利者，得請求清償，對於被繼承人負擔義務者，仍應履行。如遺產有剩餘仍歸繼承人享有。

3.繼承人有數人，其中一人主張限定繼承時，其他繼承人視為同為限定之繼承（民法第一一五四條第二項）。

四、遺產之清算

㈠對被繼承人的債權人及受遺贈人公示催告

限定繼承人依民法第一一五六條規定呈報法院時，法院應依公示催告程序公告,命被繼承人之債權人與受遺贈人報明債權（民法第一一五七條）。

繼承人於公示催告期限內，不得對被繼承人之任何債權人償還債務（民法第一一五八條）。

(二)依法定順序清償債務

申報債權期間一屆滿，繼承人應就繼承債務，依下列順序清償，如同一順序，依債權比例清償。

1.有優先權之債權

債權人在遺產上有抵押權、動產質權、權利質權之債權時，優先於普通債權受清償（民法第一一五九條但書）。有優先權的債權未能從擔保標的物受完全清償時，其不足額尚得加入普通債權，按比例受清償。

2.普通債權

在期限內申報之普通債權或未申報之債權但為繼承人所知悉之普通債權，各按其債權額之比例受清償。

3.遺贈之交付

清償前二項債權後，如有剩餘始輪到清償遺贈（民法第一一六〇條）。

4.未報明並為繼承人所不知悉之債權

此債權僅得就剩餘財產行使權利，如無剩餘財產時，繼承人不必負償還之責任。

(三)限定繼承人之賠償責任及受害人之返還請求權

繼承人違反第一一五七至一一六〇條之規定，致被繼承人之債權人受有損害者，應負賠償責任。前項受有損害之人，對於不當受領之債權人或受遺贈人，得請求返還其不當受領之數額（民法第一一六一條）❶。

---

❶　陳某死去，其子發現父親債務比遺產為多，乃採限定繼承方式，開具遺產清冊並附具公示催告聲請狀，於三個月期限內向父親住所地地方法院陳述限定承認之意思，法院乃在公告處貼出公告並在當地登報稱：凡陳某之債權人，不論清償期是否到期，在六個月內向法院報明。期限屆滿共有甲、乙、丙、丁、戊五個債權，分別是甲二十萬、乙五十萬、丙十萬、丁十五萬、戊五萬，共計一百萬元。①陳

五、限定繼承利益之喪失

　　限定繼承制度原為繼承人之利益而設，倘繼承人藉此而不法圖害債權人，則法律剝奪其限定繼承之利益，依民法第一一六三條：「繼承人中有左列各款情事之一者，不得主張第一千一百五十四條所定之利益：一、隱匿遺產。二、在遺產清冊為虛偽之記載。三、意圖詐害被繼承人之債權人之權利而為遺產之處分。」

【案例研析】

　　甲有子女乙、丙、丁、戊四人，乙、丙知甲生前負債甚多，乃於甲死去一個月後，依法向法院呈報遺產清冊表示限定繼承，丁於四個月後始知甲死亡，亦向法院表示限定繼承，戊則與丙共同隱匿甲遺留下來之古玩及金錶手飾，問何人可享有限定繼承之利益，何人不得享有？

擬答：依民法第一一三八條、第一一五四條第一項、第一一五六條規定，乙、丙已於繼承開始（即甲死亡時）三個月內，開具遺產清冊，呈報法院，

某遺產僅有五十萬元，此時按比例清償，即甲得十萬、乙得二十五萬、丙得五萬、丁得七萬五、戊得二萬五。②如甲之二十萬元具有優先權之債權時，甲之債權在陳某之古董十萬元設定動產質權，甲即可就此十萬元優先受償，剩下十萬元債權，與乙、丙、丁、戊共同就剩餘四十萬元遺產比例受償。③如陳某於遺囑中表示遺贈三十萬元給某慈善機關，在債務未清償前，其子不可將三十萬元交給慈善機關，清償債務後，並無剩餘遺產，故該慈善機關無法獲得三十萬元。但如其子違反規定將三十萬元先交給慈善機關而侵害甲等五人債權時，該債權人可請求其子賠償損害或直接向該慈善機關請求返還。④如其子先清償甲債權二十萬元，然事實上，按①之情形甲只能得十萬元，其多得十萬元，其他債權人可要求甲按比例返還。⑤如 A 亦為陳某之債權人，但未在六個月內向法院報明債權且陳某之子亦不知悉其為債權人時，因已無剩餘遺產，故 A 無所得，亦不得向陳子請求清償。但如 A 之債權十八萬元在陳某留下之不動產有抵押權時，即使 A 未報明債權，仍得就抵押權範圍之內之債權金額十八萬元，請求陳子賠償或直接向其他債權人請求按比例返還十八萬元（假設其他債權人均無優先權之債權）。

合法表示限定繼承，而丁係繼承開始四個月後始向法院表示限定繼承，已逾限定繼承期間，戊未為限定繼承表示，本不得享有限定利益，唯為避免繼承方式之不同造成處理困難，故民法第一一五四條第二項規定：「繼承人有數人，其中一人主張為前項限定之繼承時，其他繼承人視為同為限定之繼承。」故乙、丙既為合法限定繼承表示，丁、戊仍同享有限定繼承之利益。但戊與丙共同隱匿遺產古玩及金錶手飾，依民法第一一六三條第一款之規定：隱匿遺產不得享有限定繼承之利益。故丙、戊不得對甲之債權人主張限定繼承，但並不影響乙、丁限定繼承之利益。

第三節　遺產之分割

一、遺產分割之意義

遺產分割者，乃數繼承人共同繼承遺產，自始成為公同共有關係，共同繼承人以消滅遺產之公同共有關係為目的之行為。

二、遺產分割之自由與限制

繼承人除法律另有規定，或契約另有訂定者外，原則上得隨時請求分割遺產（民法第一一六四條），此即學者所稱「分割之自由」。其原因在於遺產處於公同共有狀態，不僅不利於遺產之利用，且妨害其流通，殊非共同繼承人與社會所樂見，故規定遺產分割自由原則。

民法雖允許共同繼承人隨時請求分割遺產，但法律另有規定或契約另有訂定時，則受限制，其情形如下：

1.法律另有規定

民法第一一六五條第二項：「遺囑禁止遺產之分割者，其禁止之效力以十年為限。」於是在十年之內，即不得請求分割。又如民法第一一六六條：「胎兒為繼承人時，非保留其應繼分，他繼承人不得分割遺產。」「胎兒關於遺產之分割，以其母為代理人。」如未保留胎兒之應繼分，其分割無效，

胎兒為死產時，他繼承人得將保留胎兒之應繼分分割。

2.契約另有訂定

共同繼承人欲維持公同共有關係時，得以契約限制分割之請求。不分割契約之期限，法無明文，有謂依民法第一一六五條第二項精神，宜限於十年，有謂準用民法第八二三條第二項，依契約所定不分割之期限，不得逾五年。逾五年者，縮短為五年（民法第八三〇條第二項）。

三、遺產分割之方法

㈠遺囑分割

遺產為被繼承人之遺物，其分割方法，自應尊重被繼承人之意思。故民法第一一六五條第一項：「被繼承人之遺囑，定有分割遺產之方法，或託他人代定者，從其所定。」故繼承人有遵照遺囑或受託人指定之分割方法之義務。但被繼承人所定分割方法，違反特留分之規定者，其違反部分，亦屬無效。如遺囑所託之人拒絕指定者，則應由繼承人協議分割。

㈡協議分割

關於遺產分割之方法，被繼承人無遺囑或並未表示分割方法或未指定第三人分割或雖委託第三人指定分割，但第三人未為指定時，各共同繼承人得以協議自由訂之（民法第八三〇條第二項）。

㈢裁判分割

各共同繼承人不能以協議決定時，各共同繼承人得聲請法院，代為決定其分割方法（民法第八二四條第二、三項）。

四、遺產分割之實行

遺產分割之實行，首先應確定遺產總額，再依前述分割方法分配之。遺產分割之實行分為扣還與歸扣，而異其規定：

(一)扣 還

繼承人中如對於被繼承人負有債務者，於遺產分割時，應按其債務數額，由該繼承人之應繼分內扣還（民法第一一七二條）。民法為期遺產分割之公平，而設此規定❶。

(二)歸 扣

繼承中有在繼承開始前，因結婚、分居或營業，已從被繼承人受有財產之贈與者，應將該贈與價額加入繼承開始時被繼承人所有之財產中，為應繼遺產（民法第一一七三條第一項），但被繼承人於贈與時有反對之意思表示時，不在此限，此為遺產歸扣之意義（同條項但書）。應歸扣之標的限於因結婚、分居或營業所受之特種贈與，故其他目的之贈與（如教育），則不為歸扣之標的，遺贈、贈與標的之孳息、收益亦不得歸扣。歸扣之義務人包括單純或限定承認之繼承人、代位繼承人及被代位人，但不包括繼承拋棄之人，因其自始不為繼承人。

歸扣之方法：①首先就繼承開始之時被繼承人所有財產之價額予以確定。②次就確定各繼承人從被繼承人所受特種贈與額（其贈與額，依贈與時之價值計算，民法第一一七三條第三項），加入被繼承人之財產額，然後以此兩者為被繼承人之應繼承之總遺產。③再依民法第一一四一、一一四四條算定各繼承人之應繼分。④由此算出之應繼分中扣除從被繼承人所受之贈與額，而其剩餘額方為繼承人之應得財產。⑤歸扣結果，贈與額與受贈人之應繼分之數額相等或超過應繼分之價額時，該人不得再受分配，但也不必返還超出之價額❷。

---

❶ 甲有妻乙子丙、丁，甲之遺產有一百四十萬元，甲對丙有債權四十萬元，甲之遺產總額共計一百八十萬元，由乙、丙、丁共同繼承，每人各得六十萬元（民法第一一四四條第一款），乙與丁實得六十萬元，丙因扣還四十萬元，實際得二十萬元。

❷ ①甲有子乙、丙，遺產二百萬元，甲生前因乙結婚贈與八十萬元之嫁妝，則應繼

五、遺產分割之效力

遺產分割之效力，分各繼承人間之效力及對於債權人之效力，其情形如下：

㈠各繼承人間之效力

民法為求分割之公平及貫徹法定應繼分之規定，仍令繼承人間，負各種擔保責任：

1.對於遺產之擔保責任

民法第一一六八條：「遺產分割後，各繼承人按其所得部分，對於他繼承人因分割而得之遺產，負與出賣人同一之擔保責任。」所謂與出賣人負同一之擔保責任，即指權利欠缺之擔保責任（民法第三四九條）與物之瑕疵擔保責任（民法第三五四條）。至其擔保方法，不外請求賠償損害，如分割顯然不公平時，尚得依解除契約之法理，請求重新分割❸。

2.對於債務人資力之擔保責任

民法第一一六九條：「遺產分割後，各繼承人按其所得部分，對於他繼承人因分割而得之債權，就遺產分割時債務人之支付能力，負擔保之責。」「前項債權，附有停止條件或未屆清償期者，各繼承人就應清償時債務人之支付能力，負擔保之責。」此項擔保在性質上為法定保證責任。

之總遺產為二百八十萬元，乙、丙各得一百四十萬元，唯乙須扣除八十萬元，故只得六十萬元，丙得一百四十萬元。②A有子B、C，A留有遺產二百萬元，如B結婚受贈二百二十萬元，則應繼之總遺產為四百二十萬元，B、C各得二百十萬元，因贈與額超過應繼分，B不受遺產之分配，亦不必返還超過之數額十萬元，故C獨得遺產二百萬元。

❸ 甲有子乙、丙、丁三人，甲遺產有土地三筆、汽車一部、存款六十萬元，乙、丙、丁三人協議分割，乙、丙各得土地一筆及存款三十萬元，丁得土地一筆及汽車，其後發現丁得之土地係甲生前受友人A信託管理之土地，汽車係友人B所有借予甲使用，此時丁所得土地及汽車存有權利上之瑕疵，均得向乙、丙請求賠償損害，甚或請求重新分割。

3.各繼承人有不能償還部分之分擔

民法第一一七○條:「依前二條規定負擔保責任之繼承人中，有無支付能力不能償還其分擔額者，其不能償還之部分，由有請求權之繼承人與他繼承人，按其所得部分，比例分擔之。但其不能償還，係由有請求權人之過失所致者，不得對於他繼承人，請求分擔。」❹

㈡對於債權人之效力

繼承人對於被繼承人之債務，負連帶責任(民法第一一五三條第一項)，但有下列情形者，即可免除連帶責任:

1.債權人之同意

遺產分割後，其未清償之被繼承人之債務，移歸一定之人承受，或劃歸各繼承人分擔，經債權人同意者，各繼承人免除連帶責任（民法第一一七一條第一項）。

2.期間之經過

繼承人之連帶責任，自遺產分割時起，如債權清償期在遺產分割後者，自清償期屆滿時起，經過五年而消滅（民法第一一七一條第二項）。

第四節　繼承之拋棄

一、繼承權拋棄之意義及立法意旨

繼承權之拋棄係繼承人於繼承開始後，繼承人消滅繼承效力之單獨行

---

❹　甲有乙、丙、丁三子，遺產有六百萬元及對 A 債權二百萬元，在遺產分割時 A 之支付能力是一百五十萬元，故遺產總額為七百五十萬元，乙、丙、丁各得二百五十萬元，但乙取得對 A 之債權及現金一百萬元，未料 A 於清償期屆至時，無力清償，丙、丁應於一百五十萬元範圍內與乙共同分擔此損失，各出五十萬元補償乙。乙、丙、丁各得二百萬元方屬公平。如丁無法負擔五十萬元，此一百五十萬元由乙、丙共同分擔此損失，丙須補償乙七十五萬元。但如係乙不願向丁取得五十萬元損失，則丙只須補償乙五十萬元。

為，亦即回復其不為繼承標的財產主體之狀態之意思表示。繼承權拋棄之意思一經向法院表示，不待法院之同意，即發生繼承權拋棄之效力。繼承之拋棄，不許一部為之，亦不得附條件，亦不得於繼承開始前預為繼承權之拋棄，否則不生拋棄效力。繼承權允許拋棄之立法意旨在使繼承人於所繼承之財產少於債務時，得以免除因繼承而負債之情形。

二、繼承權拋棄之期間及方式

繼承人拋棄其繼承權，應於知悉其得為繼承之時起二個月內以書面向法院為之。並以書面通知因其拋棄而應為繼承之人。但不能通知者，不在此限（民法第一一七四條第二項、第一一七六條第七項）。因繼承權之拋棄影響當事人、其他繼承人及債權人之權益甚大，故民法特規定須於其知悉得為繼承之時起二個月內期間以書面向法院為之之要式行為，以防弊端之發生及增強公示性。例如甲死亡後其子乙於一個月內以書面向法院為拋棄繼承之表示，並通知乙之兄妹丙丁二人，丙則以電話通知丁為拋棄繼承之表示，丁未為繼承與否之表示時，僅乙符合民法第一一七四條第二項之法定程序，可合法拋棄繼承。而丙未向法院以書面表示拋棄繼承，不發生拋棄之效力。丁未為繼承與否之主張，因我民法採當然繼承主義，且丁未為拋棄繼承之要式行為，故丁不喪失繼承權。所以甲之遺產應由丙丁二人共同繼承。

三、繼承權拋棄之效力

㈠溯及效力

繼承之拋棄，溯及於繼承開始時發生效力（民法第一一七五條）。

㈡對拋棄人之效力

拋棄繼承權者自始未取得繼承人地位，與繼承不發生關係。關於遺產所生一切孳息、管理遺產所生費用及因遺產所生之債務，拋棄繼承者皆不

負擔。但為維護他繼承人及債權人之利益，應就其所管理之遺產，於其他繼承人或遺產管理人開始管理前，與處理自己事務為同一之注意，繼續管理之（民法第一一七六條之一）。

(三)對其他繼承人之效力

①第一一三八條所定第一順序之繼承人中有拋棄繼承權者，其應繼分歸屬於其他同為繼承之人❶。②第二順序至第四順序之繼承人中，有拋棄繼承權者，其應繼分歸屬於其他同一順序之繼承人❷。③與配偶同為繼承之同一順序繼承人均拋棄繼承權，而無後順序之繼承人時，其應繼分歸屬於配偶❸。④配偶拋棄繼承權者，其應繼分歸屬於與其同為繼承之人❹。⑤第一順序之繼承人，其親等近者均拋棄繼承權時，由次親等之直系血親卑親屬繼承❺。⑥先順序繼承人均拋棄其繼承權時，由次順序之繼承人繼承❻。其次順序繼承人有無不明或第四順序之繼承人均拋棄其繼承權者，準用關於無人承認繼承之規定。⑦因他人拋棄繼承而應為繼承之人，為限定繼承或拋棄繼承時，應於知悉其得繼承之日起二個月內為之。

(四)對債權人之效力

---

❶ 甲有妻乙，子丙及已出嫁丁女，甲遺產六百萬元，丁拋棄繼承時，其應繼分二百萬元，歸屬於乙、丙二人。如甲另對 A 負債九百萬元，僅丁拋棄繼承，此時乙、丙不得享有拋棄繼承之利益，其結果甲留下負債三百萬元，由乙、丙連帶負責。

❷ 甲有妻乙及父母丙、丁，甲遺產四百萬元，父丙拋棄繼承，其應繼分一百萬元歸屬於母丁。

❸ 甲有妻乙、父母丙、丁，無直系血親卑親屬、兄弟姊妹及祖父母時，甲遺產四百萬元，父母丙、丁均拋棄繼承，丙、丁應繼分各一百萬元均歸屬於乙。

❹ 同❷❸，如係乙拋棄繼承時，乙之應繼分二百萬元歸屬於丙、丁共同繼承。

❺ 甲有妻乙，子丙、丁，丙有子戊，甲遺產六百萬元，丙、丁（一親等直系血親卑親屬）均拋棄繼承，其應繼分各二百萬元均由戊繼承（二親等直系血親卑親屬）。

❻ 甲有妻乙，子丙、丁，母戊，兄己、弟庚、姊辛三人，甲遺產六百萬元，丙、丁拋棄繼承，其應繼分各二百萬元由第二順序之戊繼承，如戊亦拋棄繼承，其應繼分四百萬元，由第三順序己、庚、辛三人繼承。

拋棄繼承權者，既未取得被繼承人之權利，又不負擔被繼承人之債務，其固有財產應與遺產絕對分離，不發生混同情形，故被繼承人之債權人不得對其固有財產請求清償❼。

第五節 無人承認之繼承

一、無人承認繼承之意義

無人承認繼承係繼承開始時，無繼承人出面承認繼承，而繼承人有無不明之情形。所謂有無不明指有無繼承人，尚不確定而言。如有繼承人而其住所不明，或有繼承人而未表示是否繼承，甚至全部繼承人均拋棄繼承時，均不得稱為無人承認繼承。

二、遺產之管理及清算

無人承認的繼承狀態，須有專人管理遺產，並對被繼承人之債權人與債務人為清算程序。

㈠遺產管理人之選任

繼承開始時，繼承人之有無不明者，由親屬會議於一個月內選定遺產管理人，並將繼承開始及選定管理人之事由，向法院報明（民法第一一七七條）。無親屬會議或親屬會議未於前條所定期限內選定遺產管理人者，利害關係人或檢察官，得聲請法院選任遺產管理人，並由法院定六個月以上之期限，公告繼承人，命其於期限內承認繼承（民法第一一七八條）。

㈡繼承人之搜索

親屬會議依民法第一一七七條規定為報明後，法院應依公示催告程序，定六個月以上期限，公告繼承人，命其於期限內承認繼承，此即為繼承人

---

❼ 同❶後段例子，A 不得要求丁與乙、丙連帶負責三百萬元債務。

之搜索（民法第一一七八條第一項）。

(三)保存遺產之必要處置

繼承開始時繼承人之有無不明者，在遺產管理人選定前，法院得因利害關係人或檢察官之聲請，為保存遺產之必要處置（民法第一一七八條之一）。

(四)遺產管理人之義務與權利

1.遺產管理人清算義務

①編製遺產清冊：遺產管理人應於就職後三個月內編製。②為保存遺產必要之處置。③聲請法院依公示催告程序，限定一年以上之期間，公告被繼承人之債權人及受遺贈人，命其於該期間內報明債權，及為願受遺贈與否之聲明，被繼承人之債權人及受遺贈人為管理人所已知者，應分別通知之。④清償債權或交付遺贈物：債權之清償，應先於遺贈物之交付，為清償債權或交付遺贈物之必要，管理人經親屬會議之同意得變賣遺產。遺產管理人非於公示催告期限屆滿後，不得對被繼承人之任何債權人或受遺贈人，償還債務或交付遺贈物。被繼承人之債權人或受遺贈人，不於公示催告期限內為報明或聲明者，僅得就剩餘遺產，行使其權利。⑤有繼承人承認或遺產歸國庫時，應為遺產之移交。⑥遺產管理人，因親屬會議、被繼承人之債權人或受遺贈人之請求，應報告或說明遺產之狀況（民法第一一七九至一一八二條）。

2.遺產管理人權利

遺產管理人，得請求報酬，其數額由親屬會議按其勞力及其與被繼承人之關係酌定之（民法第一一八三條）。

三、剩餘遺產之歸屬

(一)有繼承人承認繼承時

在法院公示催告所定期限內，有繼承人承認繼承時，遺產自應歸屬於繼承人，遺產管理人在繼承人承認繼承前所為之職務上行為視為繼承人之代理（民法第一一八四條），其效力直接及於繼承人。

㈡無繼承人承認繼承時

法院公示催告所定之期限屆滿，無人承認繼承時，其遺產於清償債權，並交付遺贈物後，如有剩餘，歸屬於國庫（民法第一一八五條）。日後即使被繼承人之債權人出現，不得再請求國庫償還。

第三章　遺　囑

第一節　通　則

一、遺囑之意義

　　遺囑係遺囑人為處置其死後之遺產或其他事務為目的，依法定方式作成而於死亡後發生效力之無相對人之單獨行為。立遺囑主要在於使人得在生前就死後之事項預作安排，以了心願並防止子女之爭執。遺囑之內容包括遺產之處分、分配、分割方法、禁止分割、遺囑執行人之指定、監護人之指定、遺贈……等等。遺囑係法律行為之一種，故其內容自不得違背法律之強制及禁止規定，不得違背公序良俗，例如民法第一一八七條：「遺囑人於不違反關於特留分規定之範圍內，得以遺囑自由處分遺產。」是。例如甲留下五百萬元，有配偶乙，子女丙丁戊己，按照應繼分，每人得一百萬，但如甲特別偏愛次子丁，於遺囑中將全部遺產指定留給丁，則乙丙戊己四人之特留分遭受侵害（參閱第六節）。

二、遺囑能力

　　立遺囑為遺囑人之身分行為，不同於財產法上的行為能力而有其特別能力：

　　1.無行為能力人不得立遺囑（民法第一一八六條第一項）。

　　2.未滿十六歲的未成年人不得立遺囑（同條第二項）。反之，滿十六歲之未成年人得自為遺囑，無須得法定代理人之允許。

　　3.決定遺囑能力之時期：決定遺囑能力之有無，以立遺囑時為標準，

即立遺囑時有遺囑能力，嗣後喪失遺囑能力，不影響遺囑將來之發生效力；反之，於立遺囑時無遺囑能力，縱令嗣後回復其能力，亦不因其事後承認而使遺囑向將來發生效力。

第二節　遺囑之方式

法律為保障遺囑人之真意，並防止他人的偽造或變造，遺囑要求嚴格的方式，如違背該方式，則該遺囑自始無效（民法第七三條）。其方式依民法第一一八九條規定有五：

一、自書遺囑

自書遺囑應由遺囑人自書遺囑全文，記明年、月、日，並親自簽名，如有增減、塗改，應註明增減、塗改的處所及字數，另行簽名（民法第一一九〇條）。其特點在遺囑人必須親自書寫，不得用打字機、電腦等文書處理機方式為之，簽名亦不得以印章、指印、畫押方式代替，如有違反，該遺囑無效。

二、公證遺囑

公證遺囑，應指定二人以上之見證人，在公證人前口述遺囑意旨，由公證人筆記、宣讀、講解，經遺囑人認可後，記明年、月、日，由公證人、見證人及遺囑人同行簽名。遺囑人不能簽名者，由公證人將其事由記明，使按指印代之。上述公證人之職務，在無公證人之地，得由法院書記官行之。僑民在中華民國領事駐在地為遺囑時，得由領事行之（民法第一一九一條）。

公證遺囑有公證人與見證人之協助，文盲或不了解法律規定之人能利用此方式立遺囑，又此遺囑內容明確真實，有極強大之證據力。

三、密封遺囑

密封遺囑，應於遺囑上簽名後，將其密封，於封縫處簽名，指定二人以上之見證人，向公證人提出，陳述其為自己之遺囑，如非本人自寫，並陳述繕寫人之姓名、住所，由公證人於封面記明該遺囑提出之年、月、日及遺囑人所為之陳述，與遺囑人及見證人同行簽名（民法第一一九二條第一項）。在無公證人之地，得由法院書記官行使公證人之職務，僑民在中華民國領事駐在地為遺囑時，得由領事行之（同條第二項）。

密封遺囑不具備上述之要件，但具備第一一九〇條所定自書遺囑之方式者，有自書遺囑之效力（民法第一一九三條）。

四、代筆遺囑

代筆遺囑，由遺囑人指定三人以上之見證人，由遺囑人口述遺囑意旨，使見證人中之一人筆記、宣讀、講解，經遺囑人認可後，記明年、月、日及代筆人之姓名，由見證人全體及遺囑人同行簽名，遺囑人不能簽名者，應按指印代之（民法第一一九四條）。

代筆遺囑的方式甚為簡便，又能節省費用，又遺囑人不識字時，可利用此方式立遺囑。

五、口授遺囑

口授遺囑係因應非常狀態或特殊情形，而不能依普通方式立遺囑時所設的臨時性遺囑。故其方式一方面予以簡化，以利遺囑之迅速完成，另一方面因簡化而需防止流弊的可能發生。

口授遺囑之要件，以遺囑人因生命垂危或其他特殊情形，不能依其他方式立遺囑為限（民法第一一九五條）。至於是否不能依其他方式立遺囑，須就具體情形判斷。口授遺囑之方式有二：

㈠口授筆記之遺囑

由遺囑人指定二人以上之見證人，並口授遺囑意旨，由見證人中之一人，將該遺囑意旨，據實作成筆記，並記明年、月、日，與其他見證人同

行簽名（民法第一一九五條第一款）。

(二)口授錄音之遺囑

由遺囑人指定二人以上之見證人，並口授遺囑意旨、遺囑人姓名及年、月、日，由見證人全體口述遺囑之為真正及見證人姓名，全部予以錄音，將錄音帶當場密封，並記明年、月、日，由見證人全體在封縫處同行簽名（民法第一一九五條第二款）。

口授遺囑乃因應危急情況而設，故一切從簡，但尚難保其真實性，故特設有效期間及其認定，以資補救，即民法第一一九六條：「口授遺囑，自遺囑人能依其他方式為遺囑之時起，經過三個月而失其效力。」民法第一一九七條：「口授遺囑，應由見證人中之一人或利害關係人，於為遺囑人死亡後三個月內，提經親屬會議認定其真偽。對於親屬會議之認定如有異議，得聲請法院判定之。」

上述五種遺囑，除自書遺囑以外，均須有見證人，見證人原則上任何人皆得充之，但下列之人，不得為見證人：①未成年人；②禁治產人；③繼承人及其配偶或直系血親；④受遺贈人及其配偶或其直系血親；⑤為公證人或代行公證職務之同居人、助理人或受僱人（民法第一一九八條）。

第三節　遺囑之效力

一、遺囑生效之時期

遺囑，自遺囑人死亡時，發生效力（民法第一一九九條）。至於受遺囑利益之人，是否知悉遺囑之存在或是否知悉遺囑人之死亡，不影響遺囑之效力。

二、遺　贈

(一)遺贈之意義

　　遺贈係遺囑人以遺囑無償讓與其財產給受遺贈人之單獨行為。例如甲於遺囑中表示將某筆財產，死亡後贈給乙。「遺贈」和「贈與」同為無償行為，但有下列區別：①遺贈為單獨行為，贈與為契約。②遺贈須以遺囑為之，為要式行為；贈與不需一定方式，為不要式行為。③遺贈於遺囑人死亡時生效，贈與於契約成立時生效。④遺贈不得侵害特留分，贈與則無此限制。

(二)遺贈之種類

1.單純遺贈與附款遺贈

　　單純遺贈係遺囑人遺贈時，未附任何條件、期限或負擔，而於遺贈人死亡時發生遺贈的效力。附款遺贈乃遺囑人在遺贈上，附有期限、條件或負擔之附款，此類遺囑於遺贈人死亡時，尚不當然發生遺贈之效力，須視條件有無成就或期限是否屆至或負擔義務是否履行而決定。

2.包括遺贈與特定遺贈

　　遺贈人概括的以遺產之全部或一部為標的之遺贈，因係包括權利與義務，謂之包括的遺贈；反之，其具體以特定財產利益為遺贈時，謂之特定遺贈。

(三)受遺贈權之喪失

　　受遺贈人如對遺贈人有不道德行為或對其所為遺囑之贈與有不正當行為時，準用民法第一一四五條有關繼承人喪失繼承權之規定（民法第一一八八條），其情節重大，當然喪失受遺贈之權利（民法第一一四五條第一項第一、二、三、四款），其情節輕微時，須經遺贈人表示其不得受遺贈時，始喪失受遺贈之權利（同條項第五款）。

(四)遺贈之效力

1.遺贈效力發生時期

遺贈既書於遺囑中，則遺囑生效時，遺贈亦隨之生效，此為原則。但遺囑所定之遺贈，附有停止條件者，自條件成就時，發生效力（民法第一二〇〇條）。

2.遺贈之債權效力

受遺贈人非繼承權人，故對遺贈標的物只有債權之效力，而無物權之效力。遺贈人一旦死亡，受遺贈人不能立即成為遺贈標的物之所有權人或其他物權人，而僅有債權之請求權。

3.遺贈標的物

遺囑人以一定之財產為遺贈，而其財產在繼承開始時，有一部分不屬於遺產者，其一部分遺贈為無效。全部不屬於遺產者，其全部遺贈為無效。但遺囑另有意思表示者，從其意思（民法第一二〇二條）。遺囑人因遺贈物滅失、毀損、變造，或喪失物之占有，而對於他人取得權利時，推定以其權利，為遺贈。因遺贈物與他物附合或混合而對於所附合或混合之物，取得權利時亦同（民法第一二〇三條）。以遺產之使用、收益為遺贈，而遺囑未定返還期限，並不能依遺贈之性質，定其期限者，以受遺贈人之終身為其期限（民法第一二〇四條）。

(五)遺贈之承認與拋棄

1.遺贈之承認與拋棄之方法

遺贈為單獨行為，故遺贈人一死亡，不問受遺贈人之意思如何，遺贈發生效力，但受遺贈人不願接受時，得拋棄遺贈（民法第一二〇六條第一項）。繼承人或其他利害關係人，得定相當期限，請求受遺贈人於期限內，為承認遺贈與否之表示。期限屆滿，尚無表示者，視為承認遺贈（民法第一二〇七條）。

2.遺贈之承認及拋棄之效力

受遺贈人為遺贈的承認時，此乃消極的維持遺贈之效力，故自遺囑人死亡時起，受遺贈人得請求繼承人或遺產管理人交付遺贈物，並交付自遺

囑發生效力時起之從物、從權利或孳息。

遺贈拋棄之效力，溯及遺囑人死亡時，發生效力（民法第一二〇六條第二項）。此時遺贈財產仍屬於繼承財產，而為繼承人所有（民法第一二〇八條）。

(六)遺贈之無效

受遺贈人於遺囑發生效力前死亡者，其遺贈不生效力（民法第一二〇一條）。又遺囑人以一定之財產為遺贈，而其財產在繼承開始時，有一部分不屬於遺產者，其一部分遺贈為無效。全部不屬於遺產者，其全部遺贈為無效。但遺囑另有意思表示者，從其意思（民法第一二〇二條）。

第四節　遺囑之執行

一、遺囑執行之意義

遺囑之執行指遺囑生效後，為實行遺囑內容的各種事項所必要之行為及程序。遺囑有須執行者如遺贈、捐助等。亦有不須執行者如應繼分之指定，分割方法之指定等。

二、遺囑之提示

遺囑保管人，知有繼承開始之事實時，應即將遺囑提示於親屬會議。無保管人而由繼承人發見遺囑者亦同（民法第一二一二條）。

遺囑之提示係勘驗程序，其主要目的在確保被繼承人之真意為目的，就其形式及狀態，予以調查、確認，防止他日之偽造、變造，並確實加以保存之程序。

三、遺囑之開視

有封緘之遺囑非經開視，無從知悉其內容。民法第一二一三條：「有封

緘之遺囑,非在親屬會議當場或法院公證處,不得開視。」「前項遺囑開視時,應製作紀錄,記明遺囑之封緘有無毀損情形,或其他特別情事,並由在場之人同行簽名。」

四、遺囑之執行人

㈠遺囑執行人之產生

1.遺囑人以遺囑指定或委託他人指定

遺囑人得以遺囑指定遺囑執行人,或委託他人指定之(民法第一二○九條第一項)。

2.親屬會議選定

遺囑人未指定遺囑執行人,又未託他人指定,或被指定人不願就任時,得由親屬會議予以選定(民法第一二一一條前段)。

3.由利害關係人聲請法院指定

遺囑執行人不能由親屬會議選定時(如會議不能成立,或雖成立而不能決議),得由利害關係人聲請法院指定(民法第一二一一條後段)。

㈡遺囑執行人資格限制與職務

未成年人及禁治產人,不得為遺囑執行人(民法第一二一○條),乃因遺囑執行人須為如下之職務,如由未成年人或禁治產人擔任,會影響法律行為之效力。

1.編製遺產清冊

遺囑執行人就職後,於遺囑有關之財產,如有編製清冊之必要時,應即編製遺產清冊,交付繼承人(民法第一二一四條)。

2.遺產管理及必要行為

遺囑執行人有管理遺產並為執行上必要行為之職務。遺囑執行人所為職務行為,視為繼承人之代理(民法第一二一五條)。

3.繼承人妨害之排除

　　繼承人於遺囑執行人執行職務中，不得處分與遺囑有關之遺產，並不得妨礙其職務之執行（民法第一二一六條）。

　　遺囑執行人有數人時，其執行職務，以過半數決之。但遺囑另有意思表示者，從其意思（民法第一二一七條）。

(三)遺囑執行人之解任、更換

　　遺囑執行人怠於執行職務，或有其他重大事由時，利害關係人得請求親屬會議改選他人。其由法院指定者，得聲請法院另行指定（民法第一二一八條）。

第五節　遺囑之撤回

一、遺囑撤回之意義

　　遺囑之撤回乃遺囑人使其遺囑將來不發生效力之意思表示。

二、遺囑撤回之方法

　　遺囑撤回的方法有兩種，一為明示撤回，即遺囑人以意思表示明白予以撤回；一為法定撤回，即依法律規定，有一定事實存在時，不問遺囑人的意思如何，法律上視為遺囑之撤回。

(一)明示撤回

　　遺囑人得隨時依遺囑之方式，撤回遺囑之全部或一部（民法第一二一九條）。

(二)法定撤回

　　1.前後遺囑有相牴觸者，其牴觸之部分，前遺囑視為撤回（民法第一二二〇條）。

2.遺囑人於為遺囑後所為之行為與遺囑有相牴觸者，其牴觸部分，遺囑視為撤回（民法第一二二一條）。

3.遺囑人故意破毀或塗銷遺囑，或在遺囑上記明廢棄之意思者，其遺囑視為撤回（民法第一二二二條）。

第六節　特留分

一、特留分之意義

特留分係繼承一旦開始，繼承人不受被繼承人以遺囑無償處分其遺產所能保留的最少部分。其目的在防止被繼承人以遺囑遺贈財產予第三人或指定應繼分，使有的法定繼承人之法定應繼分減少。如有少於特留分之數額時，受侵害之法定繼承人得行使扣減權 ❶。

二、特留分之數額

繼承人之特留分，依民法第一二二三條規定為：

1.直系血親卑親屬之特留分，為其應繼分二分之一 ❷。

2.父母之特留分，為其應繼分二分之一 ❸。

---

❶ 甲遺產五百萬元，設甲有配偶乙，子女丙、丁、戊、己，甲將遺產中四百萬元遺贈予慈善機關，使乙、丙、丁、戊、己之法定應繼分減少（法定應繼分為一百萬元，特留分為五十萬元），故乙、丙、丁、戊、己少於特留分之數額（五十萬元）各三十萬元，得向慈善機關行使扣減權。

❷ 甲遺產五百萬元，設甲有配偶乙，子女丙、丁、戊、己，父母庚、辛，則依民法第一一三八、一一四四條規定，五百萬元由乙、丙、丁、戊、己五人平均繼承，應繼分一百萬元，依第一一二三條，其特留分為五十萬元（父母庚、辛不得繼承）。

❸ 甲遺產五百萬元，設甲有配偶乙，兄弟姊妹丙、丁、戊、己，父母庚、辛，則依民法第一一三八、一一四四條規定，由乙、庚、辛三人繼承，乙之應繼分為二百五十萬元，庚、辛應繼分各為一百二十五萬元，依第一一二三條規定，乙之特留分為一百二十五萬元，庚、辛之特留分各為六十二萬五千元（兄弟姊妹丙、丁、

3.配偶之特留分，為其應繼分二分之一。

4.兄弟姊妹之特留分，為其應繼分三分之一。

5.祖父母之特留分，為其應繼分三分之一。

三、特留分之算定

特留分，由依民法第一一七三條算定之應繼財產中，除去債務額，算定之（民法第一二二四條），可見實際計算特留分數額，牽涉甚廣，首先知悉繼承開始時，現存積極財產之數額，其次有無生前特種贈與，其贈與時之價額加入遺產之總數，如有繼承債務，應將債務扣除，最後所得之總數，稱為應繼之遺產，由應繼遺產計算各繼承人的法定應繼分，再由該應繼分計算特留分額。

例如甲死亡，遺產二百萬元，負債五十萬元，甲長子乙經營公司時曾受贈三十萬元，次子丙留學曾受贈二十萬元，則甲之繼承財產為二百萬加上生前特種贈與三十萬元（次子丙留學贈與，非特種贈與，不歸扣，民法第一一七三條），故為二百三十萬元，減去負債五十萬元，為一百八十萬元。設甲尚有配偶丁，三人平均繼承時，應繼分為六十萬元（民法第一一四四條），特留分即為三十萬元（民法第一二二三條）。

四、遺贈之扣減

應得特留分之人，如因被繼承人所為之遺贈，致其應得之數不足者，得按其不足之數，由遺贈財產扣減之。受遺贈人有數人時，應按其所得遺贈價額比例扣減（民法第一二二五條）。

例如甲有遺產五百萬元，除去債務八十萬元，尚有四百二十萬元，設甲有配偶乙及子女丙、丁，其應繼分各為一百四十萬元，特留分各為七十萬元，若甲遺贈 A 三百萬元，則乙、丙、丁各分得四十萬元，其特留分少了三十萬元，乙、丙、丁得各向 A 行使三十萬元扣減請求權。

戊、己不得繼承）。

附　錄

八十三年全國性公務人員高等考試二級考試試題

一、關於物之瑕疵擔保責任，贈與人之責任與出賣人之責任有何不同？

二、甲以房屋一幢連同基地贈與其子乙，唯恐其女丙知情不悅，乃虛訂買賣契約，訂明價金為五百萬元。問：甲如拒絕將房屋及基地所有權移轉登記於乙，乙可否請求甲辦理所有權移轉登記？

三、試述動產物權之公示方法。

四、甲男與乙女為夫妻，育一女丙，並收丁男為養子。丙女已成年，與戊男依法結婚，生 A、B、C 三子。丁男亦成年，與己女依法結婚，而己女經醫師證實懷孕雙胞胎 D 與 E。不久甲男因病死亡而留下財產三百六十萬元。

試問：甲男死亡後，丙女與丁男相繼依法表示拋棄繼承時，其所留下三百六十萬元，應如何繼承？

八十三年全國性公務人員高等考試二級考試試題
（行政、民政、戶政、兵役行政、人事行政）

一、甲將其房屋租與乙居住，租期一年。因乙使用不當，致馬桶阻塞不通，使乙生活頗感不便。乙要求甲修繕，甲置之不理，問乙能否因此終止租約？

二、試述正當防衛之意義及民法上之效果。

八十三年高考試題（金融業務組）

一、請舉例說明下列法律概念：

　　㈠表見代理

　　㈡無權處分

　　㈢讓與擔保

㈣最高限額抵押

㈤孳息

二、請依我民法之規定,說明「動產」與「不動產」之區別實益。

八十三年第二次專門職業及技術人員檢覈筆試試題

一、何謂心中保留? 通謀虛偽表示? 隱藏行為? 試就其意義及效力述之。

二、甲出國多年,留有空地一塊,乙見其荒蕪,深覺可惜,擅自進入土地栽植花木出售,收入頗豐。嗣甲回國,發見上情,請求乙返還耕作所得之全部利益,結果如何?

三、甲種植果樹,不慎逾越疆界,植於乙地。越數年,果樹成長,結實纍纍,果實因颱風吹打,掉落甲地。請問:

㈠該果樹屬於何人所有?

㈡該掉落甲地之果實屬於何人所有?

㈢甲對乙得行使何種請求權?

四、甲男為年滿十七歲之未成年人。

㈠甲男可否與他人訂婚?

㈡甲男可否被收養為他人養子女?

㈢甲男可否立遺囑?

八十三年特種考試稅務、金融、保險人員考試試題
(乙等財稅行政科法務組)

一、甲將其所有一棟房屋贈送與乙。約定乙應將該房屋出租,並以該房屋租金收入之一半於某大學設置獎學金,乙皆依約履行。然二年後,乙死亡,乙之繼承人丙自己使用該房屋,不再出租亦未續行設置獎學金,問甲能否對丙撤銷贈與?

二、甲將其所有之 A 地,出售於乙,甲依約履行交付 A 地及辦理 A 地所有權移轉登

記於乙後，乙出租於丙。A 地上原有番石榴數棵，早已結實纍纍，並有木造舊屋一間（甲、乙、丙之契約，對果樹、木屋之權利歸屬，均未提及）。問：

㈠木造房屋之所有權，為誰所有？

㈡番石榴樹之所有權為誰所有？

㈢誰有採收番石榴果實之權利？

三、何謂物權之優先性？試申述其內容。

四、甲男與乙女為夫妻。甲男之母已死，其父丙仍健在。乙女有一守寡之舅母丁及其所生年滿二十之戊女。甲男與乙女結婚三年未能生育，故二人依法協議離婚。試問：

㈠甲男與丁女發生感情時，能否結婚？

㈡丙男與戊女發生感情，而依戶籍法為結婚登記，但未有公開婚禮時，能否成為夫妻？

八十三年特種考試稅務、金融、保險人員考試試題
（乙等稅務行政科、稅務行政科外勤組）

一、民事事件之法律關係依法律、習慣、法理定之。試就三者之意義及適用之順序簡述之。

二、同時履行抗辯權有無排除給付遲延之效力？試申論之。

三、物上請求權是否因時效期間經過而消滅？試依基於動產所有權之物上請求權、基於不動產所有權之物上請求權加以說明。

四、甲男與乙女為夫妻，有子丙、丁、戊三人。丙男與己女依法結婚，生下 A、B、C 三人。丙先於甲死亡。甲死亡時，留下遺產二百四十萬元。繼承開始後，丁依法表示拋棄繼承，隨後 A 亦依法表示拋棄繼承。

試問：甲男留下遺產二百四十萬元，應如何繼承？

八十三年高等檢定考試試題 (法務類)

一、何謂限制行為能力人？限制行為能力人如有為法律行為之必要，應如何為之？

二、種類之債與選擇之債，在履行前均須經特定之程序，其特定之方法與特定後所生之效力有何不同？

三、甲於民國七十五年向乙借款新臺幣一萬元，當時將一對金鐲子交於乙作為擔保，並約定以一年為期，屆期若未還款，該對金鐲子即歸乙所有以作為抵償。後甲因經商失敗不知去向，乙亦以已取得鐲子之所有權而不以為意，經六年後，甲復出現，並欲償還原欠而取回鐲子，乙主張依彼此之約定，該鐲子已屬其所有，而拒絕返還，則何方之主張為有理？倘乙主張已依時效而取得所有權，則是否有理？

四、甲中年喪妻，有一子 A。乙女未婚，有一子 B。甲乙經人介紹而結婚。婚後，甲、乙又收養 C 為養子。但乙不守婦道，與丙通姦，而致懷孕。甲知情後，表示乙不得繼承其財產。甲死亡時，留有遺產三百萬元，問甲之遺產應如何分配？

八十三年交通事業鐵路、公路人員升資考試試題

一、試說明意思表示之成立要件。解釋意思表示究以所用辭句為重，抑或須探求表意人所欲表達之真意為準？試申述之。

二、旅行社為旅客代訂機票、旅館房間及引導參觀博物館及風景名勝等行為，其與旅客間之法律關係為何？試說明之。

三、甲向乙借款，由丙提供房屋及基地設定抵押權為擔保。試問：

　　㈠甲若於清償期屆至未為清償，乙得否向丙請求？

　　㈡乙如何實行抵押權？

　　㈢丙若欲主動清償，甲、乙得否拒絕？

四、嫁娶婚子女與招贅婚子女之稱姓是否相同？

八十三年高考二級試題（法制）

一、何謂法律行為無效、法律行為得撤銷與法律行為效力未定？試各舉例加以說明。

二、甲乙丙三人合夥為共同經營 A 商號，乃共同向丁承租其房屋。嗣後甲乙退出該合夥，由丙一人繼續使用該房屋經營 A 商號之營業。如丁此時對丙表示並無租賃關係，要求返還房屋，有無理由？

三、地上權人可否任意拋棄地上權？試就民法之規定以對。

四、甲男與乙女於民國七十四年光復節依法結婚。結婚時甲男之原有財產為一百六十萬元，其中二十萬元債務因未至清償期而未清償。乙女結婚時亦有嫁粧現金六十萬元及金項鍊、玉環手鐲等首飾共值四十萬元。乙女於民國八十年五月十日因病去逝。此時甲男之原有財產累積為四百二十萬元而無債務，乙女原有財產累積為一百八十萬元，其中二十萬元為戊男遺贈所得。乙女死亡時尚有其祖父丙、祖母丁健在。試問：

㈠乙女留下之遺產有多少？

㈡乙女留下之遺產應如何繼承？

八十三年高考二級試題（合作行政）

一、甲之機車被乙所盜，乙以三萬元出售於惡意之丙，丙再以五萬元將之售於惡意之丁。試問當事人間之法律關係如何？設甲承認乙之處分行為又如何？

二、承攬人瑕疵擔保責任之內容如何？試扼要說明之。

三、試說明抵押權之從屬性及不可分性。

四、解釋左列名詞：

㈠讓與擔保

㈡間接代理

㈢同時履行抗辯權

㈣優先購買權

八十四年司法特考試題（丙等法院書記官）

一、請舉例解釋下列名詞：

 ㈠禁治產人

 ㈡禁制物

 ㈢禁止競業義務

二、何謂定金？何謂違約金？並請比較二者之異同。

三、何謂取得時效？其與消滅時效之主要不同點何在？又地上權可否因時效取得？

四、甲男與乙女為夫妻。乙女有一表姊之女兒丙，年滿二十一歲，長得秀麗可愛。甲男常借機親近丙女，引起乙女不滿。甲男與乙女為此爭吵不休，終告依法協議離婚。試問：甲男與乙女離婚後，可否與丙女結婚？

八十四年普考試題

一、何謂時效消滅？何謂時效取得？請分別舉一例以明之，並說明該二制度之異同。

二、我國民法關於法定代理權之作用，在無行為能力人及限制行為能力人之法律行為間，究有何不同？試分別說明之，並根據所述，回答下列案例之問題。

 乙今年十八歲，未婚，甲未經徵詢乙之父母之意見，僅經乙同意，將乙僱為自己之店員，則乙與甲之客戶丙所成立之買賣契約，究否完全生效？

三、甲有一筆土地被乙無權占用，亟思向乙要回該筆土地，試問在民法上甲可以引為主張依據之規範有那些？

四、民法關於婚約能力（訂婚最低年齡）及結婚能力（適婚年齡）之規定各為如何？違反各該規定時，究可發生何種效力？試分別說明之。

八十四年普層特考丙等試題

一、社團法人與財團法人就其成立基礎與法人解散上有何不同？

二、何謂宣示登記？何謂占有改定？在物權法上各發生如何效果？

三、A、B、C、D、E 五人共同向甲貸款兩百萬元，約定對甲負連帶責任。A 有恩於甲，甲於其債權至清償屆至時，免除 A 分攤部分之債務，而對 B 之財產強制執行，獲得債權全部清償。嗣 B 對 C、D、E 求償時，適 E 生病死亡，E 既無財產，又無繼承人。試問：B 應如何對其他債務人求償？

四、甲男與乙女依法結婚後，生下 A 女與 B 女。A 女與丙男依法結婚生 C 子與 D 子。乙女已死亡多年。甲男於民國八十年元旦與丁女在眾親友面前舉行公開婚禮，但未辦理結婚登記。一年後，甲男又與戊女至戶政機關為結婚登記，但未舉行公開婚禮。A 女對甲男之行為極力反對，招致甲男不滿而立下一祕密遺囑。A 女惟恐該遺囑對其不利，以脅迫方法使甲男撤回該遺囑。

試問：甲男死亡時留下遺產二百四十萬元時，應如何繼承？

八十四年全國性公務人員普通考試試題（地政）

一、試解釋下列各法律名詞。

㈠混同

㈡抵押權

㈢營業質

二、試述所有權之意義及性質。

三、甲以其 A 地設定抵押權於乙後，復以 A 地設定地上權於丙，丙於其上建一別墅。

問：

㈠丙得否以其地上權及所建別墅分別設定抵押權？

㈡乙實行抵押權時，得否請求除去地上權拍賣？

四、何謂占有？占有之性質如何？

八十四年特種考試 臺灣 省基層公務人員丙等考試試題
福建
（地政）

一、試解釋下列各法律名詞：

　　㈠互有

　　㈡占有

　　㈢準占有

二、試述時效取得地上權之要件。甲未經乙之允諾，在乙名下之 A 地上搭建違章建築
　　之房屋一棟，居住達二十餘載，問：甲得否主張依時效取得，請求為 A 地之地上
　　權人之登記？

三、試述典權期限之意義。民法對典權期限設有何規定？

四、依據我國民法規定，所有人於自己之不動產上，是否可能成立抵押權？

八十五年高考三級（地政）

一、因受詐欺而負擔債務之意思表示，與因被脅迫而為之意思表示，二者於撤銷之要
　　件及效力是否不同？又被脅迫人於撤銷權消滅後，得否請求廢止該債權或拒絕履
　　行？試分述之。

二、設甲僱乙為業務員，某日乙駕駛甲所提供之機車載其妻丙返家，途中撞傷行人丁。
　　試問甲、乙、丙是否應對丁負連帶賠償責任？請附理由以對。

三、設甲向乙租賃房屋一幢，為期二年，並交付押金新臺幣捌萬元。數月後乙將該房
　　屋出售與丙並辦妥所有權登記。試問甲、乙之租賃契約，對丙是否有效？又該租
　　賃契約期滿時，甲應向何人請求返還押金？試附理由述之。

四、何謂動產質權？何謂抵押權？試述二者之不同。

八十五年第一次土地代書

一、甲容許其十八歲之女乙，在丙貿易公司工作，在我國民法上是否可能？乙工作三個月後，跳槽前往丁貿易公司工作，需否另行取得法定代理人許可？

二、甲、乙、丙共同向丁借到新臺幣參佰萬元，言明甲、乙、丙均負連帶責任。屆期催討無著，丁拍賣甲之財產，共得新臺幣貳佰肆拾萬元。問：

　　㈠甲、乙、丙對丁尚負多少債務？

　　㈡甲對乙、丙有何權利可以主張？

三、時效取得不動產所有權之要件如何？又完成取得時效後是否立即取得其所有權？

四、甲男乙女為夫妻，無子女，甲父母均已死亡，惟甲有兄弟丙、丁二人，甲曾因丙營業而給與新臺幣陸拾萬元。甲死亡時留有新臺幣壹佰捌拾萬元。問：乙、丙、丁之特留分為多少？

八十五年高考三級試題（財稅行政、金融保險、公平交易管理）

一、甲向 B 銀行貸款，訂立貸款契約，並約定終止貸款時須以掛號信為之。今甲發電報終止，問該終止效力如何？

二、試就民法之規定，說明出租人是否有修繕租賃物之義務？出租人不履行修繕義務之效果為何？

三、甲因事出國，臨行前將名貴音響一組交付其友人乙保管。乙未經甲同意，以該音響為標的物設定質權予善意第三人丙，向丙借錢，並已完成音響之交付。請問：

　　㈠丙是否善意取得質權？

　　㈡甲乙之法律關係如何？

四、甲男與乙女為夫妻，結婚多年未能生育。丙男為甲男之表兄，其與丁女結婚生下雙胞胎 A、B 二子。嗣甲男失蹤毫無音信，乙女欲為甲男傳後，故與 B 之父母丙男、丁女訂立收養三歲 B 子之書面契約，向法院提出認可收養之聲請。請問法院得否認可乙女收養 B 子？

八十五年公務人員普通考試試題 (地政)

一、何謂取得時效中斷? 其事由有幾? 效力為何?

二、何謂權利抵押? 下列權利可否為抵押權之標的物? 附理由說明之。

　　㈠永佃權

　　㈡動產所有權

　　㈢債權

三、何謂流質契約? 如有約定, 其效力如何? 於當鋪營業質者, 其效力如何? 原因何在?

四、試解釋下列各法律名詞:

　　㈠從物權

　　㈡混合

　　㈢擔保物權之物上代位性

八十五年 臺灣 福建 省基層四等特考試題 (地政)

一、民法所規定之質權有幾種? 其意義及區別何在?

二、甲、乙、丙三人共有廠房一幢、貨車一輛、及耕地一筆, 應有部分各為三分之一。

　　試問:

　　㈠甲將其對貨車之應有部分讓與丁, 應否得乙、丙之同意?

　　㈡乙、丙將廠房售讓戊, 未商得甲之同意, 是否有效?

　　㈢甲、丙同意分割耕地, 惟乙反對, 則甲、丙是否得訴請法院裁判分割?

三、地上權人於地上權存續中及地上權消滅時各有何權利? 試說明之。

四、試解釋下列各名詞:

　　㈠權利物權

　　㈡直接占有

　　㈢間接占有

八十五年普通檢定考試

一、何謂債之消滅與債之移轉？依民法規定債之消滅原因有幾？試簡單說明之。

二、不動產物權係指那些權利而言？其變動依規定須踐行何種程序？試簡單說明之。

三、下列各物是動產？不動產？或其他，試說明之。

    ㈠二二八紀念碑

    ㈡建築工地之工寮

    ㈢二層樓之違章建築

    ㈣售票亭

    ㈤庭院中之某樹

四、何謂血親？何謂姻親？其親等如何計算？試舉例說明之。

八十五年普考

一、何謂消滅時效？並試說明消滅時效完成之效力。

二、甲至某商店，欲購餅乾一包，見貨物架上之標價為二十元，乃逕取往櫃臺付帳。詎料店主乙稱，該標價原係該店日前打折促銷時所寫，現打折期間已過，惟因事忙而不及改寫標價，甲實應支付打折前之價格二十五元。問乙之主張是否有理由？試依我國民法之規定以對。

三、下列情形，其不動產所有權各於何時發生變動？

    ㈠買賣

    ㈡繼承

    ㈢公用徵收

四、甲男年滿二十一歲未婚，乙女為甲男之舅母。乙女介紹其未婚年滿二十歲之姪女丙與甲男認識。試問：甲男與丙女未舉行公開婚禮而到戶政機關為結婚之登記時，甲男與丙女能否成為夫妻？

八十五年基層特考四等

一、甲在某博物館任職，看守某展覽室之國寶一批，有歹徒乙持烏茲衝鋒槍進入搶劫，試問依據我民法規定，甲應「國寶在人在，國寶去人亡」，極力反抗？或者可以苟全性命，犧牲國寶？

二、何謂「債之消滅」？其原因有幾？因當事人間意思表示有瑕疵，法律行為遭撤銷，致當事人間法律關係亦隨之消滅者，是否屬債之消滅原因？試云其故。

三、甲騎自己所有機車上學，途中因機車故障，乃就近請乙之機車店修理。修畢，甲因所帶現金不足以給付修繕費用。試問：

　　㈠乙得對該機車主張何種權利？

　　㈡若該機車為丙所竊，甲乙對丙各得主張何種權利？

四、甲男與乙女為夫妻，甲男有三兄弟，分別為丙、丁、戊。丙為甲男同父異母之弟，丁為甲男同母異父之弟，戊為甲男之父收養之兄。丁有經其認領之非婚生子女 A 與 B。嗣甲死亡後，試問：甲男留下之二四○萬元，應如何繼承？

八十五年普層特考三等

一、請舉例釋明下列法律概念：

　　㈠準法律行為

　　㈡提存

　　㈢取得時效

二、請依我國民法規定，說明社團總會決議違反法令或章程之效力。

三、何謂動產？何謂不動產？依我國民法規定，動產物權、不動產物權應如何移轉始生效力？請併同釋明之。

四、某公司甲以總價（含材料費）承包某縣政府之國民住宅興建工程。問：

　　㈠興建完成之國民住宅所有權由誰取得？

　　㈡甲未依約定方法施工致乙屋傾斜，乙請求甲與該縣政府負連帶賠償責任有無理由？

八十六年高考三級（法制、公證人）

一、法律關於行為能力、侵權行為能力之規定各如何？試分別說明之。

二、甲答應乙之要求，立下字據約定三天後，將其價值五十萬元之汽車贈送與乙。乙於允受贈與之當日，即將該汽車以五十二萬元價格賣給丙。三天後，甲將該車駛往乙家途中，因甲之重大過失發生車禍，致該車全毀，問甲、乙、丙間之法律關係如何解決？

三、甲、乙、丙共有土地一筆，各有三分之一應有部分，甲以其應有部分為丁設定新臺幣一百萬元抵押權。嗣該筆土地經丙訴請分割，經法院判決分成 A、B、C 三部分，由甲取得 A 部分，乙取得 B 部分，丙取得 C 部分，並經分割登記完畢，問丁之抵押權存在於何部分？

四、甲中年喪妻，有一獨子乙。甲生前對丙、丁、戊三人各負有債務一百五十萬元，但死亡時只留有財產三百六十萬元，乙乃限定繼承。甲對丙之債務為乙所知悉，惟丙並未於公告期限內報明債權。乙乃分別向丁、戊各清償其全部債務。問丙對乙、丁、戊有何權利以行使？

八十六年高考三級（地政）

一、何謂消滅時效之中斷？依我國民法之規定，其中斷之事由為何？試述之。

二、何謂定金？何謂違約金？其效力如何？試述之。

三、試就意義、立法理由及效力等三者，說明動產即時取得與先占之不同？

四、設甲有土地一筆，於其上建有房屋一幢。甲以該房屋向乙設定抵押權，借款新臺幣壹仟萬元。旋甲因經濟拮据，分別將上述房屋售與丙，土地售與丁。惟甲於上述借款之清償期屆至後，無力清償。試問甲得否將上述之土地及房屋分別售與丙、丁？乙應如何實現其抵押權？倘該幢房屋拍賣，拍得房屋之人，對於該筆土地有何權利？試分別述之。

八十六年高考三級（財稅行政、金融保險、公平交易管理）

一、何謂動機錯誤？動機錯誤可否作為撤銷意思表示之理由？

二、甲將其房屋賣與乙，三月一日交付後，約定三月十五日辦理所有權移轉登記，並
　　支付價金。不料三月十日，因第三人丙之過失，使該房屋失火全毀。問此時甲、
　　乙、丙之法律關係如何解決？

三、甲、乙、丙三人共有土地一筆，其所有權各為三分之一。其後丙因向銀行借錢，
　　以其應有部分設定抵押權予銀行，甲、乙、丙又對共有物之使用、收益意見不一
　　致，經訴請法院為裁判分割確定，但未登記。嗣因清償期屆至，丙怠未清償，銀
　　行取得執行名義，欲實行抵押權。

　　請問：

　　㈠甲、乙、丙是否各自取得共有物具體部分之所有權？

　　㈡銀行實行抵押權究竟對全部共有物應有部分三分之一為之，抑或只就丙分得之
　　　具體部分為之？

四、甲生前向乙、丙、丁各借款一百萬元，甲死亡時，留下二百四十萬元遺產。甲之
　　繼承人戊為限定繼承，但戊卻先清償乙一百萬元，致丙、丁僅能就剩餘之一百四
　　十萬元分配。問丙、丁對乙或戊有何權利得以行使？

八十六年土地代書考試試題

一、甲年十八歲，參加普考考試及格，並擔任公務員，其所領薪資可否自由處分？

二、何謂受領遲延？下述情形債權中應否負受領遲延責任？

　　㈠出賣中所交付之物與買賣契約所定之內容不符者，買受人拒領。

　　㈡給付無確定期限，債權人依法催告債務人給付，當債務人依其催告給付時，債
　　　權人依其催告給付時，債權人卻出國觀光致未為受領給付者。

三、甲、乙、丙、丁共有土地一筆每人應有部分四分之一，但關於土地之出賣或處分，
　　常有異見。請問：

㈠若甲將該土地移轉予戊，地政事務所應否准其辦理登記？

㈡若甲應有部分出賣予戊，其買賣契約是否有效？得否辦理移轉登記？

四、在繼承法上，共同繼承對第三人發生如何效果？試述之。

八十六年基層三等考試試題

一、通謀虛偽意思者表示之法律效果如何？

二、甲出賣土地一筆予乙，在經雙方簽名之契約書中有如下之記載：「乙同意以新臺幣壹仟貳佰參拾萬伍仟元整 (NT$12,350,000) 向甲購買本筆土地」、「本筆土地之價金經雙方洽定為新臺幣壹仟參佰貳拾萬伍仟元整 (NT$13,305,000)」。嗣甲、乙於簽約次日均因車禍死亡，其繼承人均無法確知甲、乙關於價金之約定數額。問：乙之繼承人應給付多少價金予甲之繼承人？

八十六年三等考試題

一、受禁治產宣告之人，於有識別能力時，有無法律行為能力？有無侵權行為能力？試分別說明之。

二、甲將其所有之房屋出租予乙，雙方訂有租賃契約，並已由乙遷入居住。其後甲將該房屋設定抵押權予銀行，向銀行借錢。於清償期屆至時，因甲怠未清償，銀行取得執行名義後，聲請法院拍賣該房屋。請問：銀行得否請求法院除去乙之租賃權而為拍賣？

三、甲畫家將其所有之 A 與 B 畫置於乙之畫廊展覽，乙擅自以自己之名義將 A 畫賣給知情的丙，將 B 畫賣給不知情的丁，並分別交付之，試問丙、丁是否取得畫之所有權？

四、甲自高樓跳下企圖自殺，但卻壓死乙，而甲僅受輕傷。乙為獨子，遺有七十歲之寡母丙及三十歲之配偶丁，丁正懷胎中。丙、丁均無維生及謀生能力。鄰居戊乃代為殮喪，支出殯葬費十萬元。試問甲應負如何之民事責任？

五、何謂法定抵押權？一建築物上同時存在法定抵押權及意定抵押權時，應如何定其

優先順序？

六、父母離婚時，應如何定未成年子女之親權人，試就現行民法之規定說明之。

八十六年普考

一、甲委託車商乙代理甲向丙購買 A 中古車。該車曾因車禍受重創，為乙所知但甲不知情。甲嗣後始得知其情，問可否解除契約？

二、何謂有名契約？何謂無名契約？試舉例說明之。並請說明無名契約之適用原則。

三、下列情形，所有權各於何時發生移轉？

　　(一)法院之判決

　　(二)強制執行

四、甲男與乙女為夫妻，生下丙、丁、戊三子。丙男與己女依法結婚，生下 A、B 二子。丙死亡後，甲男與乙女感情破裂，而訂立離婚協議書，並經二位證人之簽名蓋章，但尚未前往戶政機關為離婚登記前，甲男突遭車禍死亡。

　　試問：甲男留下三佰二十萬元遺產時應如何繼承？

八十六年司法特考四等 (法院書記官)

一、消滅時效完成後，債務人不知其情事而為清償者，其給付效力為何？經受領後，債務人得否依不當得利之規定請求返還？

二、保證、連帶保證、共同保證與共同連帶保證各有何不同？

三、甲將耕地出租與乙耕作，嗣耕地之鄰地所有人丙，因建築之需要，商得乙之同意，提供鄰近之部分耕地供丙暫放建材，並由丙補償乙之損失。甲得悉上情，即以乙不自任耕作及轉租為由，終止租約，請求收回耕地，是否正當？

四、甲男與乙女未約定夫妻財產制而結婚。結婚時乙女之父丙，以臺灣水泥公司之股票一萬股作為其嫁粧。

　　試問：乙女於婚姻存續中就其股票之嫁粧有無處分權？

八十六年基層特考三等

一、何謂要式行為？試依我國民法規定，說明法律行為不依一定方式者之效力如何？

二、債務人甲以設定抵押權及質權擔保返還其向債權人乙之借款，請問乙之債權請求權時效完成後，乙是否仍得就該抵押物及質物取償？

三、請依我國民法規定，附理由解答下列問題：

　　㈠抵押權人實行抵押權致使抵押物之所有權喪失，物上保證人應如何主張權利？

　　㈡土地所有人於設定抵押權後，在抵押之土地上營造建築物，債權人得否請求將該建築物與土地併付拍賣並優先受償？

　　㈢某財團法人醫院解散後，其剩餘財產應如何處理？

四、甲將其農場出租與乙，未經甲事先同意，乙擅在農場上營造建築物，請問租賃關係消滅後，該農場上之種植物及建築物歸誰所有？

八十六年基層特考三等（法制、財稅行政）

一、甲因腳傷在家休養，遣六歲小妹乙至 A 書店，傳達甲購福爾摩斯全集意思，言明一月後付款，問契約效力如何？

二、甲、乙賭博，甲輸乙三十萬元，甲當場支付乙十萬元，嗣甲拒付餘款，乙請求甲交付二十萬元，甲亦請求乙返還已付之十萬元。甲、乙之請求有無理由，請分別說明之。

三、試述抵押權效力所及於標的物之範圍。

四、乙為真正繼承人，於繼承開始後第七年始知悉其應繼承之動產為自稱繼承人之甲所侵害。此時甲就侵害之動產已具備民法第七百六十八條動產所有權取得時效之要件。

　　試問：乙向法院提出繼承回復請求權請求甲返還其占有之繼承動產標的時，乙能否勝訴？

八十六年公務人員普通考試試題（地政）

一、試說明下列各法律名詞之意義：

　　㈠公信原則

　　㈡典權

　　㈢抵押權次序昇進原則

二、試述時效取得地役權之要件。下列地役權得否依時效取得？

　　㈠眺望地役權

　　㈡埋設地下水管之汲水地役權

　　㈢未築道路之通行地役權

三、何謂擔保物權？我國民法上規定之擔保物權有那幾種，試分別說明之。

四、無權占有人於占有期間，分別支出必要費用，有益費用及奢侈費用，於回復請求
　　權人請求返還占有物時，可否就其支出之費用，請求回復請求權人償還？

八十六年臺灣省及福建省基層四等考試試題（地政）

一、試解釋下列各法律名詞：

　　㈠法定物權

　　㈡袋地通行權（必要通行權）

　　㈢抵押權之次序權

二、觀念交付之種類有幾？試說明之。動產質權之設立是否得以觀念交付為之？

三、甲將其土地一筆，先設定抵押權予乙後，又設定典權予丙，問：

　　㈠乙之債權清償期屆滿，甲未清償，乙申請拍賣該土地，因土地上設有典權，無
　　　人應買，致不足以清償所擔保之債權時，有何方法救濟？

　　㈡丙之典權期限屆滿，甲未依法回贖，丙取得土地所有權，該抵押權是否仍然存
　　　在，或因此消滅？

四、留置權消滅之原因為何？試說明之。

八十六年普層特考四等（財稅行政）

一、下列行為何者得由代理人代理為之？何者不得由代理人為之？試述其理由。

　　㈠訂立買賣契約

　　㈡訂立結婚契約

　　㈢拾得遺失物

　　㈣侵權行為

二、何謂「可分之債」？何謂「不可分之債」？何謂「連帶之債」？就給付之內容而言，連帶之債係屬可分或不可分之債？並請說明其理由何在。

三、甲先將土地設定地上權予乙，其後又將該土地設定抵押權予銀行，向銀行借錢。若清償期屆至時，甲怠未清償。請問：銀行得否請求法院除去地上權而為拍賣？

四、甲男與乙女為夫妻，久年未生育。甲男有兄丙、弟丁及妹戊。戊女出嫁時，甲男為其嫁粧提供六十萬元。丙男與己女依法結婚後，生下 A、B。丙男脅迫甲男遺贈 A 十萬元。甲男立下自書遺囑後，自覺給 A 十萬元不妥而將該遺囑撕毀。甲男死亡時留下遺產一百八十萬元。試問：甲男留下一百八十萬元應如何繼承？

八十六年關務、稅務、金融人員三等

一、受禁治產宣告之人，於有識別能力時，有無法律行為能力？有無侵權行為能力？試分別說明之。

二、甲將其所有之房屋出租予乙，雙方訂有租賃契約，並已由乙遷入居住。其後甲將該房屋設定抵押權予銀行，向銀行借錢。於清償期屆至時，因甲怠未清償，銀行取得執行名義後，聲請法院拍賣該房屋。請問：銀行得否請求法院除去乙之租賃權而為拍賣？

八十七年公務人員高考三級

一、甲建設公司正興建預售屋一棟，並委託乙公司代為銷售，A 係乙公司之職員。某
日，A 向丙詐稱該預售屋得於交付後由買受人自行夾層施工，丙信以為真，乃訂
購一戶。兩年後，甲如期移轉登記並交付房屋，丙亦如期付清全部價金五百萬元。
丙隨即在房屋內部為夾層施工，共支出費用二百萬元。詎料，在丙施工完畢後半
年，建管機關依法強制拆除該夾層屋，請問：丙得否請求甲返還房地價款五百萬
元？丙得否請求甲、乙或 A 賠償施工費用二百萬元？

二、甲出賣其土地予乙，已交付標的物，但因乙未付清尾款，故甲亦未辦理所有權之
移轉登記。嗣乙將該土地贈與並交付予丙，丙並於該地上興建房屋一間。十六年
後，本件土地經丁機關依法徵收並發放補償費予甲。請問：

    ㈠丁得否請求甲、乙或丙拆屋還地？

    ㈡乙或丙得否請求甲交付徵收補償費？

八十七年公務人員高考三級 （地政）

一、請依我國民法之規定，解答下列問題：

    ㈠限制行為能力人甲向其債務人乙免除債務，經甲之法定代理人丙承認，此免除
      債務之效力如何？

    ㈡無代理權人以代理人之名義所為之法律行為，經本人拒絕承認，其效力如何？

    ㈢因抵押權人實行抵押權致失抵押物之所有權時，抵押物之所有人（即物上保證
      人）得如何向債權人求償？

二、何謂消滅時效？依我國民法之規定，消滅時效之客體為何？

    下述請求權是否有消滅時效之適用？

    ㈠共有物分割請求權。

    ㈡行使特留分扣減權。

    ㈢基地租賃之承租人請求出租人協同辦理地上權登記之請求權。

㈣土地買賣之買受人請求出賣人移轉所有權登記之請求權。

三、甲男婚前與乙女同居生有一子丙，與丁女同居生有一女戊，最後與乙女結婚又生一子己，為認祖歸宗又認領戊，某年甲死亡遺有財產新臺幣一千萬元。請問誰有權繼承？又各繼承人得繼承多少遺產？

四、甲未經其父乙之同意，擅自將乙之土地出售並移轉所有權登記與丙，請問：

　　㈠甲以乙之名義為之時，其效力如何？

　　㈡甲以自己名義為之時，其效力如何？

八十七年公務人員高考三級（一般行政、一般民政、人事行政）

一、甲所有之土地，出租予乙。有鄉人丙私自在該地種蘋果樹。問樹及蘋果歸何人所有？

二、甲男十八歲，乙女十六歲，二人各得法定代理人的同意後，依法結婚。結婚二個月後，如為下列法律行為時，應否需得法定代理人之同意？

　　㈠甲男訂購預售房屋

　　㈡甲男與乙女辦理兩願離婚

八十七年公務人員高考三級（財稅行政）

一、何謂行為能力與意思能力？二者之區別何在？

二、連帶債務如何成立？連帶債務人之一人與債權人間所生之事項，對於他債務人有無影響？

三、甲有房屋一棟，被颱風吹毀一部，招乙承攬修繕，修繕費新臺幣（以下同）三十萬元，經修繕完畢，恢復舊觀，乙向甲請求支付修繕費時，甲以手頭拮据為由加以拒絕。其後，甲以該屋為抵押向丙借款一百萬元，借期一年，惟一年屆滿甲未清償債務，丙遂聲請強制執行拍賣甲之房屋，得款一百二十萬元。問何人可優先受償？理由何在？又乙丙各分配多少？

四、甲男與乙女結婚生下一女 A 後，即棄家不顧，在外與丙女同居生一男 B。其後，

甲男應丙女之要求,於民國七十一年一月間與丙女舉行婚禮,並與之再生一女 C。設甲男於八十七年六月間死亡,問何人有繼承權? 其應繼分若干? 若甲男與乙女之結婚日期係在民國七十四年六月五日之後時,其繼承人與應繼分是否相同? 請附理由說明之。

八十七年公務人員高考二級 (一般行政)

一、債務人甲為避免債權人乙強制執行其房屋,與丙通謀買賣該房屋並完成所有權移轉登記予丙;嗣後丙又將該房屋出售並完成所有權移轉登記予丁。請問甲、乙、丙、丁間之法律關係如何?

二、何謂隱名代理? 其效力如何? 又違反雙方代理之禁止規定所為代理行為之效力如何?

八十七年公務人員普考 (財稅行政)

一、某甲現年十七歲,未婚,正就讀某高級中學二年級。在未經其法定代理人允許之情形下,某甲所為下列契約行為之效力如何? 請附理由說明之。

　　㈠甲以其父母所給之零用錢新臺幣三千元,向乙購買收音機一臺。

　　㈡甲以新臺幣三百元,向丙書局購買英漢辭典一本。

　　㈢甲向丁購買汽車一輛,約定價金新臺幣五十萬元。

二、依契約自由原則,利率可由當事人任意約定,但應受若干限制。請就民法規定,說明其限制為何?

三、甲向乙購買土地一筆。請問: 須具備何種要件,甲始能取得土地所有權? 試就民法規定說明之。

四、為確保契約之履行,當事人一方通常交付他方「定金」,除雙方另有訂定外,依我國民法規定,如契約不能履行時,有關「定金」部分應如何處理? 試說明之。

八十七年第一次專門職業及技術人員檢覈
（土地登記專業代理人）

一、「推定死亡」或「視為死亡」，二者之法律效力有何不同？我國民法關於死亡宣告判決所確定死亡之時，究採何種制度？試說明之。

二、甲營造廠為乙承造房屋一棟，漏未裝設避雷針。該屋於交屋後不久，被閃電擊中而毀損，乙因出差而倖免於難。事後乙向甲請求賠償，甲則以不可抗力對抗，應如何處理？

三、繼承人表示限定承認與表示拋棄繼承，在形式要件上有何不同？

四、甲向乙借錢，雙方約定月利率百分之二，甲將本利還清後，始知民法上有關法定週年利率百分之二十的規定，欲向乙請求返還超過部分，問乙可否拒絕？

八十七年特考（土地登記專業代理人）

一、何謂停止條件？何謂解除條件？試舉例說明。

二、所有人與占有人有何不同？占有人與占有輔助人又有何不同？下列三種情形，各有何實例？請說明之。

　　㈠所有人同時為占有人

　　㈡所有人但非占有人

　　㈢占有人非所有人

三、甲、乙、丙共有土地一筆，已訂定契約，為協議分割。茲因丙事後反悔，拒絕辦理分割登記。請問：甲、乙得否請求裁判分割？

四、依民法規定，法院於何種情形下，應不予以認可收養？

八十七年第二次專門職業及技術人員檢覈
（土地登記專業代理人）

一、甲於其子乙與丙女訂婚時，向丁訂購預售屋一戶，擬以之作為乙之結婚禮，於簽約後不久，乙與丙解除婚約。甲乃以對結婚之成立有錯誤為由，要求撤銷其與丁之契約，是否有理？若竟不能撤銷應如何在契約中防範？

二、會計乙偶然遇到已婚的店東甲和情人丙約會，甲為了使乙封口，准乙從所保管的金錢中，取走一定的金額。後來甲和丙已經分手，甲就向乙主張這個約定無效，要求乙返還這筆錢，是否有理？

三、版畫家甲聘請乙為助手，協助其複製版畫，也住在甲家。簽約後不久，乙繼承了一棟兩層樓的祖產，乙乃遷回祖居自住於樓上，將樓下租給甲作工作室。自此以後甲就在乙家從事版畫的複製工作，在複製時乙均在場。在正式印畫之前，總先印一些樣品，這些樣品常常就散置屋內。收藏家丙家境富裕，十分希望能買到甲的全套作品而來找甲，知悉了此一情況後，卻直接找乙商談，要求乙將屋內的樣品各蒐集一張賣給丙。丙雖知此種行為不對，卻仍然為之。事後為甲發現，試析其法律關係？

四、何謂繼承回復請求權？

八十七年公務人員普考考試第二試試題（地政）

一、試說明下列各法律名詞之意義：
　　㈠公同共有
　　㈡無過失占有
　　㈢權利抵押

二、民法上之不動產物權有幾？不動產物權因法律行為而變動者，其要件如何？

三、試說明地上權之取得原因。

四、何謂質物之轉質？又何謂質權之轉讓？質物可否轉質？質權可否轉讓？試分別說明之。

八十七年臺灣省及福建省基層四等考試試題（地政）

一、試說明下列各名詞之意義：

　　㈠簡易交付

　　㈡添附

　　㈢優先受償性擔保物權

二、何謂設權登記？何謂宣示登記？試說明其區別。

三、何謂法定抵押權？與一般抵押權有何不同？

四、甲向乙借用金錢，以鑽戒一枚為擔保，設定動產質權。問：

　　㈠乙因該鑽戒名貴，恐保管出差錯，與甲約定，由甲代乙保管占有鑽戒，其質權之效力如何？

　　㈡甲將鑽戒交乙占有，某日甲因參加宴會，與乙商量，暫借該鑽戒，約定質權繼續有效，乙乃將鑽戒交還甲戴用，該質權之效力如何？

八十七年特種考試臺灣省及福建省基層三等公務人員考試試題（地政）

一、何謂無權代理？其法律上效果如何？請舉例敘明之。

二、法律行為違反強行規定者，其法律上效果如何？請析述之。

三、契約解除之事由為何？物權行為得否為契約解除之標的？請分別說明之。

四、何謂連帶債務？請舉一例說明之。同一債權，有保證人，亦有物上保證人時，保證人與物上保證人，應否負連帶責任，請申述之。

八十七年特種考試臺灣省及福建省基層四等公務人員考試 試題（財稅行政）

一、何謂無效法律行為之轉換？無效之遺囑是否得轉換為有效之遺囑？

二、何謂先訴抗辯權？於何種情形下，保證人不得主張先訴抗辯權？

三、甲、乙兩家相鄰，某日甲所飼養之小狗闖進乙家，將乙家庭院中之蘭花弄壞，問甲可否要求取回該狗？乙可否拒絕？

四、甲男之父與乙女之母為養兄妹關係。甲男乙女青梅竹馬，情投意合，成年後，不顧父母之反對，於民國八十七年中秋節結婚，問其婚姻是否有效？

八十七年特種考試臺灣省及福建省基層三等公務人員考試 試題（財稅行政）

一、意思表示，於有何種情形時，表意人得撤銷其意思表示？如何撤銷其意思表示？意思表示經撤銷後，其效果如何？試論述之。

二、契約於有何種情形時，契約當事人之一方得解除契約？如何解除契約？契約經解除後發生何種效果？試論述之。

三、不動產所有權之讓與，應具備何種要件，始生效力？動產所有權之讓與，應具備何種要件，始生效力？試論述之。

四、非婚生子女，應具備何種要件，始與其生父發生法律上之父子女關係？試論述之。

八十八年高等檢定考試試題（法務）

一、甲為脫產，以通謀虛偽意思表示之方法，將甲所有之房屋出賣並移轉登記予乙。其後，乙未經甲同意，將該屋出租予善意之丙，並交付之。租賃期間內，丙未得乙之承諾而轉租該房屋之全部予丁。請問：甲得否請求乙、丙、丁立即返還該屋？

二、甲公司以出租怪手為營業項目，乙係甲僱用之怪手司機。某日，甲公司出租怪手予丙公司，並指派乙為司機。詎料，乙操作怪手時，因乙及丙公司之董事丁之共同過失，致路人戊受傷。請問：戊得請求何人賠償損害？

三、甲所有之土地，四十餘年來均供附近居民（包括乙）通行，而成為既成巷道。日前，甲將該巷道堵塞，乙乃對甲起訴，請求確認乙就該地有公用地役權存在。請問：乙之起訴有無理由？

四、試說明繼承何時開始？繼承人如欲限定繼承，應符合何種方式，始生效力？繼承人於何種情事下，喪失主張限定繼承之利益？

八十八年不動產經紀人普考試題

甲、申論題部分：

一、因被詐欺或被脅迫而為意思表示者，依民法規定均得撤銷之，惟二者在效力上有何不同，試分述之。

二、債權人為確保其債權獲得清償，債權人得行使代位權，試問債權人行使代位權之要件為何？

三、何謂動產？何謂不動產？試說明其區別之實益。

四、為確保契約之效力，常有訂金之交付或違約金之約定，試就訂金及違約金之意義與效力，分別說明之。

八十八年不動產經紀人特考試題

甲、申論題部分

一、為保障與限制行為人訂立契約之相對人的權益，法律上對此契約相對人賦予那些權利？試說明之。

二、何謂不動產之設權登記？何謂不動產之宣示登記？試分別說明之。

八十八年公務人員普通考試第二試試題（地政）

一、解釋下列法律名詞：

    ㈠設權登記

    ㈡擔保物權

    ㈢自力取回權

二、民法第七百九十六條越界建築之適用要件及效果各如何？試申述之。

三、典權之特別消滅事由有幾？試分別說明之。

四、動產質權與留置權均為動產擔保物權，惟兩者仍有不同，試說明其不同點。

八十八年特考（土地登記專業代理人）

一、何種人為限制行為能力人？限制行為能力人如何與建設公司訂立不動產買賣契約？限制行為能力人自己與建設公司所訂立之不動產買賣契約，效力如何？

二、某參加校園幫派之國中生甲於某次械鬥中將乙砍成重傷。問乙可向何人提出何種請求？試就現行法之規定、其缺失及其修正方向加以說明。

三、何謂時效取得？我國民法對於時效取得之規定如何？又地上權可否因時效取得？請併同釋明之。

四、何謂血親？何謂姻親？血親、姻親之親等如何計算？

八十八年特考（關務人員）

一、債權保全之手段，依我民法規定，有代位權及撤銷權，試分別說明之。

二、動產抵押與民法上之不動產抵押有何不同？試闡明之。

三、何謂夫妻財產制？其種類有幾？試分別說明之。

四、消滅時效之效力如何？若甲於民國八十五年一月曾至乙所開設之餐館宴客，飲食費新臺幣貳萬元未付，至民國八十八年八月，乙想起乃向甲催討，試問甲是否得

拒絕給付?

八十八年第一次專門職業及技術人員檢覈
（土地登記專業代理人）

一、㈠甲恐嚇乙交付金錶一只，轉售與不知情之丙。嗣乙撤銷被甲恐嚇之意思表示，向丙請求返還該只金錶。問丙有無理由予以拒絕?

　　㈡甲將其所有房屋一棟，設定抵押權與乙後，又將該幢房屋以不定期限出租與丙，丙又將該承租權設定抵押權與丁。問丙、丁二人是否依法分別取得承租權與抵押權? 乙依法如何實行其抵押權? 試分別說明之。

二、解釋左列名詞：

　　㈠隱私權

　　㈡相對無效

　　㈢不要因行為

　　㈣自然計算法

三、乙於民國八十七年三月間向甲借新臺幣二十萬元，約定以二年為期，最近甲發現乙又向多位朋友調借鉅額資金，乃要求乙將其自住之房屋設定抵押權於己，此情為其他債權人中之一人丙知悉，乃訴請法院撤銷是項抵押權設定行為，並要求塗銷登記，其請求是否有理?

四、抵押權與典權均以不動產為標的，二者有何不同?

八十八年高檢（普通行政）

一、停止條件與解除條件之區別如何? 又各其條件之效力如何? 試分別說明之。

二、甲所飼養之狗，因受乙之挑逗而咬傷丙，試問丙得向何人請求損害賠償? 請附理由說明之。

八十九年特種考試臺灣省及福建省基層四等考試試題
（地政）

一、試解釋下列各法律名詞：

　　㈠轉典

　　㈡和平占有

　　㈢強暴占有

二、何謂建築物區分所有權？其客體應具備如何之特性？試申論之。

三、何謂地役權？地役權有何特性。試申述之。

四、何謂動產抵押？動產抵押與動產質權有何不同？

八十九年不動產經紀人特考試題

甲、申論題部分

一、有關物權變動之債權契約，自民國八十九年五月五日起，應作如何之處置？如未依民法債編規定之方式處理時，其效力如何？試說明之。

二、不動產之買賣及不動產之移轉、設定等多需訂立契約，契約為法律行為中之最重要者，而法律行為之成立與生效所需具備之要件各不相同，試分別說明其各應具備那些要件？

參考書目

王澤鑑著　民法總則，民國七十二年十一月，自版，三民書局經銷

王澤鑑著　債編總論第一卷，民國七十七年五月，自版，三民書局經銷

林誠二著　民特債編各論講義，民國七十七年九月，自版，嘉興書局經銷

林紀東
鄭玉波　編纂　新編六法全書，民國八十三年十二月，五南書局
蔡墩銘
古登美

林大洋著　民法概要，民國七十八年十月，大偉書局

施啟揚著　民法總則，民國七十二年三月，自版，三民書局經銷

姚瑞光著　民法物權論，民國七十四年十月，自版，大中國圖書公司經銷

孫森焱著　民法債編總論，民國七十四年二月，自版，三民書局經銷

管　歐著　法學緒論，民國七十二年五月，自版

鄭玉波著　民法概要，民國八十一年八月，三民書局

鄭玉波著　民法總則，民國七十一年四月，三民書局

鄭玉波著　民法債編總論，民國七十四年九月，三民書局

鄭玉波著　民法債編各論（上下冊），民國七十三年十二月，三民書局

鄭玉波著　民法物權，民國七十三年十二月，三民書局

劉宗榮著　民法概要，民國八十二年二月，三民書局

戴炎輝
戴東雄　合著　中國親屬法，民國七十五年八月，自版，三民書局、臺大法
學院福利社經銷

戴炎輝
戴東雄　合著　中國繼承法，民國七十五年二月，自版，三民書局，臺大法
學院福利社經銷

戴東雄著　親屬實例解說，民國七十九年一月，自版，臺大法學院福利社
經銷

戴東雄著　繼承法實例解說㈠，民國七十四年十月，自版，臺大法學院福
　　　　　利社經銷

戴森雄著　民法案例實務（第一冊），民國七十三年十月，自版，三民書局
　　　　　經銷

民　法 (修訂三版)　郭振恭／著

　　本書依最新修正公布之民法為總括及系統性之解說，析論爭點兼顧理論與實務，較一般之「民法概要」者更為詳盡；又於適當之處試擬習題以資研習，並提示答案備供參照，對初學或複習民法者，均所適宜。

民法總整理　曾榮振／著

　　研讀民法，除熟讀條文內容及其立法意旨外，最重要者，應是實例上之融會貫通。本書於增訂時大幅列入新增之判決要旨，並註明案號以便查對，又附錄歷年司法官及律師考試民法試題，誠屬司法人員考試必備用書。

民法債編總論 (修訂二版)　鄭玉波／著　陳榮隆／修訂

　　本書依據最新民法債編修正條文內容修訂，對於新增制度如：公證、附合契約（定型化契約）、商品製造人侵權責任、車輛駕駛人侵權責任、一般危險責任等均有詳盡論述，並有最新德、法、日、瑞等相關立法例，及我國之判例、解釋例等，可以加以對照，使理論與實務貫通，為坊間同型類書籍所少見。

詳解損害賠償法　曾隆興／著

　　在事故、災害等危險日增之現代，關於救濟被害人之損害賠償，亦發生種種問題。本書廣泛搜集並介紹中外最新立法、學說及判例，就現代各種損害賠償法，予以深入研究、詳加解釋，透過本書，讀者不僅可對損害賠償法之理論有通盤的認識，且能整體的、有系統的知悉實務判解，進而融學理與法律現象於一爐。

商事法要論（修訂八版）　梁宇賢／著

　　商事法是工商業的基本大法，攸關一般人之利益與工商企業的經營發展，影響社會經濟甚鉅。本書除緒論及商事法之意義、沿革及與其他法律之關係外，並分別論述公司法、票據法、海商法及保險法，提綱挈領，力求理論與實際融會貫通。

票據法　潘維大／著

　　這是一本能讓讀者有如閱讀小說、漫畫般，輕鬆認識票據法的著作。隨著書中人物面臨的種種故事，錯綜難解的法律關係，變成饒富趣味的生活小品。想試試法律變成趣味休閒版的滋味嗎？就從閱讀本書開始吧！

公司法實例研習　曾淑瑜／著

　　公司法是兼具理論與實務之一部法律，本書不採傳統教科書模式，而以實例導引出各章、節重點，共設計了一百二十個問題，可讓目前對國家考試實例題頭痛之學子練習之用。並將題目列舉於目次，使實務從業者在遇到相關問題時可迅速找到爭議之所在，翻閱解答。

保險法論　林群弼／著

　　本書係作者多年來於國立臺灣大學法律系、淡江大學保險研究所講授保險法之講義彙集而成。除現行保險法規之研究外，尚包括各種爭議問題之解析，及各家學說、實務見解之探討，對於初學者之入門頗有助益，對於研究者之思考，亦深具參考之價值。